U0918163

江苏省高等学校社会学优势学科建设工程资助项目
教育部哲学社会科学研究重大课题攻关项目（10JZD0033）

社会福利评论

（第二辑）

福利服务
华人社会社工范式互构

主　编　彭华民（南京大学社会建设与社会工作研究院院长）
　　　　曾洁雯（香港大学社会工作与行政系前主任）
副主编　陈学荣（南京市民政局局长）
　　　　黎永开（香港社工协会前会长）
　　　　郁德芬（香港社工协会会长）

Welfare Services:
Social Work Paradigm Interaction in Chinese Community

中国社会科学出版社

图书在版编目（CIP）数据

福利服务：华人社会社工范式互构／彭华民等主编．—北京：中国社会科学出版社，2015.6

ISBN 978－7－5161－4441－1

Ⅰ.①福…　Ⅱ.①彭…　Ⅲ.①社会工作—研究—中国　Ⅳ.①D632

中国版本图书馆 CIP 数据核字(2014)第 133972 号

出 版 人　赵剑英
责任编辑　王　茵
特约编辑　王福仓
责任校对　胡新芳
责任印制　王　超

出　　版　中国社会科学出版社
社　　址　北京鼓楼西大街甲 158 号
邮　　编　100720
网　　址　http://www.csspw.cn
发 行 部　010－84083685
门 市 部　010－84029450
经　　销　新华书店及其他书店

印刷装订　北京君升印刷有限公司
版　　次　2015 年 6 月第 1 版
印　　次　2015 年 6 月第 1 次印刷

开　　本　710×1000　1/16
印　　张　23.25
插　　页　2
字　　数　390 千字
定　　价　69.00 元

凡购买中国社会科学出版社图书，如有质量问题请与本社联系调换
电话：010－84083683

序　言

阮曾媛琪

香港理工大学副校长

国际社会工作学校联盟（IASSW）前主席

很高兴和祝贺第五届华人社会社会工作研讨会在香港社会工作人员协会和南京大学社会学院社会工作硕士（MSW）教育中心的精心筹备组织及爱德基金会的大力支持下，于2011年10月15—17日在南京大学顺利召开。

社会工作在中国内地的发展历史虽然很短暂，但是近年来中国内地社会工作及社会服务如雨后春笋，得到蓬勃发展。国家政府陆续建立社会工作试点单位，开设社工岗位，高校纷纷开办社会工作本科、硕士专业，培养社工人才。第五届华人社会社会工作研讨会以“中国内地与香港社会福利与社会工作实务发展”为主题，旨在探讨中国内地和香港急速变迁的社会背景下社会福利和社会工作发展走向，促进华人社会社会工作实务的发展。为期三天的研讨会，200多名来自中国内地、香港地区、澳门地区、台湾地区以及日本、新加坡的知名社会工作专家、社会工作机构的管理者和社会工作实务界代表，围绕着中国社会福利转型与社会工作发展、社会工作专业培训及专业能力提升、健康照顾与社会工作教育等11个论坛主题，进行了深入探讨。各抒己见，共同分享。很高兴和敬佩研讨会工作小组付出艰辛努力和无私奉献，将大家宝贵的经验总结记载下来，编辑成册。希望不仅能与更多的华人社会同人分享和交流，携手促进华人社会社会工作更好地向前发展，也希望能将此宝贵经验带到下一次社会工作及社会发展世界大会上与全球同人共享和讨论，携手为未来世界创造愿景和蓝图。

前言

彭华民

南京大学社会建设与社会工作研究院院长

教育部全国 MSW 教育指导委员会委员

中国社会工作教育协会副秘书长

中国改革开放 30 多年来社会急剧变迁，分化加剧，产生了愈来愈多的社会问题和社会需要。中国内地专业化社会工作队伍恢复重建之后，理论实务结合问题、本土化问题都急需回应。2007 年，民政部针对社会需要，提出转型到适度普惠社会福利制度的目标，注重困境儿童、老人和残疾人社会福利事业的发展。从 2009 年始，南京大学社会学院社会工作硕士（MSW）教育中心和香港社会工作人员协会探讨如何继续组织一次大规模的华人社会社会工作研讨会。其间，时任会长黎永开先生和现任会长郁德芬博士等访问南京大学。我们一致认为，在社会福利急剧转型的背景下，海峡两岸及港澳以及更大范围的华人社会如何发展本土化的社会工作，提供更为优质的福利服务，是我们面对的共同挑战。由此，第五届华人社会社会工作研讨会的主题定为“社会福利转型与社会工作实务发展”。

2011 年 10 月 15—17 日，第五届华人社会社会工作研讨会在南京大学匡亚明报告大厅举行。南京大学社会工作硕士（MSW）教育中心作为会议的主/承办单位为本次会议做了大量的工作。研讨会共有 200 多位来自中国内地、香港地区、澳门地区、台湾地区以及日本、新加坡的知名社会工作和社会福利学者、社会福利机构的管理者和社会工作实务界的代表参加。会议共收到论文 118 篇，其内容展示了近几年社会福利制度转型与研究、社会工作实务与研究以及社会工作人才培养、社会组织发展的最新成果。

会议开幕式由我主持。南京大学党委常委、党办主任邹亚军教授致欢迎词。江苏省妇联前副主席李臻、江苏省社会组织管理局孙斌局长、中央人民政府驻香港特别行政区联络办公室社会工作部王志林副处长及香港社会工作人员协会会长黎永开先生先后致辞。开幕式后，共有五位专家进行第一阶段的主题演讲。国际社会工作学校联盟（IASSW）前主席、香港理工大学副校长阮曾媛琪教授演讲的主题是“国际视野下的社会工作教育发展展望”。中国社会工作教育协会会长、北京大学王思斌教授就“国家回归与社会工作发展”进行了精彩演讲。香港大学社会工作与行政系前主任曾洁雯教授发表了“社会工作教育如何协助华人家庭面对世局的变化”的演讲。我以中国社会变迁为背景，以“中国社会福利发展与转型”为题进行了历史与现实分析。爱德基金会副董事长兼秘书长丘仲辉先生就社会组织培育进行了主题演讲。在研讨会闭幕式上，南京市民政局局长陈学荣作了题为“社会工作与社会组织发展”的演讲。他的演讲理论联系实际，全面分析了南京社会工作的发展，并提出了未来发展的议题。日本关西学院黎安国教授演讲的题目为“社会工作专业@21世纪信息时代之挑战”，提出了信息化时代社会工作转型与适应的新对策。

本次研讨会旨在探讨华人社会急速变迁的社会背景下社会福利和社会工作发展走向，促进华人社会社会工作实务的交流与发展。因此，与会代表围绕着当前的热点问题参加了11个论坛：（1）中国社会福利转型与社会工作发展论坛；（2）中国内地与香港MSW、社会工作专业培训及专业能力提升论坛；（3）中国内地与香港儿童、青少年及家庭问题与社会工作论坛；（4）老龄化与社会工作论坛；（5）残疾人士与社会工作论坛；（6）中国内地与香港流动人口服务与社会工作论坛；（7）健康照顾与社会工作教育论坛；（8）社区社会工作论坛；（9）中国内地与香港NGO的发展创新论坛；（10）医务社会工作与社会服务论坛；（11）两地社会工作研究生论坛。

2011年11月，中央组织部、中央政法委、民政部等18部委发布了《关于加强社会工作专业人才队伍建设的意见》（以下简称《意见》），对“社会工作专业人才”做出清晰界定。《意见》明确指出，社会工作专业人才是具有一定社会工作专业知识和技能，在社会福利、社会救助、慈善事业、社区建设、婚姻家庭、精神卫生、应急处置等领域直接提供社会服务的专门人员。《意见》明确提出到2015年我国要培养200万社会工作专业人才。面对社会工作专业人才180万的缺口，《意见》提出了“以人才培养为基础”的重要方式，力求通过专业教育和专业培训相结合的途径，走出一条多出人才、快出人才的新路子。本次研讨会我们不仅仅对社会工作具体服务领域的实务进行了研讨，并建立特别论坛研讨中国内地社会工作专业硕士（MSW）人才如何借鉴国外境外经验，建立本土特色的人才培养模式。虽然我们在确定会议主题及分论坛主题时《意见》还未出台，但我们从多年社会工作教育和实务发展过程中发现的问题以及开展本土化社会工作的努力中提出的会议议题，契合了国家社会建设的大计，回应了国家社会工作人才政策，践行了本土化社会工作实务的目标。

本次研讨会主要取得了以下几点成果：首先，华人社会社会福利与社会工作实务由交流、借鉴到协同创新。内地与港澳台学者、机构管理者和实务界代表就共同关注的问题进行了深入的交流与探讨，分享了富有启发意义的学术观点。其次，福利转型背景下社会需要多元化，与会专家提出中国内地社会工作人才培养既要借鉴国际模式，又要突出本土化特色。本次研讨会为促进华人社会福利制度和理论的发展创新、社会工作高级人才培养方式及社会工作实务的发展创新，加强高校社会工作教育者和社会福利机构实务工作者面对面的互动提供了机会和平台，为华人社会社会福利和社会工作的发展注入更大的动力，对社会组织的探索发展和社会优质服务的提供起到了重要的参考和指导作用。

社会工作的本质是帮助社会成员解决社会问题，提升福祉（well-being）水平。人民福祉的提升不仅仅需要社会工作，更需要社会、经济、文化制度的支持。在这个意义上，中国建立组合式普惠的社会福利制度（广义的社会福利制度）具有非凡的意义。社会工作者生产和传输福利服务给有需要的社会成员，社会工作者提供的服务是福利服务之主要内容。近些年来，中国内地有一种倾向，只要提到服务就归于社会工作范围，这是弱化社会工作专业性的误区。福利服务是一个具有广泛内容的领域，社会工作者不是承担全部福利服务的责任人，福利服务还需要其他行业和职业来提供。例如，老人照顾还需要老人护理、老年科医生，等等。社会工作者需要联合其他的福利服务提供者，共同服务社会。福利的生产和传输需要制度保证，因此，社会工作的发展离不开对制度的研究。由此，人民福祉水平的提升以及相关的测量应该成为社会工作发展中重要的研究议题。希望学界和实务界在未来的研究和实践中积极开展人民福祉研究、开展福利生产传输制度研究，深入探讨社会工作实务的制度建设意义，提升社会工作实务研究的理论支持水平。

经由会议主办方讨论，确定33篇优秀会议论文入选本书。为了让本书体现《社会福利评论》丛书主旨，和《东亚福利》、《福利社会》等本丛书系列保持一致性，主编选用了《福利服务：华人社会的社工范式互构》作为本书题目。

感谢南京大学社会学院为研讨会提供的支持。感谢许小玲、黄叶青、刘柳、王丽为本书编辑做出的贡献；在此一并感谢中国社会科学出版社重大项目出版中心主任王茵博士的努力。

目　录

政府视角

制度转型

社会组织

社工介入

Content

Government Perspective

Institution Transformation

Social Orgnizations

Social Work Intervention

政府视角

南京市“三社”联动的探索与实践

[中] 陈学荣

南京市民政局党委书记、局长

社会工作是解决深层次社会问题、缓解社会张力的一种现代手段，也是科学发展观在社会管理、建设、控制、变迁过程中的重要体现。作为尚处于起步阶段的国内社会工作，既需要本土化的顶层设计，也需要开放性的基层探索。从南京的实践来看，我们感到，社会工作最现实的平台是社区，最有效的载体是社会组织，最重要的依靠力量是社工人才。社区、社工、社会组织“三社”联动，既是南京这几年抓社会工作的一个探索，也是今后南京抓社会工作的一个突破口、一个坚定不移的方向。

一　推进“三社”联动工作的实践探索

近年来，我市坚持以推进民主自治为核心，以提升社区服务内涵和品质为主线，以体制机制创新为动力，探索建立社区、社会组织、社工联动机制，大力推进“三社”的有机融合和联动。通过项目评估和补助，重点培育和扶持专业化社会组织；引导社工参与运作社区服务项目，提升服务群众能力，“三社”之间形成了资源共享、优势互补、相互促进的良好局面，初步探索了以社区基础设施为平台、以专业化社会组织和专业社工开展项目化运作为主要内容的“三社”联动路径。

一是以和谐社区建设为抓手，不断夯实“三社”联动工作平台。形成了“玄武的服务、白下的标准、建邺的改革、鼓楼的主题、雨花的精品、栖霞的网格”等社区建设品牌。硬件：“十一五”期间，市本级投入社区建设资金约1.2亿元，社区办公服务用房新增近12.2万平方米，所有城市社区达300平方米以上，农村多数达600平方米以上。全市建立社区公共服务站近700个，覆盖率达80%。服务：全市社区普遍建立“慈善超市”、“爱心超市”和互助社，各社区均建立了“15分钟服务圈”，开展为老、法律、家政等服务项目，社区服务已经从提供福利性服务转向提供社会性服务。尤其是采取政府、社区、社会组织三方合作的实践模式，积极推进养老服务的社会化、项目化，使政府购买服务机制得以进一步巩固和完善。体制：开展以“一居一委一站一办”为重点的社区管理体制改革，实行“党建引领、资源下沉、多元整合、街居联动”，在建立政府行政管理与社区民主自治有效衔接和良性互动上走出一条新路，为以社区为基础平台、以社会组织为载体、发挥社会工作人才作用的“三社”联动机制创造条件。2009年，我市5个城区被民政部评为“全国和谐社区建设示范城区”，并创成4个全国农村社区建设实验区。

二是以社会组织管理体制改革创新为突破，不断发展“三社”联动的组织载体。在全省率先成立社会组织联合党委，采取“单独组建”、“联合组建”和“选派帮建”等形式，推动社会组织“建立党组织”，扩大党在新社会组织中的覆盖率。成立南京市社会组织工作领导小组，加大与各业务主管单位的协调力度，形成社会组织监管合力。建立全省首个社会组织孵化器——“南京市爱德社会组织培育中心”，并在4个区推广并建立孵化器。在全国首创了“两级登记、两级备案”制度，即社区社会组织可到市区两级民政部门进行登记管理，在街镇和社区两级进行备案管理。登记的社区社会组织实行“三简、四免、五宽、六许”等政策扶持，并出台了《南京市基层民间组织备案管理暂行办法》，全面推行社区社会组织备案制度。2008年我市备案社区社会组织突破8000家，被评为当年全国社会组织十件大事。目前，我市共有各类社区社会组织近14025个，并正以每年16%的速度递增。总数位居全省第一，全国同类城市前列。这些社会组织在承接政府事务、促进政府职能转移、吸纳就业等方面作用明显。

三是以社工专业化为导向，不断扩充“三社”联动人才队伍。从2007年起，全市按每300户配1人的标准选配社区工作者，且每个社区不得少于6人。2008年9月制定并提请市政府出台了《关于统一社区专职工作者工资补贴待遇的指导意见（试行）》。2010年底以来，重点开展专项督察，目前全市各区县基本达到按标准落实社工待遇，平均每个社工年收入达到4万元。玄武、白下等区实行划片分块、定人包户的社工网格化管理。每个网格设立“服务公示栏”，公示网格服务社工人员照片、联系方式，每个社工对负责的区域家庭定期上门入户走访，与居民进行面对面交流，记录“民情日记”，及时了解掌握居民的需求，收集居民的意见和建议，及时化解矛盾和问题。同时按照到“2010年前，每个社区至少有一名社工获得社会工作者职业资格、一名达到本科学历，70%以上的服务类民间组织负责人要取得社会工作者职业资格证书”的要求，加大了培训工作力度，出台了鼓励性政策。2008—2010年三年间，全市取得社会工作者职业水平职业资格人数达到1258名，其中助理社会工作师1082人、社会工作师176人。全市还统一组织招聘大学生社工1000余名，有效地提高了社工的素质。

二　存在的问题及其成因分析

当前，南京的“三社”联动在规模、组织形式、联动的模式方面，都还处于初步发展阶段，这与南京的社区建设、社会组织的培育发展、社会工作人才队伍规模有密切关系，呈现出区域发展不平衡、运作模式多样化的发展特点。

主要有：社会社工人才队伍建设分散在多个部门，没有建立一个统一的领导体制和工作机制；社区社工人才队伍主要承担的还是行政性事务，专业化程度不高；社会工作职业化发展的氛围和政策保障还需要加强，需要在项目开发、岗位落实、薪酬设计、财力和政策支持等方面加大力度；社会工作机制目前还主要依赖于行政权力推动，社会参与需要进一步激发；社会组织要真正发挥其“驱动力”的作用，还需要建立一个稳固、强劲的动力系统。这包括形成政府与民间组织互动、互补的体制和机制，大力培育发展公益性、专业化、服务类社会组织，积极探索政府“购买服务”、项目管理等多种形式，调动社会组织参与社区服务的积极性等。

究其成因，主要有：一是政府职能转变不到位，造成了社区行政化倾向比较严重，社会组织官办色彩比较浓厚，社工人才队伍基本上吃皇粮；二是社会工作体系没有形成。当前，我国的社会工作主要是政府主导下的社会工作，无论是投入还是服务，主要还是由政府提供，社会参与力量还比较薄弱；三是社会化运作不够。虽然我国已经正式建立社会工作者职业水平评价制度，社会工作已开始引入专业理念、专业服务和专业人才，但是因为政府购买服务推进不够，社会工作的社会化程度不高。

三 下一步工作的几点思考

南京作为省“三社”联动实验基地，下一步将在多个区已经试点先行基础上，坚持以居民需求为导向、以社区公共服务为纽带、以社会组织为载体，整合各种社会资源，建立共建共享、优势互补、相互促进的“三社”联动工作体系。

（一）突出科学发展定位

总的发展思路是：按照“组织化拉动、社会化运营、多元化发展、项目化支撑、专业化导向”的发展战略，着力加强“三社”联动发展平台、机制及环境建设，引导和支持各类社会组织、社工专业人才参与社区建设，积极探索有效的合作发展途径，形成由下而上、内外互动的联动态势。一是要通过政府的有力推动，广泛吸纳社会力量参与；二是要通过“三社”联动，增强社区、社会组织、社会工作人才的综合服务功能，提升专业化的服务水平，满足居民的服务需求；三是要通过各类专业社会组织的社区运作，发挥社会组织的资源优势、服务优势，并使之成为社区服务公益创投项目，进而实现“三社”联动的资源共享、优势互补、相互促进的发展模式。

重点在“四个结合”上下功夫：一是注重资助和购买相结合，即对民间性、活动类社区社会组织进行资助，对专业社会组织和机构提供的服务进行购买；二是注重公益创投和孵化培育相结合，即每年由市、区县两级财政配套，建立专项资金，面向社会组织开展公益创投性服务购买，同时继续对区县级社会组织“孵化器”等机构进行资金扶持；三是注重基地建设与项目运作相结合，即由点到面在各级社区服务中心建立“三社”联动培训、督导、交流等基地，并培育一批类似鼓楼96180、玄武锁金村街道“万家帮”等覆盖面广的专业化社区服务项目；四是注重专业社工和志愿义工相结合，即鼓励、引导高校、专业机构和志愿者在社区设立专业服务工作室，开展专项服务。尽量拓展、提升专职社工的专业化水平。

（二）强化载体平台建设

1. 深化区域党建工作平台

着眼巩固和强化基层党组织的核心领导作用，扩大党组织的覆盖面，推进区域党建一体化建设。注重社区党建创新，成立社区党委，实现社区党建全覆盖；创新“三会一站”工作机制，即在社区党委的领导下，全面推行以社情民意建言会、社区工作联席会、社区事务评议会和温馨家园服务站为载体的党建工作新机制，提高社区党委统筹协调、整合各类资源的能力；建立第三方民意调查、民情收集反馈等机制，确立“社区做什么、要问老百姓，干得好不好、群众说了算”的工作导向，使基层党组织、广大党员和党的各项工作根植于基层群众之中。通过改革推进，使社区党建工作的承载功能、整合功能、服务功能显著增强，在实践层面真正实现有人管事、有钱办事、有场所议事，构建区域化党建工作的新格局。

2. 构建新型基层民主自治平台

完善以社区党组织为核心，以社区自治组织为基础，以社区管理服务站为依托，以其他社区组织为补充，以新型社区工作运作机制为保障，驻区单位协调配合、居民群众参与的社区治理结构；确立社区居委会的民主自治主体，强化社区管理服务站的服务功能，最大限度地减少社区居委会的行政事务，遵从社区居委会是群众自治组织的意愿，回归民主自治的职能定位。扩大社区民主决策范畴，在全面推行社区民主选举的基础上，进一步明确社区民主决策流程，广泛采取“民主听证会”、“居民议事会”、“居（村）民代表大会”等自下而上民主决策形式，真正形成群众的事群众议、群众定、群众评。

3. 创新基层社会管理平台

通过改革，进一步使政府各条口进入社区的行政管理职能得到有效承接。原先浮在区和街道层面的资源进入了社区，原先分散在各个条口和社区内部的资源得到有效整合。率先剥离城市街道承担的经济职能，强化社区的民生服务、城市管理、综合维稳等功能。巩固社区普遍建立一站办结制、分户包片制、委托代办制、首问负责制等便民制度。实现社会管理重心向社区下移、服务职能向社区延伸、各类资源向社区集聚，促进各类下沉资源在社区内部得到充分整合。做到人力、财力、事权相匹配，使政府各项工作与基层群众无缝衔接，最大限度地满足基层群众的多元化诉求，极大提升基层社区管理服务效能和科学化水平。

（三）建立健全保障措施

"三社"联动是推进社会管理创新、培育社会组织和推动社会工作发展以及社会工作人才队伍建构的一个重要方式。必须综合协调各种社会资源和力量，实现具有南京特色的"三社"联动机制、发展方式和发展特色，形成稳步推进，体系规范化、一体化的建构模式。一是完善组织领导体制，发挥整合保障功能。建立和形成党政统一领导、部门主导推动、依托社区，社会组织运作、公众广泛参与的社会工作领导和管理体制，制定和建立系列的社会工作法律法规，完善包括职业资格认证、注册管理、从业规范、薪酬标准等社会工作制度。二是依托社区，建立履行社会工作职能的社会工作组织机构和服务机构，发挥社会组织整合社会资源的优势和专业服务优势。三是以社会组织为载体，不断夯实社会工作人才干事创业的基础平台。四是扩大社会参与力量，建立政府购买服务机制。以政府规范引导，以项目专业化运作为手段，动员社区居民广泛参与，发挥社会组织服务管理作用，嵌入专业社会工作人才的专业理念、方法以及督导方式，形成互为依存、相互促进、互动互补的联动机制。积极推动"三社"联动运用市场方式引入社会性资源，广泛吸收行业企业、社会组织和社会力量的参与，促使社会各方利益攸关者、社会第三方组织、公众等参与需求确定、资源投入和政府管理评价等诸多联动环节。增加社区资源供给、改善社区管理效能、节约有限社区财政资源。通过建立健全社工队伍专业服务市场化运营机制、社会组织发展市场化培育机制、社区建设投入资本化运作机制，政府购买社会化服务机制，社会发展项目的评估机制，实现基于社会参与的社会化运营，形成社会服务的"政府—市场—社会"三元模式，并成为党和政府解决社会问题、舒缓社会矛盾、增进社会团结、维护社会稳定的有效力量。

江苏省社会组织发展背景与社会组织培育发展

[中] 孙　斌

江苏省民政厅社会组织局局长

在加强和创新社会管理的新形势下，中国内地更加注重转变经济发展方式，实现民生幸福，促进社会和谐。“十一五”江苏省经济社会平稳较快发展，始终处于全国领先地位。“十二五”期间，江苏省机遇挑战并存。一方面，人均 GDP 将从 7700 美元向 1 万美元攀升，目标指向全面建成更高水平的小康社会，并向率先基本实现现代化迈进；另一方面，如何化解社会矛盾，解决民生难题，激发社会活力，有效防止落入“中等收入陷阱”，是我们面临的重大挑战。近期，省委省政府做出了落实“六个注重”、实施“八项工程”，又好又快推进“两个率先”的战略部署，各级民政部门正在围绕“民生幸福工程”、“社会管理创新工程”，积极研究策划并组织实施。这次研讨会对于我们进一步开阔视野、理清思路，创造性地开展工作帮助极大，也为我本人近距离向各位专家请教咨询提供了难得的机会。在此我就社区、社会组织、社工“三社”联动的工作情况和基本设想与各位专家学者进行交流。

“十一五”期间，随着经济转轨、社会转型以及工业化提升、城镇化加快、开放度扩大，江苏省社区、社会组织、社工人才工作得到了长足发展。

——社区管理和服务不断加强。江苏省现有城市社区 6031 个，农村社区 15644 个。各地积极探索社区管理体制机制改革创新，形成了“一委一居一站”、“扁平化”、“网格化”等新型社区管理模式。深入开展了创建和谐示范社区活动，扎实推进农村社区建设实验全覆盖示范单位创建活动，城乡社区一体化发展的新格局初步形成。城乡基层自治水平进一步提高，城市居委会和农村村委会依法自治达标率达到全面建设小康社会序时进度，全省有19个区（市）被命名为全国和谐社区建设示范区（市），数量位列全国之首。

——社会组织培育发展持续推进。截至2011年上半年，全省已注册登记各类社会组织35602家，其中社会团体19079家，民办非企业单位16182家，基金会341家，社会组织总量位列全国第二，社会团体、基金会数量均列全国第一。各地在发展社会中间层面的社会组织的同时，还加大了对基层社会组织的培育力度，已建社会组织孵化基地37个，投入资金1000万元。“十一五”期间，江苏省社会组织每年以10%以上的速度递增，尤其是经济类、公益慈善类、民办非企业单位和城乡社区服务类社会组织发展加速，形成了比较健全的社会组织体系，扩大了群众参与，激发了社会活力，促进了社会转型，较好地发挥了提供服务、反映诉求、规范行为的积极作用。

——社工人才队伍建设初具规模。江苏省逐步建立了“党委领导、政府负责、多部门协作、社会化运作”的社工人才队伍建设格局，为统筹社工人才培育发展和规范管理奠定了基础。认真开展人才培训、考核、就业工作，全省已有6243人取得社会工作职业资格，其中助理社会工作师4969人，社会工作师1274人。举办50人以上规模的培训200余班次，培训人数达20000人次，提高了社会工作从业人员的整体素质。注重在福利机构、社区服务平台、社会组织等领域开发岗位，积极为社会工作注入新鲜血液。

各级各地在实践层面大胆创新，为建立健全“三社”联动机制做出了积极的探索。如南京市采取“政府支持、民间兴办、专业管理”的模式，在全省率先建立社区社会组织孵化基地，并在社区层面培育扶持10余家民办社工服务机构；南通市崇川区启动“千家社团服务万户居民”行动，在街道、社区开展“千团大建”活动，满足了居民的多元化、多层次需求；苏州市逐步推进“一社区一社工”工作，沧浪区以社区社会组织为平台，在全国首创“居家养老”社区服务模式。各地“三社”工作新亮点、新举措不断呈现，初步形成了资源共享、优势互补、相互促进的良好局面。

从总体上看，江苏省“三社”工作虽取得了一定成绩，但与加强和创新社会管理的形势任务相比还有较大距离，主要体现在：

一是人们的思想观念滞后于社会发展需要，不少民众对于社会组织、社会工作缺乏理性认识和专业理解，再加上舆论宣传不足，公民、企业参与度还不高、认同感还不强。

二是法规政策尚不健全，政策制度不够衔接配套，推进工作缺乏刚性依据，许多具体做法需要不断探索创新。

三是资源投入比较缺乏，现有经费、项目、人才等资源未得到有效整合，政府投入的示范带动效应尚未充分显现，社会投入水平有待大幅度提高。

四是区域发展很不平衡，社会工作南北之间、城乡之间、各个领域之间差异较大。由于政府投入、文化积淀、社会氛围不同，同等经济发展水平的地区之间也容易造成“三社”工作发展不平衡、不对称。

近期，省委省政府对创新社会管理、加强群众工作做出了重要部署。我厅制定了全省民政工作“十二五”规划，都对社区、社会组织、社工人才工作提出最新要求。我厅将以科学发展观为指引，以最大限度地激发社会活力、最大限度地增加和谐因素、最大限度地减少不和谐因素为总要求，以“三社”联动机制建设为纽带，全面加强城乡社区建设，大力培育发展社会组织，不断优化社工人才队伍建设，进一步丰富民生服务内涵，促进各类主体互联共建，加快和谐社区、和谐社会建设进程。

一是在指导思想上做到四个坚持：坚持以人为本、服务为先的价值追求；坚持政府主导、多方参与的协作机制；坚持政策驱动、措施配套的工作方法；坚持优势互补、协调发展的工作布局。

二是在重点任务上做到四个推进：推进基层社会管理服务创新，建设更多、更好的和谐社区；推进重点领域社会组织发展，建设一大批3A级以上的优秀组织；推进社工人才考试培训和岗位开发，建设一支结构合理、广泛覆盖、量质并重、学实兼顾的社工人才队伍；推进“三社”联动试验，建设一批高质量的试验基地。

三是在具体措施上做到四个注重：注重体制机制创新，不断破解发展中的突出问题；注重政策扶持，加大政府购买服务引导力度；注重培育孵化，注入科学理念和科学方法；注重共建共享，逐步探索一条本土化发展的新模式。

这次论坛的议题十分契合中国内地民生发展的各方关切，必将对创新社会管理起到积极的助推作用。衷心希望各位专家学者关心江苏、研究江苏、跟踪江苏，把江苏作为研究基地和实验基地，促进省内外的交流合作，并在江苏这片热土上取得理论与实践的双丰收。

社会工作在妇女工作中的应用

［中］李　蓁

江苏省妇联前副主席

社会工作是现代社会结构中不可或缺的重要组成部分。在西方社会它已有近百年的发展历程，但在中国它的发展历史还比较短暂。本次会议必将对发展有中国特色的社会工作理论与实践起到积极的推动作用。当前我国社会建设领域正在发生一场深刻变革，党的十七大报告明确提出推进社会体制改革，要建立起党委领导、政府负责、社会协同、公众参与的社会管理格局。十七届五中全会后，社会管理创新更是受到了空前关注。

妇联组织作为党联系妇女群众的桥梁和纽带，是加强和创新社会管理、推进妇女社会工作发展的重要力量。积极参与社会管理创新，是党和国家交给妇联组织的光荣使命，是妇联履行自身职能的根本要求，是做好新时期妇女群众工作的重要课题。近年来江苏省妇联切实把参与社会管理创新，推进妇女社会工作发展摆上重要位置，从全局的、政治的、战略的高度，切实增强参与社会管理、加强群众工作、促进社会和谐的责任意识，及时转变工作理念、工作方式、组织形态和考核机制，多方探索本土化的妇女社会工作方法，在探索中创新，在创新中发展，努力开创妇联工作新局面。

一是创新妇女利益诉求表达渠道，认真维护妇女合法权益，努力实现好、维护好、发展好妇女的切身利益。关注妇女的声音和经验是推进妇女社会工作发展的首要任务。江苏省妇联在不断完善各级信访工作制度、健全联系妇女群众制度和建立妇情要事报告制度的基础上，首创并在全国推广了妇女议事制度，组织社区妇女群众代表进行议事。坚持定期议事、一事一议、要事随议，争取党政及相关部门的支持，促使所议问题及时有效解决。通过议事，许多地方出嫁女土地承包及相关权益保护难的问题解决了，改善残疾妇女儿童生活窘困的事有着落了，楼道的灯亮了、环境整洁了，等等。从而激发了妇女参与议事的积极性，保证了妇女议事制度的长效发展。调处婚姻家庭纠纷是妇联直接参与社会管理、维护社会稳定的重要任务。省妇联积极构建立体化婚姻家庭纠纷调解工作格局，成立了各级婚姻家庭纠纷人民调解委员会，依托基层妇女维权站、综治中心、大调解中心、信访中心等设立专业调解室，招募近万名女性维权志愿者，建立舆情信息员、法制宣传员、纠纷调解员三支队伍，他们活跃在村、居、楼院，成为有效预防、依法调处婚姻家庭矛盾和邻里纠纷的骨干力量。

二是创新女性社会组织发展工作，全面推动女性社团健康成长，促进妇女自我管理、自我服务和自我发展。建立各类女性社会组织和社会团体是推进妇女社会工作发展的必由之路。我们以“人人都有组织、组织就在身边”为目标，通过妇联主动牵头、引导助推、孵化培育等方式，组建各类会员制女性社团，吸引凝聚妇女，提高妇女组织化程度。目前全省已有团体会员 948 个，公益服务类、行业协会类、联谊活动类等女性社团 12028 个。我们主动帮助策划和组织活动，推动女性团体间的交流与互助，外籍精英女性俱乐部、台商太太俱乐部等在联谊中增强了融合融入；女企协与女知联的联盟行动、女企协与女大学生村官联谊会的牵手行动促进了经济转型和女性创业；好婆媳协会、金乡邻联谊会成为社区协调家庭邻里关系重要的第三方力量。这些女性团队活跃在全省城乡社区，延伸到各类女性群体，成为妇女社会工作中一道亮丽的风景。

三是创新妇女儿童服务手段，合力打造实事化和项目化服务，为妇女儿童提供优质的公共服务资源。创新妇女儿童服务手段是推进妇女社会工作发展的有效途径。省妇联充分运用政府妇儿工委办的工作平台，积极为妇女儿童争取法律政策资源、公共服务资源。近年来，推动省政府将特困家庭妇女妇科病症检查、单亲特困母亲帮扶、残疾儿童康复、受害妇女庇护场所建立、妇女儿童活动阵地建设等一批制约妇女儿童发展的民生问题纳入政府为民办实事的重点项目，为妇女儿童共享改革发展成果做好服务工作。省妇联通过需求征集、招投标承接、筹集资金配套等方式，运用项目化手段服务妇女儿童。每年均围绕妇女儿童发展的年度重点工作设计项目，鼓励基层妇联和女性社会组织承接；密切关注政府让渡的公共服务职能，主动承接服务妇女儿童的家政服务培训、农村妇女实用技术培训、女大学生创业培训等项目。通过项目化运作，获得更多的资金、人力支持。我们还在全国范围内公开征集妇女社会工作优秀方案，收获了一批优秀成果，吸引了一批杰出的社工团队和社工人才在社区开展专业服务，让妇女儿童最大限度地享受专业化、人性化的社工服务，感受到妇联“家”的暖暖温情。

四是创新妇联基层基础工作，有效延伸妇联工作手臂，最大限度地把妇女团结和凝聚起来。加强基层基础工作是推进妇女社会工作发展的基础工作。省妇联按照“标识统一、功能完善、管理规范、重在服务”的要求，在全省基层建设“妇女儿童之家”，把它作为妇联基层组织的工作中心、妇女社会工作的服务阵地和妇女儿童的活动天地。“妇女儿童之家”普遍设置家庭文化活动室、妇女创业就业服务站、妇女维权站和儿童快乐家园等，为妇女儿童提供专业化、个性化服务。志愿精神是一种高尚的国际精神，是人类社会共有的一种公共价值理念，巾帼志愿服务是社区妇女社会工作的重要载体。省妇联出台了志愿者招募、注册、培训和管理制度，建立了五级志愿者组织网络，集中开展“巾帼志愿服务日”等活动，立足社区家庭，服务妇女儿童。目前全省20多万注册巾帼志愿者根据自己的特长和志向，组建各类巾帼志愿服务队4180支，“好阿姨”、“橄榄枝”、“爱心妈妈”等活动活跃在全省城乡。她们宣讲党的方针政策，开展普法教育，帮扶单亲贫困母亲和老年空巢家庭，结对关爱留守流动儿童，在全社会大力弘扬“我为人人，人人为我”的志愿者精神。各级妇联不断加强社区妇女工作者队伍建设，致力于打造一支“妇工＋专家＋社工＋义工”的专兼职相结合的妇女社会工作队伍，有力地延伸了妇联工作的臂膀，凝聚了更多的妇女群众围绕在妇联组织周围。

当前中国社会正在经历一场历史性的全方位转型。妇女在就业、参政、婚姻家庭、健康等领域遇到一系列新的机遇和挑战。妇女自身也在加速分化，妇女群众的诉求更加多元。将社会工作的理念和方法引入妇联工作，为妇女儿童和家庭提供专业化、人性化、多元化的服务，是顺应时代需求的必然选择。为此妇联组织正在积极探索并取得了初步成效，但是仍面临着妇女社会工作理念模糊、社工专业能力较为薄弱、高层次社工人才缺乏等诸多挑战。今后我们将更加注重培养多层次、高素质的妇女社会工作人才队伍，运用更加科学的社会工作的方法和技巧，及时满足妇女多样化和个性化的需求，逐步实现妇女工作由表层服务向深层服务转变，由经验型方法向专业型方法转变，保持妇女社会工作旺盛的生命力。

香港地区认可社工学历的评审原则、准则和标准

［中国香港］洪雪莲

香港社工注册局前主席，香港浸会大学社会工作系助理教授

在香港地区的社会工作专业发展过程中，《社会工作者注册条例》（香港法例第505章）在1997年6月6日生效被视为一个重要的里程碑。在这条例生效之前，任何人（无论有否接受过社工训练）均可自称为社会工作者或社工。事实上，1997年前一直都有这些情况出现，“社会工作者”甚至被理解为“在社会上工作的人”、“社区内服务大众的人”或“参与义务工作的人”。条例于1997年4月23日在立法局三读通过，1997年6月6日生效。

《社会工作者注册条例》的第4条第（1）款指定设立一个名为“社会工作者注册局”（下称注册局）的法人团体。注册局于1998年1月16日正式成立，由15名成员组成，其中8名成员必须为注册社会工作者，由注册社工通过选举产生；其他七名成员中，一名须是社会福利署署长或其代表，另外六名由行政长官委任并借宪报公告，而当中最少需有3名不是注册社会工作者或公职人员的人士。成员以互选的方式选出一名主席及一名副主席。

《社会工作者注册条例》共39条，涵盖的范围主要包括社工注册局的组成、运作、职能及权力；社工注册制度与使用名衔及纪律处分程序。社工注册局的职能包括订定及检讨注册社会工作者的资格标准。由于注册资格之一为申请人需持有注册局认可的社工学历，注册局因此亦拥有评审认可用以注册的社工学历的权力。社工注册局于

1999 年，为认可用以注册的社工学历制定了一套评核准则（Principles, Criteria and Standards for Recognizing Qualifications in Social Work for Registration of Registered Social Workers）的第一个版本（下称“评核准则”）（最新修订版为 2012 年 1 月 3 日）及相关程序，用以评核本地社会工作训练课程。

“评核准则”的发展过程

第一份“评核准则”于 1999 年制定，并于 2000 年及 2004 年做了轻微的修订。这阶段的“评核准则”只为学历评审订定大原则及基本要求，例如只规定任教社工实务科目的老师须为注册社工但并未规定其学历和工作资历；实习督导须具三年社工工作经验；没有学历评审小组的设立，只基于院校呈交的文件进行评审。2005 年，社工注册局就“评核准则”修订建议进行咨询，新版本在同年生效，并于 2007 年、2009 年及 2012 年再做轻微修订。现时“评核准则”规定任教社工实务科目的老师除了必须是注册社工外，更须最少在获得社工学位后，拥有五年社会工作资历；规定全职老师的比例及最低人数；规定实习督导须最少在获得社工学位后，具五年社工工作经验；定实习督导的时数；按不同程度的学历定老师与学生比例；设立学历评审小组及进行评审探访。“评核准则”每两年均会进行检讨。

评审原则

香港地区的大专院校举办的课程都经过严格的审核程序，由大学的行政及质素控制系统监控或由香港地区学术及职业资历评审局审核。社工注册局在评核本地社会工作训练课程时奉行以下三项原则：①尊重院校的权利、责任及学术自主；②切合不同社工训练课程的独特性；③强调注册局与院校间的协作、沟通及互相尊重。社会工作在香港地区已有 60 多年的历史，社工注册局在评核课程时也以强化专业水平及与国际水平接轨为原则。例如从 2005 年开始，学位及副学位课程在规定的实习时数外，须在实习前接受 100 小时的实习前预备。

除以上的原则外，社工注册局在评审本地社工训练课程时，采用了最低标准（minimum standard）或底线（baseline）模式，即大专院校举办的社工课程必须符合注册局定的最低要求（详见下文“具体标准”）。另外，注册局对学位与副学士/文凭课程的最低要求也有所不同，包括提供训练人员的资历、课程内容、实习时数、师生比例等，属两层系统（two-tier system）。除本地学历外，持有海外社工学历者，如其社工学历为注册局认可，以及符合其他注册资格的要求。如通常居于香港地区，也可向社工注册局申请注册。注册局在认可海外学历时，会基于颁授这些学历的国家是否已有确立认可机制来处理。如相关国家已订立相关的学历水平标准与认可机制，而这些标准等同或高于香港的相关标准，原则上，这些国家认可的社工学历，亦会为注册局所认可。如申请人持有的海外学历来自有待确立认可机制或水平未为注册局所接纳的国家，注册局将根据以下准则做出评审：①注册局的“评核准则”；②与香港地区同等课程进行对比，包括课程内容、课程结构、师资等；③由外来评审根据注册局的“评核准则”进行评估，而这些外评主要为来自接受评审学历的地区的知名社工学者。

具体标准

评审本地社工训练课程时，“标准”订明的具体内容有四个方面，包括：①课程内容及结构；②提供专业训练人员的资历；③院校/学系的学术水平；④其他支援设施。以下作简单的说明。

（一）课程内容及结构

1. 社会工作核心课程

（1）社会工作实务

- 社会工作理论与实务
- 个人、小组、家庭、组织及社区的理论及实务
- 综合社会工作实务
- 社会工作技巧训练
- 与实务有关的选修课程
- 价值观及操守

- 个人及专业发展
- 社会工作价值观及操守
- 工作守则

（2）其他

- 人类行为及社会环境
- 人生发展历程
- 人类行为及多样性
- 人类行为及社会环境
- 社会行政与管理
- 社会企划与发展
- 机构管理
- 服务计划、管理与评估
- 社会福利制度与社会政策
- 社会福利概念
- 社会福利制度
- 社会政策及社会服务

2. 非社会工作核心课程

（1）社会科学/通识教育

- 社会学、心理学及其他学科如经济学、政治科学等

（2）研究与社会探讨

- 研究与社会探讨的基本知识技巧、研究应用

（3）法律知识①

- 有关社工实务的基本法律知识

（4）沟通技巧

- 自我认识及人际关系沟通、社工实务语文应用

3. 实习

（1）实习时数（见表1）

① 非学位课程的选修课程。

表1 实习时数

	直接实习	实习前预备
非学位	700 小时	100 小时
学位	800 小时	100 小时
学位衔接课程	400 小时	不适用

（2）实习指导

- 督导时数
- 每周实习 4—6 节：每星期最少 1.5 小时的督导；
- 每周实习 7 节或以上：每星期最少 2 小时的督导；
- 每周实习 3 节或以下：每两星期最少 1.5 小时的督导。
- 督导方式
- 最少 50% 的时间为个别督导。

（3）实习地点

- 最少其中一次于本地进行。

（4）在职实习

- 容许学生在原职的机构进行实习不能多于一次；
- 指派的社工职责对应课程的水平；
- 符合实习时数及督导时数的规定；
- 由外面的导师进行督导。

（二）提供专业训练人员的资历

1. 学术性教员

- 非学位课程

• 在所有全职教员中，其中 70% 或 3 名（取其多者）须持有社会工作或相关学科的研究院学位；

• 任教社工实务学科的教员必须为注册社工或同等及不少于 5 年从事社会工作的经验；

• 全职教员与学生比例不低于 1 ：25。

- 学位课程

• 在所有全职教员中，其中 70% 或 3 名（取其多者）须持有社会工作或相关学科的研究院学位；

- 任教社工实务课程的教员必须为注册社工或同等及在取得学位后，有不少于5年从事社会工作的经验；
- 持有研究院学位而任教社工实务课程的教员，半数须持有博士学位；
- 全职教员与学生比例不低于1∶15。

2. 实习督导

- 持有社会工作或相关学位的注册社工；
- 在取得学位后，最少具有5年从事社工实务的经验；
- 负责督导硕士学生的导师须持有社会工作或相关科目的硕士或以上学历；
- 如实习在非本地进行，当地的督导须持有注册局认可的社会工作学历；
- 院校可安排其他专业的专家担任督导，如家庭治疗师、心理学家等，但每位同学不可接受多于一次的由上述专家督导。

（三）院校/学系的学术水平

注册局在评核本地社工课程时，将考虑大学拨款委员会及香港学术及职业资历评审局对该院校的评估，但并非必须纳入注册局的考虑范围。

（四）其他支援设施

举办课程的大专院校须提供支援设施，包括：①藏有与社工有关的合理数量书籍、参考文章、在线资料及视听参考资料等；②技巧模拟实验室须配备充足设备；③配备充足的信息科技设施供学生使用；④校园能够提供足够的空间让学生进行活动，如小组习作讨论、面谈、督导等。

在香港，因有社会工作副学士/文凭课程的设立而出现学位衔接课程：院校可透过提供学位衔接课程，让非学位社工毕业生循其他途径获取认可用以注册的社工学位。在提供此类课程时，院校须留意以下要求：①录取的学生须持有注册局认可用以注册的社工文凭、高级文凭或副学士；②注册局对学位衔接课程的要求与一般学位基本相同；③院校须清晰分辨学位衔接课程与非学位课程在课程内容、水平与课程结构上的分别；④最低的实习时数为400小时。

认可机制——课程的评审程序

社工注册局自2005年起设立更全面的评审机制，包括从学历评审团成员中委任学历评审小组进行评审，包括评审探访。学历评审团的成员由社工、专上学院、社工雇佣机构及其他专业团体提名，经注册局确认后由下列五类人士组成：①本地社工学者；②海外社工学者；③社工专业人士；④雇佣机构代表；⑤非社工专业人士。至于学历认可/检讨的评审工作，则由学历评审团的每类人士中，各委一人组成五人的学历评审小组负责。大专院校举办新课程前，必须向注册局申请进行评审；现时已列入注册局认可学历名单中的课程，则须在不多于6年的期间内进行认可检讨。评审机制亦设有上诉渠道，被注册局拒绝的社工学历认可申请，或社会工作学历从认可学历名单中被删除，院校可向注册局提出上诉。

近年，有香港院校以自己的名义或与外地院校合作，以境外授课方式颁授社工学历，注册局不会自动认可该等以境外授课方式颁授的社工学历；该境外授课课程需向注册局申请进行独立评审。

有关评核制度的思考

与邻近地区包括台湾地区及中国内地的制度不同，香港地区的社工注册制度并没有采用公开专业考试的模式，而是透过社工注册局评审社会工作训练课程，凡认可用以注册的社工课程的毕业生，原则上合乎注册资格，可向社工注册局申请成为注册社工。这一制度的设计配合着香港地区的情况：社工训练课程的数目不多，大学/大专的学术评审制度严谨及设有完备的质素监控机制。社工注册局倾向采用“输入”（input）的控制，“输出”（output）包括毕业生的素质有赖课程提供者“把关”。近年，不少大专院校先后开办社工副学士/文凭课程，招生人数亦多，毕业生素质出现颇大的参差，使业内对大专院校“把关”的严谨程度提出质疑，也有意见认为香港从长远来说有必要设立专业考试的机制以确保社工的素质，但目前这种想法仍未成为主导。

“输入”控制方面，注册局现时采用“最低标准/底线模式”，虽然注册局强调及鼓励课程提供者尽力超越最低标准，但原则上只要训练课程能满足“评核准则”的要求，便难以评定课程“不及格”。“评核准则”愈趋详细及学历评审小组的设立，一定程度上反映了注册局及业界有必要把“最低标准”提高，使标准更具体化及加强评审过程的严谨程度，希望借此提高专业训练的素质。

整体而言，由于注册局拥有评审认可用以注册的社工学历的权力，大专院校对注册局的课程评审工作相当重视，并在评审过程中主动、积极回应评审小组的意见及建议，使注册局的评核工作能一直有效地发挥着监察及提升专业社工的素质的作用。

参考文献

洪雪莲：《社会工作注册制度》，载赵文宗、洪雪莲、庄耀光编《社会福利与法律应用：沟通与充权（增订再版）》，香港：圆桌文化 2011 年版。

社工注册局，*Principles*，*Criteria and Standards for Recognizing Qualifications in Social Work for Registration of Registered Social Workers*（1999，2000，2004，2005，2007，2009，2012 版本）（只备英文版本）。

制度转型

中国社会福利阶段式发展：制度规则与制度转型*

［中］彭华民

南京大学社会学院教授、南京大学 MSW 教育中心主任

对中国社会福利研究的实质是对社会制度的研究，对中国社会福利发展的研究实质是对社会福利基本规则实践的研究。社会福利制度的核心是：通过人为努力去建立一系列规则，① 这些规则构成的制度可以化解、分担、防范社会成员在生活中的风险。社会福利制度发展的终极目标是满足人类需要、提升人类福祉（well－being），它包含着人类对美好、幸福、平等、公正的向往，是人类追求理想的产物。制度是社会福利中最重要的核心概念之一，也应该是社会福利研究者最关心的领域之一。

一 社会福利制度的基本规则

制度是一个社会中的博弈规则（rules of game），它被用来约束人类的行为。它包括了人类在什么情况下可以做和什么情况下不能做的限制。制度的基本成分有规范（norms）、规则（rules）、惯例（conventions）、价值、习惯和它们的实践（North，1990：1—10）。制度的功能是在一个社

＊ 本项研究得到国家社会科学基金重点项目（11ASH0009）和江苏省高校重大项目（2010ZDAXMD11）的支持。

① 社会制度部分是基于自然发展建立的如亲属制度，部分是基于社会发展建立的如社会福利制度。

会中建立人类生活中稳定的结构。虽然在社会福利领域中没有人自称是制度主义学者，但仍然不能否认社会福利研究领域中存在制度主义分析。一些学者使用制度分析方法分析贫穷问题（Islam，1995；Jordan，1996；Townsend，1993；Walker & Wong，2005）。实际上制度分析一直存在于社会福利领域中，其基本的主题有：

社会福利制度是再分配资源解决社会问题的规则。社会福利制度建立了人类行为的新规则。这个规则的最基本内容可以表述为：再分配资源，解决社会问题，减少社会不公，提高社会福祉，满足社会需要。米吉利（Midgley，2000）指出，该领域中制度主义最基本的观点是：社会福利提供通过国家机制可以最大限度地加强和扩大。社会福利制度主义者相信：社会需要满足的目标应该通过一系列法定干预去达到，即国家通过建成社会福利制度去提供社会福利。因此社会福利项目有下列特性：法定权威、公共拨款、科层化和广覆盖性。例如德国的社会保险制度、英国的国民健康服务体系，等等。社会福利政策就是制度的一部分，因为它是国家制定的关于社会福利生产、传输、接受、评估行动的规则。

社会福利制度是满足社会需要的规则。社会福利制度其本质是用一种社会认可的制度安排方式去满足的社会群体成员的需要（need）（Smith，1990；Bradshaw，1977；Taylor，1977；Doyal & Gough，1991）。如果从需要的最本质的、可以操作的角度研究，社会福利中的需要是社会中生活的人在其生命过程中的一种缺乏的状态，人的基本需要如果不能满足，这种缺乏状态将损害人的生命意义（Edwards，1987：70—72）。例如，如果不能提供足够的健康照顾给老人和其他需要的社会成员，他们的生命意义将被损害。社会建立社会福利制度来满足人类需要，已经具体化为多个不同领域的具体社会福利制度，如满足社会成员健康照顾需要的医疗卫生制度；满足儿童需要的儿童福利制度提供儿童安全成长环境；满足社会成员稳定收入需要的社会保险和救济制度保障个人的生活水平不下降到一个不可以接受的程度；等等。

社会福利制度是实现利他主义和公民权利的规则。社会福利中的制度主义理论因为更多的学者的努力而得到发展。提姆思（Titmuss，1974）提出了社会福利是利他主义实现的一种方式的观点，他引入了社会福利应是公民集体道德责任的讨论。国家代表着公民，所以国家应该承担集体责任。国家将利他主义制度化，建立社会福利制度。社会福利制度还体现了公民权利思想。马歇尔(Marshall, 1965)提出了公民权利的理论。他认为国家提供社会福利是公民权利历史演化的顶峰。国家必须保证公民能获得足够的收入、住房和教育方面的福利。国家立法并承诺实现公民的权利。[①] 国家提供社会福利通过立法和政策而制度化。

社会福利制度的补缺与制度类型规则。社会福利研究中的制度主义理论发现了社会福利制度因存在不同的特点而有不同的类型。维伦斯基和利比克斯(Wilensky & Lebeaux, 1965)提出补缺型社会福利与制度型社会福利。补缺型社会福利制度认为社会福利只在市场和家庭制度失效时发挥作用。而制度型社会福利制度认为社会福利是现代工业社会必需的、具有福利提供功能的部分,它不带有任何施舍或慈善性质的污名,它被认为是个人、家庭和社区满足其社会需要的主要方式。维伦斯基和利比克斯还认为政府的介入个人需要满足的社会福利制度是社会工业化的结果。因为工业化破坏了传统的社会福利机制,如家庭、亲属支持网,等等。同时,工业化使得工人生活风险加大,如失业、工伤、疾病都会导致收入中断而引起贫困。这些问题单靠个人或家庭是难以解决的。于是政府通过社会福利制度来承担解决社会问题的责任。[②]

社会福利制度的选择和普惠类型规则。对于社会福利制度类型化研究和描述除了制度型社会福利与补缺型社会福利制度模式外,制度主义者还提出另外一对社会福利制度类型化概念:具有普遍性的普惠型社会福利制度和具有选择性的选择型社会福利制度。普惠型社会福利制度是全体社会成员需要满足原则实现的体现,它涉及的社会福利的接受者没有限制,即福利项目是要面对所有公民(或居民)。制度主义者坚持普遍主义,他们坚持社会福利是公民的权利,认为具有普惠型福利项目可以有效消除福利污名化(stigma)给接受者带来的侮辱和伤害。此外,选择型社会福利通过家计审查提供福利,这样的福利项目将大笔的钱用于管理、筛选福利接受对象,被一些社会福利中的研究者认为是不经济的行为。英国的国民健康服务和儿童津贴就是普惠型社会项目的范例。医疗服务的提供不受公民

---

① 马歇尔的公民权利理论因为福利国家危机而受到批评,因为他的理论为过分慷慨福利提供了依据。现在的观点是,社会福利制度既建立在公民权利基础上,也建立在公民责任的基础上。

② 这个社会福利分类至今都在对社会福利的发展产生着影响。学术界一方的观点认为中国建立了残补型的社会福利制度,而另外一方的观点是中国社会福利的部分内容已经具有制度化的特点。

的收入、身份、职业、信仰、阶层等因素的影响。对于儿童津贴，尽管社会成员有不同阶层和不同收入，但儿童津贴一样支付给他们，因为这是他们的社会权利。

综上所述，制度主义分析的核心是对规则的研究。社会福利制度建立的基本规则是：通过制度再分配资源来解决社会问题；通过制度满足社会需要；通过制度实现利他主义，通过制度实现公民权利。①

二 中国社会福利制度阶段式发展特征

以西方国家和亚洲新兴工业国家、地区的实践经验，以及国际社会福利制度的比较研究经验，中国把社会福利定义为社会保障制度安排的一个部分是不恰当的，这容易造成比较研究的困难（尚晓援，2001）。② 中国政府使用的社会福利和社会保障概念与西方大多数国家的概念内容存在不同。中国的社会福利制度包含在社会保障制度体系框架内。中国社会保障制度主要包括六个方面：社会保险、社会救助、社会福利、优抚保障、个人储蓄保障和社会互助（全国人大，1995）。这不仅仅是比较研究的困难，在采用制度主义观点分析中国社会福利制度时，这个困难同样存在。因此，本文为了保持比较研究和演进阶段分析逻辑的一致性，采用与国际接轨的大社会福利概念。

（一）中国社会福利的发端阶段（1949 年之前）

研究计划经济时代中国社会福利的发展与特征，不能不提到中国早期社会福利的发展。中国社会福利有相对较长的历史。一些学者和政府部门官员认为 1949 年之后，“社会福利”一词不是作为学术概念发展形成的，而是根据政府行政实践需要而逐渐建立起来的；社会福利作为社会保障体

---

① 笔者认为，社会福利中制度主义理论还包括艾斯平—安德森（Gosta Esping-Andersen）的福利体制理论（welfare regime），新马克思主义者例如 Ian Gough 等关于阶级冲突作为社会福利制度建立动力之一的福利国家理论，等等。这些内容限于篇幅将在另外的文章中讨论。

② 关于社会福利和社会保障定义和就此引发的讨论一直存在。从国际经验来看，中国政府的社会福利定义只包括儿童福利（包括收养）、老人福利、残疾人福利的社会福利服务（三大困难群体），以及殡葬服务、城市流浪人群服务等，不能表现伴随改革开放出现新的社会福利内容，也难以满足社会成员对社会福利的需要。

系中的一个子系统，专指民政部门负责的各种福利事务和传统的由单位包办的职业福利以及价格补贴等，中国社会福利是从社会实践中形成的约定俗成的概念。实际上这个理解是有误差的。

中国社会福利的发展可以追溯到1949年之前。1949年之前，中国实行有限的市场经济制度。由于八年抗日以及连年的内战，中国社会经济发展受到了很大的影响。社会非常需要建立现代社会福利制度来解决贫困等社会问题。国民党政府在一定程度上推动了社会福利制度建设。政府在社会部中专门设有社会福利司，主管社会福利制度建设和社会福利服务；政府出版了包括社会救济、社会服务、职业介绍、社会保险、劳工福利等内容的《社会福利统计》刊物,[①] 反映了当时社会福利制度发展的状况。

当时政府在一定程度上推动了社会福利的教学研究。中国本土的社会福利制度研究发端于20世纪30年代前后。1937年《广州市救济院季刊》创刊发行，1941年《中国社会事业协会事业报告》发行，1944年国民党政府的社会部统计处出版《社会福利统计》，1946年柯象峰著的《社会救济》（专著）全面系统地讨论了中国的社会救济政策与福利服务。位于南京的金陵大学建有儿童福利系，是中国最早建立的社会福利系。当时的教育部在1944年制定的社会学系必修及选修科目要点中，必修课有社会事业与行政，选修课中设有儿童福利、社会救济等课程（孙本文，1948：226—228）。中央大学建立的实习基地之一就有儿童福利院。

（二）依附于计划经济的补缺型社会福利制度发展阶段（1949—1983）

1949年中华人民共和国成立以后，中国政府就开始在新意识形态即社会主义思想的指导下进行社会福利制度建设。1949年之后，新中国政府对以前的教学体制进行了整改，于1950年制定的《高等学校文法两院各系课程草案（社会学系部分）》中，专门为培养内务工作干部（相当于今天的民政部）设计了内务组课程，其中包括社会福利（中央人民政府教育部，1950）。同时，新中国政府设有内务部，将社会福利工作纳入内务部工作之中。当时实施的是计划经济，整个国家面临着许多需要解决的社会问题，对社会福利的需要十分强烈，社会福利制度建设出现了新

① 国民党政府社会部统计处编辑：《社会福利统计》（期刊），1944—1947年（现存于北京中国国家图书馆）。

内容:

这个阶段的工作是中国确立了社会主义意识形态为初级社会福利制度的指导思想。社会福利制度依附于经济公有制和计划经济制度而发展。当时的社会福利提供与生产资料所有制形式密切相关。公有化程度越高的部门，所享有的社会福利水平也就越高。社会福利制度首先建立在公有制部门（政府部门、文教卫部门、国有制企业等），国家制定了全民所有制部门高于集体所有制部门、公有制部门的社会福利水平一直高于私有制部门的政策。由政府调拨社会福利资源，强化了国家行政权力，使中国能够在经济条件比较困难的情况下，发展社会福利事业。

中国建立了城乡分割和封闭的社会福利制度，即城市和农村社会福利资源、管理、提供、接受分割，城乡体系互相封闭。城市职工单位福利水平高：单位福利设施和福利项目安排是各单位在国家统一规定下自行操办的，单位福利建立在职工与单位的这种依附关系的基础之上。中国农村在农业合作化结束实行土地集体所有制后，农村逐步建立了以集体经济为基础，集体福利、家庭照顾和国家社会救助相结合的农村社会福利制度。农民接受的社会福利水平直接取决于所在集体的生产情况，农村社会福利水平大大低于城市，农村家庭照顾成为非常重要的私域福利。

民政社会福利制度初步形成。1955 年中国政府的内务部设立了社会福利管理机构，1959 年正式建立社会福利服务机构，主要工作按城市和农村地域不同而有所区别。城市的社会福利主要是收养无依无靠、无劳动能力、无正常生活来源的孤寡老人、孤残儿童、精神病人和残疾人，即对“三无”人员的社会救助。农村的社会福利主要是社会救助的建立。1956 年政府对于缺乏劳动能力或者完全丧失劳动能力、生活没有依靠的老、弱、孤、寡、残疾的社员保证他们的吃、穿和柴火的供应，保证年幼的受到教育和年老的死后安葬，使他们生养死葬都有依靠（全国人大，1956）。这个社会救助简称“五保”制度。“三无”和“五保”两个具有中国特色的社会福利概念一直沿用至今，形成了具有中国特色的社会福利领域。

中国初级社会福利制度是一个符合当时国情的社会福利制度。到 1956 年前后，初步建成了以国家为责任主体，通过城镇职工的单位福利提供，以集体经济为基础的农村福利提供，还有对特殊社会群体的社会救助的初级社会福利制度安排。低水平及一定范围覆盖是补缺型社会福利制度的典型特征，但它对中国社会经济发展起到了重要的支持作用，对当时的社会稳定起到了积极的促进作用。

中国建立了补缺型社会福利制度。中国初级社会福利制度最初是致力于解决贫困问题、灾难救济和失业问题，中国政府解决大量难民、灾民、游民、乞丐、失业者的基本需要满足问题。社会救济和对困难人群的社会福利服务成了当时常规性的工作。只有那些无依无靠、无家可归、无生活来源的“三无”孤寡老人、孤残儿童、残疾人才能成为民政福利的服务对象。政府包办了这部分特殊人群的社会福利提供。由于经济发展水平的限制，社会福利领域存在物资资源和资金不足、社会福利服务机构数量不足、福利服务规模不够、福利服务质量较差的问题。

（三）社会市场经济路径下补缺型社会福利制度发展阶段（1984—2006）

中国经济体制改革于1979年起步，在经过10多年改革后确立了中国社会主义市场经济体系。改革开放30多年，社会经济形势发生了巨大变化：（1）中国建立了社会主义的市场经济，建立了自由流动的劳动力市场，打破了就业的铁饭碗制度，失业问题凸显。（2）中国人口数量不断增加，人口老龄化浪潮到来，人口问题突出。（3）中国家庭发生了巨大的变化，独生子女政策成为家庭小型化的强有力催化剂，家庭照顾问题突出。（4）中国经济体制转轨和社会转型加剧了收入分配中的不平等问题，新贫困社群数量急剧增加。这些社会变迁产生了更广泛的社会福利需要，提出了中国社会福利制度改革发展的必要性。

尽管中国社会福利制度改革的目标、方向、模式等在30多年的时间里一直争论不已，但社会福利不断改变着我们的世界。在此采用大社会福利概念为框架，可见社会福利重大变迁：（1）改革国家—单位—个人的社会福利传输方式，建立现代社会保险制度。（2）建立了城乡居民最低生活保障制度，建立了城乡消除贫困问题的机制。（3）改革住房福利制度，建立城市住房公积金制度，以及住房救助制度。（4）政府提供社会福利服务逐步向社会福利多元化转变。其中最突出的是从1984年开始，中国政府将社区服务确定为重要的具有社会福利性的服务行业。中国政府认识到社会福利服务单纯依靠政府是不能满足社会需要的，必须广泛动员社会力量，形成政府和社会互动、互补（窦玉沛，2007）。（5）改革相关法律法规，建立新的社会福利法律法规。政府相继出台了《老年人保障法》、《残疾人保障法》、《未成年人保护法》等。围绕这些法律制定一系列的实施办法来保障社会福利服务对象的权益。建立了社会福利机构管理规范、社会福利机构评定标准等行业规范，同时，建立了社会福利服务领域中主要职业标准，包括社会工作职业水平评价、养老护理员职业标准，等等。

经过30多年的改革探索，尽管中国社会福利制度已经发生不少新变化，但这个阶段中国社会福利的基本特征还是原有制度特征和新发展制度特征的混合体：（1）中国社会福利的国家责任仍然停留在提供社会福利给困难群体，国家的综合国力还不容许能建立面向全体社会成员的普惠型社会福利。中国社会福利仍然属于补缺型社会福利。（2）中国政府倡导的是重收入保障忽视社会福利服务的原则，倡导的是狭义的而非广义的社会福利。中国较为成功地建立了失业保险、养老保险和医疗保险制度。众所周知，社会保险是重视收入保障的概念和制度。因此，改革开放推动的首先是收入保障制度的建设，而社会福利服务提供由于种种限制，仍然有很多社会群体的需要未能满足，这也是补缺型社会福利的特征。（3）中国政府建立的是二元的而非城乡统一的社会福利制度。中国虽然已经进入了市场经济时代，城乡劳动力自由流动的壁垒已经打破，但社会福利资源分配仍然呈现出十分鲜明的城乡分割的二元特征。社会福利本是减少社会不平等的制度安排，但在中国，它在一定程度上成为保持城乡社会不平等的制度安排，这种社会福利资源分配不平等是补缺型社会福利的典型特征。(4)中国民政社会福利开支逐年增加，但占国家财政支出比例相当小。1984年中国政府财政支出1701.02亿元人民币，民政社会福利支出24.2亿元，占1.42%；2007年中国政府财政支出49565.40亿元，民政社会事业开支1215.5亿元（社会福利包含在这个开支内），在国家财政支出快速增长的同时，民政社会事业（社会福利）支出也有快速增长。这里比较突出的问题是，民政社会事业（社会福利）占国家财政支出的比例仍然很小，仅为2.43%，而且仅仅增加了一个百分点（李学举，2008：354—355、452—453、454—455）。民政社会福利发展受到财政支出的限制，影响到了中国社会福利的发展。社会福利开支比例小是补缺型社会福利的典型特征。

（四）新社会发展目标下向适度普惠型社会福利转型阶段（2007 年至今）

中国社会福利重大转型目标确立。在中国社会主义市场经济快速发展的背景下，中国政府提出建立和谐社会、追求幸福生活的社会发展目标。2007 年是中国社会福利发展的关键一年。民政部提出中国社会福利转型的目标：即中国社会福利由补缺型向适度普惠型转型。政府界定的转型目标是由补缺型福利提供给特定的老年人、残疾人、孤儿向全体老年人、残疾人和处于困境中的儿童转变；在服务项目和产品的供给上，要满足全体老年人、残疾人和困境儿童需要。尽管这是一个狭义的民政社会福利转型目标，但它带来的却是极大的影响。这意味着中国放弃了坚守近 60 年补缺型社会福利提供规则，接受了普惠型社会福利理念，将社会福利提供从特殊弱势群体转型到一般人群，并结合中国本土实际提出适度普惠的愿景。社会福利的转型需要经济的支持。在中国社会和经济都发达的城市如深圳，提出了在“十二五”期间建立普惠型社会福利的战略，比适度普惠目标更向前迈进了一步。中国社会福利从补缺型转到适度普惠型，是一次革命性的变革，是意义重大的转型。中国社会福利开始从社会问题取向转向社会需要满足取向；逐步建立以需要为本的社会福利目标定位，以推进适度普惠型社会福利制度的建立（彭华民，2010）。

中国社会福利服务提供机制——政府主导多元发展。中国政府将社区服务确定为重要的具有社会福利性的服务行业，社区服务包括多样化的服务类型，能动员多种社会资源投入社区服务中，满足了社区居民一些基本的社会福利需要。中国政府认识到社会福利服务单纯依靠政府是不能满足社会需要的，必须广泛动员社会力量，形成政府和社会互动、互补的社会福利提供规则（窦玉沛，2007）：（1）政府主导和社会参与相结合，单纯依靠政府提供有限的社会福利是满足不了中国社会需要的。（2）居家、社区和福利机构相结合。居家是基础，社区是依托，社会福利机构是福利重要提供者和补充者。（3）法治化、专业化和标准化相结合，积极推动社会福利相关法律法规的建设，用法律保障社会福利接受者的权益。

中国社会福利发展与管理规则制度化。改革相关法律法规，建立新的社会福利法律法规，中国社会福利改革走上了法治化、专业化和标准化相结合的道路。政府相继出台了《老年人保障法》、《残疾人保障法》、《成年人保护法》等。同时围绕这些法律制定一系列的实施办法来保障社会福利服务对象的权益。同时，建立了社会福利机构管理规范、社会福利院评定标准、福利企业资格认定、老年人建筑设计规范、城市道路和建筑物无障碍设计规范、特殊教育学校建筑设计规范等行业规范。同时，建立了社会福利服务领域中的主要职业标准，包括社会工作职业水平评价、养老护理员职业标准、保育员职业标准、育婴员职业标准、心理咨询师职业标准、健康管理员职业标准、公共营养师职业标准，等等。

中国社会福利人才培养制度化。社会福利人才培养沿着两条路径向前推进。一是作为社会福利的生产、提供、传输的社会工作人才培养。2007年中国建立社会工作师考试制度。社会工作职业和教育制度建立，为社会福利服务培养了人才。在改革开放之后，社会工作教育首先在社会学的教学体系中恢复。1984 年费孝通先生主编的《社会学概论》中包含了社会工作的内容。20 世纪 80 年代末，大学社会工作教育恢复。2009 年教育部批准大学建立社会工作专业硕士，培养高级社会工作人才。现在中国有 260 多个大学有社会工作专业，为社会福利行业培养输送专业人才。二是作为社会福利行业中其他专业人才的培养逐渐制度化。具有特殊服务领域专业资格证书的人才如老人照顾、儿童护理、残疾人康复、心理咨询等方面人才的培养，形成了与社会工作者互相支持、共同服务的社会福利人才。

三 中国社会制度互动互构：社会福利发展的结论与建议

社会福利研究中是否存在制度主义流派抑或制度主义分析？目前发现社会福利研究领域中没有制度主义理论旗手，可以比较肯定地得出结论：作为一个领域中的制度主义流派目前没有形成。但社会福利领域中存在较为丰富的社会福利制度研究，特别是关于社会福利制度规则和实践的研究是该领域存在制度主义分析的最有力的例证。抽象地说，制度主义是一种理论方法，制度研究是制度主义分析方法的具体应用，是一个研究领域内容，它们是一体两面。当社会福利学科存在如此丰富的制度研究时，实际上它已逐渐形成了独特的制度主义理论。

从前面的分析中可以得出这样的结论：尽管中国社会福利发展存在各种问题，但当对中国社会福利制度从发展期（1949—1983）、快速发展期

(1984—2006)、重大转型期（2007年至今）的发展轨迹进行研究后,[①]可以从宏观层面抽象和发现中国社会福利发展存在政治制度、经济制度和社会福利制度联动并行画面（见表1）。

表1　**中国社会福利制度的多元画面**

制度	发展期的制度特征	快速发展期的制度特征	重大转型期的制度特征
政治制度	社会主义政治制度建设，城乡分割的社会福利是解决社会问题，保障政权稳定的需要	社会主义的改革开放，建设小康社会。社会福利制度发展是特殊群体基本需要满足，维稳的需要	建设社会主义和谐社会。人民有尊严和幸福生活，满足全体人民基本生活需要，社会福利制度是稳定发展的保障
经济制度	社会主义计划经济，城乡分割	向社会主义市场经济转型，经济改革与发展，部分人先富起来	社会主义市场经济，GDP的快速增长，收入差距扩大
社会福利制度（利他主义规则的实现）	补缺型社会福利单位制，公社制。城乡分割	补缺型为主，兼有小部分普惠的内容。城乡分割	补缺型向适度普惠型社会福利转型。部分地区向普惠型迈进
国家责任（再分配资源规则的实现）	有限社会福利提供责任，依附于政治和经济发展	有限社会福利提供，政府责任的扩大，依附于政治和经济发展	责任混合型：部分以公民权利为基础，部分以政府需要为基础。社会建设与经济建设并重
社会福利服务对象（社会需要满足规则的实现）	三无、孤儿、老人、残疾人为主，灾民等弱势群体，员工单位福利制度、社员的公社制度等。特殊群体基本需要满足	建立与经济发展相适应的社会保险制度；社会救助中低保制度；福利服务对象的扩大等。扩大了的基本需要满足	社会保险打破城乡壁垒；福利服务对象的再扩大，从特殊到一般人群等。一般群体的需要满足

① 由于内地关于中国社会福利发轫期的资料非常少，本文暂时不将此内容放入表1分析。

在对社会福利制度主要规则和发展逻辑进行简单回溯后，以制度主义分析视角下的社会福利制度依赖的政治经济制度、社会福利类型、社会福利责任、社会福利对象等，分析比较中国社会福利制度发展的过程，发现：

（一）中国社会福利制度和西方社会福利的发展轨迹有相似之处

政治发展和经济发展不论在西方还是在中国，都是和社会福利发展联动的。政治发展为经济发展提供意识形态支持条件，政治发展和经济发展提出社会福利发展的要求。早期的社会福利发展都是以解决社会问题、维持社会稳定为目标的；重点在解决特殊弱势群体需要满足问题；之后社会福利是为了更好地推动经济发展而发展的，保障社会成员基本生活需要满足成为重要目标；当政治和经济发展到更高阶段时，经济发展为社会福利水平提高奠定了物质基础，政治成为公民权利实现的制度保障，社会福利成为公民权利实现的手段。

（二）社会福利制度的基本规则无论在西方国家还是在中国社会福利发展过程中都得到实现

社会福利提供的资源均属于社会再分配范畴，来源于政府。部分西方国家的社会开支占 GDP 的 20% 以上。中国的民政社会福利归入民政社会事业开支，后者占国家财政开支的 2.43%，比例很小，是中国达成适度普惠型社会福利目标的最大障碍。社会福利制度建立的主要目标都是解决社会问题、满足社会需要的。在社会福利制度发展中，从满足特殊群体的需要发展为满足全体社会成员的需要，补缺型社会福利制度慢慢地在一定程度上被普惠型社会福利制度替代，社会成员的公民权利实现得到社会福利制度的保障。

（三）中国社会福利制度发展与其他国家有共性也有自己独特轨迹

支撑中国社会福利制度发展的政治制度是中国特色的社会主义制度，支持中国社会福利制度转型的是社会主义市场制度。在 30 多年的改革开放过程中，中国政府承担的社会福利责任虽然有所扩大，但仍然是有限的，政府主导多元部门参与社会福利提供是福利提供的规则。中国不是要建成西方福利国家一样的制度，而是要建设具有中国特色的适度普惠型社会福利制度。

沿着制度主义分析逻辑，演绎中国社会福利发展和转型过程，既深深感到限于一篇论文难以具体深刻地描述制度发展丰富画卷，但这个领域中存在极富挑战和理论意义的研究课题：什么是支持、引领中国社会福利重大转型的理论？中国社会福利制度理论包含哪些内容？中国社会福利研究制度主义观点是否能够成立？如果能够成立，应该向什么方向发展？殷切期望有更多的年轻学者能够加入社会福利制度分析领域，开展对中国社会福利制度重大转型的深度研究。

参考文献

窦玉沛:《社会福利由补缺型向适度普惠型转变》,《公益时报》2007 年 10 月 13 日（http：//news. sina. com. cn/c/2007 – 10 – 23/100914146154. shtml)。

吉尔伯特、特里尔:《社会福利政策导论》，黄晨曦、周烨、刘红译，华东理工大学出版社 2003 年版。

景天魁、毕天云:《从小福利迈向大福利：中国特色福利制度的新阶段》,《理论前沿》2009 年第 11 期。

李学举主编:《民政 30 年》，中国社会出版社 2008 年版。

彭华民：《论需要为本的中国社会福利转型的目标定位》，《南开学报》2010 年第 4 期。

全国人大:《高级农业生产合作社示范章程》，1956 年。

《中华人民共和国国民经济和社会发展“九五”计划和 2010 年远景目标纲要》，1995 年。

尚晓援:《“社会福利”与“社会保障”再认识》，《中国社会科学》2001 年第 3 期。

孙本文:《近代中国社会学》，胜利出版社 1948 年版。

王思斌:《我国适度普惠型社会福利制度的建构》,《北京大学学报（哲学社会科学版)》2009 年第 3 期。

中央人民政府教育部编印:《高等学校课程草案》，1950 年。

Aoki, M., *Toward A Comparative Institutional Analysis*, Cambridge, Mass.: MIT Press, 2001.

Bradshaw, J., "The Concept of Social Need", In Fitzgerald, M.; Halmos, P.; Muncie, J. & Zeldin, D. (eds.), *Welfare in Action*, London: Routledge & K. Paul in association with the Open University Press, 1977.

Doyal, L. & Gough, I., *A Theory of Human Need*, Basingstoke: Macmillan, 1991.

Edwards, J., *Positive Discrimination, Social Justice and Social Policy: Moral Scrutiny of A Policy Practice*, London: Tavistock, 1987.

Islam, R., "Rural Institutions and Poverty", In Rodger, van der Hoeven, R. (eds.), *Asia, New Approaches in Poverty Analysis and Policy-II*, Geneva, International Institute for Labour Studies, ILO, 1995.

Jordan, B., *A Theory of Poverty and Social Exclusion*, Cambridge, MA: Polity Press, 1995.

Marshall, T. H., *Class, Citizenship and Social Development*, New York: Anchor Books, 1965.

Midgley, J., "The Institutional Approach in Social Policy", In Midgley, J., Martin B. & Livermore, T. M. (eds.), *The Handbook of Social Policy*, Sage Publications, Inc, 2000.

North, D. C., *Institutions, Institutional Change and Economic Performance*, Cambridge: Cambridge University Press, 1990.

Smith, G., *Ideologies, Beliefs and Patterns of Administration in the Organisation of Social Work Practice: A Study with Special Reference to the Concept of Social Need*, West Yorkshire, UK: British Library, 1990.

Taylor, R., "Measuring Need in the Social Services", In Gilbert, N. & Specht, H. (eds.), *Planning for Social Welfare: Issues, Models and Tasks*, Englewood, Cliffs, NJ: Prentice Hall, 1977.

Titmuss, R. M., *Social Policy: An Introduction*, London: Allen & Unwin, 1974.

Townsend, P., *The International Analysis of Poverty*, New York: Harvester Wheatsheaf, 1993.

Wilensky, H. L. & Lebeaux, C. N., *Industrial Society and Social Welfare*, New York: The Free Press, 1965.

Walker, A. & Wong, C. K., *East Asian Welfare Regimes in Transition: From Confucianism to Globalization*, Bristol: Policy Press, 2005.

增长、福利与稳定：经济发展与社会政策的“常识”与反“常识”

［中］刘军强

中山大学公共管理学院教授

一 引子：一路延烧的争论

2002 年北京大学陈平教授发表“社会保障是短视国策”的言论，他认为“建立中国统一的社会保障体系是自损国际竞争力的短视国策”。此一观点引起广泛争论。2009 年王建勋、岳经纶、薛涌等亦在《南方都市报》、《东方早报》等大众媒体展开了一场福利国家的辩论。2010 年 11 月 24 日，人力资源和社会保障部副部长胡晓义接受采访时说：“（中国）不能重蹈一些国家由于福利过度导致养懒汉这样一种覆辙”（赵鹏，2010；李晓亮，2010）。可见，政策制定者对福利的消极后果也忧心忡忡。

另一方面，数据显示中国的社会保障水平与“福利过度”相距甚远。据世界银行报告，到 2005 年，中国仍有 2. 54 亿人口每天消费不足 1. 25 美元。此外，中国的社会保险离全面覆盖还有很大距离，而且风险分布和保障强度之间的错配导致了逆向调节效应。以养老保险为例，中国的养老保险仅仅覆盖了部分城镇人口，占人口绝大多数的农村人口则至今仍没有有效保障。在 2008 年，失业保险基金结余 1310 亿元，但失业金领取率却仅为 29%。“有险无保”和“有保无险”的问题很突出。

社会再分配的机制是将资源从优势群体转移到弱势群体。为何一些政策使得优势集团持续不断地得到好处，成为“永不落空”的群体（孙立平、李强、沈原，1998；秦晖，2008）？如果对比目前的税负和福利水平，我们会变得更加不安。据《福布斯》杂志历年的计算，中国的税负水平稳定地排在世界的前五名，2009 年已经晋升全球第二（见表 1）。即使《福布斯》排名的批评者也认为中国的税负与福利相比极不对称（朱青，2007）。为何高税负没有转化为高福利?

表 1 《福布斯》“税收痛苦指数”排名（2005—2009）

	2005 年	2006 年	2007 年	2008 年	2009 年
第一名	法国	法国	法国	法国	法国
第二名	中国（北京）	中国	比利时	荷兰	中国
第三名	比利时	比利时	中国	比利时	比利时
第四名	瑞典	瑞典	瑞典	瑞典	瑞典
第五名	意大利	意大利	意大利	中国	荷兰

资料来源:《福布斯》网站，www.forbes.com，2011 年 12 月 12 日。

上述争论均是围绕社会政策展开，包括社会保障与经济发展的关系，社会保障的适度水平等议题。这些议题一直是国内外学界争论的焦点。围绕着福利国家的经济后果，学者们一直争论不休（Mares，2007）。一些观点认为，日渐增长的社会保护政策被认为会降低投资和工作动机，进而损害国家竞争力；社会政策还可能影响就业，社会支出的刚性增长又会造成沉重的财政负担。这些观点拥有众多支持者，甚至形成了传统智慧（conventional wisdom），即所谓的“常识”。这些“常识”在中国也流行甚广。

王思斌在 2004 年指出，经济、社会发展的新需求已经将社会政策推向前台，我们已经进入“社会政策时代”。但无论在学界，还是在大众媒体，关于社会政策的争论还将一路延烧下去。社会政策的作用及功能发挥，需要学界、政策制定者形成一定的共识。因此，我们需要在以下方面深耕下去：其一，理论方面，社会政策与经济发展的关系需要进行系统、细致的梳理。否则，认识层面会存在很多混淆，而且使得社会政策的定位以及政府的职责一直含混不清。其二，实证方面，我们需要对中国的社会支出水平、社会保障水平进行以坚实的经验数据为基础的比较分析。否则，由于缺少对国内总体保障水平的系统分析，也没有跨地区历时的比较，更没有将中国与其他国家的比较分析，我们在争论社会保障适度水平的时候会流于空泛。本文将在第一方面进行探讨。文章首先通过分析相关理论和经验研究，来解析社会政策与经济发展的关系，从而理性反思上述“常识”的合理性。

二 社会政策与经济发展：微观与宏观视角

对社会政策的第一项批评是：社会项目是非生产性的，不仅消耗大量经济资源，而且会在微观层面损害投资者的投资动机和劳动者的工作动机；在宏观层面，福利危害国家的竞争力。下文将从微观、宏观两个角度重新审视这两个论断。

（一）福利损害投资和工作动机吗

福利的基础是税收，高福利需要高税收支持。在福利的反对者看来，高税收带来双重损害：其一，高税收给纳税人、雇主以负面激励，从而降低了投资和生产积极性。其二，高福利降低了低收入者的工作动机，产生福利依赖（welfare dependence），即“福利养懒人”的问题。

如果纯粹地就逻辑推理而言，高税收的确会减少人们的可支配收入。在累进税制下，高收入人群负担的税收更重。而且，税收过高会导致企业经营成本上升、利润下滑，从而降低了资本的收益率。但是，现实情况没有那么简单。

首先，传统观点认为社会政策对雇主无益，雇主和雇员是零和关系。然而新兴起的雇主中心视角表明，社会保险的起源和发展与雇主的支持是分不开的。社会保险具有诸多正面功能，包括：（1）社会保险可以为工人提供工作保证，从而减少技术培养方面的市场失灵（market failure in skill formation）。如果缺少保障，那么工人会缺少激励去投资于技能培养。因为一旦失业，投资于技术提升的工人会比其他工人损失得更大。社会保险（尤其是失业保险）可以消除工人这方面的顾虑，激励他们改进技能水平，从而使得整体的生产效率得到提升（Estévez-Abe, Iversen & Soskice, 2001）。（2）社会保险可以为高风险行业分担风险，使之避免因为风险而破产。这对于采矿业、煤炭生产等行业尤为重要。（3）社会保险有助于劳动力的平稳更替。在社会保险的保护下，生产力低的工人可以平缓地退出劳动力市场，从而将劳动岗位释放给年轻的、技术能力更强的工人。这有助于提高整体的生产力水平（Lindert, 2004）。

正是因为上述正面外部性的存在，理性的雇主和投资者并不会盲目地反对社会保险项目。

其次，社会政策在大多数国家已经全民化。其服务对象已经发展成为全体国民，并非仅仅针对少数人群。在各国的社会支出中，占主要部分的是社会保险。低收入者作为主要接受者的社会救济在社会支出中的比例很小。社会保险涵盖了大多数社会成员。以养老保险和医疗保险为例，几乎所有的人都依赖于这些机制来应对退休、疾病带来的收入损失。再者，由于风险的不确定性，每个人无法保证自己不受任何社会风险的影响（疾病、失业、伤残等意外）。通过缴纳工资税来参加社会保险，不仅可以接受，而且成为必需。因此，无论是对于普通纳税人，还是雇主，社会政策并非纯粹的资源汲取。社会政策的普惠特征使得这一制度有着广泛的民意基础。

福利是否影响接受者的工作动机？长期以来，过高的福利被认为会弱化工人的工作动机，导致“福利养懒人”的问题（Murray，1984）。媒体对一些个案的报道往往将问题夸大化（例如英国的超级蛀虫）（Taylor，2010）。根据最近的研究，其实福利依赖的问题并没有想象的那么严重。在英国，官方和一些学者都指责失业者没有积极地找工作，即使有工作机会也挑三拣四。但根据安德鲁·顿恩（Andrew Dunn）的研究，失业者中教育程度较高的人群找工作时往往有所挑拣，但他们大部分都可以找到工作。那些教育程度低、就业能力差的失业者努力地找工作，但是往往很难找到（Dunn，2010）。如果不对这两个群体做出区分，我们表面上看到的只是失业者在找工作的时候挑挑拣拣，以至于有工作也不做。而实际上，对失业者的这种印象并不确切。

福利依赖并不会自动形成，而是跟救济金、失业金水平（如失业金替代率）、领取率等相联系。只有救济水平过于慷慨才会弱化工作动机。在 OECD 国家，失业金领取率则一直徘徊在 50% 左右。美国的失业金领取率只有 30% 左右，即只有 30% 的失业者申领失业金（Vroman and Brusentsev，2005）。尽管中国的福利远远没有到“过高”的程度，很多“有识之士”早已开始未雨绸缪。中国的低保制度曾被批评会造成“福利养懒人”。然而，经验研究的结果并不支持最低生活保障制度弱化低保户再就业行为、诱导福利依赖的观点（慈勤英、王卓祺，2006）。低保接受者中存在一部分有劳动能力的人口，这不仅不是因为福利过分慷慨，以至于他们不需要工作。恰恰相反，由于目前的低保水平比较低，低保接受者需要一方面偷偷工作（隐性就业），另一方面继续领取救济，才可以维持生活。所以，所谓的福利依赖只是低保户在救济金不够的情况下，争取更多福利的一种权宜之计（彭宅文，2009）。可见，“福利养懒人”的指控并不属实。相反，我们需要检讨社会救济的水平。此外，中国的失业金替代率和领取率比西方国家更低。在2008年，仅有29%的登记失业人员领取了失业救济金。所以，目前的问题仍然是受益不足，而不是待遇过分慷慨的问题。

综上所述，对于雇主而言，他们所负担的社会成本（员工的社会保险供款等）有很多正面的外部性。对于个人而言，他们缴纳的工薪税起到了保护个人抵御生活风险的作用。对于福利的接受者而言，福利依赖的现象被夸大。因此，就微观层次而言，社会政策危害经济发展的说法并不可靠。

（二）福利削弱国家竞争力吗

政策圈的读者往往关注，福利会不会影响国家竞争力？其实在20世纪90年代前后，这一论题国际学术界已经有相当的讨论。在全球化背景下，资本流动率提高，很多政策制定者担心福利开支会降低本国对外来资本的吸引力。下文将简述福利与国家竞争力的关系。

每当经济开始衰退时，一般会伴随着社会支出的上升。这导致社会支出总是被当作经济衰退的替罪羔羊。难道两者的这种伴生关系足以说明社会支出上升损害了经济效率，导致经济衰退吗？经济衰退的成因极为复杂，因此社会支出和经济衰退的因果关系方向只有细致的经济计量分析才能厘清。因为相反的机制也是成立的：经济衰退期间失业人员增加，从而对福利的需求上升。这是所谓的“同时性偏误”（simultaneity bias）。林德特（Peter Lindert）采用“预测的社会转移支付”（predicted social transfer）来克服内生性，结果并不支持上述指控（Lindert，2004：84—85）。因此，在追踪经济危机根源时，我们需要考虑很多其他的因素，例如宏观政策、全球性经济调整等。以瑞典、芬兰为例，这两国在20世纪90年代上半期的经济滑坡并非是社会支出导致，而是宏观经济决策失误造成的。它们决定把货币跟德国马克挂钩，以加入欧洲货币体系。但是当时马克正在升值，又碰上美国引起的经济衰退，所以两国损失惨重（Lindert，2004：

97)。

由于缺少一致，福利与国家竞争力的关系难以获得确定的结论。我们采取什么样的判断取决于我们怎么算账：是算小账还是算大账？如果只是计算社会支出带来的税收损失、激励扭曲，那么福利是有负面作用的。但如果把计算的范围扩大，考虑整个社会的情况，福利的很多潜在功能就会压过它的成本，体现出它对国家竞争力的正面作用。

首先，社会政策在人力资本方面的投入是国家竞争力形成的微观基础。教育，尤其是免费义务教育的兴起，是西方国家人力资本提升的主要原因。人力资本投资对于经济增长的作用是非常明显的，它可以提高劳动者素质，促进技术进步，降低能耗和成本。计量经济的研究也发现，教育（人力资本）是经济增长模型中最为稳健的变量之一。劳动者教育年限的增加（尤其是小学、中学教育年限）极为显著地提升了经济增长(Lindert，2004：93)。

其次，社会保障可以降低犯罪率，促进社会的融合，从而在总体上降低交易成本。贫困、收入分配不均往往伴随着诸多的社会罪恶，例如犯罪率居高不下，人口识字率低、技能低下，社会信任程度低、协作成本高等问题（Hsieh and Pugh，1993)。这些都会给经济发展、国家竞争力带来负面影响。社会支出有助于消除上述不利因素，从而在提升社会信任程度的同时降低交易成本（弗朗西斯·福山，2001)。相关研究表明，福利制度对降低犯罪率有很明显的作用（Nivette，2011)。基于中国证据的经验研究也表明，社会保障支出与犯罪率存在显著关系：“人均社会福利支出每增加1%大约可以使犯罪率降低0.19%”，因此“提高社会福利条件和改善民生是比单纯的威慑性和惩罚性犯罪治理政策具有更低成本和更高社会收益的犯罪治理策略”（陈刚，2010)。反之，如果治安状况不佳，国家需要更多的警察去维护秩序，企业需要雇用更多的保安、律师，个人需要采取更多的措施以保全人身、财务安全（Gilboy and Heginbotham，2010)。因此，在社会支出上省下的钱，往往会被昂贵的内部治安（internal security）所消耗（Hagen，1994：80—99)。

再次，社会政策是对抗经济危机的重要政策工具。社会政策通过一系列的收入维持项目，保证了经济危机期间脆弱群体的购买能力，使得他们可以维持生活，这样对经济复苏是有正面作用的。此外，如果人们拥有基本保障，不必担心因风险陷入生活困境，那么会提高社会应对变化的信心。技术进步、产业升级带来的不安全感会大大降低，劳动力的更新也变得顺畅。否则，人们没有安全保障，往往对新生事物充满恐惧，抵制各类变革，这往往会延缓社会的进步。

总之，无论是微观还是宏观，社会政策与经济发展的关系并非如“常识”所言。相反，社会政策还有诸多正面外部性，因此发展社会保障绝非短视国策。

三　灵活性与僵硬性之间：社会保护、劳资关系与就业

就业、失业关系到亿万劳动者，也与宏观经济息息相关。自 20 世纪 70 年代以来，OECD 国家失业率不断攀升，一些研究认为社会保护政策应该为失业率负责。IMF 发布的研究报告认为，社会政策造成劳动力市场的僵硬性（labor market rigidities），使得失业率居高不下（International Monetary Fund，2003：129—150）。因此，对应的药方似乎是减少管制，降低劳动力市场的僵硬性。果真如此？让我们来分析一下劳动力市场的规制程度与就业的关系。

（一）越灵活的劳动力市场越好吗①

据 IMF 的研究报告，劳动力市场的僵硬性表现为：慷慨的失业保险金、过高的辞退费用、过多的就业保护、最低工资制度、非竞争性的工资设定机制、严重的税收扭曲，等等。这些政策阻碍了雇主根据需求灵活地调整雇佣人数。按照其推理，在僵硬的劳动力市场上，工人很难被解雇，因此雇主在招聘的时候就会瞻前顾后，从而降低了对劳动力的需求。此外，过高的社会保险费用可能导致就业的非正规化和二元劳动力市场。在新《劳动法》出台前后，这种说法在中国也非常流行。

如图 1 所示，如果将劳动力市场的规制程度视为连续谱，在它的右端（劳动规制程度最大）是极度僵硬的就业形态，例如终身制、铁饭碗。已有很多研究论证这种极度僵硬的就业形态不足取。那么是不是管制越少的劳动力市场就越好呢？让我们做一个思想实验，假设我们把劳动力市场的

---

① 本部分内容得益于跟郑广怀、李向梅的交流，笔者在此表示感谢。

规制一项一项取消（deregulate）：

- 取消包括失业保险在内的社会保险项目，雇主、劳动者无须缴纳社会保险费；
- 取消最低工资制度，实行完全市场竞争的工资形成机制；
- 允许雇主自由辞退员工，允许员工自由辞掉工作；
- 撤除劳动保护设施；
- 解散工会及其他劳动保护组织；
- 废除劳动保护法规，或者将其束之高阁……

如果这些一一实现的话，我们得到的是什么样的就业形态？有人会说，这将是最具灵活性的就业制度。但我们马上就可以看出，这实际上已经成为非正规就业形态。这一让人始料未及的结果说明，过度地取消保护同样会造成就业非正规化。

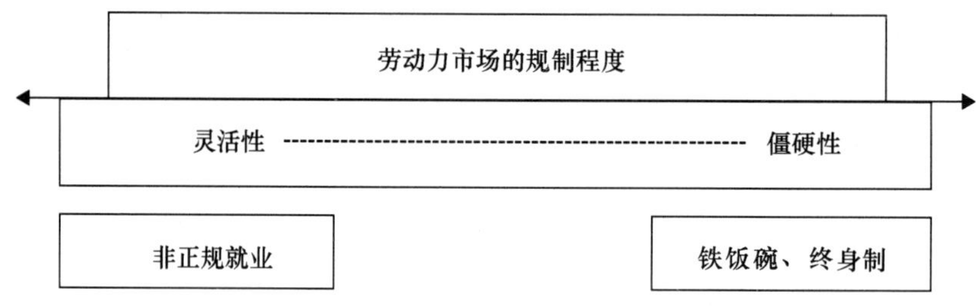

图1　劳动力市场规制与就业形态的连续谱

取消保护造成就业非正规化仅仅是后果之一。此外，缺少社会保护还会导致劳动关系的短期化，进而损害雇主和劳动者双方的利益。劳动关系的短期化主要表现在劳动合同签约率降低，劳动合同长度变短，劳动者离职率上升。这种变化不仅使得劳动者面临诸多风险，也会使雇主面临很多不确定性。由此带来的负面效应也是显而易见的。

其一，由于缺少劳动保障，工作稳定性很低，劳动者缺乏安全感。这样他们不会投资于人力资本，使得技能无法得到提升。结果是劳动者的技能、生产效率水平无法得到提高。这就是前文所述的“技能培养的市场失灵”。同时，由于缺少失业保险，劳动者一旦失业就会陷入生活困境。他们不能利用失业保险所提供的过渡期，无法从容地参加培训、提升技能、重新求职。这使得失业率居高不下，而且浪费大量的人力资源。

其二，由于劳动者离职率居高不下，生产力队伍不稳定，由此使得企业成本大幅上升。劳动力稳定程度与企业成本呈显著的负相关。[①] 因为高度流动的劳动力队伍意味企业要花费重复培训费用，还意味着较高的工伤事故发生率和残次品率，反之亦然。在劳资关系高度自由化的珠三角地区，已经有雇主希望通过社会服务来挽留劳动力，提高工人的稳定性。

可见，并非像通常所认为的那样，劳动力市场的保护越少越好。在极端灵活的劳动关系中，雇主可以随时开除员工，并且不用给员工缴纳任何保险。当然，员工也不必忠诚于企业，可以随时辞职走人。这将导致劳动者技能低下、雇主效益下滑的低水平均衡。在灵活性和僵硬性之间，我们需要寻找那个最佳的平衡点，而非单纯地反对劳动保护政策。

中国的福利水准远没达到养懒人的程度。同样，中国的劳动力市场的社会保护也与“僵硬性”相距甚远。甚至在一些地区，劳资关系的市场化、灵活化程度远远超过世界上最自由的经济体。中国的劳动保护还有待进一步健全，或者强化执行力度。否则，劳动者在劳资双方的博弈中将处于不利地位（Chan，2001）。为了避免低度保护和失衡的劳资博弈导致的低水平均衡，目前要做的不是消除管制，而是应该加强对劳动者的保护。

（二）失业现象的复杂性及理论阐释

失业是一个复杂的社会、经济现象，受到多种因素影响，例如劳动力的供求、人口结构变化、宏观经济周期、技术更新、工会组织状况、各国劳动力市场制度，等等。如果忽略这些因素，而将失业率上升、就业的非正规化归因于社会保护政策，是不科学的。根据OECD的研究报告，就业保护强度和失业率仅有非常微弱的正相关，而社会政策慷慨程度则与失业率呈负相关（OECD，1999）。另如，对拉丁美洲的研究发现：近20年拉美国家的最低工资制度和社会保险制度并没有很好地实施，但是它们的非正规就业比重却没有下降（Mares，2007）。

欧洲的高失业率常被引作社会保护过度导致失业率上升的例子。如图2所示，进入20世纪90年代，欧洲的失业率超过10%。这两个变量间的关系果真如此简单、如此确定吗？下文将结合既有的研究加以分析。

---

① 据调查，在有的劳动力密集型的企业里，员工的年流失率高达45%。参见彭文生、孙淼玲（2011）。

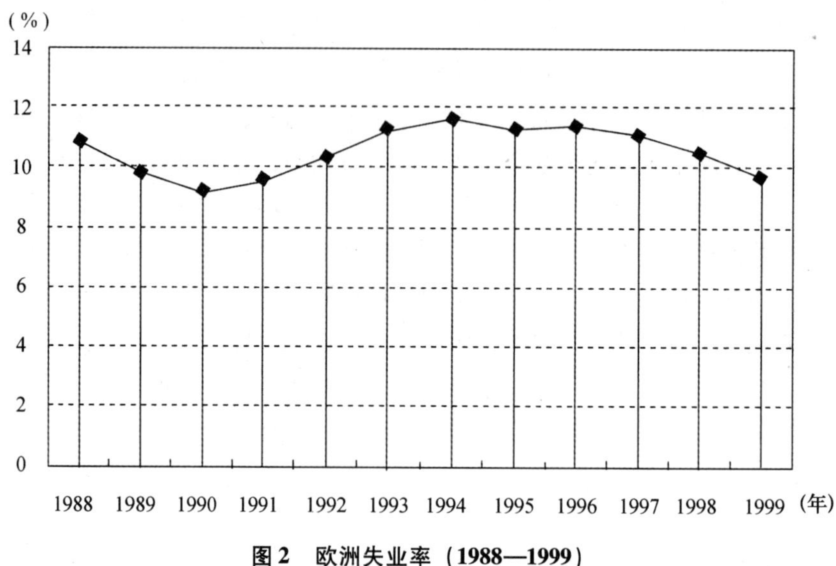

图 2 欧洲失业率(1988—1999)

资料来源:OECD 官方网站,http://stats. oecd. org/Index. aspx,2011 年 12 月 12 日。

福利国家对就业的影响往往受到劳动力市场制度的调节(Mares,2006:13)。最近的研究发现,工资谈判机制与失业率密切相关。其中最为关键的变量是工资谈判机制的集中程度。西方国家的工资谈判机制基本上可以分为:

-分散的谈判机制(个体层面),如美国、加拿大;

-半集中谈判机制(行业层次),如意大利、比利时等;

- 高度集中谈判机制(国家层面),如北欧国家。

不同层次的谈判机制会产生不同的就业效果。其中,半集中(行业层次)谈判机制会损害就业,但是其他两种则未必(Mares,2007)。

谈判机制的集中程度是如何影响失业率水平的呢?一个关键变量是工资节制政策(wage moderation policy)。在分散式工资谈判的国家,单个的工会和企业一对一地进行谈判。企业所面临的市场竞争状况对企业能负担的工资水平具有较大的约束力。因此,如果市场竞争激烈,企业利润不多,那么工会在跟企业谈判时会提出比较适度的要求。即使个别企业的工会提出不合理要求,也不至于影响到整个劳动力市场。因此,分散式工资谈判通常不会引起企业用工需求的大量紧缩。反之,在高度集中的工资谈判机制下（例如北欧国家），由于谈判会在全国层面产生一个较为统一的结果，因此预计会对劳动力市场产生大范围的影响（过高的工资会引起就业市场的急剧萎缩）。因此，劳资双方更可能会采取工资节制政策，将涨幅控制在双方都能接受的范围内。这就避免了对劳动力市场的冲击，不至于抬升失业率。在半集中的工资谈判机制下，劳资双方的谈判一般是在行业层次，谈判涉及的企业和工人范围比较大。但是谈判停留在行业层次，因此他们缺少全国层面谈判的谨慎，以至于个别行业的不利谈判都会造成大范围的就业波动。

表2　　欧洲工资谈判机制与平均失业率水平（%）

时间	根据工资谈判机制划分的失业率		
	分散	半集中	高度集中
1960—1975 年	3.04	3.135	1.49
1976—1995 年	6.986	8.4616	3.166

资料来源：Isabela Mares，Taxation，Wage Bargaining，and Unemployment，p. 9.

从表2 来看，组合主义学者的模型跟数据是比较一致的。无论是1960—1975 年，还是 1976—1995 年，半集中工资谈判机制的国家失业率都要高于其他两类国家。组合主义的模型对解释跨国差异比较有帮助，但是很难解释表 2 中时间维度的变化：为什么这三类国家的失业率从1960—1975 年到 1976—1995 年大幅攀升？玛睿思（Mares，2006：13）指出一系列新的变化使得工资节制这一政策工具的效果越来越弱。首先，在工人的报酬中，工资税征收的比例越来越高，这就降低了工会“工资节制”政策所能影响的工资比例，进而降低了这一政策工具所能起到的效果。其次，如果我们将工会假定为理性的行动者，那么它的主要目标就是为其会员谋求利益：更稳定的工作，更高的工资和福利，等等。然而，在欧洲，很多福利资源是流向了非工会会员：青年失业者、女性、残障人士，等等。因此，这使得工会缺少采纳“工资节制”的激励（因为即使工会及其会员节制工资，却不一定获得直接的福利）。于是，他们索性放松工资节制，追求更高的工资。结果就是劳动力成本上升，就业需求下降，失业水平随之上升。

通过以上分析，我们可以发现福利国家（社会保护政策）对失业并没有线性的影响。劳资谈判的层次和劳动力市场的其他变化都可能导致失业水平的升/降。总之，如果要分析社会保护政策与失业的关联，我们需要控制其他变量的影响。尤其是失业水平与劳动参与率、经济结构变迁等长期变化有密切关系，笼统地认为社会保护政策损害就业缺乏一致的证据。通过消除/悬置劳动保护措施来促进就业的做法值得商榷。

四　结语：从“总量思维”和“均值思维”走向“方差思维”

过去的几十年，物质基础设施获得了大量的投资，而软性的社会基础设施则未得到足够的重视。我们需要实现投资重点从“砖头”到“人头”的过渡。否则，社会冲突的成本、甚至体系崩坏所造成的损失，其耗费的资金会远远超过社会支出。这正如学校和监狱的类比，缩减教育经费其实省不了多少钱，因为少建一所学校就得多建一所监狱。在这个意义上，建设社会保护体系不仅不是短视国策，而且是深谋远虑之举。

过去30多年，我们的经济总量和平均收入都在不断增长。但是关注总量和人均水平的“总量思维”和“均值思维”掩盖了很多问题。收入分配调整将是中国未来二三十年的主题。我们需要采取新的“方差思维”，即关注收入的分配差异。而社会政策将是实现收入分配的一种重要机制。我们需要重新平衡经济和社会的发展，平衡既得利益者和利益受损者，将投资的重心从经济转向社会，降低不公平程度，为普通人、弱势群体提供基本的保障。只有通过系统地社会保护体系建设，“患不均”的问题才能得到解决。只要解决问题的速度超过问题生成的速度，我们的生活水准、福利状况就会不断提高。

参考文献

陈刚：《社会福利支出的犯罪治理效应研究》，《管理世界》2010年第10期。

陈平：《建立中国统一的社会保障体系是自损国际竞争力的短视政策》，《中国改革》2002年第4期。

弗朗西斯·福山：《信任：社会美德与创造经济繁荣》，彭志华译，海南出版社2001年版。

Gilbert，Neil and Paul Teeerl：《社会福利政策导论》，黄晨熹、周烨、刘红译，华

东理工大学出版社 2003 年版。

克劳斯·奥菲：《福利国家的矛盾》，郭忠华译，吉林人民出版社 2006 年版。

彭华民、黄叶青：《福利多元主义：福利提供从国家到多元部门的转型》，《南开学报（哲学社会科学版）》2006 年第 6 期。

彭文生、孙淼玲：《劳动力工资增长率不敌员工流失率》，《商界评论》2011 年 9 月 2 日（http：//finance. qq. com/a/20110718/002204. htm）。

彭宅文：《最低生活保障制度与救助对象的劳动激励："中国式福利依赖"及其调整》，《社会保障研究》2009 年第 2 期。

秦晖：《走出负福利的困境》，2010 年 11 月 25 日（http：//www. nmzz. org/portal. php？ mod = view&aid = 293）。

孙立平、沈原、郭于华、晋军、应星、毕向阳：《以利益表达制度化实现社会的长治久安》，《领导者》2010 年第 33 期。

王思斌：《社会政策时代与政府社会政策能力建设》，《中国社会科学》2004 年第 6 期。

赵鹏：《人社部：社保法防止福利过度养懒汉公平为先》，《京华时报》2010 年 11 月 24 日（http：//politics. people. com. cn/GB/1027/13297597. html）。

周其仁：《政府主导投资的经济性质——汇率与货币系列评论之三十七》，《经济观察报》2011 年 5 月 10 日（http：//zhouqiren. org/archives/1098. html）。

朱青：《中国税负高低辨析》，http：//blog. sfruc. edu. cn/Images/2007 - 8/bbfd0336 - 41ab - 49cf - ad84 - 7dfb818cebae. pdf，2010 年 11 月 30 日。

Bean, Charles, "European Unemployment: A Survey", *Journal of Economic Literature*, Vol. 32, No. 2, 1994, pp. 573 - 619.

Chan, Anita, *China's Workers under Assault*, Armonk, New York and London, England M. E. Sharpe, 2001.

Dunn, Andrew, "The Dole or Drudgery Dilemma: Education, the Work Ethic and Unemployment.", *Social Policy & Administration*, Vol. 44, No. 1, 2010, pp. 1 - 19.

Eikenberry, A. M. and J. D. Kluver, "The Marketization of the Nonprofit Sector: Civil Society at Risk?" *Public Administration Review*, Vol. 64, No. 2, 2004, pp. 132 - 140.

Estévez-Abe, Margarita; Torben Iversen and David Soskice, "Social Protection and the Formation of Skills: A Reinterpretation of the Welfare State", In *Varieties of Capitalism: The Institutional Foundations of Comparative Advantage*, (ed.) P. Hall and D. Soskice. London: Oxford University Press, 2001.

Fu, Jun, "World Economic Downturn and Challenges for China", In Money and Banking Conference: Lessons and Challenges for Emerging Countries during the Crisis, Buenos Aires, Argentina, 2009.

Gilbert, Neil, "The Transformation of Social Services", *The Social Service Review*, Vol. 51, No. 4, 1977, pp. 624 – 641.

Gilboy, George J. and Eric Heginbotham, "China's Dilemma: Social Change and Political Reform", *Foreign Affairs*, October 14, 2010 (http://www.foreignaffairs.com/articles/66773/george-j-gilboy-and-eric-heginbotham/chinas-dilemma).

Hacker, Jacob S., "Privatizing Risk without Privatizing the Welfare State: The Hidden Politics of Social Policy Retrenchment in the United States", *American Political Science Review*, Vol. 98, No. 2, 2004, pp. 243 – 260.

Hagen, John, "Paying for Inequality: Economic Cost of Social Justice", In ed. A. Glyn and D. Miliband, London: IPPR/Rivers Oram Press, 1994, pp. 80 – 99.

Hsieh, Ching-Chi and M. D. Pugh, "Poverty, Income Inequality, and Violent Crime: A Meta-Analysis of Recent Aggregate Data Studies", *Criminal Justice Review*, Vol. 18, No. 2, 1993, pp. 182 – 202.

Huang, Yasheng, *Capitalism with Chinese Characteristics: Entrepreneurship and the State*, New York: Cambridge University Press, 2008.

Ide, Eisaku and Sven Holger Steinmo, "The End of the Strong State?: On the Evolution of Japanese Tax Policy", In *The New Fiscal Sociology: Taxation in Comparative and Historical Perspective*, (ed.) I. Martin, A. Mehrotra and M. Prasad, Cambridge, New York: Cambridge University Press, 2009, pp. 119 – 137.

International Monetary Fund, "World Economic Outlook (Chapter IV)", Washington, D. C.: International Monetary Fund, 2003, pp. 129 – 150.

Johnston, J. M. and B. S. Romzek, "Contracting and Accountability in State Medicaid Reform: Rhetoric, Theories, and Reality", *Public Administration Review*, Vol. 59, No. 5, 1999, pp. 383 – 399.

Kramer, R. M., "Voluntary Agencies and the Contract Culture: Dream or Nightmare?", *Social Service Review*, Vol. 68, No. 1, 1994, pp. 33 – 60.

Krugman, Paul, "Competitiveness: A Dangerous Obsession", *Foreign Affairs*, Vol. 73, No. 2, 1994, pp. 28 – 44.

Lindert, Peter H., *Growing Public: Social Spending and Economic Growth since the Eighteenth Century* (*Volume 2 Further Evidence*), Cambridge, New York: Cambridge University Press, 2004.

Mares, Isabela, *Taxation, Wage Bargaining, and Unemployment*, Cambridge; New York, NY: Cambridge University Press, 2006.

Murray, Charles, *Losing Ground: American Social Policy, 1950 – 1980*, New York: Basic Books, 2006.

Nivette, Amy E. , “Cross-National Predictors of Crime: A Meta-Analysis”, *Homicide Studies*, Vol. 15, No. 2, 2011, pp. 103 – 131.

O'Connor, James R. , *The Fiscal Crisis of the State*, New York St. Martin's Press, 1973.

OECD, “Employment Protection and Labor Market Performance”, In *OECD Employment Outlook*, Paris, France: Organisation for Economic Co-operation and Development, 1999.

Papadakis, Elim and Peter Taylor-Goody, *The Private Provision of Public Welfare: State, Market and Community*, Brighton, Sussex: Wheatsheaf Books, 1987.

Pfaller, Alfred; Ian Gough and Goran Therborneds , *Can the Welfare State Compete? A Comparative Study of Five Advanced Capitalist Countries*, London: Macmillan, 1991.

Pierson, Paul, *Dismantling the Welfare State? Reagan, Thatcher and the Politics of Retrenchment*, Cambridge, New York: Cambridge University Press, 1994.

Polanyi, Karl, *The Great Transformation: The Political and Economic Origins of Our Time*, Boston, MA: Beacon Press, 2001.

Savas, E. S. , “Competition and Choice in New York City Social Services”, *Public Administration Review*, Vol. 62, No. 1, 2002, pp. 82 – 91.

Smith, Steven Rathgeb and Michael Lipsky , *Nonprofits for Hire: The Welfare State in the Age of Contracting*, Cambridge, Mass. : Harvard University Press, 1993.

Steinmo, Sven Holger , *Taxation and Democracy: Swedish, British and American Approaches to Financing the Modern State*, New Haven: Yale University Press, 1993.

Tanner, Murray Scot , “China Rethinks Unrest”, *The Washington Quarterly*, 2004, pp. 137 – 156.

Van Slyke, David M. , “The Mythology of Privatization in Contracting for Social Services”, *Public Administration Review*, Vol. 63, No. 3, 2003, pp. 296 – 316.

Vroman, Wayne and Vera Brusentsev , *Unemployment Compensation Throughout the World: A Comparative Analysis*, Kalamazoo, Mich. : W. E. Upjohn Institute for Employment Research, 2005.

Zhao, Dingxin, “The Mandate of Heaven and Performance Legitimation in Historical and Contemporary China”, *American Behavioral Scientist*, Vol. 53, 2009, pp. 416 – 433.

政府购买社区公共服务论略

［中］尹保华
中国矿业大学教授
［中］纪　茜
中国矿业大学研究生

一　政府购买社区公共服务的含义

政府购买城市社区公共服务，是城市基层社区治理实践的重要内容，是基层政府面向城市社区履行其基本职能的重要形式，也是构建服务型政府的重要领域，以及进行基层社会管理创新的重要尝试。

所谓公共服务，指建立在一定社会共识基础上，为实现特定公共利益，一国全体公民不论其种族、性别、居所、收入和地位等方面的差异，都应公平、普遍享有的服务（陈昌盛，2007：11）。一般而言公共服务也是指提供公共产品和服务，包括加强城乡公共设施建设，发展社会就业、社会保障服务和教育、科技、文化、卫生、体育等公共事业，为社会公众生活和参与社会经济、政治、文化活动提供保障和创造条件。社区公共服务是公共服务的一个领域或方面。杨团认为社区公共服务是“现代社会为了社区的需要而提供的社会公共服务，以及社区本身为满足自己的需求自行安排的共有服务”（杨团，2002：21）。田华认为，“社区公共服务”即“社区中的社会公共服务”或“为了社区的社会公共服务”，包括社会为社区提供的公共和社区自给的公共服务。前者主要由政府提供，后者主要由各类社区组织提供。其中社区组织作为政府与社区居民之间的中介环节，它对社区居民所提供的公共服务并不是全方位的，它所提供的是市场不能或不愿提供而政府又无力或不能提供的服务。相对政府所提供的公共物品而言，社区组织所提供的社区物品具有部分排他性和部分竞争性，主要是半公共物品，如社区安全、社区生态环境、社区医疗保健、社区文化体育、社区社会保障、社区公共设施、社区人际关系等。根据布坎南的观点，半公共物品最有效的生产和消费单位可以是各种各样的俱乐部或者各种社区（田华，2005：78）。笔者认为社区公共服务的含义至少包括如下几个方面的规定：社区公共服务的主体——政府、非营利性组织、志愿者以及其他社会组织；社区公共服务的目标——满足社区公共需求；社区公共服务的对象——全体社区居民；社区公共服务的理念——以社区居民为本；社区公共服务的实质——社会公共服务。从这几个方面出发可以把社区公共服务定义为：社区公共服务是社区服务主体，在以人为本理念指导下，为了满足社区的公共需求，为全体社区居民提供的社会公共服务。社区公共服务的特征主要有：区域性、公共性、公益性、福利性、非营利性等（耿云，2008：41—43）。

20世纪80年代以来，西方发达国家先后掀起了政府改革浪潮。在这场改革中，以公共服务购买取代传统的公共服务垄断供给成为各国的普遍选择。所谓公共服务购买就是把原来由政府直接提供的部分社会服务，通过合同出租、业务分担、共同生产或解除管制等方式转交给私营公司、非政府组织或者其他社会法人团体，由这些团体按照合同要求和“成本—效益”最优方式为公民提供公共服务，政府在此则承担财政资金筹措、业务监督以及绩效考评的责任。有研究认为，政府所购买的公共服务是政府通过转移支付和财政支持对教育、社会保障、公共医疗卫生、文化、科技、体育、环境保护、公共安全等社会发展项目提供的公共服务。具体是指政府将原来由政府直接举办的、为社会发展和人民生活提供服务的事项交给有资质的社会组织来完成，并根据社会组织提供服务的数量和质量，按照一定的标准进行评估后支付服务费用，这是一种“政府承担、定项委托、合同管理、评估兑现”的新型的政府提供公共服务方式。政府购买公共服务将会在一定程度上改变公共服务供给的垄断结构，从而实现促进社会组织壮大与提升公共预算资源使用效率的“双赢”目标（焦述英，2010：68—70）。根据学界关于政府购买公共服务的理解，本文认为所谓政府购买社区公共服务，简而言之也就是指政府通过转移支付和财政支持对社区发展项目提供的社会公共服务。从一定意义上说，政府购买社区公共服务，就是政府与社区营利或非营利性组织、专业性社区服务组织、非政府组织等有资质的组织，通过签订契约、由政府根据社区居民的需要界定服务的种类及品质，向受托者支付费用，以购买全部或部分公共服务，从而间接地提供各种公共服务的活动。政府购买社区服务，与政府直接进行社区服务相对应，是将原来由政府直接举办的、为社会发展和社区居民提供服务的事项交给有资质的社会组织来完成，并根据这些社会组织提供服务的数量和质量，按照一定的标准进行评估后支付费用的社区服务方式。政府购买社区服务的前提在于政府将公共服务的提供和生产的概念区分开来。政府公共服务的提供是指一系列公共选择行为的总称，包括决定某种公共服务是否需要提供，提供的质量与数量，财政安排采购或生产方式，检查验收或评估等。但是，政府是公共服务的提供者，规则的制定者、执行的监督者，却不一定是公共服务的生产者或直接操作者（陈晖，2009：96）。

二　政府购买社区公共服务的发展现状

从国内外政府购买社区公共服务的实践来说，政府外包和购买服务已经成为一种国际趋势，国内发达地区政府购买公共服务实践取得效果（焦述英，2010：68—70）。国外一些发达国家或地区的政府购买社区公共服务的推行，直接影响了国内政府购买社区公共服务的开展。

20 世纪 80 年代以来，西方国家纷纷开启了以“新公共管理”为导向的政府行政改革。在西方各国中，英国实施了公共服务决策与执行分开的“执行局”改革，推行公共服务承诺的“公民宪章”运动，以及对公共服务市场进行检验的“为质量而竞争”运动。1979 年英国首相撒切尔夫人推行的公共服务市场化改革是这场声势浩大的政府改革运动的先声。撒切尔政府以市场为导向，以经济和效率为目标，率先在公共部门中引入竞争机制。英国政府公共部门引入竞争机制的主要方式是强制实行非垄断化，并竭力推动公共部门与私营部门之间以及公共部门之间的竞争。美国引入竞争机制，推动以顾客为中心的政府公共服务市场化改革。其他发达国家，如日本、澳大利亚和新西兰，也推行了全面的公共服务市场化运动。纵观这场公共服务改革，尽管各国的具体措施各异，但其共同的特点是通过在公共服务领域引入市场机制，以竞争求取公共服务的最佳供给方式和配置模式。就公共服务购买的具体实践情况来看，主要包括合同出租、公私合作、使用者付费和补贴制度等形式。从特定意义上讲，政府购买公共服务的进行，也是西方发达国家为应对福利国家危机而开展的政府改革运动，这种公共服务的市场化改革运动，使欧美国家的政府在公共服务领域中的角色和作用发生了历史性的转型。比如美国政府通过购买公共服务的方式推动着社会服务的发展。“在过去几十年来，第三方已成为美国政府解决公共问题的一大特色。在建设铁路、修筑运河、参与战争、成立大学、建立各种文化机构、改革农业、鼓励购房以及管理涌入美国城市的移民等方面”。“总体来说，政府部门直接提供的物品与服务目前只占美国联邦政府个部行为的5%，即使将收入转移、直接贷款与利率支付纳入直接政府行为范畴，它仍然只占联邦行为的28%。占更高比例的是各种间接的公共政策工具，如外包、政府资助、代金券、税收优惠、贷款担保、保险和规制。”（莱斯特·M. 萨拉蒙，2009）再如英国自20世纪80年代以来，先后颁布了一批有关教育、健康等方面的法律文件，对公共服务的竞争性合同提出了多方面的规定，并不断扩大其范围。1998年，英国政府与社会组织之间签订了COMPACT协定，明确了政府和社会组织各自的权利与义务以及相互关系，英国社会组织总收入的40%来自于政府的购买。欧盟于1992年颁布了《公共服务采购指令》，将机动车及设备的维修、电子政务及相关服务、会计及审计、楼房清洁及财产管理、收费或依据合同的印刷及出版、污水及垃圾处理、人员安置与供应、调查及安全服务、健康与社会服务、休闲、文化及体育等27类公共服务个部纳入市场购买的范围。凡是价值超过20万欧元的公共服务，一律公开招标购买。又如根据日本2006年7月生效的一部法律，日本公共服务改革推进室准备将几乎所有的政府公共服务项目都通过竞争性招标外包给专业公司，这将成为日本历史上规模最大的公共部门改革行动（焦述英，2010：68—70）。

在我国，香港自实行政府购买服务以来，在公共服务的承办方面已经成功建立了政府与非政府机构的“伙伴”关系，明确了公共服务由政府与非政府机构共同负责的模式。比如经费以政府提供为主，民间筹措为辅；服务以民间提供为主，政府提供为辅。政府所购买的社区和民间组织的服务，在社区服务、安老服务、家庭及儿童服务、康复服务、青少年发展等方面发挥着十分突出的功能。由于政府购买公共服务的实施，香港的社区和民间组织蓬勃发展，已在香港社会中扮演着重要角色。上海市浦东新区以建立健全政府购买公共服务机制为突破口，积极推动政府职能转变和社会组织发展，社会组织的新作用日益凸显，政府与社会组织的新关系逐渐重构，政府对社会组织管理服务的新方式逐步形成。浦东新区明确规定，将原来由政府主办、为社会发展和人民日常生活提供服务的事项交给有资质的社会组织来完成，探索形成“政府承担、定项委托、合同管理、评估兑现”的新型政府提供公共服务方式。并通过建立新机制，制定了政府购买公共服务实施意见，在全市率先建立了政府购买公共服务制度，明确了购买公共服务的相关内容。无锡市政府在2005年也出台了《政府购买公共服务指导意见》，次年即对社会力量兴办养老机构服务、市政设施养护维修、环卫公共服务、城市绿地养护服务、城市照明服务、城市污水设施运营维护服务等11个项目实行了政府购买服务的方式运行。2007年又有21个项目添加为政府购买服务的项目。无锡市的政府购买公共服务，充分利用了社会力量，不仅减轻了财政负担，提高了政府公共服务水平和效率，而且通过引导使更多的民间资本参与到了社区公共事务的过程中，促进了社区公共服务的发展。另外，北京、福建、深圳、河南、中山市、佛山市、郴州市等地都相继开展了政府购买公共服务的工作，也积累了一些值得借鉴的经验（焦述英，2010：68—70）。总之，政府购买公共服务已成为我国部分地区公共服务体制改革的主要思路之一，并逐渐运用于社区。值得注意的是，在原有体制下社区自身提供常规性专业服务的能力极为有限的情况下，引入体制外的社会工作机构，建立用以购买社会服务的公共财政体系，成为实践中的绕开官僚体制局限性的一种积极探索。如广州罗村街道办出资15万元向广州仁爱社会服务中心购买社区服务项目，包括全面专业的青少年综合服务、家庭及社区服务、长者社区支援服务及社区康复服务。以养老服务为例，珠海就把社区的居家养老服务交给居家养老服务组织以及各社区老龄协会来运作；南京市鼓楼区培育、发展和依靠社区“心贴心”、“万家帮”等服务组织为老年人提供各种服务。北京、天津、广州等地在社区建立起居家养老服务中心（站点），配备齐全的设备设施和专职服务人员，向老年人提供各种综合服务。许多城市建立起一套全新的“政府主导、社会参与、中介组织运作”的机制。如宁波、大连等地在区级建立居家养老服务管理办公室、街道建立管理服务中心、社区建立居家养老服务站，形成三级管理服务体系，受政府委托负责居家养老服务的管理和实施。政府购买社区公共服务的开展，不仅有利于实现各项政府目标，体现了政府在机构改革后抑制政府规模的扩张及加快政府职能转换的必然趋势，降低了公共服务的成本，提高了政府公共服务的水平和效率等，而且从社会效益看，由于政府购买服务提供的不仅是物质性服务，还包括政府在精神、情感方面的“亲情化”服务。长此以往，服务者与被服务者之间形成的一种亲和关系会成为社会和社区和谐的重要部分。总之，政府通过购买社区公共服务，真正做到“人往社区走，钱往社区投，劲往社区使，政策向社区倾斜”，将资金、设施和服务送到社区，实现政治、经济与社会效益的“三赢”（陈晖，2009：97）。

三　政府购买社区公共服务的意义

第一，有利于解决政府的一系列越位和缺位问题。在我国的社区建设实践中，存在的最主要问题就是政府的职责倒置，即政府专力于实干和执行，而疏于决策和指导，管了许多不该管的事，同时又放弃了许多该管的事。换言之，就是政府在角色的扮演和权力的行使过程中存在着越位和缺位的双重问题：一方面，政府超权限行使权力，大量介入应当由社区居委会或社区服务组织管理的事务。这方面的问题突出表现在以下方面：其一，政府包揽了许多应当由社区居委会或社区服务组织承担的事务，如组织社区志愿者活动、直接提供社区服务、承办社区内的文化活动等。其二，政府直接介入社区居民的自治事务和社区服务组织的业务，把指导关系变成了事实上的领导关系。社区居委会和社区服务组织的工作大部分都是按照政府的统一部署和安排开展的，应当由社区居民或社区服务组织自主决定的事务也大都要得到政府的批准和认可。如对社区居委会成员的审查和提名，甚至任命；招聘（通过考试或其他方式）干部，安排其到社区参选；用行政命令、检查评比等方式直接干预社区居委会的日常工作，社区服务组织按行政系统设立，由行政主管部门领导兼任负责人，服务项目由政府提出、批准、推动等。其三，对社区的财政投入不当增强了社区居委会和社区服务组织对政府的依附性，如将社区居委会的成员列为事业编制，工资由政府财政开支等。另一方面，政府又放弃了对自己应承担的事务的责任，没有行使好自己应有的职权，管住、管好自己的分内之事。政府的缺位具体表现在以下方面：一是抓制度建设的力度不够。社区建设、特别是社区居民自治方面的制度建设还很不健全，很不完善，存在着许多法律空白，这是导致目前社区建设中诸多问题出现的关键。目前我国尚未制定有关社区的专门法律或法规，而现行的《居委会组织法》已明显地滞后于社区发展实践，显然已不能适应现实的需要。不仅如此，原有的法律、法规还存在着诸多不规范，甚至自相矛盾之处，这大大增强了实际操作中的随意性和不规范性、有违社区居民自治的本意。法体制度不完善、不健全，一方面表现在社区居民自治制度的总体指导框架设计得不到位；另一方面表现在制度的程序性设计得不到位。二是指导监督不力。主管社区建设工作的行政机关工作人员对社区发展和社区居民自治问题既缺乏足够理论准备，又缺乏必要行政指导经验，对社区居委会的性质、地位和作用的认识模糊甚至有失偏颇，对社区建设如何进行认识不清，心中无数。他们不习惯，也不善于对社区居委会和非营利性组织进行政策上的指导，往往总是自觉或不自觉地直接插手社区和非营利性组织的内部事务，对社区和非营利性组织的监督检查也主要集中在协助政府部门完成任务方面，而忽视了对社区群众性自治组织和非营利性组织自身运行的合法性和有效性的监督，忽视了对社区居民自治制度自身存在的缺陷以及进一步完善的探究。三是“资助性投入”不到位。社区福利性和公益性服务具有非营利性，因此它的资金供给在很大程度上应该来源于政府的财政补贴。但是，在我国，这方面的财政投资不仅规模小，数量少，而且多为临时性投入，缺乏专门的预算；再者，由于缺少制度上的保障，投入的随意性、盲目性大、操作不规范。实践证明，仅靠以往的传统方式已经不能真正解决这些复杂的问题，而政府购买社区公共服务的推行，则在不同程度上较好解决了上述存在的一系列问题，是新形势下转变政府角色的重要途径之一。

第二，有利于促进社会组织的发展和社会结构的完善。从理论上说，在国家与社会之间建立一种新型的合作互动关系既有利于“小而强”政府的建立，又有利于“大而强”社会的孕育。所谓“小而强”的政府是指“权力有限的有效政府”，也就是说政府的权力得到合理的限制，但政府将自己的意志和目标转化为现实、有效贯彻自己政治决策的能力却很强。所谓“大而强”的社会是指社会职能分化程度高，社会自主空间大，社会组织能力强。“强政府”与“强社会”之间不是相互抑制、此消彼长的关系，而是同生共长、互补互惠的关系。真正的“强政府”必然要有

“强社会”做基础，而“强社会”又必然要求“强政府”做保障。“强社会”必定会催生出“强政府”，而“强政府”又必然会促成“强社会”。在国家和社会之间建立互助合作关系，可以使政府合理地缩小自己的职能范围，提升自己的能力，切实管好必须而且只能由政府管理的事情，对社会实行真正有效的管理；可以保证政府转移出来的职能有载体承接，避免管理上的真空和无序；可以促进公民社会的成长，提高社会的自治能力和自组织程度。在社区建设的实践层面，由于长期以来形成的复杂原因，导致了我国一直处于“强政府、弱社会”的基本格局，非营利性组织发育严重不足。或者说，由于“强政府、弱社会”，政府权力的无限延伸导致了非营利性组织发育不全，社会的自组织程度十分低下。一方面，非营利性组织的数量严重不足，我国每万人所拥有的非营利性组织数量与发达国家相距甚远；另一方面，非营利性组织的整体结构不合理。从功能上分析，承担公益服务的组织在非营利性组织中所占比例很小；从服务对象上分析，为弱势群体提供服务的组织在非营利性组织中所占比例很小。再者，非营利性组织的自治程度低，自主性差，不论在政治上、管理上，还是在财政上都对政府有相当程度的依赖。而政府购买社区公共服务的推行，一方面政府将部分公共物品的生产和服务让渡出去，把赚钱的机会交给社会和个人，为社会组织提供了经济来源，也为社会组织发展提供了空间，有利于政府、企业、社会三者协同发展，也增进了相互之间的了解与沟通。另一方面社会组织具有专业化和柔性化的工作手段，政府可以充分利用合作伙伴的专业优势和人才优势，化解矛盾，解决问题；公民之间通过“第三方”进行相互博弈、自我协商，有利于提升民主素质和自我解决问题的能力，促进社会自治，有利于公民社会的发展，使社会结构的发展逐步完善。

四　政府购买社区公共服务的问题分析与对策建议

综合而言，在政府购买社区公共服务方面存在的问题主要有政府购买公共服务的动力不足，政府认识上的偏差与惯性思维，社会组织的发展不能适应政府购买的需要，等等。针对这些问题的存在学术界提出了一些改进的建议：确立服务型政府的理念，转变政府职能，将政府购买公共服务纳入公共财政体系，出台相应的政策与法规制度，加大对社会公益性组织的培育；实行社区公共服务的项目管理，提高基层政府的社区公共服务责任，推动社区公共服务的需求，探索社区民间组织提供社区公共服务的运作模式，加强社区专业服务人员的供给；等等。（焦述英，2010：70—71；陈晖，2009：97—98）本文认为，其实政府购买社区公共服务存在诸多问题的主要根源，依然是政治体制改革推进的缓慢与不到位，因此政府的职能转换明显滞后于经济结构、社会结构发展的要求。由于政府职能与角色转换不到位，也就导致了社会组织发育不健全，其功能发挥自然不足。加之社区组织的专业化服务提供不能满足社区居民的需要，也不能积极应对复杂的社会发展问题（比如社会不稳定问题等），这又反过来导致政府不敢放下手中的权力，再加上诸多自身利益的考量，所以，在购买社区公共服务方面，政府的作为还只是停留于技术层面的权宜之计，许多地方的政府还没有真正把它作为切实改革社区管理体制、创新社区建设的战略目标。正是这种复杂的原因，才使得现实中政府购买社区公共服务出现了这样那样的许多技术层面的具体问题。有鉴于此，解决政府购买社区公共服务的问题的对策，自然也要分别从解决主要或根本问题和技术层面的具体问题两个方面努力：第一，在不断推进政治体制改革过程中，深化政府管理体制的改革，继续进行政府职能与角色的转换，以便在根本上发展出政府购买社区公共服务的需要、动力与活力，使其自然而然地、自动自发地走向这条社区建设改革的创新之路。第二，在政府购买社区公共服务的实践过程中不断解决技术层面的具体问题，诸如大力培育社区组织的发展，不断增强其功能；完善政府购买社区服务的法律法规，保证其健康有序发展；探索现代社会工作专业运用于政府购买社区公共服务的进程之中，加大对社区社会工作服务机构和社区专职工作者的培育力度，探索社区公共服务专业化的具体模式，不断提高各种社区公共服务组织的服务水平；等等。

参考文献

陈昌盛：《基本公共服务均等化及其行动框架》，《国务院发展研究中心调查研究报告》2007年11月第196号（总3042号）（内部资料）。

陈晖：《论政府购买社区公共服务》，《云南行政学院学报》2009年第2期。

耿云：《治理理论视角下的中国城市社区公共服务研究》，中国政法大学学位论文，2008 年。

焦述英：《关于政府购买公共服务的探讨》，《行政与法》2010 年第 5 期。

莱斯特 · M. 萨拉蒙：《新政府治理与公共行为的工具：对中国的启示》，《中国行政管理》2009 年第 11 期。

田华：《社区公共服务：政府社会管理的新载体》，《云南行政学院学报》2005 年第 6 期。

杨团：《社区公共服务论析》，华夏出版社 2002 年版。

城乡医疗保障制度的统筹模式及福利效应分析*

［中］顾　海

南京大学政府管理学院教授

［中］李佳佳

南京大学公共卫生管理与医疗保障政策研究中心博士

一　引言

我国的医疗保险制度始于20世纪50年代初，由机关事业单位的公费医疗、企业职工的劳保医疗和农村的合作医疗组成。改革开放后，随着经济体制改革的不断深化，原来的农村合作医疗逐渐解体，公费医疗负担过重，而劳保医疗也因企业改制而名存实亡。为此，国家从80年代起开始对医疗保险进行了一系列的制度改革与重建，逐步形成了“三纵三横”的医疗保障制度架构：职工基本医疗保险（以下简称职工医保）、新型农村合作医疗（以下简称新农合）、城镇居民基本医疗保险（以下简称居民医保）三纵成一网，构成基本医疗保险制度体系；补充医疗保险、基本医疗保险和医疗救助三横成一体，构成多层次医疗保障体系。截至2010年底，三项基本医疗保险制度已经覆盖了全国94.6%的人口（卫生部，

*［基金项目］本文是国家自然科学基金“城市化进程中城乡医疗保障的统筹模式研究：效应评估与最优模式选择”（项目批准号71073077）和江苏省高校哲学社会科学研究重点项目（2011）资助成果。

2011)，基本上实现了全民医保的目标。

然而，随着城市化进程的推进，城乡二元分层被多元化的社会结构所取代，管理体制城乡分割与就业形式多样化的矛盾、属地化管理与人口流动的矛盾、城乡待遇不均与城乡需求趋同的矛盾日益突出，城乡二元医疗保障与社会发展的不适应性逐渐显露出来，统筹城乡医保制度已然成为顺应社会结构变革和经济发展的必然之势。在此背景下，全国各地广泛开展了统筹城乡医疗保障的实践探索。据人力资源和社会保障部的研究报告，截至2010年末，全国范围内3个省级行政区、21个地级城市和103个县(区、市)进行了统筹试点，[①] 并取得了一定成效。以这些试点地区的实践经验为研究资料，学术界普遍肯定了统筹城乡医保制度在促进公平和效率上的优越性，但多数研究还仅是对制度层面的实践做法和社会效果进行定性描述，缺乏对统筹模式及其客观规律的总结与评断。再者，我们知道，医疗保障的主要政策目的在于公民健康权利的保障，参保人是制度的主要受益者，目前基于制度层面的实施效果评价未必能体现统筹城乡医疗保障制度的真实效用。鉴于此，本文对我国试点地区的统筹模式进行总结和分类，并以需方效用为研究视角，分析统筹城乡医疗保障制度及不同统筹模式对参保人福利效应的影响。

二 城乡医疗保障的统筹模式

根据目前学术界对城乡二元医保制度公平性缺失（孙祁祥等，2007)、效率低下（张琪等，2008)、流动人口的漏保（董晓莉，2006）等问题的批判，我们定义“统筹城乡医疗保障制度”应是站在国民经济和社会发展全局的高度，把职工医保、居民医保和新农合作为一个医疗保障体系，从整体上进行统一筹划和制度安排，消除户籍界限、身份界限和职业界限，保障每一个公民都能平等、自由地享有基本医疗保障权利。需要注意的是，这里的“统筹”并不一定要求“消除差别，完全统一”，而是强调享有医疗保障的机会均等和自由选择。针对我国目前各试点地区所处的统筹阶段不同，本文将满足以下三个条件的都称为统筹城乡医疗保障

① 引自人力资源和社会保障部重大研究课题《统筹城乡基本医疗保险制度与管理》研究报告。

制度：第一，不再以户籍、职业作为参保条件，每位参保者可根据自身医疗保险需求和偏好自由选择参保的类型，在医疗费用的补偿待遇上只有参保类型的差异，没有身份的差异，保障城乡居民在参保自由和待遇享受上的机会平等；第二，建立了各项险种之间的动态转换和衔接配套机制，保障全民参加医疗保险后不断保，能续保；第三，统一了城乡居民的保障项目和目录（可报销药品、诊疗项目、医疗服务设施）范围，建立起城乡一致的“门诊 + 住院 + 大病补充”的补偿结构。

医疗保障是通过资金的筹集和再分配来实现参保群体的风险共担、互助共济的，以往国内研究有的将划分标准注重于各制度基金的融合，有的将制度内容与管理体制综合考虑作为划分的依据。而本文认为统筹城乡医保制度的核心是在于将医保制度作为一个公共政策或准公共品提供给参保的广大社会成员，在总结各地区统筹模式时主要考察基金的作用对象、基金的筹资、补偿标准以及基金整合情况。基于此，我们将城乡医保的统筹模式分为以下三种：

(1)“全统一”模式：将职工医保、新农合、居民医保合并为一个制度，三项基金并网管理，统筹调剂，制度内部只设一个基金。筹资上，针对不同人群的支付能力采取“费率相同，基数不同”的筹资机制；在待遇享受上，所有参保人都采用完全一致的保障项目和补偿标准。这种模式虽然无法克服城乡二元社会结构所形成户籍身份的区别，但在享受基本医疗保障效益方面却是一致的，这一模式的代表地区是广东东莞。

(2)“二元分层基金统一”模式：这种模式将新型农村合作医疗和居民医疗保险合并为统一的城乡居民医疗保险制度，两项基金并网结算，合并管理。这样，整个制度框架中包含职工和城乡居民两个险种，参保者可在两个险种间自由选择。在筹资上，两个险种采取不同的筹资机制，职工医保由单位和个人共同筹资，城乡居民的保费由个人和财政补贴共同承担。待遇享受上，两个险种采取城乡一致的保障项目，但险种间的补偿标准有所差别。江苏武进、金坛、无锡，天津，四川成都，安徽马鞍山等地都采用这一模式。较为特别的，天津、成都等地在制度内部分设多个缴费标准和待遇层次供参保者自由选择，不同层次基金合并运行，统一调剂。这种模式本质上承认户籍身份、就业与非就业对社会成员在享受医保制度的社会效益方面会造成一定的差别，但却是一种相对公平和富有效率的城乡医保统筹制度，我国在很长时间里将以这种城乡医保统筹模式为主。

（3）“二元分层基金分立”模式：打通原先的城镇职工医保、城镇居民医保和新农合三项制度的参保渠道，允许城乡居民自主选择参保，仍保留不同的筹资标准和补偿标准，三个基金独立运行。江苏太仓、兴化等地都属于这一统筹模式。

表 1　　城乡医保统筹模式比较

模式	筹资标准	补偿标准	基金分类数	制度形式	代表地区
“全统一”模式	费率相同，基数不同	统一保障项目及补偿标准	一个	基本医疗保险	广东东莞
“二元分层基金统一”模式	职工：单位+个人 居民：个人+财补 职工与居民标准不同	保障项目相同，补偿标准有别	两个	职工医疗保险+城乡居民医疗保险	江苏武进、金坛、无锡，天津，四川成都，安徽马鞍山
“二元分层基金分立”模式	职工：单位+个人 居民：个人+财补 职工与居民标准不同，居民分多个筹资标准	保障项目相同，职工与居民补偿标准有别，居民的不同层次补偿标准有别	大于两个	职工医疗保险+城乡居民医疗保险，城乡居民医疗保险内部分若干层次	江苏太仓、兴化

此外，还有很多地区将原本归卫生部门管理的新农合分离出来划归人社部门管理，实现了管理资源层面的整合，但仍然保留城镇职工医疗保险、城镇居民医疗保险和新农合三项制度，并未实现制度层面的统筹。江苏仪征、靖江、海安等地都属于这种情况。这种“管理统一，制度分设”的模式并不属于本文中所定义的“统筹城乡医疗保障制度”的概念范畴，只能算是一种半统筹模式，还需进一步整合。

三　城乡医保统筹的福利效应

（一）理论框架

福利经济学将“福利”定义为消费者和生产者通过市场交易活动所

获得的收益。本文所关注的参保者福利，实际上是参保人购买医疗服务所获得的满足程度，即“效用”。影响医疗服务消费的因素主要有医疗服务价格、收入水平、偏好、健康状况、其他环境因素、时间和保险（Folland et al.，2003）。这其中，收入水平是影响医疗消费需求弹性的主要因素，低收入人群对于医疗服务的价格更为敏感（Mocan，2000）。在我国，农村居民的收入水平普遍偏低，2010 年，我国城乡居民的收入差距比已达到 3.23∶1，[①] 相较于收入较高的城镇居民来说，农村居民医疗消费的价格弹性高。并且，相对贫穷的农村居民往往更多地使用健康资本来获取收入，其健康存量的折旧率较高，患病的概率更大（Muurinen，1982），表现为较高的医疗需求上限。基于这两点，我们以医疗服务的实际支付价格 $P_s r$ 为纵轴，医疗需求数量 Q_d 为横轴，城乡居民的需求曲线如图 1 所示。其中，U 代表城镇居民的需求曲线，R 代表农村居民的需求曲线。

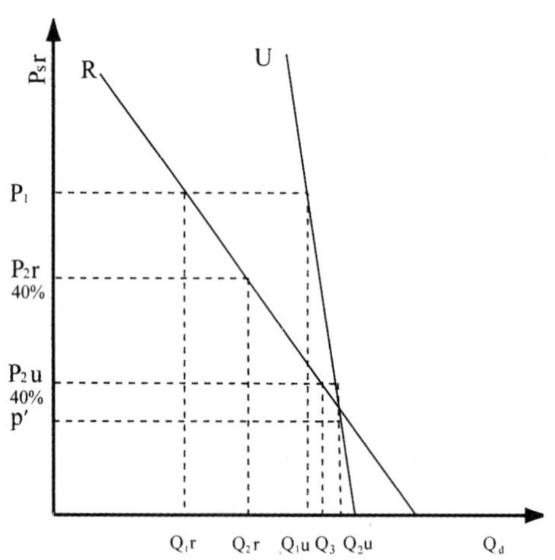

图 1　城乡居民医疗需求曲线

在此我们假定无论哪一方需求都能得以满足，且这种需求的大小体现了对一定质和量医疗服务供给的利用水平差距，从侧面反映了享受医疗服

① 数据来源：《2010 年中国统计年鉴》数据，全年农村居民人均纯收入 5919 元，城镇居民人均可支配收入 19109 元。

务的公平性。受预算约束的影响，即使城乡居民在患同一种疾病的情况下面临同样的医疗支付价格 P_1，城镇居民愿意购买 Q_1u 单位的医疗服务，而农村居民只愿购买 Q_1r 单位的医疗服务。[①] 城乡居民之间医疗服务消费差距为 Q_1u-Q_1r，假设这些医疗服务需求都是有效的，[②] 那么农村居民的医疗服务需求会因收入水平而受到限制。因此，需要医疗保障制度在其中予以调节和保障，平滑城乡居民因收入带来的医疗消费不平等。医疗保障通过两方面影响医疗消费需求：其一，参保者需缴纳一定比例的医疗保险费，收入相应减少，医疗消费的价格弹性随之变大；其二，对参保者的医疗费用进行一定比率的共付，患者对医疗服务的实际支付价格降低，医疗需求提高。由于我国医疗保障的个人筹资仅占收入的一小部分，对医疗消费能力的影响不大，此处重点考量医保补偿对医疗需求的影响。

在中国普遍的城乡二元医保框架下，城乡居民在医疗保障补偿水平上的差距[③]使得城乡居民面临不同的医疗支付价格：城镇居民为 P_2u，农村居民为 P_2r，相对应的医疗消费量分别为 Q_2u 和 Q_2r。在城乡居民分别参加医疗保障制度并享受费用补偿后，医疗消费水平上的差距变为 Q_2u-Q_2r。虽然通过价格补贴，城乡居民的医疗需求得到了更多的满足，但与不进行任何价格补贴时的城乡医疗消费差距 Q_1u-Q_1r 相比，城乡居民的医疗消费水平仍然存在较大的差距。事实上，农村居民看不起病（消费不起已有的供给）的情况普遍存在，医疗消费的有效需求不足（刘华，2006）。即使有政府补贴的中国农村，医疗消费仍然是在一个相对低的水平上。据统计，2009 年城镇居民人均医疗保健支出 856.4 元，农村居民人均医疗保健支出 287.5 元（卫生部，2010），约是城市的 1/3。甚至有观点认为城乡“二元”医疗保障制度使中国城市医疗保障的“福利陷阱”和农村医疗保障的严重缺失并存，城镇居民的过度医疗影响了医疗服务的

---

① 由于中国社会往往以家庭为决策单位，每个家庭中既有参加居民医保的老人和学生，也有参加职工医保的职工，因此，此处将所有城镇居民看作是同一个整体。

② 卫生部“第四次国家卫生服务调查”结果显示，经医生诊断需住院而未住院的比例为 21%，其主要原因是“经济困难”，占 70.3%。因此，此处我们假定医疗服务需求都是有效的。

③ 据卫生部第四次卫生服务调查，2008 年城镇职工医疗保险、城镇居民基本医疗保险、新型农村合作医疗报销比例分别为 66.2%、49.2%、34.6%，此处假设城镇居民（职工 + 居民）平均共付率为 40%，农村居民共付率为 65%。

价格水平，对农民的医疗福利造成特别的损害（王兰芳，2006）。

逐步缩小城乡居民的补偿水平差距，以实现城乡居民在医疗服务利用上的公平性，正是城乡医保制度统筹的目的所在，但不同模式的福利效应不尽相同。采用“全统一”模式的地区在统筹后对所有城乡居民都采取统一的补偿水平，由于农村居民的医疗需求弹性较大，在对城乡居民进行了同样的价格补贴后，即城乡居民在面临同样的实际支付价格 P_2u 时，农村居民的医疗服务需求变化 Q_3-Q_1r 要大于城镇居民的医疗服务需求变化 Q_2u-Q_1u，城乡居民在医疗服务利用上的整体差距变为 Q_2u-Q_3，与 Q_1u-Q_1r 相比，城乡居民在医疗服务利用公平性上有了很大提高。在医疗消费都得以满足的情况下，城乡居民的医疗消费水平有所接近。当补偿后的医疗支付服务价格 P′刚好处于城乡需求曲线的交点处，城乡居民的需求弹性一致，实现了城乡居民在医疗消费上的机会均等。采取“二元分层基金统一”模式的地区，城乡居民在补偿标准上仍存在差距，但将两个基金合并为一个更大的“风险池”，通过大数法则使得农村居民的医保补偿在筹资不变的情况下得以提高，对于逐步缩小城乡医疗需求水平起到一定的正向作用。“二元分层基金分设”模式由于基金调剂范围较窄，待遇提升有限，其福利效用要差于前两种模式。

（二）研究方法与资料来源

为了验证城乡医疗保障制度不同统筹模式的福利效应，我们用“人均医疗费用”指标代表不同参保群体的医疗服务利用情况，用“人均基金支出”指标代表不同群体所享受到的医保基金补偿情况，用“补偿筹资比”代表不同人群参加医疗保障的投资—收益情况，通过“泰尔指数”的计算，分地区模拟 2009 年各地各险种的参保人在医疗消费、医保补偿和投资收益上的差距。泰尔指数的计算公式为：

$$T_{(\text{医疗消费})} = \left(\frac{1}{N}\sum_{i=1}^{N} LOG\frac{\bar{y}}{y_i}\right)$$

$$T_{(\text{医保补偿})} = \left(\frac{1}{N}\sum_{i=1}^{N} LOG\frac{\bar{x}}{x_i}\right)$$

$$T_{(\text{补偿筹资比})} = \left(\frac{1}{N}\sum_{i=1}^{N} LOG\frac{\bar{x}}{z_i}\right)$$

式中，T 代表泰尔指数，N 代表各地险种的分组数，y_i 代表第 i 个险种参保人群的平均医疗消费金额，由险种内参保人群的年度医疗总费用除以当年参保人数计算得来，$\bar{y}$ 代表 y_i 的平均值。x_i 代表第 i 个险种参保人群的平均医保补偿额，由险种内参保人群的年度医保基金总支出除以当年参保人数计算得来，$\bar{x}$ 代表 x_i 的平均值。z_i 代表第 i 个险种参保人群的平均补偿筹资比，由险种内参保人群的人均医保基金支出除以个人筹资额计算得来，$\bar{z}$ 是 z_i 的平均值。

研究来源于课题组 2010 年对江苏省 8 个县（市/区）的医保部门实地调研和访谈所获得的数据。其中选择了“二元分层基金统一”模式的昆山、“二元分层基金分设”模式的太仓和兴化。为了较为客观地比较统筹城乡医保制度的福利效应，还选取了与兴化发展水平差异较小但仅统筹了管理体制的“半统筹”地区仪征、海安和靖江，以及未统筹的江都。之所以选择江苏省为例，有两方面的原因：第一，江苏省是开展城乡统筹试点的先行地区，目前已有三十几个县（区、市）对城乡医疗保障制度进行了不同程度的统筹试点，模式不同、效果各异，为我们提供了较为丰富的研究资料；第二，江苏省苏北、苏中、苏南地区在经济发展和城市化水平上有着较大差异，与我国东、中、西部的差异有着相似之处，江苏省的研究结论对全国统筹城乡医保也有一定的借鉴意义。

（三）实证研究结果

分地区医疗消费、医保补偿和投资收益泰尔指数的计算结果见表 2：

表 2　　分地区泰尔指数（2009）

统筹模式	地区	$T_{(医疗消费)}$	$T_{(医疗补偿)}$	$T_{(补偿筹资比)}$	各组的平均补偿筹资比		
					职工	居民	农民
二元分层基金统一	昆山	0.013656	0.045917	0.069845	545.20	170.08	—
二元分层基金分设	太仓	0.054843	0.088769	0.200454	98.89	51.13	7.12
	兴化	0.164523	0.260211	0.701762	31.43	4.81	666.09

续表

统筹模式	地区	$T_{(医疗消费)}$	$T_{(医疗补偿)}$	$T_{(补偿筹资比)}$	各组的平均补偿筹资比		
					职工	居民	农民
半统筹（管理统一，制度分设）	仪征	0.202577	0.338487	0.371362	32.75	2.23	103.40
	海安	0.20506	0.305384	0.382648	47.28	8.66	306.6
	靖江	0.548111	0.651354	0.757672	73.64	0.19	142.07
未统筹	江都	0.451738	0.666254	0.773615	50.26	0.36	—

注：太仓的最后一列采用“住院医疗保险”参保人群的相关数据。

由计算结果我们可以发现，实行了城乡医疗保障统筹的地区在医疗消费和医保补偿上的差距都小于未统筹地区，充分体现了统筹城乡医保制度在医疗消费和医保补偿均等化上的优越性。其中，“二元分层基金统一”模式的昆山泰尔指数最小，其次是“二元分层基金分设”模式的太仓和兴化，半统筹和未统筹地区的泰尔指数则比较大。昆山相对普通的“二元分层基金统一”模式来说，扩大了医保基金的调剂范围，每年从职工医保基金中提取5%划转入居民医保账户，并将两个险种的大病补充医疗保险基金合并，所有参保者大于5万元的医疗费用都采取统一的补偿标准，因此各类人群的医疗消费较为均等。太仓与兴化虽同属于“二元分层基金分设”模式，但在制度设计上太仓市为失地农民和有特殊贡献的社会群体设立了“住院医疗保险”层次，实行与职工医保同样的住院补偿待遇，缴费仅为职工医保的一半，通过向弱势群体倾斜的政策导向满足了不同人群的保障需求。

在投资收益比方面，昆山和太仓投资收益比的泰尔指数最小，而兴化、靖江、江都的不同人群间的投资收益比则差距较大。虽然医疗保障制度只强调机会均等，而不强调结果公平。但医保补偿与个人筹资的比值能够一定程度上反映出制度倾向。我们再看分组数据，虽然兴化、靖江、江都的泰尔指数比较高，但新农合的参保人群的投资收益比是最大的，反映了政府在筹资上对弱势群体的倾斜，也是一种较为公平的制度设计。

（四）不同地区适宜统筹模式的讨论

理论上说，“全统一模式”不论在医疗保险大数法则（the law of large

numbers）作用，还是医疗利用的公平性和社会总体福利的提升上都是最有效的。但这一模式并不适合所有地区。筹资是待遇实现的基础，经济较为发达的地区，城乡发展较为均衡，表现为城乡居民的需求曲线比较接近，在平衡城乡医保补偿待遇时，对扩大筹资的需求不高。而在经济欠发达地区，城乡居民的需求曲线相距较远，需要对医保筹资做较大的提升，方能实现城乡医保补偿的一致。受地方财力水平的限制，这部分筹资压力将大部分转嫁给参保人，影响低收入人群的参保积极性和享受医保补偿时的支付能力，甚至会造成医保基金的逆向转移（医保补贴更多地被富人占用），违背了城乡医保统筹的初衷。戈德曼等（Goodman et al.，1997）对加利福尼亚社会统一费率后的再分配后果预测同样证明了这一点，因为在富裕的城市地区卫生保健支出相对高，统一费率将出现从贫困农村地区向上述地区的大规模收入转移。因此，在经济不发达、城市化水平较低的地区，采取“二元分层”模式并适当向农村居民倾斜，对提升农民福利水平、缩小城乡差距更为有效。

另一个方面，与“二元分层基金统一”的模式相比，“二元分层基金分设”模式由于基金调剂范围有限，在实践中常常会带来不同程度的制度风险。兴化市实行险种自由转换机制后，就初步暴露了这样的问题：老、弱、病、残等高风险人群都倾向于选择参加补偿较高的居民医保或职工医保，重病的人流向高险种、健康人群流向低险种的逆向选择问题较为突出，使得居民医保的参保结构呈愈来愈老龄化的偏态分布，赤字严重。因此，采用“二元分层基金分设”模式的地区应在保证参保人自由选择权的基础上，科学合理地测定各险种的衔接转换机制、一次性补缴政策的缴费基数，以保证医保制度运行的稳定性和可持续性。同时，应尽快提高统筹层次，逐步向“二元分层基金统一”模式和“全统一”模式过渡，以促进保险内部参保人群年龄结构的优化，提高基金的共济能力，逐步缩小不同人群在医疗需求水平上的差距。

四　结论及政策含义

理论和实证分析表明，城乡医保统筹制度对于缩小城乡医疗消费差异，提高补偿公平性有明显的正向作用，不同模式的福利效应不同。理论上，“全统一”模式的社会福利效应最好，但并不适用于所有地区，在经济较不发达地区，若强行为之可能会损害参保人的利益，违背城乡统筹的初衷。

在我们调研中也发现，由于地区经济发展水平、城市化水平和制度基础的影响，不同地区的城乡医保统筹制度有着不同的演化路径。经济较为发达的昆山城市化、工业化水平高，城乡流动人员多，城乡地域界限不明显。城乡医疗保障需求的趋同催生了医保制度的整合，城乡医保关系频繁转换的需求促进了经办管理的统一。为了满足一体化制度对于一体化管理的需求，这些地区逐步实现了整个管理体制和制度体系的整合，是一种诱导性制度变迁。而在城乡户籍分界明显的兴化、靖江等地，农村人口众多，新农合也实施得比较早，与城镇居民医保的筹资水平有着较大的差距。这些地区则先着手于管理体制的整合与归并，打破城乡参保界限，以管理的统一推动制度变迁。

“善战者因其势而利导之。”善治者也应如此。鉴于不同地区在参保人群特征、医疗保障需求、补偿水平、管理效率等方面各不相同，各地在探索适合本地实际的城乡医保统筹制度时，要遵循与经济发展水平、地方财力及参保人缴费能力相匹配的原则，因地制宜，同时要维护大多数人的利益。经济较不发达地区可以先采用“二元分层”的统筹模式，首先保证城乡居民平等享有医疗保障，再考虑不同群体的多元化需求、收入水平差异及基金支付能力等方面因素。制定适合不同缴费层次，既有区别又不失公平地对待不同情况的城乡居民，既照顾到贫困的农村居民，又与城镇职工医保做好衔接，以梯次化的层次设计建立渐进式的保障架构，逐步缩小城乡之间医疗保障的差异，向“全统一”的模式过渡，推进城乡医保统筹。

参考文献

刘华、何军:《中国农村医疗保障体系的经济学分析》,《农业经济问题》2006 年第 4 期。

顾海、胡大洋、李佳佳:《江苏省构建城乡医保统筹制度研究》,《江苏社会科学》2009 年第 6 期。

孔祥利、毛毅、丁亮:《社会保障视域下农村劳动力转移对农民收入的影响》,《统计与信息论坛》2009 年第 2 期。

顾海、李佳佳:《江苏省城镇居民医疗保险受益公平性研究——基于收入差异视角》，《学海》2009 年第 2 期。

顾海、李佳佳：《城乡医保统筹的制度性思考——基于江苏 9 地的实证依据》，《中国医疗保险》2010 年第 3 期。

哈尔 · R. 范里安：《微观经济学：现代观点》，费方域等译，上海三联书店 2006 年版。

卫生部：《2010 中国卫生统计年鉴》，中国协和医科大学出版社 2010 年版。

Sherman Folland, Allen C. Goodman, Miron Stano, *The Economics of Health and Health Care*, Prentice Hall, 2003.

Mocan, H. N.; Tekin, E. and Zax, J. X., "The Demand for Medical Care in Urban China", *NBER Working Paper*, No. 181, 2000.

Muurinen, Jaana-Marja, "Demand for Health: Ageneralized Grossman Model", *Journal of Health Economics*, Vol. 1, No. 1, 1982, pp. 5 –28.

Kleinknecht, Alfred, Oostendorp. Remco M., Fradhan, Menno P. Naastepad, C. W. M., "Flexible Labor, Firm Performance and the Dutch Job Creation Miracle", *International Review of Applied Economics*, Vol. 20, No. 2, 2006, pp. 171 –187.

Jiang, Y., *Health Insurance Demand and Health Risk Management in Rural China*, Frankfurt am Main, Germany: Peter Lang Europaeischer Verlag der Wissenschaften, 2004.

Cooper, Philip F., and Alan C. Monheit, "Does Employment-Related Health Insurance Inhibit Job Mobility?" *Inquiry*, Vol. 30, 1993, pp. 400 –416.

James W. Henderson, *Health Economics & Policy*, *Thomson Learning*, *Mason*, OH: South-Western, 2009.

Sherman Folland, Allen C. Goodman, Miron Stano, *The Economics of Health and Health Care*, Prentice Hall, 2003.

农民工的社会保险状况与影响因素分析

——基于江苏省调查数据

［中］朱　力

南京大学社会学院社会学系教授、博导

［中］吴　炜

南京大学社会学院社会学系博士生

改革开放以来，随着工业化和城市化的快速推进，我国出现了大规模的人口流动。据有关数据统计，到 1994 年外出农民工数量就达到了 6200 万（李培林，2008：515）。2004 年，农村流动劳动力数量进一步增长，达到 1.18 亿。第六次人口普查数据显示，全国流动人口已经达到 2.2 亿多人，主要组成部分就是农民工。农民工群体的社会保障问题引起了社会的普遍关注，而现实的情况是从 20 世纪 90 年代以来就开始探索的农民工社会福利和保障制度，经过了 20 年的发展至今仍存在诸多问题。由于缺乏统一的中央政策，各地存在多种改革模式并存的局面（彭宅文、乔利滨，2005）。居于社会福利与保障权利的核心地位的农民工的社会保险权益明显受损（杨思斌，2010）。笔者认为研究和解决农民工的社会保险问题对我国具有十分重大的意义，这不仅是经济和社会持续发展的要求，而且是我国国家性质的必然体现。

一　研究背景

社会保险制度，从 19 世纪末在德国诞生以来，它最基本的功能就是维持工人的基本生活。农民工脱离了原有的具有根本性保障作用的土地，进入城市社会中，却在很长一段时间内也未能纳入城镇社会保障体制内，成为城市和农村社会保险制度双不管的群体。正如傅志明所说，“我国社会保险制度存在的问题可以归结为两个方面：服务供给不足和分享不公”（傅志明，2010）。农民工群体正是典型代表。

早在1994年，郑杭生、洪大用就强调应该发展适合农民工特点的社会保障制度（郑杭生、洪大用，1994）。现有研究表明，农民工的社会保险参保率总体上是比较低的（李群、吴晓欢、米红，2005；华迎放，2004；杨斌等，2008；费平，2006）。同时某些险种退保率较高（李轩红，2010），这既有农民自身的原因，又有制度上的原因。从其自身看，其一，目前农民工参保的意愿比城镇居民要低，同时对保险的参保意愿是有差别的，参加养老保险的意愿最为强烈，其次为工伤保险（李群等，2005）。其二，农民工普遍缺乏技术，在城市劳动力市场中处于不利地位，没有和资方讨价还价的资本。从制度上看，由于二元户籍制度和身份制，农民工在城市社会保障体系中被边缘化（刘翠霄，2005；成志刚、罗帅，2007）。正如张霞（2007）研究所显示，拥有本地城市户籍的劳动者要比拥有其他户籍的劳动者具有明显的优势，体现在了劳动者享有养老保险、医疗保险和工伤保险等社会保险的状况之中。

社会保险政策是研究重点所在，相当多的学者（何平，2006；张军，2007）认为目前的社会保险制度设计尚有问题。罗蓉、罗澍（2005）认为，在险种选择上，应该以养老保险为重点，兼顾医疗和工伤等险种设计。有学者（郑功成，2002；严新民、童星，2010；徐道稳，2009）则认为工伤保险对于农民工来说最为必要和紧迫。李群等（2007）的观点是以上两种观点的综合，认为应该重点建立独立的农民工养老保险制度，同时加强农民工的工伤保险制度。

从已有的研究上来看，目前农民工社会保险的研究涉及的学科较广，然而，现有研究仍然存在着以下几个方面的不足：第一，政策设想多于数据分析、一些设计过于笼统，缺乏操作性；第二，在现有的数据分析中，许多研究只是对这些数据进行描述，缺少相关分析和因果分析，使得研究没能深入；第三，某些险种如工伤保险和养老保险已经有了较多和较深入的研究，另外一些险种的研究涉及得较少，研究并不均衡。更重要的是目前尚没有将社会保险状况作为一个综合变量纳入统计分析的研究出现。本研究的突破点也即在此，通过利用江苏省农民工的抽样调查数据，将既有研究向前推进。

二 研究设计

（一）资料来源与样本概况

本次调查所得资料来自“农民工权益保护理论与实践研究”课题组在江苏省所做的调查。在样本的选择上，第一步，以农民工的集中地域为判断标准，课题组选取了江苏省的南京、苏州、无锡、常州、南通五个城市作为调查地点。第二步，使用配额抽样合理配置样本，主要参考的是《2010 年江苏统计年鉴》和《2005 年江苏省 1% 人口抽样调查资料》的数据。首先，根据统计年鉴的数据，参考五市外来务工人员的数量进行配比以保证各市大体均衡分布，同时确定男女性别比例为43：54；其次，考虑行业分布，根据统计年鉴的权威数据，对主要行业进行配额比例，使调查基本覆盖农民工从事的主要行业。再次，考虑样本在各个城市内的行业分布，根据地级市各个城区的企业数量、外来人口数量、外来务工人员数量进行合理配比，确定不同地域中各个行业的样本数目。最后一步，在调查对象的具体选择上，鉴于工会组织对本地的企业数量以及外来务工人员数量的情况较为熟悉，我们首先与江苏省总工会建立合作关系，由各市工会按照我们的调查样本要求，提供调查企业名单，负责与企业协调，介绍调查人员入场。然后由调查人员根据实际情况在提供的企业中自主选择调查对象。调查于 2010 年 7—8 月之间展开，共回收有效问卷 815 份。

（二）变量

本文目的在于探讨农民工社会保险状况及其影响因素，因变量为农民工参与的社会保险的综合状况。社会保险的综合性要求企业最终都要建立为职员提供包含养老、医疗、工伤、失业、生育等多个险种在内的待遇。研究中，我们首先为每种保险赋予同样的权重，然后分别对企业为农民工投的五种保险状况计算得分，提供则记为 1 分，不提供则记为 0 分，五种保险的得分相加，得到每一个农民工社会保险状况的综合得分，这个分值的值域区间为 0—5 分。

自变量包括两组，一组是个人特征变量，包括性别、年龄、教育程度、是否党员、换工次数、职业技能状况和工龄。性别是一个虚拟变量（男性 =1），年龄也被处理为虚拟变量（新生代农民工 =1），以农民工的出生日期 1980 年 1 月 1 日为临界点。教育是人力资本的一个重要指标，共分为 4 类。党员是一个虚拟变量（党员 =1）。职业技能状况用其拥有的职业技能证书数量和工龄来代表，换工次数、拥有的职业技能证书数量和工龄都是定距变量，是个人特征的重要表现。工龄指的是调查对象在目前所在单位的工作时间长度。模型中同时加入工龄的平方项，以检验其非线性效应。第二组自变量是企业特征变量，包括工种、企业性质和企业规模，工种代表农民工从事的职业。研究中将工种分为 16 种，基本涵盖农民工的主要职业类型。企业性质代表农民工所在企业的产权归属，企业规模代表农民工所在企业的职员数量，变量的具体情况见表 1。

表 1　　　　　　　　　　变量描述

项目	类别	百分比	项目	类别	百分比
性别	男	43.4		保安	4.3
	女	53.6		清洁工	3.2
年龄	新生代	55.8		司机	1.1
	老一代	44.2		销售业务员	5.2
工龄	0 年	15.8		建筑工人	9.1
	1 年	17.1		其他	10.6
	2 年	14.5	政治身份	党员	7.3
	3 年及以上	52.6		非党员	92.7
工种	流水线生产工	11.3	受教育程度	小学及以下	9.00
	其他生产工	4.7		初中	37.5
	工厂后勤人员	2.9		高中	31.7
	技工	17.9		大专及以上	21.8
	班组长	3.4	换工次数	0 次	42.4
	质检员	2.3		1 次	15.2
	文员	5.9		2 次	18.0
	领班	1.5		3 次及以上	24.4
	中低层管理者	9.4	职业技能证书	0 种	71.7
	服务员	7.2		1 种	19.7

续表

项目	类别	百分比	项目	类别	百分比
	2种及以上	8.6		个体	1.6
企业性质	国有企业	8.2		其他	2.9
	集体企业	2.9	企业规模	9人及以下	2.7
	股份制企业	13.7		10—99人	19.3
	私营企业	55.6		100—999人	52.7
	港澳台资企业	5.8		1000人及以上	25.3
	外资企业	9.4			

三　农民工的社会保险现状

调查结果表明，在所调查的815个农民工样本中，有养老保险的占69.3%，有医疗保险的占71.5%，有工伤保险的占67.2%，有失业保险的占55.3%，有生育保险的占50.1%。笔者认为，第一，近年来，企业对农民工的社会保险权益越来越重视，为加入本企业的农民工购买社会保险，使得农民工参加社会保险的比例有了较大幅度的提高。第二，农民工社会保险的实际参保状况与参保意愿之间尚有较大差距，五种险种的差距均在20%左右，即一部分农民工有参保意愿却未能获得社会保险。

表2　　农民工参保状况

保险名称	频数	频率（%）
养老保险	516	69.3
医疗保险	583	71.5
工伤保险	548	67.2
失业保险	451	55.3
生育保险	408	50.1

江苏农民工的社会保险参保率与此次调查的全国数据是相互呼应的（刘林平等，2011）。2007年，劳动和社会保障部对全国40个城市1.9万余个企业中的284万农民工进行了调查。结果显示参加基本养老保险的农

民工占33.1%，失业保险为19.6%，生育保险为19.7%，医疗保险为25.6%，工伤保险为38%（杨斌等，2008）。可见，本次调查数据中农民工的社会保险参保率都要高一大截。笔者认为，可以从三个方面予以解释。第一，由于本次调查通过的是工会组织，能够进入正规工厂，克服以往调查以街头私营小企业、非正规就业的临时工为主的缺陷。第二，本次调查注意到了农民工的分层现象，经过合理配比将社会保险权益实现较好的农民工中上层也纳入了调查范围。第三，农民工的社会保险参保率客观上确有提高，一方面，最近几年，民工荒席卷整个中国，江苏作为劳动力需求大省形势更为严峻。为了吸引农民、留住民工，为其提供社会保险已经成为企业的必要举措；另一方面，中央政府不断加强对农民工权益的保护，不断出台各种政策措施。同时江苏省各级政府对农民工权益的保护历来较为重视，有关部门不断加强立法、执法与监督，促使企业为农民工提供社会保险，促使农民工社会保险参保率有了较大的提高。

四 农民工参与社会保险影响因素分析

（一）个人特征变量

对新生代农民工的研究，认为“与老一代相比，他们在外出动因、心理定位、身份认同、发展取向、职业选择等方面发生了根本性变化，对各种保障和权益更为关注”（杨琦、李玲玲，2011）。在寻找工作时，新生代农民工维护其社会保险权的意识增强，他们会更加关注企业是否提供社会保险，可能会导致社会保险的参保率会比老一代农民工高。此次调查表明，农民工的社会保险状况没有代际差别。

从性别上看，男性的社会保险参保率状况要比女性低。笔者分析原因可能有三个。一是与男性与女性在劳动力市场的二元分割有关。从我国目前的劳动力市场上看，男性与女性主要从事的行业已经出现了分离。而主要由男性从事的行业如建筑业在参加社会保险的比率较低（任丽新，2009）；二是男性更富有创新与冒险心理，他们往往会自雇作业，其社会保险参保率要低；三是男性农民工的流动性比女性要高，在目前社会保险跨地域转接尚未实现的情况下，其参加社会保险的意愿比女性低。

受教育程度的正面效应十分显著。原因在于：一是随着教育程度的提高，人力资本增强，所选的职业技术含量提高，能够进入正规的企业，这些企业往往会提供基本的社会保险；二是“教育能提高农民工的风险识别能力，容易形成较强的社会保险意识”（顾永红，2010），他们会选择一些提供社会保险及相关福利的企业工作；三是教育是人力资本的重要表现，受教育程度高表明其能力更强，技术更好，为了留住人才，企业愿意为其缴纳社会保险金。

工龄的效应对农民工社会保险状况的影响是显著的，方向为正。同时工龄的平方项的效应也是显著的，且系数为负值，表明工龄对社会保险状况的影响呈倒U形结构，开始随着工龄的增加，农民工社会保险状况会改善，当工龄大到某一个值时，工龄的影响效应会下降。

党员的效应不显著，表明政治身份对农民工的社会保险状况没有帮助。职业资格证书的数量的效应也不显著，表明农民工自身拥有的技能对提高其社会保险参保率没有帮助。将换工次数带入模型中，其效应不显著，表明农民工换工作的次数和其获得社会保险没有关系，其更换工作频率对提高其社会保险的参保率没有帮助。

表3　农民工社会保险状况影响因素的回归模型

	自变量	回归系数	标准误差	P > | t |
个人特征	性别（男 =1）	-0.31*	0.17	0.06
	年龄（新生代 =1）	0.02	0.18	0.90
	受教育程度	0.83***	0.10	0.00
	是否党员（党员 =1）	0.24	0.28	0.38
	职业资格证书数量	0.13	0.09	0.13
	换工次数	-0.02	0.04	0.50
	本企业工龄	0.21***	0.03	0.00
	本企业工龄平方项	-0.007***	-0.01	0.00
企业特征	企业性质（参照：国有企业）			
	集体企业	0.25	0.5	0.61
	股份合作企业或股份有限公司	0.18	0.33	0.58
	私营企业	0.49*	0.29	0.08
	港澳台投资或合资企业	0.96**	0.41	0.02
	外资企业	1.19***	0.36	0.00
	个体户	0.82	0.63	0.20

续表

	自变量	回归系数	标准误	P > | t |
企业特征	其他	-0.14	0.53	0.80
	工种（参照：流水线生产工）			
	其他生产工	0.08	0.38	0.84
	工厂后勤服务人员	0.46	0.46	0.32
	技工	-0.60**	0.29	0.04
	班组长	-0.62	0.43	0.16
	质检员	-0.37	0.53	0.49
	文员	-0.08	0.37	0.83
	领班	0.36	0.60	0.55
	中低层管理人员	-0.30	0.33	0.36
	服务员	-0.50	0.35	0.16
	保安	-0.60	0.43	0.16
	清洁工	-1.11**	0.47	0.02
	司机	0.19	0.71	0.79
	销售业务员	-0.55	0.38	0.15
	建筑工人	-1.76***	0.37	0.00
	其他	-0.28	0.32	0.39
	企业规模（参照：9 人及以下）			
	10—99 人	1.79***	0.45	0.00
	100—999 人	2.19***	0.44	0.00
	1000 人及以上	2.14***	0.46	0.00

注：* 表示在0.1 的水平下显著；** 表示在0.05 的水平下显著；*** 表示在0.01 的水平下显著。

（二）企业特征变量

实际上，农民工能够获得社会保险以及获得险种的多少的决定权往往是在企业。因而对企业特征的分析将更好地揭示农民工参与社会保险的综合状况。

1. 企业性质

将国有或国有控股企业作为参照，与其相比，集体企业、股份合作企业和股份有限公司以及个体户的效应不显著。表明集体企业、股份合作企业和股份有限公司和公有制企业以及个体户在对待农民工的社会保险上差别不明显。

与国有企业相比，港澳台投资或合资企业以及外资的投资或合资企业中的效应显著，其社会保险综合分值要高 1.42 分。可见后者在对待农民工的社会保险问题上比国有制企业更为规范，也更注重员工的权益。黄岩（2008，2009）认为，外资企业对中国农民工的权益会形成积极影响，外资企业中会形成一个跨国倡议网络，跨国公司在推动农民工权益保护中代表了全球化背景下新的劳工干预力量。余晓敏（2007）则反对这一观点，认为跨国公司的行为并没有能够脱离资本利润最大化的动机，不可能遵守公司社会责任。在中国由于监管机制的不健全，外资企业与其在本土的作为相反，很可能会逃避公司责任。本次调查表明，在农民工社会保险的权利实现上，港澳台企业和外资企业普遍比公有制企业要好。

一般认为，国有企业处于一个原有的社会保险福利框架之内，它们会严格按照国家规定为员工提供社会保险，而私营企业作为新出现的经济形态，在利润的驱使下，会为逃避政府监管，更可能少地为员工办理社会保险。研究表明，与国有企业相比，私营企业的社会保险综合分值效应显著，私营经济中农民工的社会保险分值比国有企业中农民工高 0.49。这是一个比较意外的结论。笔者认为，可能的原因有以下几个：一是为了适应市场经济的发展，降低成本，增加效益。目前在很多的公有制企业中，形成了两种员工身份。有的是处于体制之内的员工，另外是处于体制之外的员工，主要是农民工，他们通过劳务派遣等方式进入国有企业。他们在国有企业之内，却很少享受甚至不能享受企业的福利，企业提供社会保险的比例就会较低；二是近年来民工荒蔓延，对于私有制企业来说，留住人成了企业运营的关键，提供社会保险是其一重要的措施，有一定能力的农民工，在私营企业更受到重视，能享受社会保险。

2. 工种

与流水线生产工相比，技工、清洁工和建筑工的效应显著，均为负面影响。与流水线生产工人相比，技工效应是显著的，且为负值，系数为 -0.6，这说明技术工人比流水线生产工的社会保险状况要差，技术并没有成为农民工获得更好的社会保险的途径。原因在于：（1）结合访谈资料来看，农民工对技工的概念认知尚比较模糊，经常性的是与农村中对技术的认定结合在一起，导致生产线上的技术工人，否认其技工身份的概率很大；（2）企业中的技术工人多已经成为管理人员而选择了中低层管理人员、工厂后勤人员等选项；（3）部分行业的技工的流动性较大，不愿意参加社会保险。

与流水线生产工人相比，清洁工的负面效应显著，表明清洁工的社会保险水平较差。目前，在我国的各种企事业单位中，清洁工很大比例都是招收的临时工，使得其一他们获得社会保险的机会比其他工人小得多。其二他们往往是年龄较大、没有技术的农民工，缴纳社会保险的最佳时机已过，其自身也不愿缴纳社会保险金，因此其社会保险水平较低。

与流水线生产工相比，建筑工人的效应显著，其系数为 -1.76，表明建筑工人的社会保险水平非常低。一方面，由于建筑业的特性，建筑工人的流动性很大，而现行的社会保险制度是与地域挂钩的，使得建筑工人参加社会保险的难度加大，参与比例就会减少；另外一方面，我国建筑业大量采用承包方式，甚至多重承包，即使有关部门要求给予农民工社会保险，在这种承包方式下也经常被各级承包方回避。

3. 企业规模

将在 9 人及以下的小企业工作的农民工作为参照，在 10—99 人企业工作的农民工在社会保险综合分值上比其多 1.79 分；在 100—999 人工作的农民工比其多 2.19 分；在 1000 人及以上的公司工作的农民工比其多 2.14 分。说明企业规模越大，农民工社会保险综合分值就越大，农民工社会保险状况越好，获得社会保险的机会就越大。另一方面，100—999 人企业与 9 人及以下企业相比所得的社会保险分值高于 1000 人及以上企业与 9 人及以下企业所得分值，这也在一定程度上解释私营企业社会保险状况为什么要好于国有企业：大部分私营企业规模都在 100—999 人，而大部分国有企业规模超过了 1000 人。

五　结论与讨论

（一）结论

经过上述分析，得到的结论如下：

第一，与过去相比，农民工的社会保险状况有了较大幅度的改善，社会保险的参保率有了显著提高。其中，医疗保险的参加情况最高，其余依次为工伤保险、养老保险、失业保险、生育保险。

第二，农民工的个人特征中的性别、受教育程度和工龄对农民工社会保险的现状有显著影响。男性差于女性；受教育程度越高，社会保险的情况越好；工龄对拥有社会保险的影响呈倒 U 形曲线；新生代农民工社会保险情况和老一代农民工没有差别。

第三，在企业特征变量中，企业性质、工种和企业规模对农民工的社会保险现状有显著影响。从企业性质上看，私营企业、港澳台企业和外资企业要好于国有制企业；从工种上看，建筑工、技工和清洁工的社会保险状况差于流水线生产工；从企业规模上看，企业规模越大，农民工的社会保险状况越好。

（二）讨论

“迈向福利社会是人类社会发展的客观要求和必然趋势，是人类不懈追求的目标。”（郑功成，2008：107）我国宪法明确规定，中华人民共和国公民在年老、疾病或者丧失劳动能力的情况下，有从国家和社会获得物质帮助的权利。因此，全体公民都平等享有社会保险的权利。然而，法律上认定的农民工与城镇居民享有的同等社会保险的权利，在实现过程中受户籍等制度的影响出现失衡。农民工的社会保险水平仍然较低。

实际上，农民工的社会保险是一个十分复杂的工作，涉及制度改革、政策制定、技术支持以及地方政府、企业主和农民工个人的意愿等方面。其中，作为阻碍农民工社会保险工作向前开展的户籍制度正在松动，党和政府维护农民工权益的目标也是坚定不移的。目前面临的困难主要在后几个方面，一是技术上的难题；二是如何克服地方主义确保社保基金在全国范围内的有序转接；三是如何确保企业主为农民工办理社会保险的自觉性；四是如何克服农民工的负面心理，提高缴纳社会保险费的自愿性。以上是本文尚未涉及的，留待以后进一步思考。

参考文献

成志刚、罗帅：《近十年我国农民工社会保障问题研究综述》，《湘潭大学学报（哲学社会科学版）》2007 年第 3 期。

崔红志：《对把进城农民工纳入城市社会养老保险体制的认识》，《中国农村经济》2003 年第 3 期。

费平：《深圳农民工社会保险制度》，《中国劳动》2006 年第 10 期。

傅志明：《我国社会保险制度发展的偏差与调整》，《中国行政管理》2010年第8期。

顾永红：《农民工社会保险参保意愿的实证分析》，《华中师范大学学报》（人文社科版）2010年第3期。

何平、华迎放：《农民工的社会保险政策设计》，《中国劳动》2007年第7期。

华迎放：《农民工社会保障：思考和政策选择》，《中国劳动》2004年第10期。

黄岩：《全球化、跨国倡议网络与农民工保护》，《经济学家》2009年第1期。

黄岩：《代工产业中的劳工团结：以兴达公司员工委员会试验为例》，《社会》2008年第4期。

景天魁：《社会保障：公平社会的基础》，《中国社会科学院研究生院学报》2006年第6期。

景天魁、毕天云、高和荣等：《当代中国社会福利思想与制度》，中国社会出版社2011年版。

李群、吴晓欢、米红：《中国沿海农民工社会保险的实证研究》，《中国农村经济》2005年第3期。

李轩红：《我国农民工社会养老保险困境及对策研究》，《山东社会科学》2010年第4期。

刘翠霄：《进城务工人员的社会保障问题》，《法学研究》2005年第2期。

刘林平、郑广怀、孙中伟：《劳动权益于精神健康——基于对长三角和珠三角外来工的问卷调查》，《社会学研究》2011年第4期。

刘林平、雍昕、舒玢玢：《劳动权益的地区差异——基于对珠三角和长三角地区外来工的问卷调查》，《中国社会科学》2011年第2期。

罗蓉、罗澍：《进城务工农民社会保险制度设计的因素分析——以成都的实践为例》，《人口研究》2005年第2期。

彭宅文、乔利滨：《农民工社会保障的困境与出路——政策分析的视角》，《甘肃社会科学》2005年第6期。

任正臣：《社会保险学》，社会科学文献出版社2001年版。

任丽新：《农民工社会保障的现状、困境和影响因素分析》，载《第五届社会政策国际论坛暨系列讲座论文集》，中国劳动社会保障出版社2009年版。

徐道稳：《农民工工伤状况及其参保意愿调查》，《中国人口科学》2009年第1期。

徐清照：《山东社会保险制度发展的现状、问题与对策研究》，《理论学刊》2010年第9期。

严新民、童星：《基于时间向度的劳动风险防范——以东莞工伤社会保险实践为例》，《社会科学》2010年第9期。

杨斌等:《农民工社会保障制度的反思与重构》,《贵州农业科学》2008 年第 1 期。

杨琦、李玲玲:《新生代农民工的劳动供给与经济增长方式的转变》,《中国人口科学》2011 年第 1 期。

杨思斌:《社会保险权的法律属性与社会保险立法》,《中州学刊》2010 年第 3 期。

余晓敏:《跨国公司行为守则与中国外资企业劳工标准——一项“跨国—国家—地方”分析框架下的实证研究》,《社会学研究》2007 年第 5 期。

张军:《进城农民工社会保险制度的构建》,《安徽农业科学》2007 年第 1 期。

朱力:《中国民工潮》,福建人民出版社 2002 年版。

张霞:《城市劳动力市场二元分割与外来农业户籍劳动者社会保障权益缺失》,《中国社会科学院研究生院学报》2007 年第 2 期。

郑功成:《中国社会保障改革与发展战略:理念、目标与行动方案》,人民出版社 2008 年版。

郑功成:《农民工的权益与社会保障》,《中国党政干部论坛》2002 年第 8 期。

郑杭生、洪大用:《重视和发展城市农民工的社会保障事业——社会转型过程中的一个重要问题》,《学术交流》1994 年第 5 期。

农村儿童社会救助制度构建探索：以中国儿童福利示范项目为例

[中] 花菊香

南京师范大学社会发展学院社会学系主任、教授

对儿童的救助不仅体现在社会正义上，也彰显一个国家和地区的发展远见。理想的儿童救助是以儿童为核心、家庭为基础（特殊情况下是以机构为基础）、社区为依托、社会为支持的系统性社会工程。儿童福利政策的健全与落实更进一步强化了从家庭到社会对儿童成长与发展的责任。为了履行这份责任，联合国儿童基金会与民政部合作的儿童福利示范区项目在山西、云南、新疆、四川和河南五省推展，五个项目区为我国儿童社会救助、普惠型儿童福利改革进行了开创性的尝试。通过建立儿童福利主任工作制度，改善农村儿童的福利状况，提升农村儿童的福利水平，保障儿童生存权、受保护权、发展权和参与权的全面落实。

一　我国儿童的生存状况

根据国家统计局 4 月 28 日公布的人口普查结果，2010 年底我国大陆人口为 13.39 亿，其中 0—14 岁儿童人口为 2.22 亿，占总人口的 16.6%。民政部救灾救济司 2005 年发布的《我国孤儿现状与面临的困境》的调查报告称，全国 18 周岁以下父母双亡及事实上无人抚养的未成年人共计 57.3 万人，其中有接近 90% 都是农村孤儿。最新的数据显示，我国孤儿总数为 80 万（王振耀，2009a）。最新发布的《中国流动人口发展报告

2010》显示，我国2009年流动人口达到2.11亿人，其中14岁及以下儿童占20.8%。

表1列举了2008年人均国民总收入在2500—3500美元之间16个国家与儿童发展高度相关的主要指标，并依从低到高的顺序排列。有些人均国民总收入较高的国家并未表现出良好的儿童生存状况。我国2008年人均国民总收入为2770美元，在16个国家中列第12位。总体而言我国儿童生存状况的各项指标与我国人均国民总收入指标是相匹配的，且均优于世界平均水平。

(一) 儿童死亡状况

U5MR（即5岁以下儿童死亡率，表示每1000个新生儿从出生到5岁死亡的概率）是被用作衡量人类发展情况的重要指标，它反映了一个国家和地区大量投入和诸多方法运用的结果，能够更精确地反映出大多数儿童以及整个社会的健康状况。2008年我国U5MR为21‰，在257个国家中列第102位，在表1中的16国中与突尼斯并列第6位，我国U5MR的升序排名优于人均国民总收入排名。16国1990年与2008年的U5MR状况见图1。[①] 我国U5MR指标从1991年到2010年呈现稳定的下降趋势，但是该指标在城乡间存在显著差异，农村5岁以下儿童的死亡率

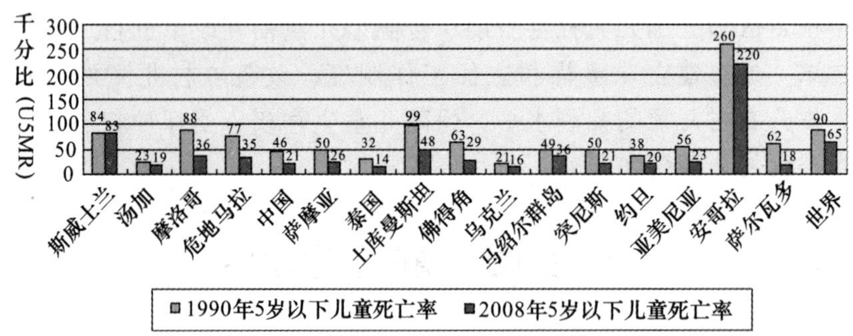

图1 16国1990年与2008年的U5MR

① 本文涉及分国家统计的图形，均按人均国民总收入从低到高排序的。

远高于城市但二者之间的差距正在趋于稳步缩小的趋势（见图 2）。从 2004 年 0—14 岁以下儿童死亡的主要原因来看，传染性、孕产妇、围产期和与营养有关的疾病是主因，占 66%，伤害占 17%，非传染性疾病占 17%。伤害致死的主要原因中，溺水占 48%、道路交通事故占 12%、故意伤害占 5%、中毒占 5%、跌落占 5%、火灾占 2%、其他无意伤害占 23%。①

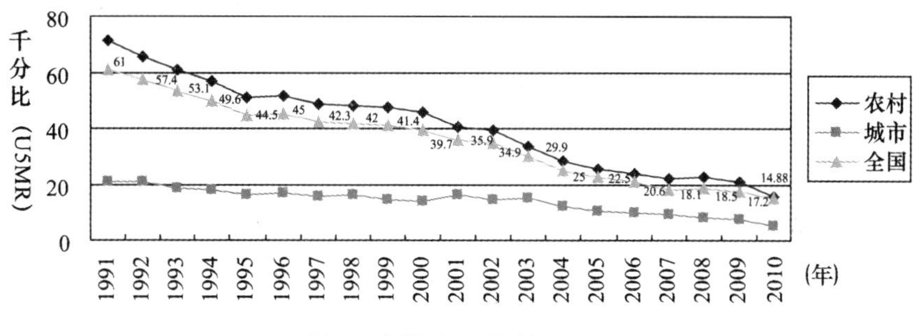

图 2　我国近 20 年的 U5MR

（二）出生状况

低出生体重婴儿比率是反映儿童生存状态的另一项重要指标。世界平均水平为 16%，我国为 4%（见图 3）。在 16 国中降序排名中列于并列 12 的位置，说明我国在此指标上优于其他 11 个国家。

（三）残疾状况

关于儿童残疾率指标（至少有一项残疾的 2—9 岁的儿童所占的百分比。即在认知能力、行动能力、抓取能力、视力或听力方面有残疾），16 国中缺 11 国记录，在有记录的 5 个国家中，中国为 2%（见图 4），位居与危地马拉并列第三的位置（按降序排列），优于泰国和亚美尼亚。

① 参见 NWCCW（国务院妇女儿童工作委员会办公室）、NBS（国家统计局社会和科技统计司）、UNICEF（联合国儿童基金会）：《中国儿童发展指标图集 2010》，第 69 页。

表 1　人均国民总收入 2500—3500 美元国家的儿童生存状况对比

国家	人均国民总收入（美元）（2008）	5 岁以下儿童死亡率（U5MR）（‰）			年平均通胀率（%）（1990—2008）	低于国际贫困线（每天生活费 < 1.25 $）的人口（%）（1992—2007）	占中央财政百分比支出（1998—2007）			小学净入学率（%）（2003—2008）	低出生体重婴儿（%）（2003—2008）	2006 年饮用水源得到改善的人口（%）	儿童残疾率（1999—2008）
		排名	1990	2008			健康	教育	国防				
斯威士兰	2520	43	84	83	8	63	8	20	8	84	9	60	—
汤加	2560	107	23	19	5	—	7	13	—	96	3	100	—
摩洛哥	2580	72	88	36	3	3	3	18	13	89	15	83	—
危地马拉	2680	77	77	35	7	12	11	17	11	95	12	96	2
中国	2770	102	46	21	5	16	0	1	11	100	4	88	2
萨摩亚	2780	94	50	26	6	—	—	—	—	87	4	88	—
泰国	2840	125	32	14	3	<2	11	20	3	94	9	98	15
土库曼斯坦	2840	61	99	48	115	25	—	—	—	99	4	—	—
佛得角	3130	88	63	29	4	21	—	—	—	85	6	—	1
乌克兰	3210	116	21	16	85	<2	3	6	4	97	4	97	—

续表

国家	人均国民总收入（美元）（2008）	5 岁以下儿童死亡率（U5MR）（‰）			年平均通胀率（%）（1990—2008）	低于国际贫困线（每天生活费 < 1.25 $）的人口（%）（1992—2007）	占中央财政百分比支出（1998—2007）			小学净入学率（%）（2003—2008）	低出生体重婴儿（%）（2003—2008）	2006 年饮用水源得到改善的人口（%）	儿童残疾率（1999—2008）
		排名	1990	2008			健康	教育	国防				
马绍尔群岛	3270	72	49	36	4	—	—	—	—	90	18	—	—
突尼斯	3290	102	50	21	4	3	5	20	4	96	5	94	—
约旦	3310	105	38	20	3	<2	10	16	19	99	13	89	—
亚美尼亚	3350	97	56	23	62	11	—	—	—	99	7	98	12
安哥拉	3450	2	260	220	284	54	6	15	34	58	12	51	—
萨尔瓦多	3480	109	62	18	4	11	15	14	3	92	7	84	—
世界	8633		90	65	8	26	14	5	11	84	16	87	—

资料来源：根据联合国儿童基金会（unicef）2009 年 11 月《庆祝儿童权利公约颁布 20 周年——世界儿童状况特别专刊》整理。

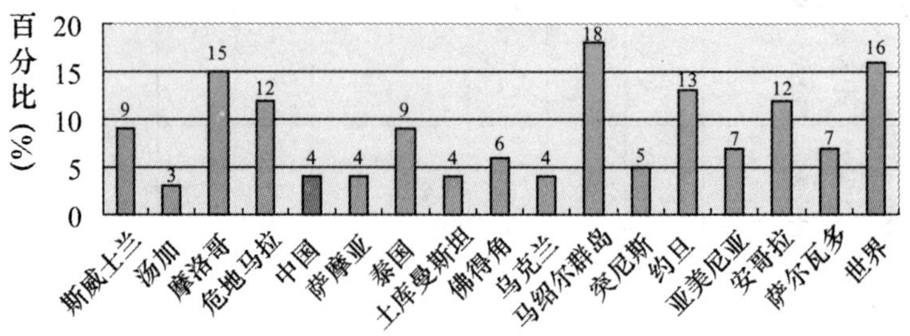

图3 2003—2008 年各国低出生体重婴儿比率对比

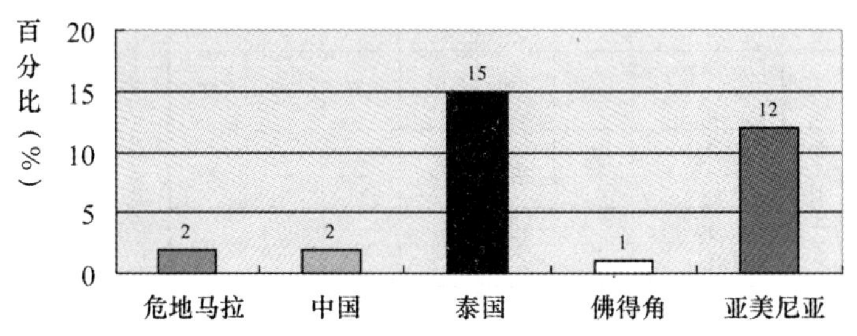

图4 1999—2008 年儿童残疾率

(四) 遭受暴力状况

半数以上的学生 16 岁前遭受过躯体暴力（见表 2），对儿童实施暴力的主要是父母，其次是老师和同学。躯体暴力发生率以 10—12 岁儿童最高，男生遭受的躯体暴力高于女生，3% 的被调查者在儿童期经历过三种或四种躯体暴力。学生遭受的精神暴力的比例高于躯体暴力，且男性学生遭受精神暴力的比例也高于女性。对儿童精神暴力的发生率以 13—15 岁为最高，3% 的被调查者在儿童期经历过四种形式的精神暴力。被调查学生报告，使其发生非情愿性行为的主要是约会伙伴、同学和亲戚，首次发生性暴力的年龄最有可能在 13—15 岁，2% 的被调查者报告曾在非意愿的情况下与他人发生过性行为，另有 3% 的被调查学生报告在非意愿的情况下曾被试图性交，总体而言女生遭受性暴力的可能性高于男生。从未遭受任何暴力的男生为 20. 1%，从未遭受任何暴力的女生为 29. 5%。与儿童期没有经历过暴力的同龄人相比，经历过多种暴力的被调查学生自杀倾向性较高，女性表现尤为突出。

表 2 2005 年学生报告在 16 岁之前遭受过暴力的比例

暴力类型＼性别	男	女
躯体暴力种类		
被非常用力地手打	54. 6	32. 6
被用物品打	39. 0	28. 5
被锁进狭小的地方/捆绑	4. 3	2. 4
被窒息/烫伤/刺伤	3. 8	1. 9
至少一项身体暴力	64. 9	46. 0
精神暴力种类		
被羞辱	35. 9	29. 9
目睹家人/亲近人的严重打架斗殴	32. 4	33. 7
被迫交出自己的财物	24. 6	6. 2
被家人威胁要被丢弃	13. 6	10. 5
被家人说过希望其不存在	10. 5	10. 3
被胁迫要被严重伤害/杀害	7. 5	2. 4
因为民族宗教信仰受威胁要被杀害	0. 7	0. 4
至少一项精神暴力	65. 7	55. 4
性暴力的种类		
受到语言性骚扰	12. 2	13. 8
被触摸私处	9. 7	13. 5
有人故意向其暴露私处	6. 5	11. 9
在非意愿的情况下被试图性交	1. 3	5. 3
被迫触摸侵犯者私处	1. 9	2. 7
在非意愿情况下与他人发生过性行为	1. 7	2. 1
至少一次性暴力	22. 2	28. 5
未遭受任何暴力	20. 1	29. 5

资料来源：参见 NWCCW（国务院妇女儿童工作委员会办公室）、NBS（国家统计局社会和科技统计司）、UNICEF（联合国儿童基金会）:《中国儿童发展指标图集 2010》，第 121—122 页。

（五）教育方面

从小学净入学率指标来看，统计数据显示我国在 16 国中是唯一达到

100%的国家（见图5）。但是，伴随经济发展的迅猛势头，我国劳动力流动大潮持续不断，流动儿童教育处置策略滞后，造就了大批农村留守儿童，总数约达5800万人，集中分布在四川、安徽、河南、广东、湖南等省（江西德林人才，2010）。在这支规模庞大的留守儿童队伍中，很多孩子因为父母亲情缺失，心理冲突和压力较为严重。孤独感、紧张感、失落感和焦虑感，是留守儿童普遍存在的心理感受。城乡二元结构割裂了亲情，也限制了流动儿童受教育权利的实现。

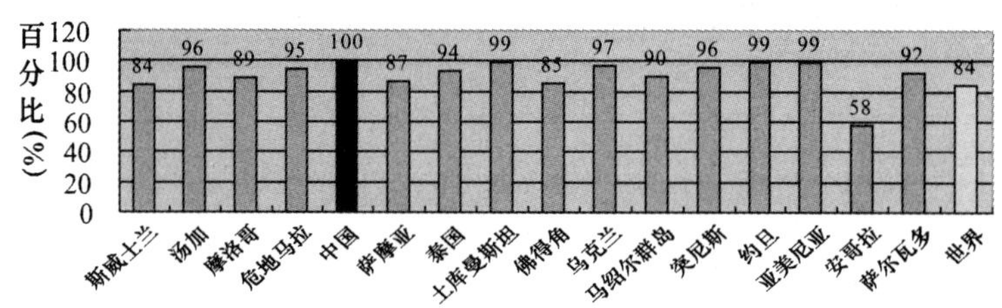

图5　2003—2008年各国小学净入学率对比

（六）生活方面

从饮用水源得到改善的人口百分比指标来看，我国为88%，在13个有记录的国家中居于并列第8的位置，并略高于世界平均水平87%（见图6）。在这些国家中我国的人均国民总收入位居第9位，二者之间排序是匹配的。如果考虑到其他因素如全国所有地区儿童饮食安全和营养状况等指标时，我国需努力的空间仍然巨大。

（七）中央政府的财政投入情况

虽然1995—2006年，国家行政管理费用由996.54亿元增加到7571.05亿元，12年间增长了6.6倍。（王斐，2010）但中央财政支出中与儿童生存和发展密切相关的健康与教育投入情况则是相形见绌。从图7和表1可见，我国的中央财政中健康支出比例为0，教育支持为1%，在10个统计资料完整的国家中最低，列于末位。人均国民总收入位居第7位，国防支出则位居平列第4位，并与世界平均水平持平。而在健康和教育方面的支持远低于世界平均水平。

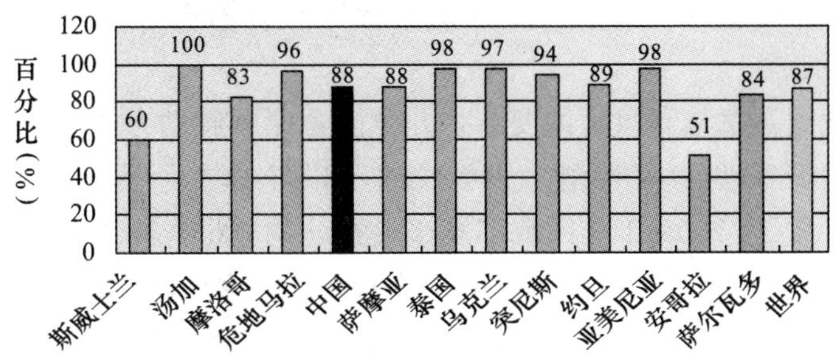

图 6　2006 年饮用水源得到改善国家的人口百分比对比

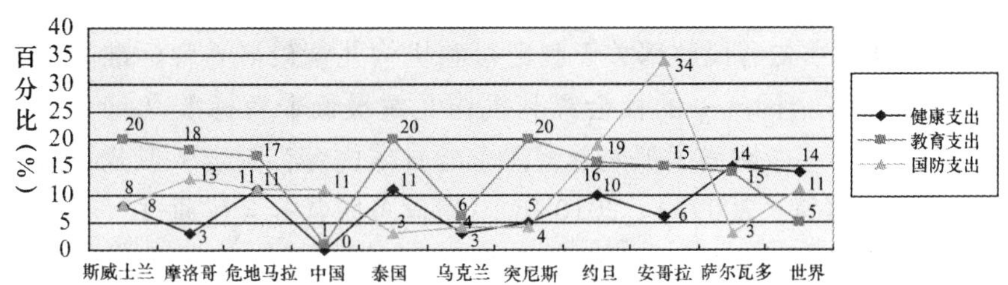

图 7　10 国中央财政中健康、教育、国防支出的百分比对比

总体而言，与人均国民收入水平相当的 16 国相比，统计数据所反映的我国儿童良好生存状况，与中央财政的直接贡献关联性很低，而与中央财政以外的投入有较大的相关性。尤其通过改革开放政策，使绝大多数公民家庭生活得以改善，提高了家庭的支付能力，家庭对儿童的健康、教育等方面投入不断加大。

二　我国儿童社会救助状况

“我国儿童福利事业基本处于社会救助为主、教养取向发展和狭义社会保护为辅的阶段。”（刘继同，2002）社会救助成为我国儿童福利的重要和主要部分，是最早和最基础的儿童福利类型。我国儿童社会救助对象为不幸儿童与困境儿童，主要为无人照顾的孤儿、弃婴、流浪儿童和受艾滋病影响的儿童等。且“局限于城市社区中数量有限的儿童和困境儿童群体”，“剩余性福利模式的色彩浓厚”（刘继同，2002）。儿童救助的方式按救助的场所可分为院舍照顾救助与家庭养护救助。

伴随我国儿童福利政策的变革，儿童院舍照顾救助方式由封闭型和救济型转向开放型和福利型，从单一的“以养为主”转向“养、治、教与康复并重”。2005 年在民政部发布《孤儿调查报告》之后，国务院 15 个部委联合发布了《关于加强孤儿救助工作的意见》，提出实施“儿童福利机构建设蓝天计划”，从中央到地方投入资金 60 亿元，在全国大中城市建设和完善集养护、救治、教育、康复、特教于一身的儿童福利机构。2009 年民政部 4 号文《民政部办公厅关于制定孤儿最低养育标准的通知》制定了全国统一的社会散居孤儿最低养育标准（每人每月 600 元），77 号文《民政部关于制定福利机构儿童最低养育标准的指导意见》制定了全国统一的社会福利机构儿童最低养育标准（每人每月 1000 元）。第一次明确了孤儿养育需求的具体内容，制定了孤儿最低养育标准（王振耀，2009b）。2010 年 10 月国务院常务会议通过《关于加强孤儿保障工作的意见》，明确了 7 项基本制度，并拨付首期的 25 亿元中央财政资金用于孤儿养育，标志着我国儿童福利制度建设进入了一个新时期，即我国儿童福利制度从最弱势的孤儿群体开始全面覆盖的进程。其政策的核心是要建立一个孤儿的基本生活保障制度，而不是最低生活保障制度，孤儿的最低养育标准，不仅高于低保标准，也高于五保供养标准。

儿童救助方面的缺陷：

（1）救助范围狭窄。目前的儿童救助制度面向“三无”孤儿、弃婴和残疾儿童，而且局限在城市，“20% 的城市特殊儿童的福利支出能占全国儿童福利支出的 95% 以上”（杨超、郭林，2007）。其他困境中儿童如贫困儿童、单亲儿童、失依非孤儿等，较少获得救助。对拐卖儿童现象、非法使用童工等直接侵害儿童权益的现象，还缺乏行之有效的方法，对被侵权儿童救助力量还很弱。据凤凰周刊的调查估计，我国每年约有 20 多万儿童失踪（刘迅炎，2007）。

（2）保障水平偏低。如在孤儿救助方面，虽然国策已定，但保障资金短缺，政策要求：“地方各级财政要安排专项资金，确保孤儿基本生活费及时足额到位；中央财政安排专项资金，对地方支出孤儿基本生活费按照一定标准给予补助。”地方资金安排的速度和规模上因地而异，政策落实的结果差异较大。2010 年全国只有 13 个省、市、自治区 100 多个市、县、区落实了社会散居孤儿最低养育标准（王振耀，2009a），在全国 2862 个市、县、区中，落实率为 3.5%。其他未落实标准的地区，孤儿养育问题仍然十分突出。以吉林省为例，“15.64% 的孤儿未获得任何救助，享受城市低保的孤儿每年只能获得 1618 元，农村低保每年只能获得 1263 元，不能满足孤儿的成长与发展需要。”①

（3）系统性救助不足。首先，表现为在现有的救助形式中重货币与实物救助，轻心理救助、社会适应力培养。儿童的心理与行为问题未得到充分重视，儿童的情感需求、尊重需求和自我实现的需求关注不足，导致儿童期心理、行为问题日趋严重。其次，表现为多元管理，效率低下。儿童社会救助涉及民政、教育、卫生、农业、共青团、残联、妇联等部门，管理分散，导致责任分散，各行其政，政策冲突。最后，对于被救助的个体而言，缺乏系统性的跟踪救助与服务。儿童一旦脱离原有的救助系统，很难在其他区域的救助系统中获得后续社会救助，需要建立全国性儿童救助网络系统。

（4）缺乏专业化的工作者队伍。现有儿童社会救助机构中的工作人员，专业化程度低，对儿童需求缺乏专业的感悟力、洞察力、理解力和行动力，难以满足儿童救助的需求。

综上所述，对少数困境儿童的救助缺陷是经济与物质保障的不足；对儿童的普遍救助则显示服务短缺。

三　以服务完善儿童社会救助——农村儿童福利主任制度经验探索

联合国儿童基金会与民政部合作的儿童福利示范区项目基于普惠型儿童福利思想，通过建立农村儿童福利主任制度，以社区为依托，提高和改善儿童福利，动员和整合相关社会资源，以构筑农村儿童的“兜底性”

① 根据卢廷明《实现儿童福利适度普惠型的基本构想》（《社会福利》2009 年第 8 期）一文推算。吉林省有孤儿 8859 人，纳入城市低保的有 2505 人，农村低保的 706 人，未享受任何救助的 1385 人。如果按照严格的制度性保障来推算，未享有稳定社会救助的孤儿比例将会更高。

社会安全网为目标。2010 年 5 月，联合国儿童基金会与民政部共同确立了儿童福利示范项目的具体项目区，即山西、河南、新疆分别确立 2 个县，云南和四川分别确立 3 个县，每个县分别确立 10 个村，全国共有 120 个村作为儿童福利示范项目村。民政部与联合国儿童基金会协作共同成立项目领导和协调办公室，以省为单位，分别为 5 个项目区配备项目专家，协助每个项目村建立一个“儿童之家”。

在山西两县项目区儿童分别为 2599 人和 3578 人，两县特殊儿童分布见表 3。原有的儿童福利服务体系中，儿童福利以特殊儿童为重点。儿童救助与服务的对象主要为特殊儿童。2009 年，20 个村中 12 个村共有 48 名儿童获得救助，其余 8 个村没有儿童获得救助。

表 3　　山西闻喜县和夏县项目村 0—18 岁儿童情况汇总

闻喜县		特殊儿童情况分类										就学情况				
村名	0—18岁儿童数	孤儿	因艾滋致孤儿童	艾滋阳性儿童	受艾滋病影响儿童	残疾儿童	流浪儿童	流动儿童	留守儿童	患大病儿童	服刑人员子女	已婚	学龄前	就学	辍学	打工
下官张	213		7		2	1		2	3	1			2	83	2	
西雷阳	148	1						15	9				2	76		
东颜	339		2		1	1		15	5				27	239	9	
东凹底	250					3		5	26				6	158	5	
东大马	81								7				4	71	2	1
胡城	154	1		1	2					3				137	2	
东雷阳	217	1			1				11				10	185	11	
户头	399				3	1		6	6					70	7	
西凹底	378					3		5	26				10	160	5	
康村	420					1							1	36		
合计	2599	3	9	1	9	10		48	93	4			62	1215	43	1

续表

夏县		特殊儿童情况分类										就学情况				
村名	0—18岁儿童数	孤儿	因艾滋致孤儿童	艾滋阳性儿童	受艾滋病影响儿童	残疾儿童	流浪儿童	流动儿童	留守儿童	患大病儿童	服刑人员子女	已婚	学龄前	就学	辍学	打工
大里村	419					2		27	5		1	1	86	323	10	
枣园村	1191				1	2			16				34	141	16	
永兴庄村	140	2			7			1	13				20	112	7	1
冯村	99												25	65	6	3
窑头村	255	1		2	31	3							30	213	12	
西下冯村	311	1	1		2	2			2	4	2		68	212	31	
西谷村	262	1		1	2	1		2	15				40	214	4	4
朱村	144												16	119	9	
柳村	322												91	224	7	7
胡张村	435				2	1		6	30	3	3		79	338	7	11
合计	3578	5	1	3	45	11		36	81	7	6	1	489	1961	109	26

救助儿童数最多的1个村，有30名儿童得到救助。而20个村中有残疾儿童21个，占所有儿童数的0.34%；受艾滋影响的54个，占所有儿童的0.87%；留守儿童174个，占儿童总数的2.82%；大病儿童11个，占儿童总数的0.18%。儿童受助率很低，有部分儿童还没有得到救助。我们亟需对受艾滋病影响儿童、残疾儿童、患大病儿童、流浪儿童、流动儿童、留守儿童、服刑人员子女等困境儿童展开调研，评估儿童的需求和困难，建立儿童福利工作的评价体系，为救助儿童、改善儿童福利整合资源。

（一）项目的运作思路

第一，对项目区儿童，特别是脆弱儿童，包括孤儿、因艾滋病致孤儿童、艾滋阳性儿童、项目专家和当地省（区）、市、县、乡民政官员及村儿童福利主任组成儿童救助和福利工作团队。各项目区在工作机制上具有一定的自主性，总体而言专家负责对本项目区内的儿童福利主任进行社会工作专业培训，指导福利主任制订、执行项目计划，与团队成员共同研究项目区儿童救助和儿童福利的具体问题，编写儿童福利主任工作指导手册；民政官员领导和组织当地儿童福利主任开展日常工作，并定期和不定期地巡视、督导福利主任的工作，协调项目区整体工作；儿童福利主任为所有儿童提供常规服务，为特殊儿童提供个别化服务，在力所不及时寻求项目官员与项目专家的支持。通过项目运作培养一批能够扎根农村基层社区、具有良好专业素养和能力、热心服务儿童的儿童救助和福利工作者。

第二，选拔和培训儿童福利主任，通过福利主任递送专业服务，积极引导儿童参与示范区项目活动，着力改善儿童生存状态，切实维护儿童生存权、发展权、受保护权和参与权。

第三，通过示范项目，促进和推动全国儿童救助和福利事业大发展。通过示范项目，在最基层的农村社区夯实农村儿童救助和福利工作的基础，积累经验，为全国儿童救助和福利发展提供样板。

（二）儿童福利主任的职责

通过基线调研掌握农村儿童最基础的需求和最紧迫的问题，制定具体的儿童福利主任职责，明确儿童福利主任的具体任务，来满足农村儿童的需求，解决儿童的问题。

儿童福利主任的主要职责是：对辖区内儿童及其照顾人进行儿童权利与照顾指导、提供社会支持、协助儿童家庭获得基本的社会服务。对辖区内儿童进行监测，甄别出即将出现问题或已经出现问题的儿童，并开展及时支持、协助或保护。

儿童福利主任的具体任务是：每月访视辖区儿童一次，甄别出需要特别支持的脆弱儿童；收集所有儿童相关数据，及时更新辖区内儿童数据的变化，填写表格并上报；督促家庭给儿童及时登记户口、办理医疗保险（新农合）和大病医疗保险、送适龄儿童上学；对辖区内儿童家庭，开展家庭养育、儿童早期发展、儿童社会保障方面的宣传教育，给孩子提供集体活动机会；协助贫困儿童、孤儿和大病儿童申请补贴、救助和辅导；为孤儿协调家庭养育，为失学儿童协调上学或职业培训、为残疾儿童协调康复及特殊教育等；为受虐待和被忽视的儿童协调保护；发展社区内的志愿者和管理志愿者，为儿童提供协调一致的服务；每周2—3次组织辖区内儿童，到儿童之家开展文体等活动；儿童福利主任除直接提供服务外，还要通过向乡民政专干或县民政局汇报工作，为有需求儿童提供相应的转介服务；对出现紧急情况的儿童，在紧急状况解除前，每天探访一次，并积极协助解除紧急状况。

项目办为每个儿童福利主任发放了“中国儿童福利示范区项目儿童福利主任工作手册”，将福利主任工作职责、具体任务、《联合国儿童权利公约》、适宜不同年龄段儿童的各项活动设计和日记页集结成册。项目办给每个项目村的所有儿童发放了“儿童成长日记册”，以进一步确保儿童福利工作的落实。儿童福利主任在工作之余，必须完成工作日志，并完成福利主任办公室工作记录表、家访记录表和儿童活动记录表。通过这些工作程序设计，为未来项目区儿童福利工作的评估提供依据。

（三）儿童福利主任的素质要求

以山西项目区为例，关于儿童福利主任的素质要求，是在儿童、家长、教师、村干部、民政官员等充分参与的前提条件下确立的。在两县分别随机抽取2个村庄，召集了16名有表达能力的3—18岁儿童代表，16名儿童的监护人，2名教师、2名班主任、1名校长、2名村干部、2名县乡民政干部参与，由项目专家组织，共同商议农村儿童福利主任的素质要求。

结果显示，儿童福利主任应掌握科学知识，具有专业技能、有管理能力、会说普通话、理解能力强；要有耐心、热心、爱心、恒心、责任心；要年轻，能倾听儿童心声、维护儿童权益、引导儿童发展和成长、鼓励儿童参与，代表儿童利益、链接儿童资源、引导儿童的监护人、构建儿童的支持网络；能配合家庭、学校和社会，做好儿童工作，促使儿童在安全、健康的环境中成长；当儿童实施严重不良行为时，应当及时予以制止，对有严重不良行为的儿童，儿童福利主任应与学校、家庭相互配合，采取措施，关心、引导和陪伴儿童。

(四)项目实施的特点

第一，及时救助、直接救助。通过儿童福利主任以儿童为本，以家庭为核心，以村为基础，以履行工作职责和任务为保障，以儿童之家为依托，确保在第一时间给予有需要的农村儿童最适当的救助和最直接的救助。

第二，普遍受惠。项目覆盖0—18岁所有儿童，服务内容针对儿童基本权利保护，从儿童养育到儿童成长和发展，从物质保障、生活照顾到心理安抚和社会支持，对儿童生态系统中的不利因素进行全面干预。

第三，草根与专业整合。在确立儿童福利主任的职责和儿童福利主任的素质要求时，就要求项目区充分听取项目村儿童及其密切关系人的意见；儿童福利主任的担当者必须为本村人士，或在本村工作的人士，确保村福利主任熟知儿童状况。被选拔出的村福利主任，在上岗前必须接受包括项目专家在内所提供的系列培训，提高其社会工作专业素养。草根性和专业性相结合的福利主任，必然将二性辐射到工作过程中。

第四，从补充救助入手，提高儿童整体福利水平。如前所述，我国的儿童救助资源主要集中在城市，农村成为儿童救助的“短板”，本项目的实施具有修补“短板”之效。我国的儿童大多生活在农村，脆弱儿童更多生活在农村，2008年中国残疾人联合会关于《中国残疾儿童现状分析及对策研究》，显示80.1%的残疾儿童生活在农村（NWCCW、NBS、UNICEF，2010）。从修补“短板”入手，如果获得成功，就可以大幅提升我国儿童的整体福利水平。

四　结语

从统计指标来看，相对于世界平均水平，我国儿童救助的水平与经济发展水平是相当的，儿童的总体生存状况是良好的。但是总体指标之下，还存在巨大的城乡差异，农村儿童的社会救助水平远低于城市儿童，农村儿童救助成为我国儿童救助制度中的“短板”。由于农村的生活方式较为封闭，使生活于困境的儿童隐于市，遭忽视。

大量研究表明，很多社会问题根植于儿童时期。在大多数发达国家，保护儿童、改善儿童的成长环境是政府最早致力的社会福利之一。1948年，在人均国内生产总值不到1000美元时，英国就宣布成立“从摇篮到坟墓”的福利国家，对儿童福利给予了特殊重视；1965年，日本的人均国内生产总值为1071美元，但日本早在1947年就制定了《儿童福利法》；韩国也在1961年出台了《儿童福利法》。我国已经进入中等偏下收入水平国家，完全有能力、有条件投入更多的资金、人员、技术，大力发展儿童福利事业。各国经验证明，即使最低生活保障不能建立，仍要优先考虑儿童福利制度，使儿童得到最好的照顾（王振耀，2009b）。2009年以来，我国儿童救助模式有了重大调整，提出了儿童福利水平要适度超越国家经济社会的发展水平，儿童福利的标准应当高于其他福利标准。这种标准绝不仅仅是指经济和物质标准，它还包含救助理念标准、价值标准、文化标准和服务标准。联合国儿童基金会与民政部合作推行的儿童福利示范区项目，在农村社区中开启了对儿童救助的经济、物质、理念、价值、文化和服务标准全面提升的实践性探索。

参考文献

民政部救灾救济司:《我国孤儿的现状与面临的困境》，2009年。

王振耀a:《迎接儿童福利新时代》,《社会福利》2009年第11期。

王振耀b:《急起直追全面强化儿童福利的行政指导，迎头赶上建立适度超前的儿童福利体系》,《社会福利》2009年第3期。

江西德林人才，2010年（http://www.jxrczpw.com/Html/Info/16549.html. 2010-11-2）。

王斐:《孤残儿童社会救助中的政府财政责任》,《社会福利》2010年第7期。

刘继同:《儿童福利的四种典范与中国儿童福利政策模式的选择》,《青年研究》2002年第6期。

杨超、郭林:《关于完善我国儿童福利体系的若干思考》,《科技经济市场》,2007年第2期。

刘炎迅:《每年有20万儿童失踪　中国寻人体系仍然无力》，2007年10月23日，人民网（http://society.people.com.cn/GB/6421343.html.）。

NWCCW（国务院妇女儿童工作委员会办公室）、NBS（国家统计局社会和科技统计司）、UNICEF（联合国儿童基金会）:《中国儿童发展指标图集2010》，第115页。

社会组织

社会企业总会在促进社会企业发展中的角色和责任探讨*

［中国香港］郁德芬

香港社会工作人员协会会长

在香港地区营运社会企业（社企）甚具挑战，究竟困难和机遇在哪里？有什么因素条件促使社企和社企运动成功？香港地区社会企业总会作为一个社企营运者（SE Operators）的联会，可以承担什么任务和角色？本文尝试从香港地区的经验探讨上述问题。

简　述

根据香港地区社会企业总会在2009年及2011年的调查反映，逾七成香港市民对社企的认识仍很薄弱。一般人以为社企是一种慈善事业，是帮助贫穷家庭及弱势社群，因而认为社企提供的服务和产品，卖点是价廉，而非讲求素质；再者，社企正如其他中小企业，要面对高昂的租金、人才和市场推广等的开支；在一般社企是小规模管运下，困难倍增。

香港地区现时约有300多家社企，通过企业策略和商业营运，提供多元化的服务，主要在居家服务、搬运、餐饮、有机耕种、零售、支持长者、文化创意等领域。社企在香港地区发展有十多年，相较欧美国家，香

---

* 本文部分内容取材于香港社企总会“社企发展展览”及笔者于2011年10月25日于信报发表之“我的故事　我的梦”。

港地区的社企发展仍处于萌芽阶段。在发展初期主要为扶助残疾及弱势人士，包括智障人士、精神病康复者、长者、少数族裔、低收入家庭及新来港人士等，提供就业、培训；但亦同时具有其他的社会价值。现时年轻人也可以通过大学活动参与社企。近年可喜的是有些年轻人希望以社企创业，建立事业之余同时贡献社会。

香港地区社企发展阶段

1996—2000 年：模拟企业发展期

1996 年，康复机构引入辅助就业服务的模拟企业发展小型生意。1997 年，社会福利署设立“康复服务市场办事处”，为康复机构提供商业培训及市场推广等支援服务。于 1998—2000 年期间，公营机构以局限性合约招标，让更多康复机构的模拟企业参与营运。

2001—2004 年：社企萌芽阶段

2001 年，社会福利署设立“创业展才能计划”，为康复机构提供种子基金开展多元化的小型生意。当时已经有机构以“社会企业”或“社会公司”自称。2002 年，政府成立“社区投资共享基金”，资助一些社区经济项目，改善社区生活质量。2002—2004 年期间，康复机构营办的社会企业愈趋市场化和商业化，不少更可达到自负盈亏，聘请大量残疾人士，企业存活率亦甚高。

2005—2007 年：政府政策推动社企发展阶段

2005 年，扶贫委员会成立，倡议为社企发展提供支持的环境。香港特别行政区行政长官（下称“特首”）于“施政报告”中提及的重点包括促进就业及减少跨代贫穷，社企发展成为政府“以工代赈”的施政策略。2006 年，民政事务总署推行“伙伴倡自强——社区协作计划”，推动社区经济项目发展，凸显社会企业具有广泛的社会建设意义。2007 年，特首“施政报告”表述“香港地区要培养更多社会企业家，通过企业家的思维，利用商业策略达至社会目标”。

2008 年至今：百花齐放阶段

2008 年，全港约有 284 个由社会服务团体开办的社企项目，有心扶植社企发展的团体及委员会亦逐一成立。“香港社会企业论坛”致力于培养社会创业家，推动社会变革。“社联汇丰社会企业商务中心”成立，协助社企制订可行的企业计划，发掘市场机会及提供培训。2009 年，“香港社会企业总会”成立，积极推动香港社会企业运动，为业界开拓有利的营商环境和推广社会价值观，会员机构所营运的社企项目，超过全港社企的 1/3。2010 年，香港政府成立“社会企业咨询委员会”，讨论政策及策略、促进社会企业发展的计划/活动。2011 年，“香港社会企业总会”获一商业集团赞助，设立社会企业焦点中心（Social Enterprises Hub），汇聚社企及商界专才、政府及企业的资源，为会员社企提供交流聚脚之处，并促进社企间集思广益，提升创意，达成“团结社企拓商机　缔造企业新文化”的创会理念。

为系统地了解社企的现况和面对的困难，香港社会企业总会于 2009 年进行一项全港性社会企业的研究，调查社企基本资料研究，了解“关键成功要素”，又于 2011 年进行一个消费者对社企的看法的调查。

社企面对的现况和困难

在 2009 年的研究中，受访社企（236 个项目）共提供 5217 个工作职位及 2003 个实习生及义工职位。5217 个职位当中，2545 个为全职工作（聘请 1482 名弱势人士），2669 个为兼职（聘请 2131 名弱势人士）。2003 个实习生及义工职位当中 762 名属弱势人士。受访社企总共成功为 3613 名弱势人士创造就业机会，占受聘人数的 61%。其所提供的产品（包括服务）以服务老人及残疾人士居多（71.2%）。由此可见，社企服务确能补充现时社会服务不足的缺口。

研究发现有盈利的社企聘用了较多的精神病康复者、肢体残疾人士或弱智人士；而有亏损的社企则聘用较多低学历、低技术、单亲人士和双失青年。以上数据，可以理解为聘用残疾人士的社企具有更多的社会故事，得到社会认同和支持；而事实上，这些社企亦有较多的在职培训和支持；

机构发展历史较长，营运较有经验。

调查发现约有三成社企在2007年及2008年获得盈利；26%受访社企于2007年亏损；其余收支平衡。约八成的社企要在营运四年后才达收支平衡。社企的财务收入主要依靠：销售营运（67%）、政府支持（22%）及母会支持（11%）。63%受访社企表示曾经或现时接受政府资助；30%表示未有任何政府资助。换言之，政府提供1元予社企，社企透过营运，带来3.5元的收益服务社会，可见社企并非只是依赖政府，它们的“经营”，是增加了社企的资金。

影响社企发展的内外因素

影响社企的主要外在因素，是香港政府对社企没有清晰的定义及长期的政策。社会企业是近年新兴的概念，至今仍未有一致的释义，令坊间不少人对社会企业依然存有不同的理解，不同的期望。社企总会认为社会企业之所以能成为社会社企，必须首要具备社会价值，其产品、其聘任的员工，可以对社会做出正面影响。同时通过商业手法运作，赚取营运开支用以贡献社会，为社会带来改变。它们所得盈余用于社企的发展，促进社会企业本身的投资。至于如何衡量一个社企是否成功，不少人都以社企盈利多寡的准则去衡量社企的成败。这是不足够的。评估社企的成绩，应同时就其产品、服务及营运所衍生的社会功能及影响力做量度指标。

由于市场租值昂贵，而大多数社企虽是“慈善注册”，但因政府未有清晰政策，社企要物色租用适合的场地，困难重重。例如未能获得政府给予慈善组织的场所或特惠租金。

影响社企的内在因素包括规模、营运、竞争力各方面。社企多是小型、微型的规模。2009年的调查显示，平均只有5—6名员工，没有足够的人手，较难进入主流市场，欠缺市场推广以及进行新产品研发；社企在市场上竞争力不够；社企营运者缺乏交流平台；品牌和知名度低，成功故事不清晰。这些都是致命因素。

香港地区社会企业总会的角色

有鉴于社企需加强交流和合作，香港地区社会企业总会（下称“社企总会”）于2009年筹备成立，目的是“团结社企，拓展商机”，承担和扮演了下列各项角色，推进了社企的发展。

（一）作为社企与政府沟通的桥梁

要推进社企的发展，政府有一定的责任，包括政策、措施、推广、公众教育等。

社企总会在2009年刚成立，即向特区政府建议要成立一个有政府、有商界和社企营运者的常设组织，以制定有关政策和策略，促进多方了解和合作，推动社企发展。特首在2009年10月的《施政报告》中，就推出了成立“社会企业咨询委员会”，于翌年初正式实施（2009年施政报告110段）。该咨询委员会虽就社企定义未有一致的看法，但同意社企必须具备自负盈亏的营运能力和社会价值；为推广社企，制定了培训、选举优秀社企、社企之友和社企展等。

社企总会自2010年，根据2009年之调查数据，要求政府检视“伙伴倡自强”社区协作计划之资助期，由两年延至三或四年；并参考韩国社企条例，可按社企聘用弱势员工之实际情况，补贴这些弱势员工之工资。在2011年民政署同意把“伙伴倡自强”的资助期，可按需要延至三年；而在2012年的财政预算案，政府建议注资一亿元予社会福利署“创业展才能”，资助非政府机构成立小型企业，聘用残疾人士。

社企总会在其他政策和措施方面的建议，例如宽免中小企业及社企的利得税，都有一定的正面接纳；但有关场所等要求，仍需努力与政府磋商。

（二）推广社企与各界的沟通合作、了解和建立策略伙伴

香港地区社会企业总会在2011年6月在观塘开展了香港第一间社企中心（SE Hub），就是商界支持合作的示范。目的是让香港分散各地的社企有一个“中心”展示社企产品，增加凝聚力，交流并改善营运、加强市民对社企的认识和支持，把社企发展得更活、更好。在这里，你可以看到“港青”竟可以在“新来港、低学历、低技术”的妇女协助下，把一块荒废的土地变成有机耕种地。你尝一口从田中摘来的蔬菜，看着一片绿油油的菜田，夹着九里香、千层塔的香草园和不同时令在温室的三色车厘茄，还有汗流浃背的农夫。他们从心底发出的笑容，带来的成就感，也感染了来这里买菜、悠闲耕种的城市人。

明途，从一家每年营业额只有数十万的、毫不起眼的便利店，在短短几年间迅速发展。为什么？就是因为整个业务核心价值和营运宗旨是以方便病人为本。环绕着这份关怀，整个团队从领导层至前线人员，发挥无穷的创意，既帮助了病人和其家人，更扩展了一系列的服务。挑战？竞争？当然不少。租金就是其一。明途选择了把“写字楼（办公室）”搬到社企中心，大家互惠，安心发展。

（三）社企说故事

社企若要成功，便要懂得说故事。每间社企在成立及营运过程中总有很多困难及难忘的事，若他们能够分享成功心得，讲述如何帮助有需要的人，发挥他们改变的力量，必能让其他营运者汲取实战经验。在社企中心的展馆中，看到不少感人的故事。“丰盛”就是通过汽车修理、发廊，以基督的爱、以一种职业技能，帮助扶持曾经误入歧途的年轻人，让他们重拾生命。丰盛社企，是一个目标鲜明、社会回报率极高的社企。它的董事不单是靠商业头脑和手法使“丰盛”成功，更是他们的一种使命的承担，是心（heart），让他们把社企的精神和价值活现了出来。

（四）提升社企营运者的能力（capacity building），激发新思维和培育年轻社会企业家

社企总会透过讲座、参观、海外考察、品牌设计、名家分享，推广社企的社会价值，让社企营运者和前线人员明白营运时要注意的事项，找出“唯我独尊的能力”和加强能力。

社企是一个促使人和企业不断思索成长的运动。今日绝大多数的社企，在财力、人力、竞争力上仍是弱势的。我们必须多培育一些年轻社会企业家，激发新思维，加入新元素，持续社企的发展。

一个可持续发展社企所具备要素的模式见图 1：

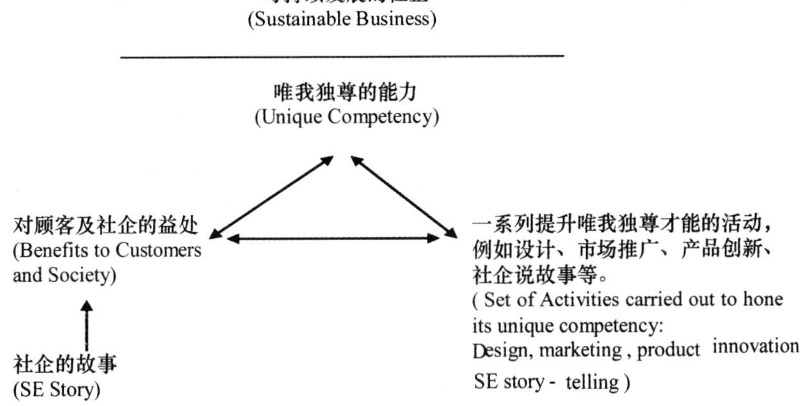

图 1　一个可持续发展社企所具备要素的模式

资料来源：修改自 Luke Lin，*Presentation on Secrets of the Little Red Cow*，2012。

拓展社企的策略

第一，社企要开拓市场、了解市场的新需要和需求，以人为本。社企要不断提升产品（包括服务）的素质、发展相连的产品，清晰表达产品的多重价值（包括社会价值）。社会不断转变，有不同的新需要。社企必须从人的需要，无论是老人、社区的需要出发，提供方便满足他们的产品，才能有营销业绩，赢取支持。近期有些社企与内地品牌合作，取得一定的成绩。透过更多的交流，相信香港的社企不但可以引入成功的社企，亦可输出社企的品牌。

第二，要有效地运用母会或其他企业投资者的资金，甚至政府的资助。接受企业以外的资金做营运和发展根本是营商的合理行为。别人认同你的企业、你的目标和对你信任，才会把资本交给你投资。只要善用，用得其所、用得有意义，并能用它制造更多就业机会，生产更合宜的产品，推广社会的价值，能解决社会问题或困境，发挥企业的正能量，不就值得赞赏吗？所以，评论者需对社企有客观的批评，而社企亦不需介怀无建设性的指责。反之，只要把融资增值达至持续营运，不造成依赖，就是合情合理的。

第三，社企应更团结，合力宣传，研发可“复制”的商业模式。政府对促进社企运动的发展是有一定责任的，政府资助公益机构为弱势社群提供服务的资助模式，可以是“钱跟人走”，把社企列入认可服务提供商。这个政府资助模式政策，在英国就推动了不少成功社企。在香港租金极其昂贵，政府在营运场地提供或租金减免方面是可以促进社企稳步发展的。亦可考虑收购工厦或建一些大厦，如上海 NPI 和韩国模式，为社企提供场所。此外，应考虑其他国家社会的政府的购买行为，例如，规定政府消费某个百分比的服务，需购自社企。政府亦宜注资成立社会投资基金，鼓励更具创意的社企人投身这一运动。

香港地区社企总会的角色

图 2 介绍了社企总会的角色，社企总会的角色就是在各环内外加强能力、促进了解和合作。

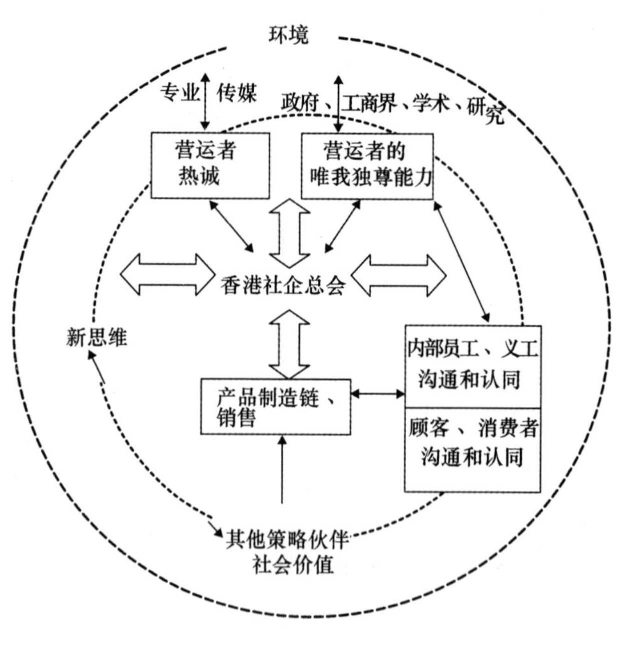

图 2　社企总会的角色

参考文献

张炳玲:《社会企业 2.0》,《“丰盛”营商手册·丰盛社企经验之二》,2007 年。

民政事务局:《社会企业——本地例子》,2007 年。

杨敏芝、翁政凯:《创意再生产——产业文化资产再利用》,台湾“行政院”文化建设委员会,2009 年。

张瑞霖:《黑暗中对话》,载《社企经营实战过程》,2011 年。

Act No. 8361, *Act on the Promotion of Social Enterprises*, *Korea*, 2007.

D. Bornstein, *How to Change the World Social Entrepreneurs and the Power of New Ideas*, Oxford University Press, 2007.

HKGCSE, "Benchmark Study on Social Enterprises", *Survey Report*, HK, 2011.

HKGCSE, "Social Enterprise and Social Value-The Customer Perspective", *Survey Report*, HK, 2012.

Home Affairs Bureau, HKSAR, "20 Business Strategies for Social Enterprises. Stay Ahead of Competition", *Create Value for Customers*, HK, 2010.

J. Baderman. & J. Law, *Everyday Legends*, Heslington, 2006.

The Information Services Department, HKSAR, "The 2010 – 11 Policy Address Policy Agenda", *Investing for a Caring Society*, HK, 2010.

中国公益组织网络传播衍化进程研究：以中国公益2.0项目为例

［中］周荣庭

中国科学技术大学科技传播与科技政策系主任、
知识管理研究所执行所长

［中］谢　栋

中国科学技术大学知识管理研究所副所长

［中］吴江江

中国科学技术大学科技传播与科技政策系硕士研究生

互联网时代，尤其是Web2.0时代的到来，为中国公益组织的信息传播带来了新的生机。公益组织可以通过对网络新媒体的使用，自主地面对公众开展对外传播，从而扩大自身的知名度和影响力。

中国公益2.0项目始于2009年5月，由美国麻省理工学院新媒体行动实验室、中国科学技术大学知识管理研究所、中山大学公民与社会发展研究中心、自然之友等单位发起，旨在提升中国公益组织的互联网应用能力，通过技术推展“新公益”。本文基于中国公益组织的网络传播需求，结合中国公益2.0项目和相关的调研，分析中国公益组织网络传播的衍化进程与趋势。

一　中国公益组织网络传播需求分析

（一）Web2.0和中国公益组织网络传播

Web2.0是相对于Web1.0（2003年以前的互联网模式）的新一代互

联网应用的统称，是一次从核心内容到外部应用的革命。目前关于Web2.0的较为经典的定义是Blogger Don在他的《Web2.0概念诠释》一文中提出的："Web2.0是以Flickr、Craigslist、Linkedin、Tribes、Ryze、Friendster、Del.icio.US、43Things.com等网络为代表，以Blog、TAG、SNS、RSS、Wiki等社会软件的应用为核心，依据六度分隔、xml、Ajax等新理论和技术实现的互联网新一代模式。"（喻国明，2007）

当前，中国中小型公益组织运用网络传播的情况并不理想。究其原因，一方面是中国大多数草根组织缺乏建立传统Web1.0型架构网站所需的经济、技术基础，缺少网站的资源积累；即使是已成功建立起Web1.0型网站的公益组织，在面对内容管理系统所需要的消耗时也疲于应对。另一方面，Web1.0技术的局限性使传统的公益组织网站之间相互隔绝，这样就大大降低了信息的沟通效率，也降低了各个领域之间协作的可能性。而Web2.0具有开放性、分享性、互动性、协同性、参与性的传播特点，它的出现可以使中国公益组织在信息技术的使用上取得跨越式的进步。

（二）中国公益组织网络传播需求分析

在Web2.0的众多应用中，如何为公益组织选择甚至是量身打造一个合适的平台，是一个亟待解决的难题。要解决这个困难，关键在于结合公益组织自身的发展和Web2.0的特色来分析出中国公益组织网络传播的需求。中国公益2.0的项目人员通过分析中国公益组织互联网使用年度调研所得数据和培训研讨所获的第一手资料，总结出中国公益组织网络传播的八项主要需求：资金募集、组织推广、用户服务、志愿者招募、倡议发布、工作协同、成员培训和评估监督。

1. 资金募集

我国相当一部分公益组织年度经费不足万元，处于严重资金不足的状态（中国公益2.0，2010）。保持稳定的资金来源是维持组织正常运转的第一大前提。

现今社会，先进的在线支付手段为公益组织筹款提供了多样、便利化的条件，而Web2.0式的互联网推广则为公益组织的资金筹募开辟出全新的、巨大的空间。与公众直接交互、社会网络推广、第三方支付工具等都可以成为公益组织募集资源的得力手段。举例来说，2011年3月9日，由邓飞等媒体人在微博上发起“免费午餐”活动，倡议社会捐款。截至2011年9月，“免费午餐”活动募集善款1690余万元，为77所学校的1万多名孩子提供了免费的午餐。

2. 组织推广

公益组织面临的第二个问题就是组织的知名度和在民众中的认可度的问题。《中国公益组织互联网使用情况分析》报告显示，受调查的401家组织中，有31.92%的组织认为面向社会公众提高本组织的公众知名度是最重要的传播需求。

组织推广需要实现的功能包括：新闻发布、邮件组、电子会刊、各类电子营销（Blog、RSS、地图、照片、邮件、视频、音频、维基、SNS、SEO）等，以及一些对推广效果进行分析评估的辅助工具，以便对推广策略及时调整。

3. 用户服务

中国公益2.0的项目分别对公益组织使用传统互联网工具（电子邮件、即时通信工具）和Web2.0工具（博客、论坛）的情况进行了调查，同时还调查了公益组织对Web2.0工具的需求状况。报告显示，在接受调查的401家公益组织中，占总数的98.00%的组织拥有自己的电子邮件地址；93.52%的组织会使用即时通信工具；而使用博客的组织只有56.11%（225家），使用网络论坛的组织仅约占半数。需求调查表明，一些实际未采用Web2.0工具的公益组织对博客、论坛却给出了重要的评价，这证明公益组织对这些互联网热门工具的需求较大，但实际使用能力却受限。

4. 志愿者招募

志愿者招募是公益组织常规活动中重要的环节。受调查公益组织中，工作人员数为“4—10人之间”的所占比例最大，人力资源显然不足。而Web2.0的应用却可以在招募、分类、激励志愿者以及公益人力储备方面发挥正向的积极作用。在此方面，国外的一些如nabuur网站可以提供良好的范例。

5. 倡议发布

调研结果显示，在发布组织的在线内容时有291家会使用到图片分享，208家组织使用到博客，195家组织使用到视频上传，其他方式则使用得较少。

解决倡议发布的问题就是寻找一个有效的发声工具以及如何发声的问题。多媒体时代，公益组织可以利用众多媒体形式和交流工具以获取公众的关注；同时，对传播对象进行细分也将有助于提高公益倡议的成效。

6. 工作协同

公益组织的协作包括三方面的内容，分别是组织内部的协作、组织间的协作以及组织与志愿者、社会的协作。调研结果显示，有31.92%的公益组织认为最重要的传播需求是提高本组织与其他公益组织相互交流、协作等组织能力。

协同是基于公益组织扶植加强团队关系的策略和行为。为了提高组织的效率和规范性，协作中的流程标准化和严格的制度是成功的重要保证。为达到项目上的协同，组织可以分阶段使用不同的工具。项目起始阶段，如需使用“头脑风暴”等方式进行系统讨论，可以使用MindManager或者DotProject进行记录。项目进行阶段可以使用MS Project。而文档协同则可以搭建Wiki或者直接使用GoogleDoc，如NGO发展交流网就是用Wiki进行写作翻译，方便用户来分享文档。

7. 成员培训

调研结果显示，公益组织在互联网和计算机使用方面最大需求是网站开发服务和计算机综合使用能力培训。而Web2.0工具则不仅能成为培训员工信息技能的得力工具，还能在更广阔的范围内帮助组织成员们有效地获取、分享、创新知识，推进他们的相互合作和持续学习。

8. 评估监督

让公益组织参与评估和监督是提高其社会认可度的重要方式。现代企业对公益资源投入把控十分严格，而公益组织自身如公信力、公益能力等资质将成为企业和社会对其考量的重要指标。

目前，公益组织参与社会上的机构的评估存在着不小的障碍，最主要的还是费用问题，而通过网络对组织进行评估，则可以节省大量的人力、物力资源。为保证评估结果的公正，网络评估的评估方可以包括三方面：第三方评估机构的评估、NGO组织管理层的自我评估、公益资助方的评估。为使这三方评估目标一致，同时使评估标准规范化、统一化，并实现三方之间的相互监督，我们需要结合互联网的特色开辟一个评估交流平台，以便在最大程度上实现信息的透明和无碍交流。

（三）中国公益2.0项目概述

中国公益2.0项目由美国麻省理工学院新媒体行动实验室、中国科学技术大学知识管理研究所、中山大学公民与社会发展中心、自然之友、NGO发展交流网、中国奥美广告传播公司共同发起。项目组简称“中国公益2.0”，其目标是提升中国公益组织的互联网应用能力，通过技术推展“新公益”。中国公益2.0的工作范围包括4个方面。

第一，面向草根公益组织，尤其是有互联网应用愿望但是应用能力不足，且机构资源短缺的公益组织，进行互联网技术与网络营销能力的定期培训、传授与研讨Web2.0思维与Web2.0工具，并分享国内外成功的公益2.0案例。

第二，建立草根公益组织与企业、基金会和政府之间的资源对接平台，包括物力、人力及财力资源。平台通过多种评估的形式评价公益组织信誉、企业与基金会信誉，以建立公益组织与企业、基金会和政府之间的信任与互动关系。

第三，对中国公益组织开展互联网使用年度调研，以此来获取更多中国公益组织的基本信息，建立中国公益2.0项目的公益组织数据库；分析中国公益组织的互联网使用情况和组织传播能力；开展中国公益组织信息技术使用需求的评估分析以及技术使用模式的进展评估分析。

第四，建立公益组织的公信力与信息传播技术能力的评估体制，以供国内外企业做公益事业资助时参考。

在不到两年的时间里，中国公益2.0项目发展迅速，截至2011年，已经在西北、西南、中部开班培训了113家公益组织，在公益组织圈内、国际教育界以及学术界都建立了良好的信誉与影响力，成为中国公益组织与国内外企业之间的沟通桥梁。

二　中国公益组织网络传播的模式衍变

（一）以NGO为单元的网络传播

早在2008年，美国麻省理工学院王瑾教授、笔者所带领的团队就已经开始了对中国公益组织网络传播模式的探索。当时考虑到2008年公益组织的网络使用条件普遍不高，工作人员技术、管理能力不足的情况，研究团队希望为公益组织直接引入技术。团队研究了国内外的内容管理系统（Content Management System，CMS），包括 DEDE 织梦 CMS、wordpress、Discuz!、SupeSite 等，却发现这些在企业、机关部门用户中拥有不错的口碑的系统不适合中国的公益组织。

放弃了 CMS 后，中国公益 2.0 将目光转向了另一种 Web2.0 应用——SNS。为解决公益组织亟须推广、建立并扩大自己的圈子的需求，中国公益 2.0 的项目人员研究了 Ning（http://www.ning.com/）、聚聚呀（http://www.jujuya.com/）等创建社区平台的网站，但结果仍然不能让人满意。以 Ning 为例，就存在需要付费、社区之间沟通困难、影响力小等缺点。

虽然以 NGO 为单元的探索阶段并没有最终为公益组织选择出合适的网络传播工具，但是过程重于结果。通过研究，他们发现了中国公益组织从组织内部到服务对象的一些特性，以及其独特的传播需求，常见的 Web2.0 应用很难满足。这些都为以后的研究和探索提供了经验与借鉴。

（二）草根公益组织的平台："沙漠植树"

"沙漠植树"项目是中国公益 2.0 项目组为草根公益组织搭建活动平台的一次尝试。经过项目组的培训，部分公益组织的网络技能得到提升，并日益意识到搭建公益平台的重要性。它们对项目组提出的建设需求包括搭建"官方网站"、营销平台、财务系统等。在这个阶段中，"拯救民勤"组织的"沙漠植树"项目是其中影响力较大的一个（见图 1）。可惜由于技术条件不足等众多因素，该项目最终未能由纸上设计化为现实的平台。此类由公益组织向中国公益 2.0 项目提出的援助设计系统或平台的例子还有很多。然而，中国公益组织数量庞大，项目组不可能一一满足要求，而多数公益组织自身技术能力有限，若交付的平台过于复杂，则难以保证其日常的维护工作。

中国公益 2.0 项目组最终得出结论：中国公益组织因其涉及领域不同、地域差异、规模与能力参差不齐，以个体组织为单元的网络传播模式难以开展。帮助中国公益组织寻求适宜的传播模式必须另辟蹊径。相对于拥有属于自己的独立系统或平台，对各类普通公益组织而言，更重要的是全面提高自身的新媒体素养和组织对外传播能力。唯有"授人以渔"，才能帮助国内中小型草根级别的公益组织在现代社会中谋得生存与发展的机会。

图1　“沙漠植树”项目示意图

（三）以需求为导向的网络传播：Ngo2.0 地图

前两个阶段的探索与尝试为中国公益 2.0 团队积累了经验。研究人员们经过广泛调研和国内外大量案例的研究之后发现，各类公益组织都具有某些共同的需求，如募集资金、组织推广、志愿者招募等。鉴于此，团队确立了新的研究方向和工作目标：通过 Web2.0 的思维与实践的方式，让 NGO 与社会主流的资源特别是企业 CSR 资源，进行对接。研究团队还发现了一个叫 Ushahidi 的 Web2.0 应用，并通过该应用塑造出现今的 Ngo2.0 地图（www.ngo20map.com）原型。

Ngo2.0 地图是中国公益 2.0 项目的延伸，目标是搭建草根 NGO 与企业 CSR 之间的桥梁，推动 NGO 与 CSR 的彼此理解与交流互动，增加两者之间对接的可能性，进而促使 NGO 获得与企业的项目合作机会、资金或物资的捐赠、志愿者服务等企业所能够提供的资源（见图 2）。从 2010 年 11 月推出至 2011 年 9 月底，地图已发布公益组织和企业发布的报道 1797 条，其中有关 NGO 需求方面的信息 297 条，企业 CSR 资源信息 1405 条。研究团队发现许多企业都具备进行种种公益活动投入的一线，只是苦于没有可靠的信息渠道。Ngo2.0 地图的出现正好有效地解决了这一困难，可谓是此方面成功的范例。

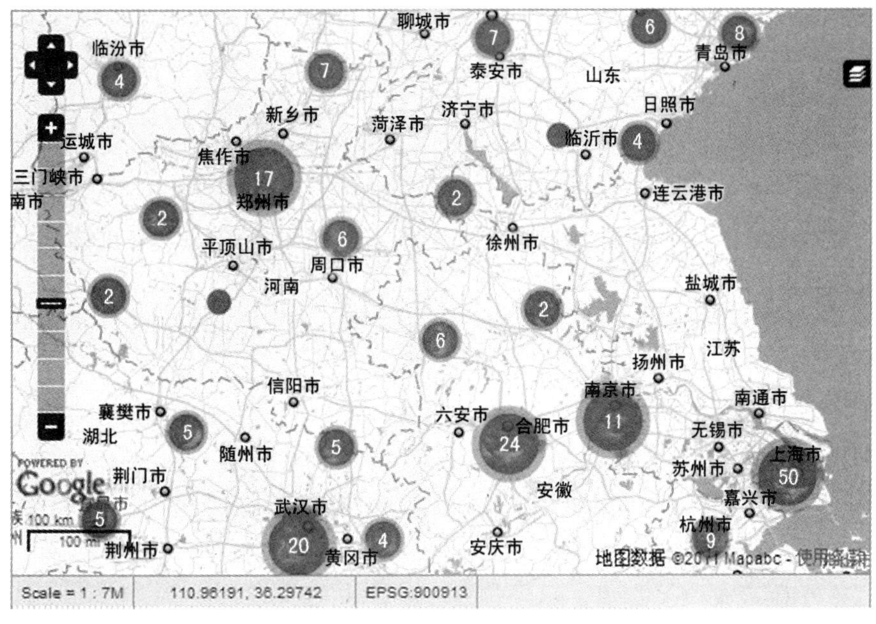

图 2　通过地图信息查看

资料来源：Ngo2.0 地图网站，http：//www.ngo20map.com/，2011 年 5 月 23 日。

1. Uεhahidi 简介

Ushahidi 是一个开源的在线众包信息平台（Crowdsourcing Crisis Information），用户可以通过网络、电子邮件、手机等工具在平台上发布和接收信息。平台采用流行的 mashup 方式，将用户及其发布的信息在平台地图上显示，实现可视化的效果。

从 2008 年诞生以来，Ushahidi 已经在数十个国家得到了广泛的应用，应用领域包括自然灾害中的救援、公共事件的监控、公益行动、战地报道、打击犯罪、学术交流，等等。

2. Ngo2.0 地图的功能

（1）信息发布。可发布的信息包括两种：NGO 项目信息和企业 CSR 资源，不同的信息分别对应不同的发布模式。Ngo2.0 地图具有提供地理特征、使用简单方便、信息发布方式多样、信息时效性高等特点。

为保证真实性，NGO 项目信息需先提交中国公益 2.0 审核，审核通过后才予以发布。NGO 需要提交的信息包括机构名称、项目名称、联系人及联系方式、执行地、项目简介、项目背景及需求、预期成果等。

企业 CSR 资源的发布信息包括标题、CSR 项目简介、信息描述、时间、分类、在地图上标注地点、信息发生地（对地图标注的补充）、新闻来源、视频、图片和联系方式。

（2）信息查看。Ngo2. 0 地图提供了两种查看信息的方式。

第一种：直观地通过地图查看：点击地图上某个地区标出的标志，可以看到该地区的所有信息报道，进一步点击某个报道可以看更详细的信息。

第二种：通过信息报道页面查看。信息报道页面包括了平台上所有的信息报道情况，但是不如地图直观。

第三种：条件搜索。通过关键字搜索，可以便利地搜索到所有与关键字相关的信息。

（3）信息订阅。Ngo2. 0 地图提供了独特的信息订阅方式。用户可以在地图上选定一个区域，然后通过手机或者电子邮件接收该区域内所有的信息报道。

3. Ngo2. 0 地图的运行机制

通常，Ushahidi 会被应用到一个具体的情景中，比如报道监控一个公共事件的发展，发布自然灾害的救援信息等，在这些应用中，Ushahidi 已经形成了一套比较完整的运行机制，这个机制同样适用于 Ngo2. 0 地图。

用户首先通过访问网站、发送短信和电子邮件等方式，将自己连接到 Ngo2. 0 地图中。用户加入 Ngo2. 0 地图后，输入自己或者所在组织的一些相关信息，平台地图则会分类显示出来，实现可视化的效果。同时用户也可以看到其他用户和组织针对相关主题发布的信息。然后，用户可以将身边正在发生的事件和相关信息发布到平台上。如果用户对平台上其他人就某个主题的信息有兴趣，也可以将自己的信息发布到该主题下。此种功能类似于“评论”。接下去，用户可接收信息。除了主动去网站查看信息之外，如果用户对某个区域或者类型的信息比较关注，还可以选择订阅这些信息，Ngo2. 0 地图会以用户设定的方式将定制的信息推送给用户。当大量的用户和组织加入到平台之后，将会形成巨大的网络效应，大量的信息经过平台的过滤和确认之后，在准确度和实用性方面将有极大的提升，最终提升整个平台的实用价值。

三 问题与展望

中国公益 2.0 项目的发展，有关 Ngo2.0 地图的平台建设获得了宜信惠民投资管理（北京）有限公司的支持，Ngo2.0 地图自上线以来一直发挥着良好的平台传播效应，可以作为推动本土公益组织信息传播能力的成功范例加以提倡。然而，有关平台维护经费如何确保，如何扩大影响，如何使得网站能够成为公益组织和企业 CSR 部门真正的桥梁，工作才刚刚开始。

参考文献

喻国明：《关注 Web2.0：新传播时代的实践图景》，《新闻与传播》2007 年第 1 期。

中国公益 2.0：《中国公益组织互联网使用情况分析》，2010 年 5 月（http：//www.ngo20.com/wp-content/uploads/2010/06/中国公益组织互联网使用情况分析——大众版.pdf）。

中国内地社会工作机构发展模式：基于20个机构的实证研究*

［中］许小玲

合肥工业大学社会工作系副教授

［中］彭华民

南京大学社会学院社会工作与政策系教授

近年来，随着经济社会发展、人民生活需求变化、社会工作专业教育兴起、政府公共服务改革需要等多重因素的影响，中国内地社会工作机构有了快速的发展。社会工作机构是传递社会福利和社会服务的重要载体，也是吸纳社工就业、推动专业发展的重要载体，同时，它也是社会工作体系的重要组成部分。培育和发展专业社会工作机构，使其成为传递社会福利和社会服务的桥梁，是推进以民生为重点的社会建设的重要途径。

随着中国内地社会工作机构的发展，引起了诸多学者对此问题的关注。从既有的研究文献来看，基本可分为三种类型：第一种侧重点在于某一类型的社工机构内部运行机制、评估监督、发展困境等方面的讨论；第二种侧重点在于考察社工机构和政府间的关系，或是“嵌入”或是“影响”；第三种在政府购买社工服务的具体情境中探讨社工机构发展中存在的优势与不足。梳理文献发现，既有研究存在以下不足：（1）已有的研究大都建立在一种类型或一个个案分析的基础之上，疏于对内地社会工作机构发展的整体格局的考察，缺少整体性视角；（2）已有研究因为是一种类型的分析，

---

* 教育部重大课题攻关项目（10JZD0033）的阶段性成果。

所以缺少比较性，看不到本土化社工机构发展的共性及特性；（3）已有的研究没有在社会福利改革大背景下，考察社工机构在整个福利输送体系中的地位和作用。基于此，本文旨在在上述研究的基础上，借鉴非营利性组织研究的相关成果，对中国内地社工机构做一个全面的实证考察，了解目前社工机构发展状况，概括和归纳内地社工机构的发展模式、不同模式的生长土壤、优势定位，并在社会管理大背景下对社工机构本土化进行反思。权当抛砖引玉，以期增进对社会工作机构培育和发展的研究。

一　研究背景、研究框架与研究方法

（一）研究背景和研究框架

从2011年5月开始，本课题组承担了民政部社会救助司委托项目“拓展社会救助服务试点的可行性研究”。这一项目一方面旨在建构新型的社会救助体系，改变传统的社会救助存在的一些问题，进一步改进传统社会救助过分强调经济资助而忽视服务的状况，建立社会救助经济资助和社会救助服务整合模式，把救助对象需要通过更细致的分类服务传递到被救助者手中，建立专业化的社会救助队伍。通过本项目研究和试点，由点及面，面向全国推广，提升社会救助的质量，推动更多接受社会救助的个人和家庭脱贫。另一方面，在中国社会建设大环境中拓展社会救助服务的内涵，丰富和完善社会救助服务政策。

为达到研究目标，就需要了解社会救助对象的需要是什么，由谁来提供专业性的服务。鉴于中国社会工作队伍的不断壮大和社会组织的不断发展，由社会工作机构面向社会救助对象提供专业服务是一条比较切实可行的路子。一方面它有助于社会工作机构的发展和完善，另一方面从成本考虑，比政府独立设立新的社工机构更节约资金。基于此，就要了解各地社会工作机构的发展情况，包括社会工作机构具体的服务项目、服务过程和操作流程、资金来源、组织架构、内部管理等。此文章便是在前期调查基础之上的部分成果。

（二）研究方法及资料来源

本研究属于实证研究，从2010年7月初至2010年8月，课题组对安徽合肥、山东济南和青岛、江西南昌和万载、江苏南京、苏州、张家港、深圳等地20个社工机构进行了实地调研。研究中主要采用了半结构式访谈和参与式观察等方法，访谈对象主要是机构负责人、机构社工及该地民政系统中负责社会组织管理的政府官员。访谈中机构负责人与机构社工询问内容有部分重合，以此来验证获取资料的真实性。研究的进入主要通过两种方式解决：一是通过熟人介绍顺利参访到了机构的相关人员；二是通过民政系统自上而下地打招呼进入。访谈内容涉及机构的性质、资金来源、组织架构、项目运作、未来长远规划等方面。

本研究所依据的资料主要有两类：一是访谈资料，包括机构负责人、机构社工及政府官员；二是文献资料，包括期刊网上关于社会工作机构的文章、网络媒体上有关调研的社工机构的相关报道。此外，因时间和经费的限制，云南、四川、上海、广州等地的社工机构主要以文献资料作为参考依据。

二　调研社会工作机构基本概况

（一）相关概念的厘清与界定

讨论内地社会工作机构发展模式涉及一个重要概念就是社会工作机构。从目前中国实践来看，社会工作机构是民办非企业中重要的组成部分。民办非企业单位是企业、事业单位、社会团体和其他社会力量以及公民个人利用非国有资产举办的，从事非营利性社会服务活动的社会组织（国务院，1998）。民办非企业单位一般都有一个实体性机构，所以又称实体型社会服务机构，社会团体和基金会称运作型组织（王名，2002）。民办非企业单位是非营利性组织中重要的一部分，其重要特征就在于其服务性，因其民间性、非营利性、实体性、服务性而有别于政府行政服务体系。

而社会工作机构是依据社会工作专业价值观凭借专业的理论和科学的方法技术，旨在为相关人群尤其是弱势人群提供一般或者特殊的关怀、保护、物质和支持服务，以提高或者维持他们的社会功能的社会组织。社会工作机构一般具有以下特征：（1）社会工作机构的工作内容是在社会服务领域从事社会服务；（2）社会工作机构的核心理念是利他主义和助人自助；（3）社会工作机构的主要人员由具有社会工作教育背景的人员构成，他们通过运用社会工作专业知识、专业方法和专业技巧进行服务；（4）社会工作机构是一种非营利性的机构；（5）社会工作机构的服务对象可以是弱势群体，也可以是一般的有需要的人群。

比较来看，社工机构和民办非企业单位有共同的特点，但也有不同。共同点是二者都是服务性的、非营利性的。不同点在于社工机构强调其核心理念和机构工作人员社工专业方法的运用。本文调研和比较的社会工作机构正是基于以上社会工作机构的定义，并着重从机构工作理念、机构工作方法等特征进行选取和考察的。

（二）调研社工机构的概况

调研的20个机构涉及了安徽、山东、江苏、深圳等地，机构具体概况如表1。

表1　　调研20家社工机构一览

机构名称	所在地	性质	注册时间	服务主要人群	机构人员	机构资金来源
JR	安徽合肥	民办非企业	2008	青少年	3个全职工作人员，3个核心志愿者（无社工资格证）	个人出资少部分、香港陈一心家族基金会
MS	安徽合肥	民办非企业	2009	老人、青少年	专职社工7人（均是社工专业毕业），康复人员3人	政府购买项目、与企业合作、社会捐助
HY	江西南昌	民办非企业	2011	青少年、外来务工人员	共9人，专职工作人员1人，其他8人主要是江西师大老师	政府购买服务项目
YJX	江西南昌	民办非企业	2011	结合状元桥社区工作开展服务，人群不固定	专业督导1名，社工师及助理社工师2名（无专业训练背景）	东湖区政府资助部分
BH	江西万载	民办非企业	2008	高龄老人、重症患病老人、青少年	共8人，其中机构总干事是事业编，其他7人均考过社工资格证（高中学历）	民政局购买社工岗位

续表

机构名称	所在地	性质	注册时间	服务主要人群	机构人员	机构资金来源
JA	山东济南	民办非企业	2007	反对家庭暴力社工维权岗、社区儿童成长服务、单亲特困家庭服务、智障人士家庭服务	全职社工17位，包括1个音乐治疗师。基本都是济南高校社工专业生	理事长个人捐款、政府购买服务、少量社会捐赠
SQ	山东济南	民办非企业	2008	被分派的单位性质决定服务对象和内容	17个工作人员（本科生15个，研究生2个），基本都是社工专业毕业的	各级民政局购买社工岗位
AYP	山东青岛	民办非企业	2009	单亲贫困家庭	共4人，其中专职社工1人	服务的街道办事处提供
XSM	山东青岛	民办非企业	2006	农民工维权服务	共9人，2个行政、3个律师、3个农民工负责协调、1个专职社工	市南区政府投资了50万元
12355	江苏苏州	民办非企业	2008	提供咨询、转介服务	共3人，无专职社工	市政府信息办
JGF	江苏苏州	民办非企业	2011	为社会养老机构提供社会工作业务指导	兼职社工7个，全部为苏州市福利院人员	苏州市社会事业局、民政局购买服务
ZQ	江苏苏州	社团法人	2008	社区戒毒康复辅导服务	专职社工40多人，大部分为社工背景	苏州市禁毒办购买岗位
QL	江苏苏州	未注册		社工教育培训	苏州科技学院的社会工作者协会的学生	
AXYG	江苏张家港	社团法人	2007	无固定服务群体，包括老年人、贫困学生活动、义工培训等	无全职人员，主要都是义工	会员会费，还有企业捐助、个人捐助

续表

机构名称	所在地	性质	注册时间	服务主要人群	机构人员	机构资金来源
PGY	江苏张家港	未注册		张家港新市民子女提供服务	2名专职社工	政府购买
XZZ	江苏南京	民办非企业	2007	流动人口和流动人口家庭	4名专职工作人员,其中专职社工3人	向基金会申请项目
XWQ	江苏南京	民办非企业	2011	没有特定服务对象	6个专职工作人员,其中1个专职社工(机构执行总干事)	自筹、黄奕聪基金会
QDCY	江苏南京	民办非企业	2002	江苏、安徽地区的智力障碍和精神障碍的儿童和青少年	5名工作人员,包括1个社工、3个专职老师和1个生活老师	政府补贴、爱德基金会、提供服务收入(包括学费等)、社会捐助
SZSL	广东深圳	民办非企业	2007	司法领域、家庭和妇女儿童、义工培训	管理人员9人,专职社工55人	政府购买岗位、福彩公益基金资助
SZYG	广东深圳	民办非企业	2011	立足社区,主要为社区单亲母亲、贫困母亲提供服务	目前全职社工6人	政府购买岗位

从表1可以看出,调研的20家机构的性质主要都是民办非企业单位,其中2个由于服务对象的特殊性属于社团法人,即苏州自强服务总社、张家港爱心义工分会。服务对象涉及广泛,从高龄特困老人、单亲贫困家庭、流动人口、农民工等弱势群体到一般有需要的人群。机构工作人员有的大部分为专职社工,有的是以原有体制内人员通过社工考试转化而来。从机构资金来源来看,有的以政府购买岗位或项目为主,有的资金来源则比较多元化,包括政府资助、向基金会申请项目、与企业合作等。

三　社会工作机构发展模式分析

(一) 社会工作机构的类型

社会工作机构作为一种组织，它的产生离不开具体的经济环境、政策环境和文化环境。在内地，民办社工机构是21世纪以后的产物，特别是2007年开展社会工作人才队伍建设以后，民办社工机构得到了快速发展。但是由于地域性和地方性政策的不同，社会工作机构发育形态多样而复杂。根据康晓光提出的社团自治化程度的九个基本指标（康晓光，2001），本文暂时不考虑法律框架和章程的制定这两项制度指标，结合研究选取最能体现社会工作机构特征的4个指标对其进行分类，分别是资金来源、人员结构、工作方法和生成路径。由于各地机构生长土壤的不同，单一指标很难对社工机构类型做明确分类，因此，依据上述几个指标可以对机构进行单指标的多次分类。

1. 资金向度的机构分类

资金是社工机构生存和发展的基础。从资金主要来源看，社工机构可以分为市场导向的和政府导向的。（1）政府导向型的社工机构大都与原有福利输送体系密切相关，或是挂靠政府的或是政府一手推动成立的，如YJX、BH、ZQ、XSM和JGS等机构。其资金从启动资金到后来机构运营资金主要都来源于政府。或者是政府购买服务、政府购买岗位或是政府补贴。（2）市场导向型的社工机构一般与原有的福利输送体系没有关系，在高校力量的支持下或依赖市场自发形成的，其资金来源比较多样，如MS、JR、JA、XZZ和XWQ。部分机构最初资金来源可能是政府资助，但后期运作资金呈现出多样化的态势。有政府购买，也有基金会项目的申请、与企业合作等。

> “我们机构平时是没有什么经费的，机构人员的工资都是由县民政局发。每次我们组织什么活动都是先报一个活动计划和经费预算给民政局社工股，他们觉得行，批下来我们才有经费去筹备这个活动，他们觉得不行，不能批我们就不组织呗。没有钱，活动肯定没办法开展。”（BH机构总干事）
>
> “机构最初的启动资金是包河区民政局出的10万块钱，因为他

们想向机构购买居家养老服务，他们也是合肥唯一的向机构购买服务的，也是他们的创新吧。但只依靠政府的钱的机构肯定是发展不好的，因为政府的钱也不是那么容易给的，而且涉及到很多部门，资金迟迟不能到位。机构在社区做的康复服务，都是机构从北京一个生产康复器材的公司那争取来的资源。他们提供康复器材和康复人员工资，由我们机构负责招聘和管理。”（MS 机构负责人）

通过以上两类机构负责人的访谈可以看出，政府导向型的社工机构对政府依赖性较强，从外界争取资源的能力较弱，市场化程度较低。而市场导向型的社工机构自我造血功能比较强，积极争取外部资金支持，对政府依赖程度较低，市场化程度较高。社工机构自主性的核心表现就是经济上的独立性（彭善民，2010）。机构自主性包括很多方面的自主权，如人员招聘、日常管理、项目开发、外事活动等。由于资金来源单一，导致传统迁移式的机构在独立性上较弱，一定程度上限制了机构的行动权。这些在 BH 机构总干事的访谈中也有体现。

2. 工作人员专业性向度的机构分类

社会工作机构区别于其他服务类机构的一个根本区别就是其核心理念——利他主义和助人自助，而这种核心理念能否体现在服务中很大程度上是取决于机构工作人员及机构负责人的专业性上的，即主要工作人员有无专业的社工教育背景。调研中发现，由高校老师推动和完全依赖市场成立的社工机构，其工作人员专业化程度较高，大部分都是接受过专业社工教育的大专院校学生，如 MS、JA、SQ、XZZ、XWQ、SZSL 和 SZYG。例如 MS 机构，服务人员共 7 人，全部为社工，JA 社工机构，共 17 人，其中 85% 以上都是济南大专院校社工专业毕业的学生。而依托原有福利体系成立的社工机构，其人员专业化程度较低，如 YJX、BH 和 12355。如 BH 社工机构，其工作人员共 8 人，均是通过社工资格考试取得了资格证，但没有接受过专业社工教育的。YJX 社工机构人员共 3 人，全部是兼职的，均是状元桥社区工作人员。

综合来看，由高校老师推动和完全依赖市场成立的社工机构，由于工作人员较强的专业性背景，助人自助的社工理念得到较好的体现，其服务项目的设计也比较规范，对服务项目的监督管理也比较科学。而依托原有福利体系成立的社工机构，其工作人员仅是通过社工资格考试取得助理社工资格证而已，专业理念的运用不充分，服务项目的设计、实施和监督管理等方面规范性也较弱。

3. 专业工作方法向度的机构分类

社工机构区别于其他服务类社会组织的另一个重要特征就是服务中是否使用专业的工作方法，即个案、小组和社区。有学者认为中国有自己的社会工作，不同之处是“行政性非专业社会工作”而非专业社会工作（卢谋华，2007）。政府导向型的社工机构因为与原有的福利系统有着密切的关系，同时其工作人员也是通过社工考试转化而来的，因此，长期形成的行政性工作方法不可能很快消失，新形成的机构必然是行政性工作方法与专业性工作方法相互嵌入、交替使用，如 BH 社工机构。而市场导向型的社工机构，其工作人员有较强的专业性背景，所以服务过程中主要运用专业性的方法，如 MS 机构。例如，机构在对高龄老人进行需求评估时，主要运用个案访视的专业方法，有严格的评估表，而非简单地询问。

（二）社会工作机构发展态势：超越与选择

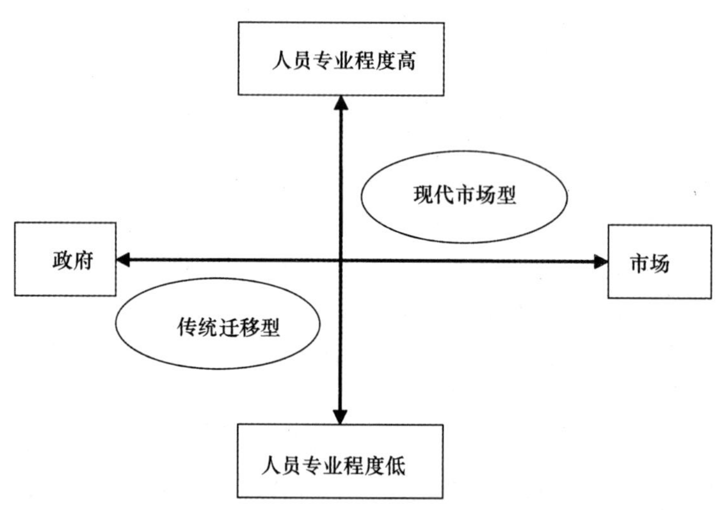

图 1　社会工作机构发展态势

以上对社会工作机构发展模式的分类是某一个时间节点上的共时性结果。任何一种模式或者类型在发展过程中，并不是一成不变的。随着内外环境的变化，都会呈现出动态的变化趋势。

图1以横轴表示资金来源的方向，一端表示机构资金主要来自政府、一端表示机构资金主要来自市场，纵轴表示机构人员的专业化程度的高低。根据以上单一指标的机构分类，综合以上分类指标，大致可以得到两种综合特征完美体现的模式，即传统迁移型和现代市场型的社会工作机构。传统迁移型即由政府力量的注入而引发的，在原有福利输送系统中演变或衍生出来的、由非专业社工提供的准社会工作服务的机构；现代市场型的社会工作机构即由高校及其他力量支持的，在现有服务输送系统之外依赖市场而自发形成的、由专业社工提供的专业社工服务的机构。

如图1所示，纵轴的左下部分基本上属于传统迁移型的，而右上部分基本上是现代市场型的，其他的类型是介于这两类模式之间的。不同类型的机构在象限中是不断移动和发展的，移动和发展的方向是多样的。

结合中国实际情况来看，传统迁移型的社工机构和现代市场型的社工机构各有优势。传统迁移型具有以下优势：（1）由于与原有福利输送系统关系较为密切，所以资金来源有保障。同时，可以充分利用本区政府所属行政资源；（2）社工机构在开展具体服务时，需要整合很多力量参与到服务中来。而传统迁移型的类科层化的组织建构为社会工作的开展提供了一定的行政支持。但同时这种优势也给传统变迁型的社工机构带来诸多问题：（1）行政化色彩较强：这种模式具有典型的政府主导的特点，行政性较强，工作方法专业性不足，在发展过程中表现为政府主导有余，市场参与不足。（2）独立性和自主性较弱：在具体的行为过程中，特别是在一些机构的重大决策的问题上，传统迁移型的社工机构常被一些说不清、道不明的行政隶属关系束缚着，如在机构员工聘用、服务项目的选择等方面。同时，在资金的筹集和使用上，更是缺乏对社会资源的整合意识与能力。

而作为市场化程度较高的运作模式，现代市场型的社工机构也具有传统迁移型社工机构无法比拟的优势：（1）社会工作方法的专业性。专业的工作方法不仅是有效解决问题的方法，也是发现问题的方法。现代市场型社会工作机构能对社会需求有敏感反应，根据服务对象需求制定出符合案主需要的服务项目，为服务对象提供高效服务。（2）实质性代表程度高。依照组织的代表性理论，非营利性组织代表性问题的核心是组织的

“代表合法性”，即指一个非营利性组织究竟是不是其组织成员与服务对象利益的真正的、合法的代表。“代表合法性”具体体现在两个基本方面，即“实质性代表”与“象征性代表”。前者强调组织应该采取实际行动来满足组织成员与服务对象的需要，后者则强调组织应该致力于赢得组织成员与服务对象的信赖与支持（Guo & Musso，2007）。现代市场型社工机构因其工作方法的专业性，着力满足服务对象的需求，因此，它是其服务对象的核心代表。而传统迁移型的社工机构成为政府社会职能的部分代理者，有时只是为了完成上级部门考核任务，所以难以形成“实质性代表”和“象征性代表”。

四　结论与讨论

综合来看，尽管我们不能认定“社会工作的发展模式就是民间运作”，但民间社工机构的自主性或者依赖性应该是组织生存和持续发展所必需的。因此，从长远来看，具有行政化色彩的、传统迁移型的社工机构应以现代市场型的社工机构为发展方向，独立于政府之外自主运作，以保证社工机构的独立性和完整性，这将有助于社工机构的运作以及所提供的服务的有效性。但是，这种转变需要一系列条件，这些条件包括：（1）政府进一步转变管理理念，给社工机构留下充足的发展空间；（2）加大宣传力度，为社会工作机构创造良好的生存环境，改变民众对社工机构的“天然不信任”；（3）社会工作机构自身要注重内部管理，增强市场竞争力，打造服务品牌。

但在目前中国的现实条件下，由于在资源控制与分配、制度供给与规则制定等方面，政府的权力及影响依然占据着绝对的优势和地位，以及传统迁移型的社工机构还普遍缺乏自主选择和开辟自己的生存与发展空间的能力等原因，社工机构只有依托现有的行政管理体制和资源网络优势才能获得一种嵌入性发展。与此同时，通过购买专职社工的方式来提高社工机构人员的专业化程度和技术性水平，这在中东部发达地区比较适用，而在中西部地区欠发达城市之中，机构与福利部门所能支付社工的工资较低，专职的社工无法在此找到自我的价值平衡，因而，这种购买专职社工的做法几乎留不住社工人才。所以，借助于政府力量和资源优势来推动社工机构的创建及运作可能是目前一条现实可行的路径选择。

参考文献

国务院:《民办非企业单位登记管理暂行条例》(http//www.mca.gov.cn/article/zwgk/fvfg/mjzzgl/200709/20070900001726.sHtml)。

康晓光:《关于官办社团自治化的个案研究》,载中国青少年发展基金会编《处于十字路口的中国社团》,天津人民出版社 2001 年版。

卢谋华:《社会工作的理论与实践》,中国社会出版社 2007 年版。

彭善民:《上海社工机构生成轨迹与发展困境》,《社会科学》2010 年第 2 期。

王名:《非营利组织管理概论》,人民大学出版社 2002 年版。

Guo, C. & Musso, J. A., "Representation in Nonprofit and Voluntary Organizations: A Conceptual Framework", *Nonprofit and Voluntary Sector Quarterly*, Vol. 36, No. 2, 2007.

新加坡家庭综合服务中心模式在广州的探索

[新加坡] 揭晓伶　贾治华

广州市萝岗区太和社会工作服务中心

一　前言

在新加坡，家庭服务中心已有20年的历史。新加坡现有37间受政府认可及资助的家庭服务中心。家庭服务中心是一间专业机构，目的在于促进和加强家庭的社会功能；以邻舍为本，拥有及熟识广泛的社区资源，任何人遇到与家庭有关的问题时，都可以到家庭服务中心寻求协助。家庭服务中心在新加坡的发展出于政府采取的“多方援手”的福利服务策略；家庭服务中心与政府、社区及基层组织紧密合作和配合来帮助面临问题的家庭。

家庭综合服务中心在广州市是一个新的社区服务模式。广州市委书记张广宁在2010年6月到新加坡参观考察德教太和观的家庭服务中心后，决定在广州大力推广家庭综合服务中心服务模式。在全市十区两市挑选20个试点，以新加坡的家庭服务中心为蓝本，结合广州市的实况，发展具有广州市特色的家庭综合服务中心。并于2011年4月宣布，将有关服务模式在广州市全面推展；所有街道办事处及镇政府如具备条件，将会尽快开设起码一间家庭综合服务中心。现时各个区政府正在争取在今年底前完成家庭综合服务中心的筹建。预计广州市届时将会有超过140间家庭综合服务中心。

德教太和观是应萝岗区政府邀请参加“中新广州知识城”的软件建

设，为萝岗区政府及区内民办非企业在家庭综合服务中心的运作和发展提供顾问及督导服务，并直接在中新广州知识城的所在地九龙镇开办两间家庭综合服务中心，服务九龙镇城乡居民。这两间家庭综合服务中心分别在镇龙和九佛片区，服务地域面积有175.1平方公里，服务范围有3个居委会和28个村委会的所有常住居民。中心借鉴新加坡的家庭服务中心经验和理念，同时结合当地的实际情况，以期能够更好地促进社会工作本土化发展。

自2011年6月30日开业后，九龙家庭综合服务中心已有80多个个案。本次演讲中，将会分享新加坡在广州市萝岗区开办家庭综合服务中心的经验，特别是新加坡家庭服务中心的理念和运作模式、介入手法与成效。本次演讲也会提到当地社区的实际情况以及对中心运作的影响。最后，我们将提到所面临的挑战、应对方法和发展计划。

二　家庭服务中心在新加坡

自1997年，新加坡政府通过社区发展、青年与体育部，定出家庭服务中心的发展蓝图并规划开办地点。以邻舍为本，新加坡现有37间家庭服务中心，分布在各个社区（见图1），任何人遇到与家庭有关的问题时，都可以到邻近的家庭服务中心寻求协助。

家庭服务中心是一个专业的社工服务机构，其工作目标在于促进和加强家庭的社会功能。家庭服务中心以家庭为本，重视家庭视角，评估及介入方法以家庭为单位。家庭服务中心的服务内容广泛，针对人生的不同阶段及关注点，提供发展性、预防性及治疗性的服务。以邻舍为本，家庭服务中心也会评估社区的需要，通过社区联网、资源调动、社会企业、开创新服务项目等，以做适当的回应。

家庭服务中心是政府认可及资助的社区第一站服务点。强调向居民提供首站服务的同时，尽可能通过家庭服务中心对社区及社会服务资源的整合提供一站式的系统跟进服务，在最短的时间和最大的空间上向居民提供切实的支持服务。

而在政府资助的家庭服务中心运作模式里，被要求必须提供的两项基础服务是：①资讯与转介服务，目的在于将家庭与社会资源联系起来；②个案管理及辅导服务，目的在于支持和巩固有需要的家庭，使其提高解

图 1　新加坡家庭服务中心分布

决问题的能力、改善家庭状况并重新回到稳定独立的状态。在家庭服务中心运作模式里，家庭服务中心重视与其他社区伙伴的合作，保证困难家庭得到支援，获取必要资源和帮助。

家庭服务中心如能满足以上的基础服务，即可向政府申请提供社区支援服务项目。在提出方案时，家庭服务中心需提供需求评估结果、项目目的及目标、介入方案、人力资源需求、成效评估方法，等等。总的来说，项目方案需要符合社区的需求、能够促进现有服务对象的发展。

家庭服务中心 90% 的开办经费以及 50% 的运营经费来自政府支持。其余的款项可向公益金、博彩委员会索取或通过公众捐款和母机构拨款。为确保家庭服务中心的服务质量，政府通过国家福利理事会为家庭服务中心做季度评审。评审的范围包括硬件、工作人员素质、服务数量、服务成效、服务过程和行政管制与监控。

三　新加坡德教太和观来到中国

2010 年 6 月，广州市委书记张广宁先生带队，与市有关职能部门、区（县级市）政府、街道办事处的负责人一起，在新加坡考察了社区管理、社区服务、知识经济发展、住房保障及旧城改造等方面的情况。在新加坡考察期间，张广宁先生一行到访德教太和观家庭服务中心后，留下深刻印象，于是邀请德教太和观加入“中新广州知识城”（中国与新加坡继苏州工业园、天津生态城后的又一大型发展合作项目）的软件建设。

2010 年 7 月，市民政局和市财政局共同制定印发了《关于印发〈推进我市社会管理服务改革开展社区综合服务中心建设试点工作方案〉的通知》，要求从 2010 年起，全市十区两市的街道挑选 20 个试点，以新加坡的家庭服务中心为蓝本，结合广州市的实际情况，逐步推进开展切合广州市社会建设需求的家庭综合服务中心。2010—2012 年为试点阶段，每个区（县级市）至少选择 1 条街道作为开展社区综合服务中心建设的试点，基础较好的区可以选择 2—3 条街道作为试点。试点街道可以根据实际情况，采取不同的运作模式推进社区综合服务中心建设，或是政府购买服务方式，或是政府直接管理模式，或是混合模式，切实把社区综合服务中心建设成为社区居民困有所助、难有所帮、需有所应，能提供“一站式”服务的场所。

“中新广州知识城”所在地，广州市萝岗区政府事后与德教太和观多次接洽，进一步建立合作。2011 年 2 月，在萝岗区政府的支持与协助下，新加坡太和在中国注册成立分支机构——广州市萝岗区太和社会工作服务中心。与此同时，太和也承接了区内民办非企业在家庭综合服务中心的发展顾问及督导服务，并直接在中新广州知识城的所在地九龙镇开办两间家庭综合服务中心。太和社会工作服务中心成了在中国成立的新加坡首家专业社会工作服务机构的民间非企业机构。

2011 年 6 月 30 日，中新广州知识城项目启动 1 周年之际，太和社会工作服务中心承接的九龙镇家庭综合服务中心正式揭牌营业。秉行自己的使命“提供专业、卓越的社工服务，让每个有需要的个人和家庭都得到帮助”。“专业、卓越”是机构服务团队对自身服务质量的要求，确保所提供的服务最优，让受助者的问题得到解决的同时，充分挖掘他们自身的潜能以为受助者的未来发展提供最大的帮助。“每个”则是希望谨记把服务遍及社区的每一个角落、考虑每一户家庭。秉承社会工作的使命、价值观与服务理念，太和社会工作服务中心开始了自己在中国的目标践行：①满足民众，特别是弱势群体的基本需求；②提升村民和社区的福祉；③充分挖掘个人的生命潜能。

四 太和在中国的本土实践——以九龙家庭综合服务中心为例

（一）运作模式

九龙家庭综合服务中心采用政府整体购买服务的运作模式。也即“政府购买服务+业务部门监督管理+社会组织实施”的“1+1+1”运作模式操作。

九龙镇政府（政府购买服务方），负责前期建设使硬件设备达到可直接运营条件；并配合太和社会工作服务中心（社会组织实施方），开展前期的社区调研、社区信息的提供以及社区组织的介绍。

太和社会工作服务中心（社会组织实施方），根据协议，需要“按照社会工作的理念、方法和技巧，为甲方（九龙镇政府）管辖范围内的个人、家庭及社区提供全面、优质的专业社会工作服务，以满足个人、家庭、社区多样性和差异性的需要”。

广州市萝岗区民政局（业务部门监督管理方），负责指导本试点项目工作，对九龙镇政府（政府购买服务方）和太和社会工作服务中心（社会组织实施方）在项目运作过程中各项工作目标的完成情况、项目经费使用及各项机制落实情况进行监督，必要时提出修改意见和建议。

（二）服务项目

九龙家庭综合服务中心的服务区域面积：175.1平方公里；服务范围包括3个居委和28个村委。

在新加坡的家庭服务中心经验和理念的基础上，结合社区的实际情况，九龙家庭综合服务中心现行的服务项目包括资讯与传介、个案管理与辅导、外展社会工作服务、社区支援服务（包括儿童与青少年服务、家庭服务、长者服务及残障康健服务、志愿者招募与管理等）。

（1）资讯与转介服务，村（居）民可亲临中心，通过电话或通过其他途径联络中心以获得所需的资料与咨询。其他政府或非政府机构也可将有需要的村（居）民转介给中心处理。届时，社工会先做个初步评估；若中心无法满足村（居）民的需求，中心会在村（居）民的允许下，将个案传介给其他适合的机构并跟进。

（2）个案管理与辅导服务是针对处于危机中或压力状态下的个人或

家庭，目的在于协助个人或家庭加深对他们所处状态的了解并寻求解决其问题或困扰的方法。通过个案处理及辅导服务，社工协助个人或家庭重新回到稳定独立的状态，并具备将来解决类似问题的能力。

（3）由于中心的服务范围大，中心的一个重要项目是外展社会工作服务。在这项服务中，每一个村（居）有一组外展队（一个社工和一个社工助理）负责，目的在于发现潜在案主、开办各种社区活动、需求调查，等等。长远的目的是促进及提升家庭功能及社区建设。

（4）中心的社区支援服务针对不同群体的需要开展，服务方法见表1：

表1　九龙家庭服务中心服务方法

群体	目的	服务方法
儿童	1. 建立儿童的自信心 2. 发展儿童的社会技能 3. 确保儿童受教育的机会 4. 确保儿童的安全及提供必要支持	学校社工服务 工作坊 家长支援小组 公众教育
青少年	1. 自尊心发展 2. 性格发展 3. 职业规划 4. 婚姻意识	学校社工服务 工作坊 兴趣班组 外展 公众教育
家庭	1. 提高对困难的自我适应能力 2. 提高家庭的各项功能水平 3. 调动尽可能多的家庭共同建构一个更有力的社区支持网络	求助服务 危机干扰 婚前/婚姻工作坊 亲子及家庭活动 家庭成就奖活动
长者	1. 安全与支持 2. 增加社会接触 3. 完善发掘社会功能 4. 延续积极自我认识	兴趣小组 家务助理 物理治疗 外展及友伴
残障康健	1. 训练和提高独立生活的能力 2. 改善、优化生活环境 3. 增加社会接触、更好地融入社会 4. 发掘潜能、完善社会功能、增强自信 5. 提升生活满意度、实现自我目标	独立生活技能训练 家务助理 物理治疗 互助小组 兴趣小组 传介及社会支持

（5）中心在志愿者招募及管理中有一个标准程序，参照程序完成宣传、面试再到培训。中心希望通过这项服务提高志愿者队伍的素质，增强中心服务。也贯彻“助人自助”的社会工作核心理念，促进服务接受者向服务提供者的角色转化。中心有定期及非定期的志愿者，定期的志愿者协助专业队开展日常服务，例如兴趣小组、课业辅导、友伴，等等。非定期的志愿者则参与组织大中型及特殊活动，例如游戏策划及现场互动、为有需要的服务对象装修家居，等等。培训内容分别有理念、通用知识与技巧、特定服务人群及领导培训。为了增强义工间、义工与中心团队的凝聚力，中心也定期主办分享及感恩会。

（三）运行结构

中心执行总监为新加坡德教太和观家庭服务总监担任，中心现任的执行主任也是德教太和观的代表。在确保新加坡家庭服务中心的理念、运作模式和介入手法被引进到中心的同时，中心招募香港的资深督导、社工以及中国本土一线社工，并且在社工助理的招募上增加一定的九龙镇附近人员，力求寻找适合中国、适合社区的方式将新加坡太和的经验服务于居民。在管理上把社工与助理们分组，以便发展项目（见图2）。

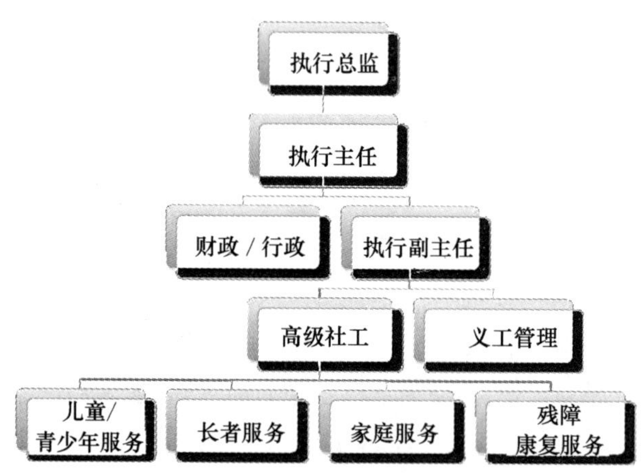

图2　九龙家庭综合服务中心运行结构

（四）人力结构、管理和培训

1. 人力结构

九龙家庭服务中心自2001年6月30日开幕，现有37名职员（见表2）。

表2　　九龙家庭服务中心人力结构

职务	人数	资质
社工	16名	8名社工拥有助理社工师证
社工助理	10名	有相关专业或社区经验
行政	6名	包括2名执行主任，也是社会工作专业（其中1名拥有中级社工师证）
其他	5名	保安、司机等

2. 中心注重及强调专业化

在运作方面，只有社会工作专业或考取社工师证的同事能够提供个案与转介及个案管理与辅导服务和带领社区支援服务项目，确保服务对象得到应有的专业服务。非社会工作专业的同事协助社工实现项目目标，以及参与义工管理。为了保证服务提供的专业性及适切性，所有职员必须遵守督导制度以及中心标准作业程序，还需参加持续教育及培训。

（1）专业服务的理念：中心的通用专业实践模式运用了系统模式，也注重督导、专业知识与技巧和价值观。在个案处理的过程强调运用社会工作理念（见图3）。

（2）专业训练计划：督导计划（见表3）。

表3　　九龙家庭服务中心督导计划

督导形式	对象	目的	频率
个人督导 包括临床督导	社工	促进社工专业形象和能力 监测与促进案主的福利	4小时/月
小组督导	社工	促进社工的专业能力 互相学习的平台	3小时/月
个案会议	社工	讨论棘手个案 促进社工的专业能力 互相学习的平台	根据需要

续表

督导形式	对象	目的	频率
临床实务会议	社工	分享个案处理经验 分享专业知识与技能 促进社工的专业能力	2 小时/月
项目督导	社工及助理	提升专业知识与技能 确保项目专业性地执行	3 小时/月

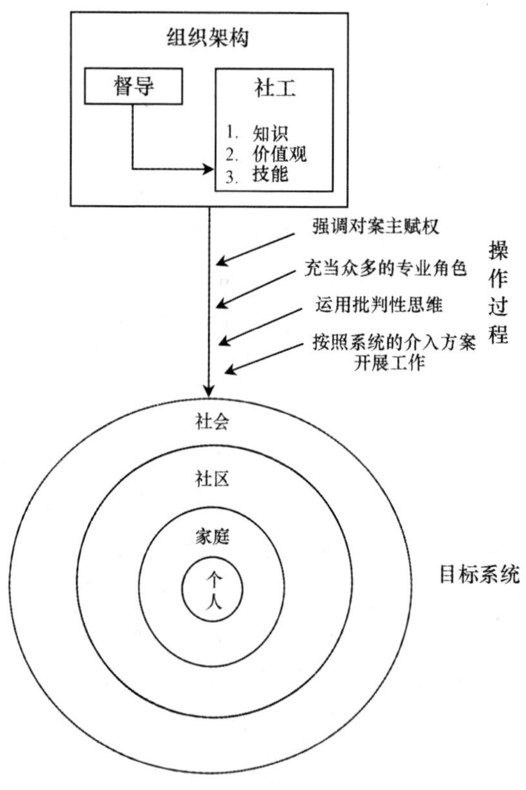

图 3　社区社会工作实践模式（Kirst-Ashman & Hull，2006）

专业培训（已开展和近期计划开展）见表4。

表4　九龙家庭服务中心专业培训

次序	主题	对象
1	资讯与转介服务：概念、流程与技巧	社工及助理
2	家系图	社工及助理
3	基本辅导技巧	社工及助理
4	社工价值观与专业操守	社工及助理
5	社工价值观与专业操守：道德困境决策	社工及助理
6	优质服务	行政及助理
7	个案管理过程：关系建立、评估、策划、介入、结案	社工
8	危机干预：自杀风险评估与介入	社工
9	危机干预：家庭暴力风险评估与介入	社工

（3）其他培训计划。内部培训以外，中心也采取以下方式提升团队的专业形象与能力：到相关机构考察；参加中心以外的相关在职专业课程和工作坊；到新加坡母机构或海外友好机构实习及短期进修。

五　对新加坡家庭服务中心模式在广州尝试的反思

（一）初见成效的一些做法

1. 采用新加坡家庭服务中心的专业理念

自开幕至今三个月内，中心已经接收80多个个案。在一个之前没有社会工作机构、没有社会工作意识的地区，这已是一个成就。让中心顺利发展的其中一个因素是采用新加坡家庭服务中心的专业理念。九龙家庭综合服务中心强调社会工作价值观和中心的服务理念并确保职员内化这些服务理念：①服务对象为主体。②社会公正。③尊重人的固有尊严和价值。④强调人际关系的重要性。⑤诚信。⑥能力。

2. 采用新加坡家庭服务中心的专业化模式

第二个重要因素是采用新加坡家庭服务中心的专业化模式。在这个专业化模式，中心强调团队的专业形象及专业能力以便提供专业性服务。所以中心通过各种方式，以及有系统性地培训职员，发展他们的专业知识与技能。还有，与其他广州市的综合家庭服务中心不同的是，九龙综合家庭服务中心注重资讯与转介及个案管理与辅导服务。中心的专业化也体现在项目设计与实施，中心采用了“逻辑模式”（Logic Model），这个模式强调可量化成效。所以中心在评估服务项目的指标包括可计算服务数量以及可量化服务成效。最后，中心也强调标准操作程序。中心现有的标准操作程序有：志愿者招募与管理、资讯与转介服务、外展社工服务及友伴服务，确保服务流程及质量。总的来说，专业化体现了理论与实践的结合。

3. 采取了外展性介入手法

另一个因素是中心采取了外展性介入手法。家庭综合服务中心在九龙镇是一个崭新的服务概念及模式，公众对中心的认知度对中心能否实现目标起到至关重要的作用。外展工作对增加公众对中心的了解是非常重要的。外展性介入手法帮助中心取得以下成果：教育社会工作概念及社工与义工的区分；村（居）委转介个案；潜在案主的发掘；活动的组织；探索村（居）民及社区的需求。

4. 强调社区资源网络

中心强调社区资源网络，也让中心与政府及非政府机构搭起了合作的桥梁。目前中心已与村（居）委、安监、派出所、司法局、学校、关工委、工疗站、医院等建立了沟通和合作机制，其中与村（居）委、司法所、工疗站和医院已经开展紧密的合作。与村（居）委的合作包括个案转介、组织活动及中心宣传。村（居）委会转介一些他们认为有需要的村（居）民，让中心社工做专业评估及介入。村（居）委也把他们社区的需求及建议开展的活动告知中心，好让中心策划有意义的活动，丰富村（居）民的生活及促进他们的身心健康发展。村（居）委在宣传中心服务方面也给予了很大的支持，协助中心在社区的布告栏张贴宣传海报，协助社工外展队入户了解村（居）民的需求和发现潜在案主。司法局把村委的法律援助顾问的联系方式给了中心，也与中心达成提供法律咨询及培训的共识。中心在工疗站和医院已有定期举办有助于病患身心发展的活动，开展治疗性小组及转介出院的病患，好让社工与病患和他们的家人跟进，给予辅导与支持，避免病情复发。

5. 政府支持

九龙家庭综合服务中心是“中新广州知识城”的软件建设，也是与九龙镇政府合作项目之一，这为中心的顺利运作奠定了坚实的基础。政府的理解与大力支持是中心工作得以发展不可或缺的要素。对于中心所接触的特殊与困难个案，政府都会做出适当反馈；在社区资源联络方面如村（居）委、学校、司法与民政部门等，政府都会起到沟通桥梁的作用。在此基础上中心可以更好地发挥专业职能，成为推动广州市社会工作事业发展的重要力量。

（二）遇到的现状或困扰

希望借此机会和大家分享，我们开展服务以来在实践中遇到的现状或困扰，希望能够和大家一起探讨，共同推动社工事业的发展。

1. 居民、社区、政府对社会工作专业缺乏了解

从早期的大家不知道社工，到现在慢慢地居民以及社区机构知道有社工，有家庭服务中心，但是对于社会工作专业的了解依然很少；居民对我们的具体服务不了解，对社工也没有一个完整的角色概念。例如，在现有的个案中，很多案主在初次来访中的需求表达是希望获得经济上的帮助，尽管在进一步的深入评估中，我们会发现他们更多的服务需求，并且是中心能够向其提供的，但服务对象把中心当成一家基金会或者发放政府补助的机构，把社工当作帮助他们申请补助的办事员来看待，并提出相应的需求时，我们需要接纳案主，包括接纳那些在现实条件下我们还不能满足的诉求，然后不断地澄清社工的服务角色，并在案主自决的前提下商讨和重新建立目标。

另外，在政府相关机构的接触中，虽然很多时候我们都能够被尊重、被友好地对待，但是，在具体的合作过程中还是会遇到因为不了解社工而出现的不太适切的建议或要求。

2. 社会工作专业人才资源缺乏

缺人，缺好用的人。在广州快速推进家庭服务中心的整体背景下，缺少有系统社会工作教育背景的人力资源是一个现象。

另一方面，在招募到的社工中我们也遇到一个现实的情况，就是在很多实务操作上需要进行细化的基础培训，比如接案程序、家系图、个案管理程序等，当然这是结构内部可以去继续完成的，但是也会需要占用很多

工作时间。

另外一个专业人才的问题在于，作为新加坡机构，来到中国时间不久，虽有丰富的经验支撑，但在将这些经验转换成本土适用的操作时，我们深知需要更多优秀的本土社工参与，可是社工实务在国内还处于起步和发展阶段，接受过社工专业教育且在一线服务较长时间的资深社工很少。

3. 配套服务资源的缺乏

一方面，配套的专业服务资源缺乏，部分个案需要转介以提供更专业的服务，但是社区没有。如残疾人康健服务，需要在较远的大医院才有，交通因素、经济因素，最终只能很少的人接受到专业的服务。还有一些特护教育的服务需求，也是迟迟找不到可以提供给案主的适合机构和资源。

另一方面，培训资源的缺乏。在新加坡，一些深入的服务，如自杀风险评估与介入、家庭暴力风险评估与介入等，需要社工接受相关的专业训练，并获得相应的资格认证才可以开展，但是在国内这些培训资源还没有。可这些服务内容却是我们在工作中会遇到的，服务对象存在服务需求，社工存在受训需求。

4. 社会工作实用理论资源缺乏

在中心服务，以及我们一线社工的专业成长中正面临的一个难题是：实用的理论资源匮乏。寻找国外资料，翻译，再以之为参考，进行本土使用的思考，这是现在我们的工作团队经常需要做的事情。比如要进行一个病患长者的个案评估，我们需要理论研究的支持以及一些量表资料，国内现有资源有限，我们正努力寻找国外资料，然后翻译，再结合国情以及社区因素的实情，去除可能不适用的指标，尽量做出本土适用的评估参考。在服务中，以及一线社工专业服务能力的提升上急需类似这样的很多具体操作上的实用理论知识，但是从工作时间以及专业能力的角度考虑，以一个社工机构的力量，即便很辛苦也依然只能是有限地、粗糙地完成。

当然，这些年来随着国内社工的发展，翻译国外资料，将专业经验引进，是很多社工都在努力做的事情。我们也购买到了很多专业书籍，这为我们的工作提供了很多方便和帮助。同时，在我们看到翻译者善意提醒，如表明量表是直接翻译没有进行本土实验，读者使用要注意的时候，一方面我们是多么地高兴看到中文的资料减去翻译的麻烦，同时又多么地渴望能多一些本土研究后，将专业理论转化为本土的、实用的理论资源。

5. 政策困扰

在工作中，我们也遇到一些政策因素影响下的服务困难，如多个个案中遇到户口的分户问题，现行政策不可以分户，但这却影响到了案主的一些基本利益，甚至日常生活保障。有时候一些部门会用特事特办的方式缓解一些矛盾，但也会有一些没有办法解决的情况。这时我们会以信息反馈的方式向地方政府提出建议。

服务反馈、政策推动是社工工作的职责之一，呈现基层的需求情况，以及提出可能的政策建议，这同时也是居民以及社会管理者需要的，但是目前我们知道靠我们向能够直接接触的地方政府建议，很难真正实现有效的信息反馈。现在随着社工的发展，有更多服务于一线的社工，我们以单个社工或机构反馈给地方政府不能有效呈现的情况下，是否可以建构一个平台和机制，社工们将各自遇到的情况都放进去，在类似个案反馈达到一定数量时，再以一个适合的方式提交给政策制定者参考。

政策困扰是在社工服务中必然遇到的问题，需要解决，但怎样提出适合中国实情的解决方案需要更多人的智慧、严谨的思考和努力。

六　后记

相对于德教太和观在新加坡30多年的服务经验，以及十多年来在家庭服务领域的不断完善，太和社会工作服务中心这个机构在广州刚刚起步，还有很多路要走。很欣慰的是，我们看到中国团队努力的身影，这或许也是中国社工的一个缩影。专业社会工作实务还处于探索阶段，很多社工刚刚踏出学校还没有太多实践的经验，在实务操作上还有一些欠缺，但是他们对社会工作专业热诚、对服务对象真诚、积极提升自身的专业能力，我们相信如此对专业的信奉与坚持，对于社工的未来发展会是一笔很宝贵的财富。

我们也遇到了不少带着多年的经验来到广州的同工们，例如香港地区的同工们。也许是地缘因素，也许是出于对社工专业发展的推动使命，又或者是看到内地社工背后庞大的服务对象群体的需求，大家都非常积极地贡献自己的肩膀，希望内地社工踩上去，然后再以本土适合的方式开拓、发展。

在最后，我们也必须要承认政府的努力和远见。广东省委省政府高度重视社会建设和创新社会管理体制，目前广东省已经成立社会工作委员会来指导、支持及推动社工事业的发展和社工人才队伍建设。广州市政府积极开展“幸福广州”建设，计划于2012年底在每个街道成立家庭综合服务中心，以第一站式服务，帮民众把问题解决于萌芽初期，避免民怨的积累；通过满足民众，特别是弱势群体的基本需求来维持社会稳定，调动民众共建和谐社会，提升民众的福祉。

本土的力量，各方的支持，政府的高瞻远瞩，三个不可或缺的元素有机结合，家庭综合服务中心模式以及社会工作专业必将迎来一个良好的发展机遇。

城乡统筹背景下的青少年社工实务：以田园社会工作服务中心为例

[中] 韦克难

西南财经大学社会工作系教授

[中] 先齐波

成都市田园社会工作服务中心总干事助理

[中] 徐肖月

成都市田园社会工作服务中心项目主管

一 背景

自2003年起，成都市开展了规模浩大、前无古人的统筹城乡综合配套改革，成为探索中国特色新型城市化道路的先锋。

伴随着城乡统筹步伐的加快，青少年成长环境日趋复杂。经济成分与经济利益的多样化，社会生活方式的多样化，社会组织形式的多样化，就业岗位和就业方式的多样化，既给青少年成长与发展提供了广阔的空间，又给城乡统筹的农村青少年全面健康的生活提出了严峻的挑战。随着社会转型，人们的价值观念、行为方式及人际关系随之剧变，青少年一时难以适应已转型的社会行为规范和价值观念，必然导致其不规范行为的增加，还直接或间接地导致了青少年走向犯罪。所以城乡统筹过程中青少年的健康成长也成为在实施城乡统筹过程中当地政府关注的问题。

温江区万春青少年空间是成都市首个在城乡统筹的农村建立的为青少

年及其家长提供游戏娱乐、兴趣培养、社会实践、成长辅导、家庭交流等活动的公共服务场所。正由于青少年空间能够在一定程度上解决城乡统筹农村青少年存在的问题，所以成都市在城乡统筹的社区正在推广建立更多的青少年空间。

本文通过对成都市田园社工服务中心在万春镇、和盛镇、龙泉大面街道这些城乡统筹农村开展的青少年社会工作实务进行总结，从而分享城乡统筹背景下的青少年社会工作实务经验，并提供借鉴。

二 城乡统筹背景下青少年问题及需求

笔者通过对来空间活动的附近小区的青少年进行访谈，了解到城乡统筹背景下社区青少年存在的问题及需求大致有以下几种：

亲子关系改善的需要：城乡统筹社区的青少年家庭中，父母从以前的失地农民转化为城市居民，其赖以生存的土地已经不存在，为了生存会选择出去打工或者就近做生意。出去打工者，往往将孩子交给家中的老人照顾，与孩子的沟通很少。附近做生意者，往往忙于生意更没有时间去与孩子沟通，了解孩子的心声。所以孩子在家中的情感支持显得不够。笔者在工作中经常遇到很多家长将孩子留在空间活动，中午饭甚至都没时间去做，希望空间工作人员能领孩子中午回家吃饭。既然忙到中午饭都不能给孩子去做，那可想而知与孩子的交流就更少了。“我们做生意平时打开门就很忙，完全顾不过来，麻烦你们多费心了。”这是一个社区妈妈找到我们工作人员交代的话，希望孩子能在空间玩耍。“我爸爸在大邑做活路，我半个月才能见到一次，妈妈做生意忙得很，平时回家很晚。都是我奶奶给我做饭，接我放学。有时我好想爸爸，就给他打电话喊他回来带我耍。”这是一位受访者与笔者聊天的内容。可见正处于这个年龄的青少年们很希望能与自己父母进行交流，希望父母能陪自己。同时很多青少年与其父母不能很好地沟通，导致父母说话不听，往往听到“现在的孩子越来越难管了”，“现在的孩子越来越难教了”这样的话。青少年问题的产生很大程度上并不是源于他们自身，而是由于其成长中所处的家庭、学校、社区等各个系统没有很好地满足其需求。

教与学的需要：城乡统筹社区的青少年的家庭中，父母的知识水平都不是很高，对于现在孩子的课业等很多父母都搞不懂，不会给孩子进行很好的辅导。而平时的家庭作业老师又不在身边，孩子在家里又没有兄弟姐妹可以去问，所以往往不会写的题目都是乱写一通，蒙混老师，或者去找同学借作业抄。这样导致学习成绩越来越差，孩子的自信心也会受挫。笔者工作中经常遇到这样的家长，询问我们可不可以给孩子辅导一下平时的作业。“我和她爸爸文化水平都不高，她经常不会的问我，我还是搞不懂，毕竟你们都是有文化的人，麻烦各位老师帮一下忙，给她辅导一下功课。”而且这样的群体不在少数。现在孩子的课业确实也比较难，有一些问题包括笔者在内的工作人员都是不会的。但我们毕竟会利用电脑等寻求帮助给予解答。

同辈群体支持的需要：城乡统筹社区的青少年居住在小区，与以往农村的生活方式有所区别。在农村家家户户打开大门，可以经常随处串门邀请同伴一起玩耍，但居住在城市的社区里，家家户户回家后紧闭家门，有些甚至不知道邻居姓什么，更不要说经常性串门。所以城乡统筹社区青少年生活方式的变化使之存在同辈群体支持的需要。“我不想去他家找他耍，还要换鞋，地板弄脏他妈妈还多不安逸的。”这是一位受访者告诉笔者的。加上现在家庭普遍都是独生子女，家里也没有兄弟姐妹能陪伴其玩耍，这样也导致这种需求的产生。“你还有个姐姐，好安逸哦。我好想有个姐姐或者哥哥能陪我。”这也是一位受访者与笔者聊天时说的话，可见其对同辈群体支持的需要。

行为习惯改善的需求：城乡统筹社区的青少年在行为习惯上往往落后于城市社区的青少年。一方面由于家庭教育的不重视，二是居住的社区文化还没有营造出很好的文化氛围。青少年不知道自己的一些行为是不对的，他们习以为常觉得这样做没什么不妥。笔者工作时曾接触过一个青少年，在暑期课业辅导班里经常打打这个同学，碰碰那个同学。而且和同学交流过程中时不时会冒出一些脏话来。当笔者和他沟通时问他为什么这样做，他很习惯地说：“我们都是这样耍的，没得耍的逗一下他还是很好耍的。”“我在学校里也这样耍，老师都不怎么管我的。”笔者通过与其父亲沟通了解得知“他一天不给我惹事都算好的了，我平时忙没时间管他，他奶奶疼他又不舍得说他，把他惯得没得样子”。而且笔者曾在社区抓到几个青少年将社区的围栏上焊的铁片花砸下来一堆，准备拿到废品站去卖。这样的行为习惯都是需要有人去指导，让青少年认识到自己的缺点并去改善的。

综合拓展能力的需求：城乡统筹社区的青少年综合拓展能力以及所见所闻远远不及城市社区家庭出来的子女。因为城市社区家庭很重视孩子的教育问题，往往寻求机会拓展孩子的综合能力，比如规定每个月需读一本书等。而在城乡统筹处的青少年家庭中就不用有这样的认识，认为青少年只要平时完成老师布置的作业就行了，别的不强求。城市社区的很多家庭每年都会带孩子出去旅游，看看外面世界。而城乡统筹处的家庭父母由于打工或者做生意比较忙，往往忽视这样的教育。所以导致学生综合拓展能力存在差异。笔者工作的青少年空间举办了一场辩论赛，结果就发现城市社区的青少年不论是在知识面还是口才等各方面比城乡统筹处的孩子都显得优越。所以城乡统筹背景下的青少年更需要综合拓展能力的提升，才能赶上同辈群体。

三　青少年社工实务的开展

青少年的智能是多元的，但目前的学校教育相对忽视了青少年其他方面潜能的发展，以致很多无法在学业上冒尖的学生往往得不到学校、家庭甚至朋友的尊重，自身潜质也得不到很好的挖掘。他们为了表现和肯定自我，免不了把精力放在其他方面，有的甚至成为“问题青少年”，徘徊在犯罪的边缘。对此，社工可以提供一种生活体验教育，与学校提供的正规教育相互配合，以达到发展学生多元智能的目的，从而让更多的学生能在学校获得成功感和效能感，减少走上歧途的机会。

田园社工在社会工作的理论指导下开展实务工作，理论联系实际，有效地解决城乡统筹社区青少年的需求。

（一）认知行为理论指导下的社工实务工作

认知行为理论认为，在认知、情绪和行为三者中，认知扮演着中介与协调的作用。认知对个人的行为进行解读，这种解读直接影响着个体是否最终采取行动。

认知的形成受到“自动化思考”（automatic thinking）机制的影响。所谓自动化思考是经过长时间的积累形成了某种相对固定的思考和行为模式，行动发出已经不需要经过大脑的思考，而是按照既有的模式发出。或者说在某种意义上思考与行动自动地结合在一起，而不假思索地行动。正因为行动是不假思索的，个人的许多错误的想法、不理性的思考、荒谬的信念、零散或错置的认知等，可能存在于个人的意识或察觉之外。因此，要想改变这种状况，就必须将这些已经可以不假思索发出的行动重新带回个人的思考范围之中，帮助个人在理性层面改变那些不想要的行为。

艾利斯（Albert Ellis）提出了认知的“ABC 情绪理论框架”，即真实发生的事件，人们如何思考、信念、自我告知和评估其所遭遇的事件和人们思考、信念、自我告知和评估此事件的情绪结果。他用这个框架来说明人们的思考、信念、自我告知和评估是理性的，则情绪是正常的；相反，如果人们的思考、信念、自我告知和评估是非理性的、扭曲的，则人们会逐渐发展出不正常的情绪、情感和行为。简单来说就是，如果人们有正确的认知，他的情绪和行为就是正常的，如果他的认知是错误的，则他的情绪和行为都可能是错误的。

认知行为理论将认知用于行为修正上，强调认知在解决问题过程中的重要性，强调内在认知与外在环境之间的互动。认为外在的行为改变与内在的认知改变都会最终影响个人行为的改变。其主要包括问题解决、归因和认知治疗原则三个方面。所谓问题解决是增强个体界定问题、行动目标、规划及评估不同行动策略的认知能力。达到能够在不同情况下不断调整自己的认知，能够从他人的角度看待问题和行动目标。所谓归因是指个人对事件发生的原因的解释。所谓认知治疗原则，指的是修正一些认知上的错误的假定，包括过度概括、选择性认知或归因、过度责任或个人肇因假定、自我认错或预罪、灾难化思考、两极化思考等。

根据认知行为理论田园社工界定服务对象问题有以下原则：

第一，服务对象的问题不是固有的。服务对象的问题及其行为都是学习得来的，所以也是可以由学习改变的。第二，问题的外在性与内在性。在认知行为理论看来，服务对象的问题不仅是外在行为层面的问题，更是认知的结果。个人能力不足、习惯性思维都可能造成个人认知错误，以致无法发出正确的行为。在社会工作实务中，不仅要通过行为训练修正行为，而且还要通过调整个人的认知来促进行为的改变。第三，服务对象及其处境的差异性。强调每个人都是独特的，注意服务对象问题及其处境的独特性是正确界定和评估其问题的前提。

根据以上原则，田园社工在工作中特别尊重个人的自主决定和信念。认知行为学派主张，个人的知识经验的形成是积极主动的，个人的认知和生活形态是通过正确解读外在环境事件的意义，有效地自我调适来建构和调节的。帮助服务对象改变错误的认知、建立正确的认知。认知行为学派认为，帮助服务对象的关键是协助他（她）自助、自立，使其能够在正确认知的基础上成为自己的咨询者和帮助者，以达到调节和控制自己的情绪和行为的效果。在正确认知的基础上建立良好的专业关系，并鼓励服务对象形成积极的态度，以实现助人和自助的目标。

在田园社工负责运营的青少年空间中，通过开展各式各样的活动，根据认知行为理论，评估的重点应该在于服务对象的思想、情绪和行为，即思想如何推动情绪和行为，行为如何带动了思想和情绪，情绪又如何影响思想和行为。田园社工与服务对象之间在协商的基础上建立起结构性的、有期限的角色联系。专业关系有效与否的关键在于服务对象对社会工作者是否信任。在接纳与信任的基础上，社会工作者可以帮助服务对象学习改变错误的认知，形成应对错误认知的行为。同时社会工作者在专业关系中有两个重要的角色：一个是教育者的角色，一个是伙伴的角色。作为教育者，社会工作者要做到教会服务对象运用认知行为理论与技巧来检验自己的认知与行为的改变。作为伙伴，社会工作者要陪伴他（她）一起探讨其思维方式，讨论应对其认知错误进行修正的目标与策略，并协助他（她）学习正确的行为，规划自己的生活方式。

【案例再现】某男生，是空间的服务对象。去年报考职高入学成绩排在班级前十名，入学后期中考试已成倒数几名；平时作业拖拉、消极对待班级工作，还经常在班级中讲风凉话，给表现积极的同学泼冷水。笔者了解到他的家庭条件不好，家庭和他自己对中考看得很重，结果却很不如意。进入职中后，他一时找不到努力的方向，并且不看好职校生的出路，因此开始以玩世不恭的面目出现。

【分析】这类学生一般没有严重的品行问题，他们对自身和社会的消极认知，源于他们主观臆断，或以偏概全的思维模式。同时他们的领悟能力不差，社工只要打破这类学生的自我否定的消极认知，就有可能诱导他产生积极的行为。

【社工跟进】通过观察，社工发现该生很节俭，就此进行表扬，并在其家长面前进行公开表扬。同时，社工告诉案主：相比家庭每年巨大的付出，“混”日子的同学平时的节俭失去了价值。同时通过一些职校生毕业成才的例子，社工澄清了职校生没有前途的错误观点。通过这样公开的、强烈的教育方式，这个案主即受到启发。社工又向他指出，他只有抛弃关于自己对职校生的消极认知，才可以帮助自己的生活好起来。通过一段时间的跟进，这位学生慢慢地改变了自己，成绩逐渐提高，对班级工作的热情也大为提高，开始乐于在同学们面前表现自己的能力。

职校学生开始感受到现实与理想之间的巨大差距，由此产生了不同的认知；只有去努力奋斗缩小差距，才是青年学生应有的正确认知。因此，改变学生关于人生的消极认知。可以激励他们积极行动起来，为人生增光添彩。

社工通过认知行为理论往往可以达到改变案主认知行为，满足其“教”与“学”的需求及行为习惯改善的需求。

（二）增能理论指导下的社工实务工作

增强权能是一个合作的过程，是与参与者一同工作，形成伙伴关系；增强权能的过程是动态的、合成累积的、经常改变的及不断发展的；增强权能是一个尝试去增加政治权力的过程，是一个促使个人有足够能量去参与、控制以及影响其生命的过程。增强权能在本质上主张平等主义。

增能也就是赋权，目的就是为了降低个人的无权感和对生活的无控制感，要解决这个问题，必须找到造成这些无权感的根源。笔者从三个层面探讨了根源：（1）个人层面：个人的情绪、经济的贫困、缺乏资源和财政支持、抽象和批判性思考能力的不够、负面的自我评价、生理和情绪的压力等。（2）社会环境：资源分配不均、身份歧视等。（3）个人与社会环境互动的不良经验：受到羞辱、不公平对待等。这些都是造成个体无权感的原因。

在增强权能社会工作中，田园社工特别避免以权威的姿态出现，而要与服务对象建立平等的伙伴关系。社工视助人过程为分享能力的过程，因为通过分享，可以使参与者获得更多的能力。

如田园社工针对和盛镇特殊学校智障儿童开展了社交发展小组。小组进行了8节活动，每次活动45分钟，社工根据12名特殊儿童的特点设计了几个游戏，有“跑动传球”、“巧钻呼啦圈”、“桌面传球”、“两人三足”、“我能……我可以……”、“优点大轰炸”等。这些游戏锻炼了特殊儿童之间的亲密感和协作能力，增强了特殊儿童进行集体游戏的主动性，开发了他们社交发展的潜能以及自信心。每节的小组活动，社工都很重视分享，通过分享使他们获得更多的能力。同时社工非常注重抓住每一个机会，对特殊儿童的积极行为和态度给予正面的称赞和评价，使该行为或态度得到满足。在聚会中田园社工特意邀请小志愿者加入与特殊儿童一起合作，使其感受到同伴的关怀，强化了特殊儿童的正面社交行为，同时也发展了他们的社交和认知能力。

社工在增权理论引导下为特殊青少年提供服务，使其增强自信满足其同辈群体支持的需要。同时引导社区其他青少年，消除对特殊青少年的歧视，并动员其他青少年发挥自身力量为特殊青少年提供服务，使自身得到锻炼，并促成整个社区文化的改善。

（三）社会支持网络理论指导下的社工实务工作

社会网络指的是“小组个人接触，通过这些接触个人维持其社会身份并且获得情绪支持、物质援助和服务、信息与新的社会接触”。或者说，社会支持是由社区、社会网络和亲密伴侣所提供的感知上的工具性或表达性支持。工具性支持是指引导、协助、有形的支持与问题解决的行动；表达性的支持包括心理支持、情绪支持、自尊支持、情感支持和认可等。

个人面对环境能否适应：最重要的是看个人拥有资源的多少，而资源又分为个人资源与社会资源。个人资源包括自我功能和适应能力等；社会资源指个人的关系网络的广度与网络中的人能够发挥支持功能的程度。小组工作的目的之一即在强化个人的社会资源，增强个人的社会整合度，并协助个人解决生活中的问题。

根据社会支持网络的理论，田园社工开展很多小组，如亲子沟通小组，通过“默契考验”—“角色互换”—“沟通艺术”等主题依次开展，从而达到家长与孩子相互支持、相互理解，促进亲子感情，满足其亲子关系改善的需要。1 +1 爱心结对小组，在每周六上午进行课业的辅导。一位志愿者辅导一位学生，不仅是课业知识的辅导，同时开展学习行为习惯的辅导，让其养成良好的学习行为习惯，并辅导其找到学习的兴趣，让青少年从被动接受到主动去学习。通过一个学期的努力，招募的这些青少年在学习上都有不小的进步，也得到家长的认可。动员志愿者力量构建其支持网络，满足青少年教与学的需求。同时小组自身就是一个非常强大的资源和支持体系。在小组中，小组工作者要充分发掘小组成员自身的个人资源，同时建立强有力的关系。动员和发展小组中的社会资源，发挥成员彼此之间的工具支持和表达支持。

小组工作者还要利用小组的过程动员和发展相关系统中的社会资源，从而建立成员以及小组的社会支持网络。通过这些提高小组成员发掘社会资源，建构社会支持网络的能力。通过支持网络的建构往往可以达到亲子关系的改善，同时这种网络对青少年教与学以及综合素质的拓展都有促进作用。

（四）社会系统理论指导下的社工实务工作

系统理论是通过分析系统的构成、功能及其与外部环境的关系来揭示系统的特征及其运行规律的理论。社会系统理论强调社会系统影响其内部的个人和群体，而同时个人和群体又影响社会系统。因此个人问题的解决必须通过影响其相关系统的改变来实现。

要使青少年不误入歧途，就需要加强家庭、学校、社区等各个系统对青少年的支持，增强青少年对各系统的联系和归属感。而专业社工可以对各个系统给予支持，如指导家长如何教育子女，协助老师帮助有偏差行为的学生，支持社区主动举办一些既满足青少年的需求又富有吸引力的活动。田园社工会定期在就近社区举办游园会、趣味运动会、歌舞晚会、茶话会等活动。而每次举办这些活动都注意发展当地青少年来当我们的志愿者，在游园会中，经常会见到当地青少年作为田园社工的助手去布置会场、维持现场秩序等。如在“品茗话八一”活动中，让青少年参与进来，通过他们《感恩的心》手语表演以及歌曲演唱来给老军人送去快乐，同时听老军人讲自己的过去，联想他们现在的生活，让青少年发表自己的感想，增强他们的幸福感，并让青少年在与社区老军人的互动中感受到社区的温暖，增强对社区的认同。这也是通过社区这个系统环境氛围来影响青少年行为的改变。

田园社工也会走进学校和家庭了解一些问题青少年的情况，在附近的万春学校和踏水学校开展一些班团活动，通过班级同学的支持来改变一些问题青少年。在家庭系统中田园社工通过定期家访了解问题青少年家庭背景等，并往往与青少年家长建立起关系，一起支持问题青少年的改变。从各个系统的变化和支持中改变城乡统筹处青少年存在的行为不良等问题。

（五）马斯洛需要层次理论下的实务开展

马斯洛认为人类行为的心理驱动力不是性本能，而是人的需要。他将其分为两大类、七个层次，好像一座金字塔，由下而上依次是生理需要、安全需要、归属与爱的需要、尊重的需要、认识需要、审美需要、自我实现需要。人在满足高一层次的需要之前，至少必须先部分满足低一层次的需要。第一类需要（前四种）属于缺失需要，可产生匮乏性动机，为人与动物所共有，一旦得到满足，紧张消除，兴奋降低，便失去动机。第二类需要（后三种）属于生长需要，可产生成长性动机，为人类所特有，是一种超越了生存满足之后，发自内心的渴求发展和实现自身潜能的需要。满足了这种需要个体才能进入心理的自由状态，体现人的本质和价值，产生深刻的幸福感，马斯洛称之为“顶峰体验”。马斯洛认为人类共有真、善、美、正义、欢乐等内在本性，具有共同的价值观和道德标准，达到人的自我实现关键在于改善人的“自知”或自我意识，使人认识到自我的内在潜能或价值，人本主义心理学就是促进人的自我实现。

根据马斯洛需要层次理论的指导，田园社工在满足青少年其他需要的基础上，满足青少年自我实现的需要。在社区发展当地青少年组成田园的志愿者团队，田园社工定期带小志愿者们进行美化社区活动、关怀弱势群体活动。让小志愿者们发挥自己的力量，发现社区的不文明行为和一些卫生脏、乱、差的地方，动员小志愿者走入社区打扫卫生，美化社区环境，通过小志愿者的亲身实践，影响社区其他人的观念。同时组织小志愿者走进孤寡老人和残疾人家庭进行定期帮扶，帮助老人和残疾人做一些力所能及的家务事，陪老人和残疾人聊天等。通过这些活动让志愿者在辛苦付出过程中体验快乐，同时满足其同辈群体支持的需要以及使其综合拓展能力得到提升，从而也实现了自我价值。

四　结语

专业社会工作介入城乡统筹社区青少年社会服务，还有很多问题需要改进。显然，过快城市化导致城乡统筹社区青少年现状及存在的问题已成为一个不可忽视的社会问题。为专业社会工作介入提供了空间，也为专业社会工作的介入提供了契机。

只有社会工作把一些问题青少年看成是一个独特的个人，他所遭遇的问题有其一定的原因，因此解决问题的方式也应是高度个别化的“对症下药”。而且，社会工作不应该把自己看作强者，把服务对象视为弱者，而应把案主视为与自己是平等的一员。相信每个人都有改变自我的能力和要求，而且也只有调动起案主本身的力量才能达到根本的改变。我们认识到只有尊重青少年，并以优势视角的观点看到每一个青少年的特长，充分肯定青少年的优点与长处，改变其不正确的认识，增加其能力尤其是适应转型社会的能力，满足青少年的合理需求，才能促进青少年的健康发展。

青少年社会工作是个长期的过程。我们对于青少年提供的社会服务，其效果如何？如何评估？青少年自身有哪些变化？我们的服务有针对性吗？这些问题都需要我们今后不断努力探索。

参考文献

李晓凤：《社会工作——原理、方法、实务》，武汉大学出版社2008年版。

熊跃根：《社会政策：理论与分析方法》，中国人民大学出版社2009年版。

许爱花等：《社会工作理论与实践》，中国民主法制出版社2010年版。

韦克难：《社会工作理论、方法与实务》，四川人民出版社2008年版。

Malcolm Payne：《社会工作理论》，何雪松等译，华东理工大学出版社2005年版。

非营利性组织的发育与成长：苏州的实践

［中］高　峰

苏州大学社会学院副院长、教授

［中］江玉珠

苏州大学 MSW 教育中心研究生

一　苏州非营利性组织发展的基本情况

（一）苏州非营利性组织的发展历程及现状

1. 苏州非营利性组织的发展历程

（1）产生和起步阶段。从 1983 年到 1988 年，伴随着乡镇工业如火如荼地发展而出现的现实需求，改革开放后苏州最早一批小规模、区域性的以“一镇一品”、“一街一业”为标志的行业协会陆续成立。1985 年 5 月苏州首家非营利性组织“苏州电镀行业会”正式诞生，由此开启了苏州非营利性组织的发展历程。

（2）培育发展和规范整顿的转型阶段。从 1988 年到 2002 年中共十六大召开，苏州行协进入了规范整顿的新时期，逐步朝着政社分离的方向转变。按照《苏州市关于推进政府改革加快职能转变的意见》（苏府〔2002〕79 号），政府部分职能转移给了各类行协。2004 年 4 月，苏州市委市政府决定进行主要针对由政府部门发起或依附在政府部门的社会团体（重点是行协）的清理整顿，实行了“人员、场所、经费”与主管部门“三脱钩”。与此同时，为了体现非营利性组织发展与市场经济发展的协同关系，部分不适应市场经济发展规律和要求的非营利性组织被重组、整合或注销、撤销，促进了非营利性组织朝着更加专业化、社会化方向发展。

（3）快速发展阶段。2002 年中共十六大以来，苏州市紧紧围绕“两个率先”的目标，非营利性组织进入了快速发展阶段，表现为数量不断刷新、涉及的领域不断扩大、会员的覆盖面不断增加、代表性不断提高，其作用也得到了有效发挥。

2. 苏州非营利性组织的现实状况

苏州市民政部门认可的非营利性组织主要分为两类，一是在民政部门登记注册的社会团体、民办非企业单位和基金会；二是在政府其他部门或相应的企业或事业单位挂靠的民办单位（如各种培训机构、咨询服务机构等）、在工商行政部门以企业形式登记的非营利性组织、未登记的各种社区组织及涉外组织等。苏州非营利性组织分布状况具体如表 1 所示。

表 1　　2010 年苏州市非营利性组织分布状况

	社会团体	民办非企业单位	农村专业经济协会	社区社会组织	
				登记	备案
张家港市	178	135	7	—	886
常熟市	198	199	—	—	294
昆山市	257	158	22	33	1061
吴江市	204	103	—	—	555
太仓市	157	87	9	2	628
吴中区	177	98	16	—	268
相城区	63	24	4	—	265
沧浪区	48	41	—	—	590
金阊区	38	27	—	—	224
平江区	38	23	—	—	263
高新区	34	47	—	—	135
园　区	27	44	—	—	95
小　计	1419	986	58	35	5264
市　属	532	433	—	—	48
合　计	1951	1419	58	35	5312

资料来源：苏州民政部门截至 2010 年底的统计资料。

苏州非营利性组织的构成为：社会团体 1951 个，可细分为行业性（35%）、专业性（28%）、学术性（25%）和联合性（12%）四类；民办非企业单位 1419 个，其中市属 433 个，如“苏州市福星爱心护理院”

等；基金会47个，分为公募和非公募，其中公募基金会有24个；社区社会组织5347家，其中登记的有35家，备案的有5312家。

（二）苏州非营利性组织发展的特点及作用

1. 苏州非营利性组织发展的主要特点

随着苏州经济和社会事业的飞速发展，苏州的非营利性组织也在不断地发展与壮大，活动范围已经扩展到大部分行业和领域，呈现出全方位、多元化特点（吴军，2008）。

（1）覆盖的领域日趋多元。自1985年5月苏州市电镀协会成立以来，模具协会、计划生育协会、烹饪协会等行业协会应运而生，成为苏州市非营利性组织发展的领头羊。伴随着民间日益高涨的结社热情，非营利性组织涉及的领域更加广泛，有理论研究、行业管理、社区服务、教育咨询等上百个领域，它们为不同人群的需求提供专门化的公共服务。

（2）寻求共同的行动。苏州非营利性组织起步时，彼此之间交流不多，在协调部门和会员的利益时表现得势单力薄。随着非营利性组织数量、类型、活动领域的扩大，非营利性组织之间的交流与合作也日益广泛。早期成立的一些非营利性组织逐渐变成了支持型组织，给相关领域的其他机构提供信息咨询、业务培训、资金扶持，实现资源共享。

（3）社会公共服务意识增强。苏州非营利性组织在成立之初，多数处于为会员做事的“伙计”状态，很少涉及“倡导”领域。近年来，一些非营利性组织紧紧抓住政府倡导公共政策的民主化与科学化的契机，通过开展社会调查，提交“两会”代表议案和委员提案等多种形式积极建言献策，以期促进政府公共政策的合理与完善。各类非营利性组织的观点或许尚没有完全被政府采纳，但它们的行动本身就代表了一种来自民间的声音，成为当今社会一股不可忽视的力量。

2. 苏州非营利性组织的主要作用

在“培育发展”与“监督管理”并重的工作方针指导下，苏州的非营利性组织正稳步发展，成为推进实现基本现代化与和谐社会建设的一支重要力量。

（1）推动公共决策科学化。如苏州一些专业性学术研究团体，正越来越多地承接市政府决策咨询研究项目，它们以专业性的研究为基础，为政府公共政策选择提供咨询和建议，逐渐扮演起政府智囊团的角色，推动了政府决策的科学化、民主化、制度化，成为影响政府决策的重要因素。

（2）承接部分政府职能。如苏州行业协会就承接了许多过去由政府承办和管理的事务，在行业准入、资格论证、行业发展规划和行业规范制定等方面提供服务。苏州市电镀行业协会、水泥协会、家具行业协会、工业气体协会受市经贸委、人事局委托，承担了发展规划的前期编制、专业技术培训、技术职称评定等多项职能。

（3）促进经济社会发展。如苏州市纳米技术产业协会在成立后的100多天时间里，协助科技招商部门引进10多个创新企业，投资总金额2亿元，其中向省市科技部门争取到20多个科技项目，涉及资金5000多万元。苏州各类民办学校，对国民教育、特别是职业培训提供了新的力量，占据非营利性组织半壁江山的社区民间组织为社区的发展注入了活力。

（4）繁荣公益事业。如苏州慈善总会在“情系玉树，大爱无疆——抗震救灾大型募捐特别活动”中举牌捐款2400万元。苏州市沧浪区7个行业商会组织800多位会员企业的业主和员工参加义务献血，他们还与全区300余户贫困单亲家庭子女结成了“一帮一，手拉手”的帮扶对子，资助他们学费并定期进行走访、慰问。

二 培育与发展非营利性组织的“苏州经验”

（一）发展行业协会

截至2010年底，全市民政部门正式登记的行协有533家，工业经济类、商贸流通类、农业经济类和服务类基本上是“四分天下”；还有139家属工商联批准的行业商会和同业公会（见表2）。

表2 2010年苏州市行协在市本级及区（县市）分类情况

	全市登记社团总数	行协总数	分类						工商联批准的行业商会同业公会
			工业	商贸	农业	服务	其他	异地商会	
市本级	497	143	35	24	30	34	17	3	21
区（县市）级	1266	390	94	86	98	87	23	2	118
合　计	1763	533	129	110	128	121	40	5	139

资料来源：苏州民政部门截至2010年底的统计资料。

通过改革，遍及各行各业的苏州各个行业协会基本实现了从挂靠政府部门向社会自主发展的转变，从政府主导设立向企业自主设立的转变，从对会员企业的政府指导型向对会员企业的市场服务型的转变，从政府部门的所属组织向市场经济独立主体的转变。在对行业协会积极探索培育和发展的基础上，形成了一套适合苏州经济社会特色的“政府主导、部门协作、社会参与”的运行机制，积累了宝贵的经验。

1. 大力发展工业类协会

随着政府部门机构改革的逐步深化，政府部分职能转移给行协承担，工业类行协率先实现了从“配角”到“主角”的转变。在承担政府职能上已有了良好的起步，在服务企业中发挥着明显的作用。在服务企业中，行协都把帮助企业培养各方面的技术人才和骨干作为服务重点，并为企业引进人才穿针引线、牵线搭桥。不少行协利用专家、学者、专业技术人才与社会联系广泛的优势，建立专业委员会或技术咨询部，为广大会员企业提供技术咨询，开展技术交流，并通过创办《会刊》、《通讯》、《简报》、《行业信息》等刊物，编辑出版行业技术资料手册和工具书发给会员使用。此外，工业行协积极参与“科技兴企”活动，邀请专家、学者深入企业进行技术攻关。苏州发电供热协会连续多年通过召开现场技术交流会，较好地解决了“热电联产锅炉除尘脱硫”、“锅炉节能损耗燃烧优化”等难题。

2. 培育具有苏州特色的农村专业经济协会

在各村、镇根据自身实际组建适合本地的农村专业经济协会的基础上，政府农业管理部门从农业领域的整体出发，摆脱了地缘的限制，将本市范围内同类农（水）产品和家禽（畜）的种（养）植（殖）户、产品流通与加工企业（经纪人）和农业技术服务机构分类组织起来，分别组建覆盖全市各农业领域的专业经济协会，成立了苏州市阳澄湖大闸蟹行协、水产行协、奶业协会、生猪产业协会等十大行协，后来又先后成立了粮油行协、茶叶行协、西瓜行协和农产品经纪人协会等，从而整合了市场力量，加强了行业管理，扩大了惠及面，提高了产业化经营水平和竞争力，让会员享受现代经济组织的全范围的服务。

3. 推动转型，支持行业商会的发展

行业商会（指参加工商联的商会和同业公会）普遍不具有独立的社团法人资格，造成其无法在民政部门登记，行业商会长期游离于社团体系之外，受合法性的制约得不到与行协平等的社会地位，影响了应有功能的发挥。为妥善解决这一问题，苏州市民政局下发苏政民〔2003〕206号文，赋予苏州市工商联作为部分行协的业务主管单位的职责，通过大力支持体制外行协的发展来带动体制内行协的转型。行业商会的组建形式不拘一格，或以产业集群或以品牌领军，在作用发挥上具有较强的地域性、专业性、灵活性和民间性。

4. 创新模式，促使异地商会的发展

近年来，苏州市政府相关部门本着“亲商、安商、富商”理念，着力优化投资软环境。不同行业的在苏投资企业，在两地政府和相关部门的积极支持下，纷纷以地域为缘，筹建异地商会。按现行政策，异地商会无法正式注册登记。根据“登记在省，试点先行”的相关规定，苏州市民政局争得了省民政厅开展的异地商会的登记试点工作，与市工商联联合出台了《关于规范在苏异地商会登记管理工作的意见》（苏政民〔2008〕125号），大力推进异地商会的登记试点工作。短短几个月，苏州市温州商会、重庆商会、湖南商会等先后成立。

（二）建设社区社会组织

近年来，在城乡社区建设的深入实践中，苏州市民政局紧密结合当地社会、经济发展的实际，积极开展社区社会组织的探索实践，为社区建设推进搭建了参与平台，凝聚了社会力量，积累了实践经验，提供了有益的启示。

1. 实行备案登记，形成发展模式

探索适合城乡社区建设实际的社区社会组织发展模式及其形式，在全国来说，苏州市起步较早。2005年，苏州就在张家港进行了社区社会组织培育发展的试点工作，并向全市推广。在取得实践经验的基础上，苏州总结、提炼和归纳出了“一级登记、两级备案、三级管理”的社区社会组织发展模式。“一级登记”就是对于基本符合两个《条例》规定条件的，由区（县市）民政局“放低门槛”（适当放宽准入条件、简化登记程序）统一登记；“两级备案”就是对于尚不符合放低门槛登记条件的，实行由社区居委会初审、报街道办事处（镇政府）备案的制度；“三级管理”就是形成了以区（县市）民政局为主导、街道办事处（镇政府）为主管、社区居委会为主体的三级管理模式。

2. 狠抓培育发展，打造品牌特色

进入21世纪以来，苏州市各地紧密结合各自的实际，提出了“一居一街一品”的发展战略，积极打造各自的社区建设品牌。依托社区建设平台，社区社会组织不但得到了长足的发展，而且有亮点有特色。2003年，沧浪区采用“民办公助”的形式成立民办非企业单位——“‘邻里情’社区服务中心”。2006年葑门街道的“邻里情”居家养老服务中心通过了ISO9001：2000国际质量管理体系认证。2003年，平江区创办了全省首家慈善互助超市——“‘一家人’慈善互助超市”，实行社会化募集、自选式发放、人性化操作、市场化运作，形成了现代城市扶贫帮困长效机制的一种创新模式。太仓市于2008年举办“业余文艺团队百团大展演”，全市有127支民间业余文艺团队参加了演出，演出区域覆盖全市90个行政村和68个社区，吸引了15万人次观看，有效地整合了社区的资源，培育和锻炼了社区社会组织。

3. 实施规范管理，注重引导服务

随着社会建设和社区建设的推进，社区社会组织如雨后春笋般产生。对于这些散落在社区中的“草根组织”，规范和引导两大任务摆在了民政部门面前。“规范”主要是帮助健全组织、理顺关系、搭好平台；“引导”主要是引导社区社会组织自我管理、自我教育、自我服务，开展多元化的特色服务，制度化地参与社区建设。张家港市杨舍镇城西街道率先在街道层面设立社区公共事务协会，将“服务、协调、管理”功能融为一体，积极为社区社会组织提供各种服务。沧浪区在全国首创的“‘邻里情’幸福联盟”，是在社区层面上由各类社区社会组织和各类志愿者队伍组成的联合性的正式登记的社会团体，主要任务是通过组织、协调、挖掘和培育社区“草根领袖”，招募志愿者，组织各种服务和各类活动，整合和利用社区资源，培育、引导和协调社区社会组织及其活动。

4. 开展扶持协调，创新机制体制

近年来，苏州各级政府及其有关部门，不断探索机制体制创新，建立社区社会组织发展长效机制，在政策、资金和沟通等方面全面扶持社区社会组织的发展。苏州市委、市政府采取“以奖代补”的方式设立“苏州市和谐社区建设创新奖”，“邻里情”虚拟养老院等一批社区社会组织获奖。各地都在积极推动政府出台扶持和培育社区社会组织发展的措施，探索政府转移职能和购买服务等形式、路径和办法。最近，苏州市将结合正在推进的城乡和谐社区建设工作，进一步解放思想、加大探索，不断创新体制机制，探索建立“社会组织扶持激励机制”和社区社会组织发展的培育、规范、扶持长效管理机制，制定对于社区社会组织的扶持性政策，明确政府转移职能与购买服务、培育发展与规范管理、宏观协调与资金扶持等形式、路径和措施。要求各地健全管理机制、建立协调体系、规范扶持制度，为全市社区社会组织的良性发展多做贡献。

三 苏州非营利性组织发展中面临的突出问题

（一）关于“培育和发展不够”问题

目前苏州非营利性组织发展中普遍存在的问题是：经费紧张，人才缺乏，能力不足，社会支持欠缺。此外，由于非营利性组织还存在内部管理不规范、自律机制不健全等问题，内部议事制度、财务管理制度、人员录用和考核奖罚制度、自我评估和监督等尚不完善，导致无章可循、有章不循等问题时有发生。显然，如何有效地加强对非营利性组织的培育并推进其健康发展，已经成为现阶段时代发展提出的重要课题之一。

（二）关于“准政府组织”问题

非营利性组织给人印象最深的特征，就是它们的“半官方性”。“半官方性”也可以表述为“官民两重性”或“准政府组织”。目前，苏州一些非营利性组织其实是政府组建的，许多实际上是“一套人马，两块牌子”。这些组织在运作网络、资金来源、公众信任度等方面都依赖于政府，实质上是作为政府的附属机构在发挥作用，严重偏离了非营利性组织的本质属性。经常可以看到的现象是，一些非营利性组织把政府部门作为“资金提供者”，并主要为政府部门或某些工作人员“打工”，俨然成为了“二政府”；一些政府部门把非营利性组织看成是附属物而不是平等的法律主体，指挥非营利性组织办事，安排富余人员和退休人员去非营利性组织工作，决定非营利性组织内部事务。在这样一种依赖—控制关系中，一方面非营利性组织丧失了民间性、独立性、自治性，失去了自身活力和在社会管理中的独特作用，逐渐演变为“准政府组织”；另一方面政府职能转变进程也因此而滞缓，政府形象更因一些“准政府组织”的不当行为而受到损害。

（三）关于“管理缺位”问题

我国对非营利性组织实行由业务主管单位和登记管理单位双重管理的制度。在业务主管单位方面，随着非营利性组织数量的增加，每一个业务主管单位管理的任务越来越重，管理人手却很少，客观上难以进行有效管理；在登记管理机关方面，区（县市）管理力量十分薄弱。如此薄弱的管理力量要承担数量众多的非营利性组织的咨询接待、受理登记、注销登记、年度检查、数据统计等繁忙工作，的确是心有余而力不足。此外，社区活动团队等“草根性”非营利性组织的“管理缺位”问题也比较突出。一些管理部门认为“草根性”的非营利性组织是“小鱼不起浪”，对它们重视不够，未将其纳入规范管理的轨道。相关职能部门对这些非营利性组织的管理仍停留在登记备案的被动管理层面，投入的管理力量不足，工作思路单一，手段方法缺乏，对于这些非营利性组织的具体活动无法掌握，其基本处于自生自灭的状态。

四　推动苏州非营利性组织健康发展的几点思考

（一）加快政府职能转型，充分发挥非政府组织在社会公共服务中的积极作用

1. 政府要转变观念，克服履行职能中的越位弊端，给社会组织留出空间与机会

现在的情况是受利益、习惯、体制等因素的影响，政府好多部门仍然是一边说着职能转变，一边却把很多服务事项继续揽在手中不放。在这个结构中，内设机构制定政策和分配资源，然后将机会首先留给自己底下的事业单位，而不是民间社会组织。下一步应通过深入的事业单位改革，打破这种政府和准政府组织一统天下，部门职能资源在内部循环的封闭局面。否则就无法实现政社相对分离和建立政社伙伴关系，当然也就没有社会组织的参与空间。

2. 要建立规范的政府与社会组织的合作机制

一是要通过法规或者规章的形式，对政府与社会组织合作做出规范性要求；二是要指定具体部门梳理公共服务项目的性质，同时对社会组织的种类和资质能力进行评估和归类；三是根据项目和社会组织的情况制订可

行性年度购买计划，并将年度购买计划与财政预算挂钩；四是由相关部门制定服务项目的执行标准并确定评估程序与验收激励办法；五是由政府机构根据国家“招投标法”选择公共项目的具体承担者并进行合约管理；六是由合约管理部门组织进行评估与验收，确保服务项目的质量。

（二）合理选择非营利性组织的培育方式，为其生存发展创造良好的扶植环境

1. 改进双重管理体制

根据具体情况对某些类型的非营利性组织，在执行许可批准制基础上试行大多数国家奉行的“登记备案制”。简化非营利性组织登记注册的手续，降低门槛，从而使非营利性组织的组织合法性不限于既有的法人登记，这将更有利于将非营利性组织纳入国家法律的制度体系。广东在协会组织管理改革中实行的“五自”（自愿发起、自选会长、自筹资金、自聘人员、自主会务）和“四无”（无行政级别、无官方编制、无业务主管部门、无现职国家工作人员兼职）很好实现了与民间组织的真正对接。广东的做法直接避免了不少地方所谓的“变通”和“迂回”措施，可以说是一步到位。尽管遇到现有法规的冲突以及原有挂靠部门资源和相应职能转移方面的滞后以及其他有待克服的问题，但是，广东在双重管理体制方面的改革的确具有标杆意义，在实现政社分开上具有一定的推广价值。

2. 进一步完善社会保障政策，为非营利性组织引进人才提供良好的配套条件

由于在职称、待遇、户口等许多方面没有配套，现有的编制制度不衔接，非营利性组织难以留住人才是非常普遍的现象。解决非营利性组织员工就业和相关的社会保障等问题，关键在于建立非营利性组织自己的人力资源管理体系和相关的制度规范，并将之纳入市场经济条件下社会整体的人事、福利、社会保障体系，包括建立人才交流中心对非营利性组织的档案管理制度，在医疗、退休养老、劳动、失业等保险金的缴纳方面，制定非营利性组织相应的标准等。

（三）建立“非营利性组织孵化器”，催生非营利性组织发展壮大

除了有政府背景的非营利性组织，其他的规模都很小，经由孵化并逐步形成非营利性组织公益产业链的做法，不失为新的尝试。我国大陆首家

“非营利性组织孵化器”（NPI）落户上海浦东。浦东区政府提供资助，称之为“政府购买民间组织服务”，是“小政府、大社会”思路的体现。目前，苏州也在学习借鉴上海经验，在张家港市和沧浪区进行试点实践。

（四）加强非营利性组织自身能力建设

1. 培育专业队伍

首先，在专职人员的录用方面，要建立公开、公平的竞争机制，吸取相对素质较高的人才加入队伍。其次，加强对从业人员的职业道德和业务技能培训，提高从业人员素质，增强非营利性组织的服务和工作能力。最后，创新用人机制，吸收一些非专职人员参与工作，如招募社会志愿者、招募学生实习等。通过向社会开放的方式，灵活地解决经费紧张和人手紧张之间的矛盾问题。同时通过这种向社会开放、为社会服务的方式，争取社会各界的支持和认同。

2. 实现与利益相关方的良性互动

首先，加强与政府部门的合作。非营利性组织在政府机构改革后可以承担起部分以前政府承担的微观事务。政府应开放公共服务产品领域和出售政府服务，与有条件的非营利性组织合作，这样政府可以充当裁判员，非营利性组织成为运动员，这样的合作机制对政府、社会、公众和社会组织均有利。政府应努力为非营利性组织能力建设提供专家资源和培训机会。同时非营利性组织应有效地争取政府的资源，为自身的有序发展做出贡献（黄浩明，2010）。

其次，与企业建立起互动合作。与企业合作，为非营利性组织寻求的不仅是单一的资金支持，而且还可以在此过程中学习到先进的企业管理思想和经验，为非营利性组织的专业化建设服务。作为企业寻求的不仅是单一的广告效应，更重要的是体现出企业的社会责任。当然，非营利性组织在与企业合作中需要谨慎分析和适当选择，掌控选择合作的基本底线。

3. 建立内外结合的综合监督机制，构筑全方位的监督体系

非营利性组织应该树立这样的观念：作为非营利性组织，没有权力像企业一样，拥有自己的企业秘密，它必须承担向社会公开、透明的责任。非营利性组织向社会公开、透明的方式包括被动公开和主动公开两种。前者指任何一个社会公众对有关数据、信息，包括组织的详细财务报表，有权随时索要、查询、质疑并得到答复；后者指每个非营利性组织要将上述

重要信息定期以简报或者在公共媒体上发布。有了这样的机制无论对捐赠者还是服务对象都是一种负责任的态度，也唯有这样，才能提升组织的公信度。

（五）加强社会责任和公益意识的灌输

社会责任和公益意识的缺乏和淡漠是阻碍非营利性组织发展的一大障碍。西方非营利性组织的发展有着来自文化方面的深厚积淀，包括与市场经济相适应的普遍的公民意识、自治观念、法制观念、契约精神、公益精神等。而中国缺少这些方面的历史文化资源，需要全社会持久不懈地对非营利性组织进行社会责任和公益意识的宣传和教育。

参考文献

吴军：《苏州有多少 NGO?》，《苏州日报》2008 年 3 月 28 日。

黄浩明：《论民间组织专业化建设》，《社团管理研究》2010 年第 2 期。

引入港式服务　服务老人群体

——越秀长者综合服务中心个案研究

［中］罗　艳

广州恩善社会服务中心社工主管

一　引言

从 1987 年国家民政部在北京马甸举行了社会工作教育论证会开始，到如今多个城市陆续展开社工服务试点，中国的专业社会工作服务经历了一个从无到有，从有到各有特色的发展时期。这是中国社会服务发展的一个里程碑，也是社会工作者们需要继续探索的起点。在发展的过程中，社会工作者们引入国内外成熟模式及技巧，希望探索出一套适合中国本土的社会服务模式，比如政府强势的上海模式、岗位及服务购买的深圳模式、项目购买为主的广州模式，各个地区和服务机构都在探索着本土化的社会服务运营模式。然而全面铺开后各种模式都面临一个新的问题：如何满足社会需求，提升服务质量?

众所周知，香港地区社会服务发展相对成熟，各个模式都或多或少受到它的影响。广州临近香港地区，其语言、风俗习惯也颇有几分相似，加上广州有相对理想的经济基础为支持，因此引入香港地区经验便成为社会服务发展的重要方式。2009 年 9 月，广州穗字〔2009〕13 号文件《中共广州市委广州市人民政府关于学习借鉴香港先进经验推进社会管理改革先行先试的意见》明确指出“香港地区社会管理方面的经验值得借鉴”。并提出要“注重社会管理的专业化，建立包括专业教育、专业人士、专业机构、专门政策等在内的社会管理服务体系”。在这样的背景下香港圣公会福利协会成立广州恩善社会服务中心，并承担越秀长者综合服务中心项目。

二　港式服务引入过程

（一）引入准备期

广州市越秀区地处中心老城区，有较好的经济基础，同时也面临老龄化问题严重的问题。据越秀区民政局统计，到2025年，越秀区每四个人中就有一个60岁以上的老人。同时该区在社会服务改革上先行先试，启动了多个政府购买专业社工服务的项目，并成立了越秀区政府购买公共服务工作部，负责越秀区向社会服务机构购买公共服务立项、实施、评估、结项过程中的统筹、组织、协调、评估、督导工作。在养老服务方面，政府如何利用专业社工，提供优质服务，是各方一直都在探索的方向。

在本项目港式服务的引入模式中，香港圣公会福利协会和广州市越秀区民政局起着举足轻重的作用。香港圣公会福利协会（以下简称协会）是香港地区最具规模的社会服务机构之一，以综合服务的手法为不同年龄和阶层的人士提供多元化服务，长者服务更是它们的拳头项目。多年来协会为国内民政系统和社会服务机构提供培训和管理顾问工作。特别是与广州老人院15年的顾问合作关系，使协会在广州社会服务领域有了好的口碑和声望，并与政府建立了良好的信任关系。同时，它们亦深感推动内地社会服务的责任之所在，十分愿意将已有经验推广传播，推动社会服务行业的发展。

在环境需求推动，双方信任合作及社会责任履行的基础上，政府与香港地区机构达成合作意向，开始了越秀长者居家养老的港式服务之旅。

（二）引入形成期

双方有合作意向之后，协会成立广州恩善社会服务中心，并完成政府项目招投标程序，承担越秀长者综合服务中心项目。投标中的服务设计与服务内容均由协会香港地区专家指导完成。

同时，政府部门提供越秀长者综合服务中心大楼场地，大楼共五层，约2000平方米，按照服务要求重新设计装修，购买大楼服务运营中所需的各类设备。

在大楼装修及设备购买过程中协会有经验之专业人员（社工、测量师、工程师、治疗师等）参与大楼设计与硬件配备，同时内地同工进入香港接受服务培训，为“港式”服务顺利开始奠定了良好的基础。

（三）全面展开期

项目于2011年2月开始试运营，并由协会派驻有经验之社工担当越秀长者综合服务中心主任。项目在运营的半年时间内，引入港式服务的基本概念、管理模式、人力配备和服务方式，并结合广州本地状况，力求在长者身、心、社、灵方面均发挥积极作用。下面的文章将分享全面展开的各类内容。

三　港式服务引入内容

（一）引入运营管理

项目以香港圣公会福利协会优质服务管理方式为模板，并结合广州本地实际情况，创建优质服务管理系统。人事、财务等重要事宜由董事会裁决，董事长由协会服务高层管理人员担任；协会多位有经验之专业人士组建顾问团队，为项目提供顾问服务；派遣有经验之香港注册社工作为中心主任，长期驻留广州，处理和督导中心日常事务；中层管理、专业技术人员及部分一线员工均赴港接受港式管理理念；香港同工定期按需求到广州培训项目职员，协会高层人员亦对项目工作提供时实督导。内部管理运营模式图如图1。

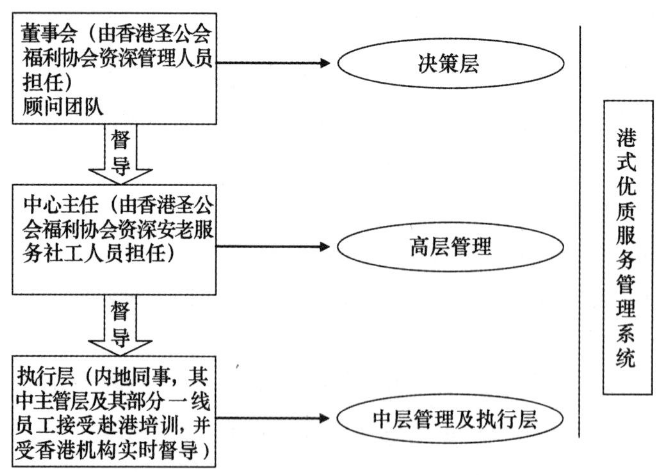

图1　引入港式服务管理模型

（二）引入港式社会服务理念

香港地区普遍认同社会福利服务要由社会工作专业来推动，社会工作已成为一般人所认识的行业，社会工作者也逐渐建立起明确的形象（周永新，1992：100）。因此社会工作的价值观在很大程度上主导着社会服务行业的运营理念。本项目在运营过程中亦注重社工价值观的主导作用，表现如下：

第一，项目方向与重要决策（如人员架构、财务预算等）由香港地区资深社工承担，保证社工理念贯穿于服务中心。

第二，项目合同设计各类人员共29人，明确社工人数需达11人（包括督导1人、主管4人、社工5人）。所有员工聘用均由香港地区资深督导面试通过，社工主管及以上人员均需社会工作专业毕业生且持有社会工作执业证书，并由香港地区注册社工带领，以保证服务过程中社工理念的执行。

第三，大楼服务设计由香港地区资深社工指导，注重以人为本，满足长者身、心、社、灵多方需求。如设立关注健康的健康评估中心、照顾为主的日托中心、康乐为主的小区中心；中心结合长者身心特点配备硬件设计，如楼层以颜色区分以方便长者辨识；同时亦注重个别化原则，如日托中心为长者制订个人照顾计划等。这些都承载着社工理念的落实。

（三）引入港式服务内容

服务执行过程中，我们以居家养老为方向，将在香港地区已经成熟运作的服务内容引入广州，项目实践以下直接服务内容：

健康评估：有护士及社工等专业人员在社区中实践健康理念，让长者了解自身情况。如推行家居安全、预防跌倒、认知能力评估等，鼓励长者重视日常的起居生活、饮食习惯和留意自己的身体健康状况，使其能有一个健康、满足、愉快的晚年。

康复理疗：为长者订立“个人护理计划”，提供预防的保健服务、进行适切的复康运动和治疗性运动，包括肌力训练、自我照顾技巧、记忆及认知训练等，以保持长者的最佳活动、智能和身体机能。通过通俗易懂、贴合长者需求的健康教育等，协助长者预防老年疾病。

长者日托服务：项目为有需要的长者提供日间托管服务，并为他们制订个人照顾计划，通过康复训练、护理照顾、起居照顾和社交心理支援服务，以提高他们的活动能力，保持身、心、灵健康，发展个人潜能，保持与社会接触，享受群体生活以及改善生活质素，使他们能够在熟悉的小区安老。

长者培训：项目会按长者的需要和兴趣提供各类型的培训讲座活动，让长者老有所学。此外，项目亦会培训长者义工，以实践老有所为。

护老支援：项目为一些照顾体弱长者的护老者提供各项支持服务，使他们获得相关的照顾技巧以能照顾家中弱老，及舒缓他们来自护老时的种种困难和压力，改善护老者和长者的生活质素。同时设立护老者教育，包括护老技巧训练、互助支持小组及护老常识推广等。

辅导服务：对于有情绪困扰的长者，社工提供心理辅导服务，辅导员会应长者的需要做出适当的协助。此外，我们会举办不同的治疗性小组，如缅怀治疗、互助小组等，使长者获得相互间的支持，并达至助人自助的理念。

文化养老：长者可到中心参加不同的兴趣小组、文化活动和技巧课程等，也可以在中心内下棋喝茶，闲话家常，读书看报上网。

除以上七项直接服务，满足长者需求外，我们引入港式服务有更多的目标，结合内地目前专业社会服务经验欠缺的情况，项目亦实践统筹、转介、培训和示范的作用。统筹和转介的功能，充分体现社工工作中的资源整合部分。培训和示范发挥了引入香港机构支持的优势。中国社会服务发展正处于一个上升的关键期，人才队伍的培育、服务质量的提升是行业持续发展并获得社会认可的重要条件。香港圣公会福利协会的优质服务为香港同业所认同，因此项目亦在这个时期实践社会责任，力争发挥示范、培训功能，推动内地社会工作及社会服务人才队伍的建设。为配合此功能，本项目提供以下服务：第一，机构参观。中心接受来自政府、机构及护老者的参观，并提供讲解服务。同时，为保证参观及日常服务的质素，参观服务由政府社区服务中心人员负责，而中心负责提供优质的服务示范内容。第二，设立培训功能，并建立先进的社工实验室和模拟间，希望将港式经验及技能分享给内地的机构和护老者。

针对内地部分专业人员（治疗师、营养师）稀缺的现状，香港圣公会福利协会相关专业人员提供直接服务于该项目，如长者膳食由香港注册营养师提供指导，特殊需求长者由香港治疗师给出治疗意见和建议等。

（四）政府角色定位

在服务运营过程中，政府角色不再是凌驾于机构之上，尽可能降低行政性干预，承认机构的独立性和专业性。同时成立工作部门监督机构运营，并利用政府自身优势为项目开展连接资源。

（五）引入港式服务模型

综上所述，引入港式服务的模式如图2所示。

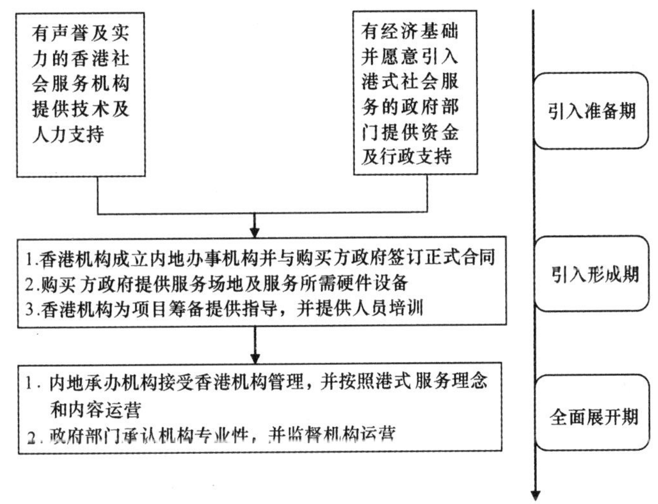

图2 引入港式服务模型

四 模式分析

（一）优点分析

越秀长者综合服务中心的引入模式，有如下优点：

第一，社会的发展使得中国社会对人的关注和服务质素的要求提升，政府开始接受民间组织承办社会服务的观念，并拥有大量资源。然而行业的示范倡导需要与质素提升共存。现实大多数机构为高校背景，理论方法多，实践略显薄弱。这一模式从管理和技术上都大大地提升了实践性和专业性，并愿意用香港经验培育实务过硬、理念先进的内地社工人才队伍，设立培训、示范等机制与同行分享，满足政府行业发展所需，从而得到政府的全力支持。

第二，此模式与香港可信赖、实力雄厚、专业性强的机构合作，十分重要的优势是受政府资源限制的影响相对其他小机构小，增强了社会服务机构的独立性和平等性，显示了公民社会的力量和承担，保证了社会服务的核心理念得以在强政府背景下发展。

第三，从管理到技术同时引入，决策者会更完整和合理地掌握服务引入的先进性和本土化，并保证服务执行，避免了单一技术督导的难以实践。而且有实务为支持的示范和培训，使得服务在社区中更具模仿性和推广性。

第四，同工的社工理念在项目中得以充分实现，技术得以指导提升，并有协会提供支持，增强了员工对社会服务行业的归属感和自我安全感，也为社会工作人才队伍建设开辟了新的途径。

第五，本土人才培养与香港人才直接支援的方式，很好地利用了穗港两地各自所长和所短满足服务对象需求。如社工、护士等专业力量在内地聘请，而注册营养师、治疗师等专业人员则由香港机构提供。

（二）实施困难

然而在实施过程中，我们也感受到如下困难：

第一，香港的优质服务很大程度上取决于其配套的社会政策，然而现时国内政府相关经验不足、社会政策跟不上理念转化，使得众多优质服务难以贯彻，也影响着服务的持续性及发展方向。如转介资源的不足、评估指标不明确、税收和拨款制度不能配合服务所需、经费来源不确定等，这些严重制约着服务的正常运营和可持续性。

第二，政府领导虽然十分努力给予机构自由发挥的空间，但是行政体制未能改变，仍然受到很多政府干预而影响服务执行，比如迎接政府检查而改变服务、领导特权等。

第三，服务使用者群体还未能很好理解、使用相关服务，中国社会对习惯了单位制或者社区街道居委会的服务功能，对于个案、小组、复康等专业手法还未能很好接受，限制优质服务的执行，难以发挥港式服务的专业性。

第四，优质的服务需要优质的人才，社会服务更是如此。然而我们现有的专业服务队伍经验不足、职业构成结构有限，难以很好地支撑港式优质、专业的服务。再则，服务处于初期发展阶段，同工的职业发展前景不够明确，影响着优质服务队伍的稳定性。

五 模式展望与倡导

中国的社会服务发展模式正处于一个探索期，不同的同工在不同的区域均有尝试，各种模式也必然会各有所长、各有所短。当我们以“港式”作为标签，它不是代表崇洋媚外，也不代表一种特权和自傲，它其实代表着一种以人为本的理念，代表着专业的服务和规范的管理。不仅限于此的是，越秀长者综合服务中心的尝试，是我们期望将服务的经验分享于同人，期望展示社会组织所长，并与政府平等对话的一次尝试。我们认为这是社工领域持续发展所必需的，基于此我们有如下倡导：

第一，政府推动社会政策改革，进一步完善对于慈善机构的税收政策、拨款政策，社会服务资金纳入常规财政预算，尽快建立和完善项目管理制度、评估指标，只有这样才能保证服务的持续优质和规范。

第二，政府与机构进一步发挥各自所长，明确分工。政府可逐步放开以往严格限制社会服务发展的方式，以开放而严谨的态度善用社会资源，引入先进理念、注重资源划拨、监督及评估，而在实际的项目运作中尽量减少行政干预，以保证服务的专业性和公平性。

第三，作为有经验的社会服务机构，可更多履行社会责任，扶持刚刚学步的内地社会服务机构。它们不单需要人、财、力的支持，更需要优秀的“导师”，这样才能引导它们向着社会发展的宗旨前行。

第四，作为中国的社会服务机构，我们需要保持恒心和上进心。一种先进的模式和理念要推行，它可能需要冲破政策的限制、经历资源的匮乏甚至外界的质疑，然而我们仍然需要坚持，吸取精华部分，并努力将其本土化。

第五，作为社会工作者，我们需要用过硬的技能、开放的思想、创造性的活力，也需要有坚持的勇气去承担开拓者的责任。

参考文献

广州穗字〔2009〕13 号文件《中共广州市委广州市人民政府关于学习借鉴香港先进经验推进社会管理改革先行先试的意见》，广州政府网（http：//www. gz. gov. cn/publicfiles/business/htmlfiles/gzgov/index. html2011 －9 －25）。

《越秀老人凭券叹港式养老服务》，《南方都市报》2011 年 4 月 12 日（http：//epaper. oeeee. com/G/html/2011 －04/12/content_ 1332782. htm）。

周永新：《社会工作学新论》，香港：商务印书馆 1994 年版。

NGO介入灾后早期康复救援的新模式：基于5·12震后四川绵竹经验

［中］沈　晖

南京大学社会学院社会工作与社会政策系副教授

［中］张　霞

南京医科大学第一临床医学院康复医学系博士研究生

［中］励建安

南京医科大学第一临床医学院康复医学系教授、博士生导师

重大灾难后的早期康复救援面临诸多困难，一方面是医疗资源（专业人员、设备等）的匮乏，难以满足众多伤员的康复需求；另一方面是资金紧缺，难以满足伤员康复所需的高额费用。这些困难如果仅仅依靠国家和政府，在体制内寻求解决途径有些不现实，往往会因为种种原因而错过伤员康复的最佳时机。这就要求我们整合多方资源，尽最大可能满足绝大多数伤员获得及时有效的康复治疗。在此背景下，积极挖掘民间力量，把具有反应快速和工作灵活等特征（郭巍青，2008）的NGO等社会资源整合进来，是十分必要的。

2008年四川地震，NGO和志愿者所表现出来的行动能力和专业能力，均达到迄今为止的最高水平，成为救灾与重建进程中的一大亮点（郭巍青，2008）。灾后康复领域，香港福幼基金会和国际助残组织积极介入绵竹地震伤员的康复治疗，在获得显著康复效果的同时，也获得良好的经济效益和社会效益，让我们看到了NGO参与重大灾难后早期

康复救援的可能性。说明在体制之外寻求社会力量共同参与灾后康复救援是必要而可行的。那么，绵竹经验的运作模式是什么，它的意义又在哪里，其经验能否发展成为可供复制的模式加以推广？在此基础上，更进一步的问题是，灾后的康复救援存在哪些值得反思的问题，应该如何加以完善?

一　基本运作模式

5・12 四川地震的救援工作，得到国内外社会的诸多赞誉，有很多值得总结的成功经验，绵竹地区的康复救援就是一个运作比较成功的个案。总结绵竹经验的基本运作模式，或者说其之所以成功的原因，主要有三个方面：一是 NGO 与志愿者参加了早期康复救援，并在组织、资金、人才方面发挥重要功能，弥补了政府机构在震后突发大需求时的功能短暂不足；二是体制内和体制外各种力量广泛合作，形成契约式联盟关系，基于伤员康复需求，抱着公益和人道的目标，灵活变通地采取多种服务策略和工作手法；三是运用项目管理模式，以科学的管理方法确保项目实施的有效性。下面我们对每一方面进行具体阐述。

（一）NGO 和志愿者参加早期康复救援

2008 年 5 月 12 日，四川汶川地区发生了里氏 8.0 级的特大地震。相当数量医疗机构遭受重创，短期内难以恢复。据四川省卫生厅的统计资料：灾害共造成四川省 20 个市州（占 90.9%）、139 个县（占 76.8%）的 10243 个医疗机构（占 43.9%）受灾，医疗卫生人员 264 人遇难，764 人受伤，医院房屋受灾 660.2 万平方米，医疗设备受损 56019 台（件），直接经济损失达 90.8 亿元（沈骥等，2009）。作为地震重灾区之一的绵竹地区，面临着伤员康复救治的严峻挑战。

香港福幼基金会是较早介入灾后康复援助的 NGO。在当地医疗及卫生主管部门的支持下，该基金会于 2008 年 9 月正式启动了为期 5 年的“香港福幼基金会 5・12 地震伤员康复项目”（以下简称项目）。项目依托中国康复医学会，采取自募资金、自建专业人才队伍、自备康复器械、自付伤员医疗费用及生活补助的方式，与灾区医疗机构及其他康复机构紧密合作，直接为伤员提供长期的住院及社区康复治疗。

2010 年 12 月的评估显示，项目实施已经获得明显成效（Xia Zhang, et al., 2011）：第一，机构建设方面：先后在 3 个重灾区建立了 4 个针对重症伤员的康复中心和 2 个针对轻症伤员的康复点；与 5 家医院合作开展二次手术项目；第二，人才队伍建设方面：有超过 10 名国内外康复领域的专家和 40 名康复志愿者投身于绵竹地区 436 名地震伤员的康复治疗和二次手术，每位志愿者至少在灾区停留 3 个月；第三，绵竹地区接受康复治疗伤员的日常生活活动能力及疼痛情况均较治疗前显著改善［p（0.05）］；生活满意度显著高于对照组 S 地伤员［p（0.05）］；简明健康调查问卷（SF-36）得分显示：生理领域及心理领域健康均显著高于对照组［p（0.05）］；第四，经济效益方面：绵竹地区共花费 190 万元，伤员人均花费 4300 元，占其家庭年收入的 85%；第五，社会效益方面：接受康复治疗后，绵竹伤员就业率为 29.4%，显著高于对照组。此外，同样的运作模式推广应用于四川 A 地，在 2009 年 10 月到 2011 年 2 月期间，投入了 45 万元人民币，完成了 100 名伤员的康复治疗。

（二）契约式的多方合作

以香港福幼基金会开展的“5·12 地震伤员康复项目”为契机，各种社会力量被迅速动员起来，通过契约合作的方式有机整合，形成了功能完备的康复医疗工作团队。图 1 显示了这个契约合作的康复医疗团队中各组织的功能。

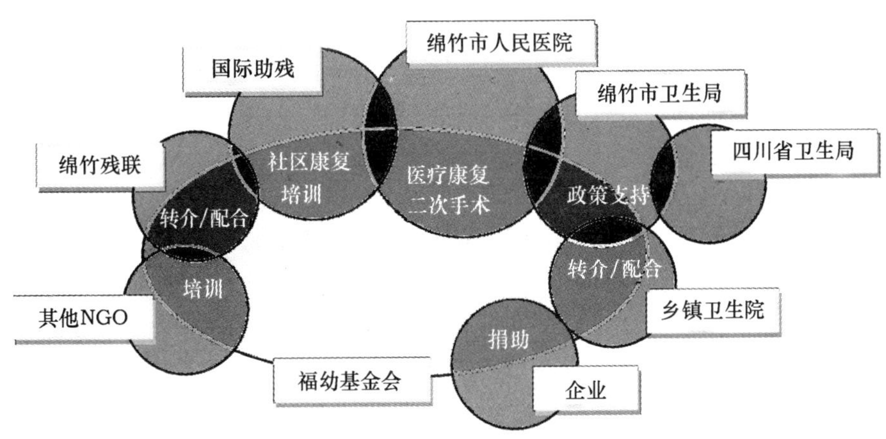

图 1　5·12 震后绵竹地区早期康复救援的多方合作示意图

其中,(1)福幼基金会:前期,招募能够留队3个月及以上的康复专业志愿者,提供康复器械,提供伤员治疗、伙食及往返路费;后期,在服务地震重伤及残疾人员的同时,致力于合作机构康复能力的提升与康复器械的配套更新。(2)绵竹人民医院:提供伤员的住院场所及医疗管理。(3)国际助残组织:以社区康复为主的另一NGO,参与伤员的住院康复治疗及专业人员培训。(4)绵竹市卫生局(含四川省卫生局)及绵竹残联:提供政策、法律保障。(5)其他NGO:转介伤员,配合伤员康复现状调查与回访工作。(6)乡镇卫生院:转介伤员,配合伤员康复现状调查与回访工作。(7)企业:捐赠资金和医疗器械。

(三)项目式的管理运作

绵竹经验之所以取得成功,与实施过程中采取的项目管理运作方式不无关系。具体而言,以香港福幼基金会“5·12地震伤员康复项目”牵头形成的松散网络状契约合作团队,其独特的管理运作方式,保证了灾后早期康复救援的现实需求。下面我们从组织、信息、人才、财务四个紧密联系的运行系统进行说明。

1. 组织的网络化和扁平化

绵竹经验中所展现的早期康复救援模式的组织形态,是具有联盟性质的准网络型组织,其在权力传递上表现为扁平化特征,以契约作为各方合作共事的基础和保障。该组织内部的管理职能的划分,不是依据科层制的行政层级来分配指派,而是依据救助工作流程的实际需要来承接和传递;依据各组成部分的专业和功能不同,形成不同的权力内容和工作安排。可见,该组织的运行,依靠的是各组成部分内在自动自发的合作精神,而不是外在的约束和管控。

2. 信息的共享与传播

作为网络化、松散的工作联盟团队,为使康复救援工作快速有效,工作团队最大限度地利用了互联网,在内部进行信息共享,如康复专业人员的情况、伤员伤情、医疗服务资源的现状等,以后还将逐步建立数据库。同时,为了让康复救援工作赢得有利的外部社会环境,及时而透明的“公益传播”也积极展开,有效避免了重大灾难后谣言乃至污名的流行,确保救助活动获得公众的信任和支持。

3. 康复专家的支持和医务志愿者的坚持

灾后康复救援是一项专业性的医疗服务工作，需要经过专业培训的医护人员。重大灾难后，对医疗专业技术人才的需求在短时间内会达到高峰。然而，仅凭灾区有限的康复治疗人才远不能满足，需要寻求各地人力资源的支持。项目启动后，及时招募了一批医学院校的康复专业研究生，他们长期坚持在灾区进行康复治疗工作，为灾后康复救援提供了珍贵的人力资源支持。而国内一流水平的康复专家亲临灾区，指导并对当地医护人员和志愿者进行专业培训，不仅保障了治疗，也为灾区康复发展做出了贡献。

4. 资金的募集与监管

项目实施的成功与否，与资金的募集和监管有重要关系。在绵竹经验中，香港福幼基金会负责募集资金，为了确保资金使用的合理与规范，建立了财务问责制度。具体内容包括：（1）福幼基金会聘请了独立的第三方财务审核机构，在总部香港聘请了“香港会计师事务所”，成都分部聘请了“四川中衡安信会计师事务所”；（2）成都分部每季度向香港提交项目财务报告，同时“四川中衡安信会计师事务所”每季度审计财务报告，香港会计师事务所做最终审计。此外，成都办公室每季度还向香港提交项目进展报告，以及香港考察团不定期进行考察。

二　新模式的意义

5·12 地震后，绵竹地区的医疗卫生部门与 NGO 合作开展了震后康复救援工作，这不仅是对康复救援服务的一种创新，也是医疗服务体系的一种创新，补充了重大灾难后医疗救助应急机制中民间力量的缺失。绵竹经验所开创的灾后早期康复救援的新模式，具有可资借鉴的实践意义。

（一）提供了 NGO 介入重大灾难后早期康复救援的实践范例

绵竹经验的最大价值和意义，在于它创新了灾后早期康复救援的模式，探索了以 NGO 为代表的民间力量介入灾后康复救援的实践路径。其创新之处具体表现在：第一，该模式的运作以境外 NGO 为主体，广泛整合各种资源，与当地政府及相关部门展开深入持久的合作。在以往的灾后救援经验中，民间力量往往仅作为短期的急救支援，发挥边缘、补救、非专业的功能。而在绵竹经验中，NGO 和民间力量改变了以往的传统，它们在灾后早期康复的救援工作中发挥了主要、关键、专业的功能。第二，该模式以项目运作为依托，充分发挥项目管理的功能，在组织、信息、人才、资金四个方面进行了充分有效的管理和控制，管理的科学性确保了项目实施的有效性，项目中期评估显示伤员的康复效果，以及项目运作的经济效益和社会效益都取得很好的效果。第三，该模式的运作以政府相关部门的认可为其合法性保障。该模式的成功运行，与当地卫生主管部门的支持和政策保障分不开。

（二）“国家—社会”关系从博弈走向合作

“国家—社会”关系长期以来一直处在零和的博弈模式中，但在绵竹经验中，我们却看到国家（政府）与社会（民间力量）呈现出“互为补充、相互增权”的关系。两者在灾后伤员康复救治过程中各自发挥不同的角色和功能，但却是共赢合作、相互促进，改变了传统上“国家—社会”二元对立、不可相融的刻板思维，提供了两者在一定条件下能够有机融合的充分想象。笔者对绵竹经验中各参与部分的功能进行了梳理（见表1），从中我们可以清晰地看到“国家—社会”关系在康复新模式中的融合。基于需求的资源整合和公益目标的契约合作，打破了体制内和体制外的边界，也促进了三大部门之间的资源整合、多赢协作，在最大程度上实现了资源的合理分配与各参与机构和组织的增权。

表1　灾后早期康复救援模式的结构与功能

<table>
<tr><td rowspan="4"></td><td colspan="6">结构</td></tr>
<tr><td colspan="3">体制内</td><td colspan="3">体制外</td></tr>
<tr><td colspan="3">第一部门</td><td>第二部门</td><td colspan="2">第三部门</td></tr>
<tr><td>政府及相关部门</td><td>医疗服务事业单位</td><td>高等教育机构</td><td>企业</td><td>NGO 及志愿者</td><td>专业协会</td></tr>
<tr><td>功能</td><td>主导决策政策支持</td><td>伤员管理
康复治疗
技术培训</td><td>专业指导
人才支持</td><td>资金支持
器械捐赠</td><td>社会动员/
整合资源
康复治疗/
信息传递
人力支援/
资金支持</td><td>专业指导
人才支持</td></tr>
</table>

（三）政策倡导推进医疗保障制度的完善

5·12 地震后，中央政府及时颁发了《国务院办公厅关于进一步做好地震灾区医疗卫生防疫工作的意见》（国办发〔2008〕54 号）。根据该文件，四川省人民政府颁发了《四川省人民政府办公厅关于进一步做好地震灾区医疗卫生防疫工作的实施意见》（川办发〔2008〕31 号），规定了免费救治地震伤员的过渡性措施。如“2008 年底前，在重灾县（市、区）所属乡镇（社区）、村医疗卫生机构和灾区群众安置点的临时医疗站对灾区困难群众实行过渡性医疗照顾措施，免费提供基本医疗卫生服务，包括一般常见病、传染病和卫生防疫”；“应急医疗救治工作结束后，灾区群众的医疗费用原则上通过现行社会保障制度解决”。

2009 年 1 月开始，由于不能实施免费救治，而现有的医疗保障制度中不包括康复治疗内容，因此部分没有能力支付康复治疗费用的伤员被迫离开医院。这种状况使得参与项目的康复专家及医务志愿者产生了强烈的政策倡导意愿，他们利用各种媒体，在各种不同场合为伤员康复治疗呼吁……一时间，来自灾后一线的深度报道和网络媒体文章引起了社会及政府相关部门对地震伤员康复治疗费用问题的广泛关注。2010 年 9 月 6 日，国家卫生部颁布了《中华人民共和国卫生部关于将部分医疗康复项目纳入基本医疗保障范围的通知》，这项医保制度的出台，很大程度上满足了伤员康复治疗的需求，也使得我国的医疗保障制度更加趋于完善。

三　灾后康复救援面临的挑战

绵竹经验所创造的灾后早期康复救援新模式能否复制和推广，如何复制和推广？伤员的康复救治服务体系有哪些问题，如何实现康复救治服务中的无缝隙？5·12 震后康复救援反映了我们医疗服务体制和医疗保障制度有哪些不足，哪些因素阻碍了我们从制度层面进一步对其进行完善？这些是我们需要进一步思考的问题。

（一）NGO 介入早期康复模式的可推广性

在绵竹经验中，以 NGO 和志愿者为代表的民间力量的积极介入与持续工作，为灾后早期康复救治提供了可资借鉴的新思路。然而，从震后救灾工作的其他经验来看，绝大部分 NGO 呈现出非持续性和多段参与特征（林闽钢、战建华，2010）。据不完全统计，震后奔赴四川一线参与救灾的民间组织有 300 多家，介入的志愿者更达到 300 万人左右。但从 2008 年 8—9 月份开始，曾活跃在灾区的志愿者和 NGO 潮水般地退却了，截至 2009 年 4 月，坚守在灾区的 NGO 估计已经不足 50 家，志愿者不到 5 万人（包丽敏，2009）。造成这种情况的原因很复杂，既有国家制度层面的原因，也有 NGO 自身的原因。这个事实提醒我们，灾后的早期康复服务若完全倚重 NGO 和志愿者推进，似乎并不能完全得到保障。那么，如何定位 NGO 和志愿者在康复服务中的作用，如何激发和保护 NGO 及志愿者的参与热情，确保其工作开展的有效性，是我们考虑绵竹经验能否复制和推广的关键要素。

笔者认为，就绵竹经验这一个案而言，其成功运作包含如下三方面的重要资源：第一，合法性资源。"5·12 地震伤员康复项目"得到当地政府和卫生主管部门的支持。第二，经验性资源。香港福幼基金会作为境外 NGO，其经验丰富，经费稳定，管理成熟，监督有力。第三，专家资源。中国康复医学会的康复专家积极推进，充分发挥了专家的专业性和影响力。其中，合法性资源是该模式得以复制和推广的共性资源，不可替代；而境外 NGO 的经验性资源和中国康复医学会的专家资源则属于个性资源，可以替代。因此，绵竹经验所展示的早期康复救援新模式能否复制和推广，完全在于政府能在多大程度上开放，赋予合法性资源。

（二）伤员康复医疗服务中的无缝衔接

绵竹经验提供了多方参与的契约合作模式，由于参与各方承担了不同的角色和功能，因此在任务分割上存在无形的"边界"；而伤员康复需要的是完整的流程式服务——从紧急期的医疗救助到伤情平稳后的院内康复，再到出院后的社区康复，其中每一环节都涉及时间、空间、地点、责任人的变化。因此，如何在一个多方合作的团队中，实现伤员康复医疗服务流程的无缝衔接，是需要系统考虑的问题。

笔者认为我们可以通过如下三方面的安排来促进康复服务的无缝衔接。第一，服务内容的流程式设计。既然伤员康复服务是一个流程，我们可以根据伤员康复需求的不同阶段，划分不同的工作内容和责任方，通过梳理容易被疏忽的"康复服务空缺地带"，实现服务的无缝衔接。第二，医务社会工作的介入和协调。由于灾后早期康复涉及多个合作主体，没有制度性的规定和约束，因此当出现责任不明或发生冲突时，需要专业的医务社会工作者帮助协调解决，以提高工作效率。第三，农村社区康复的建设。在“5·12 地震伤员康复项目”的后续跟进中，我们发现农村伤员出院后，由于当地的社区康复功能不完善，伤员实际上处于没有康复治疗跟进的状况。这种康复服务的缺失属于结构性缺失，非流程设计可以弥补，所以加强农村社区康复的建设是完善康复救治服务体系不可缺少的一个方面。

（三）康复治疗中的体制、制度及认知障碍

在“5·12 地震伤员康复项目”推进过程中，由于一些制度、体制及认知方面的问题，导致伤员的康复进程遭遇不应有的挫折。

医疗服务体制方面。一些重伤员，除个别需要手术之外，多数已处于不需要急救的医疗环节，应转到康复科做全面康复治疗。然而，由于体制问题，转入康复科后的医疗费用将无法全部报销，因此这部分伤员都不愿意转科接受下一阶段的治疗。而一些重伤员，最需要的并不是急救床位，而是有强大综合医疗背景支撑的康复床位，结果由于体制不顺，既浪费了一张 ICU 床位，又得不到伤员急需的全面康复治疗。

医疗保障制度方面。尽管国家卫生部于 2010 年 9 月将部分医疗康复项目纳入基本医疗保障范围，但相比于伤员在后续康复治疗中所需的费用无异于是杯水车薪；更不用说广大农村地区，除了报销比例低的新型农村合作医疗保险（简称“新农合”），基本没有正常报销渠道，而且多项康复治疗费用在新农合上不能报销。1978 年唐山地震时，由于国家经济非常困难，并且缺乏有效的康复治疗手段，当时 3816 名截瘫伤员在短短几年时间内就去世了一半（汤小泉，2009）。如今国家的实力与当年已不可同日而语，我们应该有能力设法不再让“唐山悲剧”继续上演。

此外，把临床治疗与医疗康复混淆，把功能康复与医疗康复分割对立等对康复治疗的错误认知，也影响了伤员的康复效果。社会大众甚至一些临床医生都缺乏正确的康复观念，将“出院”与“完成医疗康复”画等号，认为手术完成、伤口愈合就等于完全康复。这一错误认知所带来的现实后果，就是卫生部门认为患者出院后可以放手交给残联，客观上也为卫生部门减轻了工作压力。但实际上，数千地震伤残人士需要具有综合医疗

背景的康复场所，这是大多数残联康复机构所不具备的。加之农村社区康复基本流于空谈、部分地市级与省级康复中心停转，导致很多伤员出院后得不到康复治疗而留有功能障碍。

由于存在上述种种问题，我们看到即便是运作较为成功的绵竹经验，NGO 在介入和推进早期康复的过程中也颇为力不从心。灾后早期康复救援一方面需要不断创新模式和实践路径，另一方面也需要对现有问题进行深刻反思，这样才能确保伤员康复医疗服务不断完善，以谋求社会对灾后伤员康复的最大关爱和福祉。

参考文献

包丽敏:《谁来执掌 760 亿元地震捐赠?》,《中国青年报》2009 年 8 月 12 日。

郭巍青:《NGO 的三重功能——以地震救援经验为基础的分析》,《探索与争鸣》2008 年第 7 期。

林闽钢、战建华:《灾害救助中的 NGO 参与及其管理——以汶川地震和台湾 9·21大地震为例》,《中国行政管理》2010 年第 3 期。

沈骥、王正荣、苏林、李冰:《汶川地震四川省卫生应急救援成效分析》,“自然灾害医学救援国际研讨会”,中国成都,2009 年 4 月 3—5 日。

汤小泉:《重视灾后伤残群众的康复工作》,2009 年,中国人大网（http://www.npc.gov.cn/npc/xinwen/jdgz/gzjd/2009-07/09/content_1509861.htm）。

Xia Zhang, Jianan Li, Xiaorong Hu, Sijing Chen, Shouguo Liu, Hong Ji, *A New Rehabilitation Model for Major Disasters in Rural Areas: Based on the Experiences from Sichuan Earthquake*, China, Submitted in the International Conference of the Sixth International Society of Physical and Rehabilitation Medicine, 2011.

（笔者感谢香港福幼基金会、国际助残、绵竹市人民医院等机构对研究提供的支持）

社工介入

处变有道：社工教育如何协助华人家庭面对世局的变化

［中国香港］曾洁雯

香港大学社会工作及社会行政学系前主任、副教授

全球化是当今时代的基本特征，各国之间的政治、经济、文化、生活方式、价值观念、意识形态等在不断地交流、碰撞、冲突与融合。面对风云变幻的世界格局，各个国家和民族都在适时调整生活模式。华人社会作为其中的一员，面临着前所未有的机遇，同时也必须应对随之而来的巨大挑战。

本文旨在分析世局变化对华人家庭的影响，进而审视社会工作教育在新的历史条件下的应变之道。主要内容分为四个部分：第一，全球变化及其对华人家庭的影响；第二，现代华人家庭的社会服务需求；第三，社会工作的使命及其责任；第四，未来社会工作教育面临的机遇与挑战。

一 全球变化及其对华人家庭的影响

2000 年以来，全球社会面临着经济结构调整、科技日新月异、信息咨询爆炸、社会价值观多元化、民族文化融合、国际交流与合作、生态环境日趋恶化等多方面的共同问题。随着时间的不断演进，唯一不变的就是变化本身。纵观纷繁复杂的世界格局，当今社会四个问题日益凸显：一是全球人口高龄化；二是社会流动性加强；三是婚姻稳定性下降；四是贫富分化严重。华人家庭作为生态环境中的重要组成部分必须应对来自方方面面的挑战，我们将具体分析上述问题给华人家庭带来的影响。

首先，据官方统计，2006 年世界 60 岁以上的老年人口达到 6.88 亿，预计 2050 年这一数字将达到 20 亿（联合国人口司，2006）。目前世界上 54% 的老人生活在亚洲，截至 2010 年，中国的老年人数量达到 1.67 亿。1990 年中国年轻力壮的人口是老年人口的几倍，但是据预测到 2050 年，两者的数量将相当（US，Census Bureau，International Data Base）。换句话说，以前是几个人供养一位老人，但不久之后却是一个年轻人扶养一位甚至是几位老年人了。同时，老年人的平均寿命在延长，但是他们中的大多数体质虚弱，从而使得照顾者疲于奔命。

其次，全球的人口流动性正在增强。对人口流动性不断增长的需求，尤其在中国、印度等大型发展中国家，已经成为势不可当的发展趋势之一。中国工业化和城镇化过程中的人口流动使得老人和体弱者被迫留守在家乡。全国妇联和国家统计局对第三期中国妇女社会地位调查显示，农村留守女性最担心的问题依次是：丈夫在外的安全、家里有事没人商量、老人生病和农忙时没人帮忙（中国妇女社会地位调查，2011）。中国 2010 年农村入户调查统计结果显示，1980—2009 年工资性收入在人均年收入中的比例从 18.56% 上升到 40%，而同期农业收入在人均年收入中的比例从 56.13% 下降至 29.07%。据最新人口统计显示，因生活所迫，中国 1.67 亿 60 岁以上老人中有 50%，即 8000 万人不与子女同住，其中大部分长期不在同一城市居住。尤其是乡村地区的老人，长期在孤独中度过，日常生活缺乏照料，因而时有老人死于家中多日才被发现的惨剧见诸报端。中科院心理健康重点实验室 2009 年调查 29 个大城市的近 5000 名老年人，发现 39% 有抑郁情绪问题（《明报》，2011）。

随着社会经济的快速发展，华人家庭发生的另一个重要变化就是婚姻稳定性下降，离婚案件日趋增多。中国大陆地区的数据显示，从 1979 年至 2009 年，中国的粗离婚率从 0.3‰上升至约 1.9‰，据预测这个数字还会持续上升（《中国统计年鉴》，1980—2008；《国家民政局统计年鉴》，2006）。家庭解体给青少年的成长带来一系列问题，诸如价值模糊、方向不清、身份认同危机等。香港地区的数据也显示，近年来家庭内部夫妻双双自杀、子女陪父母自杀、亲子关系紧张导致孩子选择自杀的反常惨剧屡见不鲜（《苹果日报》，2010）。生活节奏的加快严重影响了人们的身心健康，香港精神科医学院的调查显示，约 17% 的香港人报告有明显的情绪症状。这些情绪病患者往往出现心麻、呼吸道和肠胃不适等身体不适。

再次，研究显示，全球贫富分化变得更加严重。改革开放以来，中国经济在迅速增长的同时，贫富差距也在逐步拉大。突出表现在高低收入群体差距悬殊、城乡居民收入差距进一步拉大，东西部居民收入差距过大等，因而，对公平正义的渴求成为当代民众的共同呼声。国家总理温家宝在第十一届全国人大三次会议闭幕记者会上强调："公平正义比太阳还要有光辉；针对现在社会中还存在许多不公平现象，收入分配不公、司法不公等，要关注穷人，关注弱势群体。"

以上种种变化不仅威胁甚至削弱了家庭对个人的支持作用，因而，个体的身体、心理和心灵表现出各种各样的问题。如何增强家庭凝聚力，进而提高个体的心理健康水平成为当前华人家庭必须应对的一个紧迫问题。

二　现代华人家庭的社会服务需求

根据2000—2010年香港家庭服务的检讨，现代华人家庭需要的社会服务需求体现在两个方面：一是现有服务质量的提升，二是优质服务质量的维持（Tsang，2010）。具体而言，服务质量的提升要达到四个目标（4R）：

实事求是（Realistic）——家庭服务机构需要从本地和本社区的政治、经济、文化发展水平出发制定相应的服务目标。比如对于贫困和受教育水平较低的社区，家庭服务应尽可能贴近服务使用者经济承受力和理解水平，可以使用口诀等通俗易懂的语言帮助他们将家庭服务落到实处。

回应诉求（Responsive）——家庭服务机构的服务对象是特定的群体，因而他们制定的家庭服务目标也是根据以往的经验总结出该群体的家庭需求，但是家庭表达出来的内在诉求同样值得家庭服务机构重视并给予回应。

竭诚尽力（Responsible）——家庭服务机构由于资金限制都有自己特定的服务目标和擅长之处，因而他们应该尽力使服务使用者和社区股东了解本机构的情况，从而合理满足服务使用者的期望。

尊重体谅（Respectful）——家庭服务机构需要对服务使用者的文化保持敏感性，从而达到互相尊重。服务使用者具有不同的文化背景，比如新移民家庭和跨文化家庭需要的服务不同于本地家庭，因而需要对他们的特定文化加以注意。

服务安排则要本着“就近易用、及早辨识、服务整合和伙伴关系”等四个原则:

就近易用——家庭服务机构需要设立在公众和服务使用者通过步行或公共交通就能到达的中心位置。机构应该给公众和服务使用者提供一个温暖、舒适如同在自己家里的感觉。为了提高家庭机构服务的易用性，机构还可以提供工作时间之外的晚间服务等。

及早辨识——家庭服务机构可以使用询问表或筛查表等确定服务使用者的需求，从而把他们安排到合适的部门接受服务。另外，他们还可以通过电视新闻、信息台和网络等辨识具有潜在危险的服务使用者。

服务整合——为了满足社区中家庭的多方需求，家庭服务机构需要提供预防性、支持性和矫正性服务等系列服务。同时，同一家庭机构的服务也可以实现整合，比如正在接受个案辅导的服务使用者可以在同一中心接受小组项目和社区项目，从而提高他们的社会能力、家庭关系和支持网络。另外，不同的机构之间也可以通过相互交流加强彼此间的横向合作。

伙伴关系——社会工作者和社区股东可以通过个案转介、联合项目和社区项目等加强合作。家庭服务机构要能够动员不同的社区力量（比如不同的基金来源、政府部门和私有企业）为有需要的家庭和个人提供帮助。

就优质服务质量的维持而言，需要在以下方面进行努力:

评估服务需要——根据日益变化的服务使用者群体，评估他们的服务需要。

检讨现行服务——家庭服务机构应该以目标为本，通过理论建构和科学的实证研究检验现行服务的效果。根据机构物质及人力资源供求找到适合本地文化的服务类型。

制定合适的新型服务——家庭服务机构应该继续支持并开发新的服务类型。除了为单亲家庭、新移民家庭、少数民族群体和贫困家庭提供服务之外，还应该关注跨国家庭。

定期检查调整——社会福利署应该领导家庭社会服务机构并和他们一起工作，通过定期检查使用者的服务需求和机构满足服务需求的方式进一步维持和提高现有的服务质量。

三 社会工作的使命及其责任

社会工作作为一个专业，是由经过科研考证的专门知识、理论和道德操守组成的。与其他专业的不同之处就在于，社会工作秉持尊重人权，维护公义，拥抱自由、平等、和平、民主等价值观，同时建立助人自助理论及实践。专业人员必须取得资历才能执业，并受专业协会守则约束，保障专业素质，向公众和服务使用者问责。

为了保障服务对象及社会人士的最大福祉，以及加强他们对社会工作专业的信任，香港社会工作者协会于 1998 年制定并于 2010 年修订了面向服务对象、同工、机构、社会工作专业以及广大社会的伦理守则，从而达到培养有心有力专业社工的目的。

社会工作的传统角色包括社会照顾、社会辅导、社会保护和社会倡议等四个方面，现代社会又增加了社会投资这一新角色（shardlow，2011）。为了协助华人家庭面对世局的变化，社会工作教育在提供专业服务方面可以在以下三个方面有所为：

(1) 针对社会工作专业的学生，旨在培养他们建立专业的态度、知识和技巧。了解社会工作在当代社会的使用和目的，内化社会工作专业的价值取向、掌握社会服务的技巧，同时拓展政策和实证研究。主要的方法包括：课堂讲授、本地和海外的参观访问和实习，学习问题为本的训练方式，参与科研及知识的建构、验证、发表及交流，从而实现既立足华人社会，又与国际接轨的目标。

(2) 针对服务使用者和社会大众，社会服务必须符合他们的实际期望，尊重个人差异性，吸引他们配合现行服务。主要方法包括：沟通宣传、实际合作、交流、资助、支持专业认证及规划。

(3) 针对政策制定者、资源提供者和政府官员，旨在促进社会政策和所提供的资源符合公众和服务使用者的实际期望，尊重他们的个体差异，进而达到资源、政策和服务配套。主要方法包括：沟通宣传、实际合作、研究磋商、制定执行及调整具有前瞻性的服务规划、支持及资助专业培训、认证及薪酬升迁规划。

四 华人地区未来社会工作教育面临的机遇与挑战

展望未来，社会工作教育在发展中既面临着前所未有的机遇，也面临着变幻莫测的挑战。

（1）家庭社会工作服务求过于供，因而需要大量的社会工作专业人才加入到家庭社会工作服务的队伍中来。《国家中长期人才发展规划纲要（2010—2020年）》明确要求，到2015年，中国大陆社会工作专业人才总量达到200万人；到2020年，社会工作专业人才总量达到300万人。2011年11月8日中央组织部、中央政法委、民政部等18个部门和组织颁布了《关于加强社会工作专业人才队伍建设的意见》。在发展定位上，第一次明确提出社会工作专业人才在解决社会问题、应对社会风险、促进社会和谐、推动社会发展方面的重要基础性作用。

（2）社会工作是从西方社会引进的概念，很多理论和方法未必适合华人地区的现实情况，因而发展本土化的专业知识和技术是很好的机遇。必须创新及本土化专业知识及技术发展，加强海峡两岸和港澳及国际化交流。比如通过师生员工交流、科研合作、政策倡议、领导决策和国际会议研讨等方式增强社会工作为华人家庭服务的功能。

（3）中国的社会政治经济文化变迁还在持续中，随着改革开放的深入和价值观念的转变，一系列的社会和家庭问题随之浮出水面。比如，中国当代城市家庭结构呈现多元而流动的特点，个体家庭不同于过去传统的“家庭主义”，其理想图景和现实实践都深受个体化的影响，强调个体的立场，逐步摆脱父权制的影响（沈奕斐，2010）。80后独生子女的离婚率在离婚人群中的比例逐步上升，家庭服务机构如何应对宏观和微观的婚姻家庭问题也是值得关注的。

（4）社会文化变迁令人的本质不断发展变化。马克思曾经说：“人是一切社会关系的总和。”也就是说，人的本质是主体与外界环境相互作用的结果。增强个体的生理和心理健康，实现个人和社会的和谐一致是社会工作的重要功能之一。鉴于家庭对个人支持作用的减弱，家庭服务机构如何整合家庭和社会资源为个体所用是值得深思的。

综上所述，随着内地社会工作的发展壮大，海峡两岸及港澳通过更多交流、互相砥砺、互相支持，一定可以令华人家庭面对世局变化时更加有道。

参考文献

基督教服务通讯（http://www.hkcs.org/cnews/c303/c30304.html）。

联合国人口司:《世界老龄化现状》，2006年。

http://www.kangshuailao.net/news/20091211.html.

《中国妇女社会地位调查》，http://www.china.com.cn/zhibo/2011-10/21/content_23658179.htm?show=t。

《中国8000万“空巢老人”缺照顾》，联合早报网（http://www.zaobao.com/wencui/2011/10/hongkong111001l.shtml）。

《苹果日报》，本港近年夫妻伦常惨剧事件本末，2011年。

国家统计局:《中国统计年鉴》1980—2008，中国统计出版社。

民政部:《中国民政统计年鉴》，中国统计出版社2006年版。

Cheung, K. S. L., *How can Demographic Research Help Social Work? From Numbers to Humanity*, Staff Research Seminar presentation at the Department of Social Work and Social Administration, HKU, 2011.

China Yearbook of Rural Household Survey, 2010.

Shardlow, S., *Rethinking the Idea of Social Work*, Staff Research Seminar Presentation at the Department of Social Work and Social Administration, HKU, 2011.

Tsang, S. K. M., MSW Curriculum Design and Development. In V. Pearson (Ed.), *Problem-Based Learning in a Social Work Context: Experience at the University of Hong Kong*, Hong Kong: Department of Social Work and Social Administration, The University of Hong Kong, 2005, pp. 27-40.

Tsang, S. K. M., *Children and Family in Multiple-risks: Service Implications, Keynote presentation in the Children and Family Support Services in Community panel*, in the 2011 International Conference on Child Protection Agenda, organized by World Vision Taiwan, Taipei, Taiwan on 30.3.2011.

Tsang, S. K. M. with Consultancy Team, Department of Social Work and Social Administration, HKU, *Building Effective Family Services: Review on the Implementation of the Integrated Family Service Centre Service Mode*, Commissioned by Social Welfare Department of the Hong Kong SAR Government, http://www.swd.gov.hk/doc/family/Report%20on%20Review%20on%20the%20Implementation%20of%20the%20IFSC%20service%20mode.pdf.

Wong, Y. C. & Pearson, V., Mission Possible: Building Social Work Professional Identity through Fieldwork Placements in China, *Social Work Education*, Vol. 26, No. 3, pp. 292 – 310.

Wong, Y. C., Tsang, S. K. M. & Hui, H. S. K., Consumers' Perspectives: Employers and Graduates, In V. Pearson (Ed.), *Problem-Based Learning in a Social Work Context: Experience at The University of Hong Kong*, Hong Kong: Department of Social Work and Social Administration, The University of Hong Kong, 2005, pp. 143 – 156.

Yuen-Tsang, W. K., *Social Work Education in China. Implications on International Social Work Development*, 2010.

在“挖出来”与“再联结”之间

——中国大陆本土社会工作发展创新的一个重要方面

［中］杨伟民

中国人民大学社会与人口学院副教授

吉登斯认为现代制度的本质和影响的基本要素，就是社会关系从地方性的场景中“挖出来”并在无限的时空地带中“再联结”。这个基本特征可以用三个概念表达：时空分离、社会制度的抽离化、制度反思性。吉登斯将这三个概念涵盖的内容称为现代性的推动力，同时认为这是“把‘现代时代’与先前的其他任何时代区别开来的最为明显的特质”（吉登斯，1998a：17）。对处于转型之中的中国大陆而言，目前的特征则是，“社会关系从地方的场景中‘挖出来’”，但在“再联结”方面还存在很多问题，从“挖出来”到“再联结”上，社会关系、社会结构必然会发生巨大的变化。如果社会关系仅仅从地方性的场景中“挖出来”，没有在更广大的时空地带中适当地、合理地“再联结”，整个社会很容易陷入失衡、断裂、碎片化的状态。本文的基本观点就是，在这样的“挖出来”到“再联结”过程中，社会工作者可以、也应该发挥自己独特的作用。

一　离开了地方性场景的人们

改革开放30多年以来，随着市场化、工业化、城市化的推进，可以说中国的绝大多数人口都已经从原先的地方性的社会关系场景中“挖出来”了。对于从地方性的社会关系场景中“挖出来”的人们，大家通常会首先想到大量的进城务工的劳动者及其家属。确实，这是最典型的离开了地方性场景的人们。从空间上说，他（她）们已经离开了地方性场景、进入了更广大的活动空间。在“再联结”方面，既有一些社会因素推动了新的社会关系的形成，推动着“再联结”，但同时也有很多因素阻碍着进入了更广大的活动范围的人们之间的“再联结”。

多年来社会各界对他（她）们的称呼——“农民工”，就清楚地表明了这种既从地方性场景中“挖出来”了，又没有在更广大的活动空间实现新的“再联结”的状态——原先是从事农业活动的农民，进城了，从事工业活动了，但是还没有获得城市人的标志性符号。更严重的是，所谓的“二代农民工”。他（她）们中的大多数人从来没有从事过农业生产，甚至也基本上没有在农村生活过，但仍然被定义为农民。这是很多国家在工业化过程中不曾有过的问题。

阻碍着实现新的联结的因素可以分成两类：一是环境、制度方面的因素，如人所共知的户籍制度、高不可及的房价、缺乏大范围内相互结交的社会条件、雇主有意识地阻断雇员之间建立密切关系等；二是个人的观念、意识、交往能力。

由于没有建立起新的必要的社会联结，很多人都感觉孤独无助。最典型的是富士康的那些跳楼自杀的青年员工。但大多数被定义为农民工的人，其情况可能更近似于我曾经访问过的一位农民工。这是一位 50 多岁在天津做木工的男性农民工，在外打工多年了，现在在居民住宅装修队里做木工。因为每家装修只一段时间需要木工，为了保证每天都有活干，他同时跟着 5 个装修队。这样的劳动组织方式显然是比较有效率的。但是，就人与人之间的关系而言，他与任何一个装修队的关系都是松散的。可能在其中结交了一些关系密切的朋友，也可能就是独来独往。无论怎样，他对任何一个装修队都不会形成作为人情、人性必要构成因素的归属感，而仅仅是其中的一个劳动力。假如在这个城市有一个这类木工的工会、协会、联谊会，他们会是怎样的情况呢？会不会有了人所需要的归属感、有了相互切磋技艺的机会、能够相互提供工作信息、能够彼此给予更多的帮助，同时对彼此应该如何竞争加以规范？

好在他是第一代农民工，他对归属的需要仍然指向原先的地方性场景。与绝大多数农民工一样，打工挣了钱首先在老家盖上了砖瓦房。现在他对自己的计划就是再干几年，60岁以后回老家。但是，对于两个儿子他和他们自己就不知如何安排了。大儿子已经结婚，小两口都在广州打工，根本没有再回老家的打算。想在广州买房，不可能；根据自己的经济条件，在老家的县城有可能买一套房，然而买了也是放着，因为多方面的因素都决定了现在和将来都不会到那里安居。这就是完全离开了原先的地方性场景，而又不能建立起新的联结的农民工的状况。这是占中国人口总数很大比例的一个群体。

除了农民工，很多城市居民也离开了原来的地方性场景。这一是由于失业、下岗，很多人离开了原来的工作单位；二是由于城市拆迁重建，很多人离开了原来的居住地、离开了原来熟悉的邻居，住进了邻里互不相识、互不往来的单元楼房。在中国城市人口老龄化加速的情况下，这已经是一个严重的社会问题。很多老年人生理上还是健康的，生活自理也没有问题。但就是整天没有说话的人，自己又不便与其他本来不认识的人贸然交往。他（她）们既不需要托老所，也不需要社区提供其他服务。如果有社会工作者帮助这样的老年人建立起新的社会关系，可以使他（她）们的生活质量有很大的改善。

而且，由于城市拆迁，离开了原来的社会关系网络，在新的地方又没有能力建立起必要的新社会关系的人，不仅是老年人。这方面的问题近些年已经突出地反映在业主与物业管理公司的关系中。几乎每一个新建楼盘都是建房的公司建完房就留下一个物业管理公司，并定下了物业费及其他管理规则，业主只有接受、服从。房地产公司及其物业管理公司与业主的平等买卖关系完全变成了管理者与被管理者的关系。

早在2003年国务院就出台了《物业管理条例》，提出了“业主大会”这个概念，并且还把名称为“业主委员会”的小组确定为“业主大会的执行机构”。2007年《物权法》出台，更从人大立法高度确立了业主组织——业主大会和业主委员会的法律地位。与之相应2007年《物业管理条例》也进行了修改。总的精神是同一个物业管理区域内的业主，应当在物业所在地的区、县人民政府房地产行政主管部门或者街道办事处、乡镇人民政府的指导下成立业主大会，并选举产生业主委员会。目前法学研究者主要关注的是业主委员会的法律地位不明确。但我们首先关注的则是，绝大多数居住区的业主根本就没有建立起业主委员会。

另外，由于全国性的、甚至国际性市场的形成，那些没有离开家乡、依然从事农业生产的农民，同样是从地方性的场景中“挖出来”了。他们既不再是接受国家统购的人民公社社员，也不再是面对地方集市的农民，而是他们根本无法把握的大市场的参与者。我们作为城市中的消费者深感农副产品价格的快速上涨。但同时又多次看到、听到某些蔬菜、水果因无人收购烂在地里，甚至有农民因某种产品收购价格太低而自杀。这里的一个关键就是离开了地方性场景的单个农民根本无法应对广阔的大市场。我们知道韩国、日本和我国台湾等地的农民都有自己的合作社。有的农民直接将超市办在城市里。中国大陆有些地方的农民也正努力组织起来，但困难重重。

无论是业主委员会的建立还是更复杂的农民合作组织的建立。如果完全靠当事人自己组织。需要长期的历史积累，形成一些在有关人员中能够得到信任、有能力且有奉献精神的组织者。这是当今的中国社会所不具备的：几十年的计划体制、全面专政，已经使国人几乎完全失去了自我组织的能力和意识；改革开放以来的多种问题导致的人与人之间极度缺乏信任感；已经离开了地方性场景的互不了解的人之中即使有热心的组织者，其他人通常不仅是“搭便车”，还会怀疑最先出面的人是为了捞取私利。

如果社会工作者作为专业人员参与其中，情况可能会有很大的改观。亦即，中国社会目前的状况不仅需要社会工作者运用自己的专业知识与有需要的人建立专业关系，还需要社会工作者运用自己的专业知识帮助社会成员之间建立新的联系。这就涉及社会的自然发展与人为建构的关系问题。

二　自然过程与人为建构

现代化起始于西方国家，西方国家之所以从传统社会转向现代社会、实现了社会的现代化，整个过程既有各种因素，如自然环境、历史传统、社会制度、生产方式、科学技术等因素相互作用自然形成的结果，也有人作为社会的主体出于各种各样的动机自觉建构的东西。本文提及的吉登斯用来表达现代制度的本质和影响的基本要素的三个概念，其内容是对西方现代化过程和实际状况的高度概括，同样表明了西方现代性的形成既有各种因素自然作用的结果，又包含着人为建构。正因为其中有人为建构的东西，所以它们才既是现代社会的特征又是推动力。而且，很可能正是其中的一些人为建构的东西所发挥的作用，才避免了马克思当初预测的资本主义社会的崩溃。

虽然吉登斯的理论必定与西方社会的实际状况有关，而且他在具体分析时又常常与高度现代性社会的状况相联系。中国社会的特质、发展动力不可能与西方社会完全相同。但是，吉登斯的理论对于我们分析中国社会的现状，探索我们应该做出怎样的努力还是有意义的。

吉登斯的三个概念中的第一个，时空分离，首先指的是由于时钟的发明和普及，更由于有了通用的计时系统和全球标准化的时区，由于世界地图的使用，使时间与空间分离，使时间的“虚空”纬度和空间的“虚空”纬度得以发展。更主要的是说，由于时间和空间的虚空，使人们可以对时空加以分割和重组。当然，这种重组并不是与人的活动相分离的。时空分离主要是为“不同场合协调社会活动提供了时空重组的坚实基础。如果没有被分离的时空的重新融合，许多组织及作为现代性特质的那种特定组织，要跨越无限时空距离而对社会关系进行规则化控制，就是不可思议的”（吉登斯，1998a：19）。所以，时空分离在本质上是指“跨越广阔的时间与空间领域的社会关系的联合，并一直到包括全球体系的状况”（吉登斯，1998a：22）。

第二个概念是社会制度的抽离化。吉登斯说，他是精心选择抽离化这个隐喻来反对“分化”的概念。他认为社会学家通常使用的分化概念隐含着一种观点：“在前现代社会中以一种松散的形式组织起来的活动模式，随着现代性的出现，变得更为专门化，更精确。毋庸置疑，这种观念有某种效度，但它无法把握现代制度的本质和影响的基本要素，即社会关系从地方性的场景中‘挖出来’并使社会关系在无限的时空地带中‘再联结’。”（吉登斯，1998a：19）显然，与分化概念相比，制度的抽离化概念能够更清楚地包含社会关系在更大的时空范围内“再联结”的可能性，因而也就更深刻地揭示了现代社会的特质和推动力。

第三个概念是制度反思性，有时吉登斯又称为现代性的反思性。“指的是多数社会活动以及人与自然的现实关系依据新的知识信息而对之做出的阶段性修正的那种敏感性”。“对现代制度来说，这种知识信息并不是无关的，而是其本身内在的组成因素”，是“制度组织和转型的一种建构要素”。同时，他还强调，这种现代性的反思性与“内在于所有人类活动的、对行动的反思监控”是有区别的（吉登斯，1998a：22）。

所谓“内在于所有人类活动的、对行动的反思监控”，吉登斯认为是人类行动者认知能力的特征之一。在社会实践的循环往复中，“最深入地卷入其中的因素，就是人类行动者认知能力所特有的反思性特征”。“我们应该把‘反思性’理解为持续发生的社会生活流受到监控的特征。”反思性监控是日常行动的惯有特性。“行动者不仅始终监控着自己的生活流，还期望他人也如此监控着自身。他们还习以为常地监控着自己所处情境的社会特性与物理特性。”（吉登斯，1998b：62、65）

亦即，个人对自身行动和所处情景的反思性监控，是人所具有的能力，是习惯性的意识活动和行为。而现代性的反思性或制度反思性，不同于这种人人具有的习惯性的东西，而是运用新的科学知识重新对社会状况进行分析、判断并进行调整的意识和能力。可以说，前者是人的与生俱来的能力，本能，而后者是需要自觉意识、自觉努力、掌握必要的科学知识才能够形成的能力。吉登斯认为，“社会科学在现代性的反思性中扮演一个基本角色，它们并不仅仅以自然科学所采取的方式来‘积累知识’”（吉登斯，1998a：22）。

简单地说，现代化的过程、现代性的基本特质，就是在人们由于各种偶然的和必然的因素脱离了原来的地方性场景，进入了更广阔的活动空间后，需要人更加自觉地以科学知识为指导，对自己的活动、所处情景进行反思性监控。这种反思性监控的结果，就不仅仅是根据实际情况调整自己的行动，更包括在更广阔的空间和更长久的时间中对众多的人的活动进行协调。而且，还要依据新的知识信息对已经形成的组织、关系模式、制度做出“阶段性修正”。在这样的过程中，不同的人可能掌握了不同的专门知识，其中有些知识可能更适合于对人与人之间关系进行分析、反思，指导人们建立新的关系模式。

在西方国家的现代化过程中，市民社会、公民社会的形成是重要特征。这个过程，最突出地体现了社会关系从地方性的场景中“挖出来”并在无限的时空地带中“再联结”。当然，各种专业化的组织、机构的发展，包括跨国公司、各种类型的国际组织的建立，也是这个过程的重要部分。但是，其中与市场有着直接联系的那些组织的发展，更多地是出于对经济利益的追求，拥有较多资本的人主动建立起来的。与市场领域不同的公民社会往往既体现为自然发展，又需要非经济利益性动机下的人为建构。

中世纪后期的西欧，由于人口增加，对以前不需要也没有能力开垦的荒地、林地的开垦，使各地在地理上的交往变得容易了，不同地方之间的贸易发展起来了。最初主要是经济利益的推动，个人对自己行为进行反思监控，少数人脱离了原来的生产和生活方式，投入新的地方和活动方式中。这主要是少数人从原来的地方性场景中“挖出来”。但是，随着工商业的发展，越来越多的工商业者聚集在一个地方，一方面是工商业机构——手工作坊、手工工场、商贸公司的发展，另一方面则是工商业者的自治组织的形成。

就后一个方面而言，一般是当事人自觉地意识到一个地方的工商业者或者其中从事相同行业的人们应该组织起来，并因为有人实际采取了适当的行动而组织起来了。当这样的组织采取行动维护“我们”的利益时，社会关系就在新的场景中“再联结”起来了。这就是西方市民社会的形成。

这样形成的市民社会的重要特点之一就是它的自治性。而这种自治性与其成员在新的环境中建构了新的社会联系方式——各种类型的市民团体有直接的关系。马克思和恩格斯在阐述资产阶级的形成过程时，特别指出正是在中世纪的城市里“各行各业的手艺人联合为行会”，“从各个城市的许多地方性居民团体中，逐渐地、非常缓慢地产生出市民阶级”（马克思、恩格斯，1972：57、59）。换一个角度说，也就是社会关系的重构。

韦伯还特别指出了西方中世纪城市与西方古代城市、与其他地方城市的不同。由于其他时代和地方的城市，仍然受着既有的统治者的统治，在城市居民中很难产生新的社会联系形式。而西方中世纪的城市，“至少在新建城市时，市民是作为个人进入市民阶层的。他作为个人宣誓市民的效忠。个人隶属于城市的地方团体”是“一种誓约共同体的结义”。“城市是一个盟誓的‘城市社区’，并且被视为法律意义上的‘法人团体’。”（韦伯，1997：602、604）进入城市的个人就是离开了地方性场景的个人，这些个人结成新的团体的过程就是一种“再联结”，一种新的社会关系的重构。这些团体、在城市里发展出来的新的社会关系，最初并非是政治性的，而主要是为其成员提供支持和保障。“在人身受到伤害和威胁之时，而且也往往在经济上困顿之际，给他们提供帮助。”此外，也具有解决纠纷、关心成员的社交需要、关心成员的葬礼等多种功能（韦伯，1997：613）。

虽然中世纪后期发展出来的这些团体还不是完全现代性的，但为后来的制度性反思、现代性社会关系的建立提供了必要的基础。在西方国家实现现代化的过程中，正是这种已经从地方性的场景中“挖出来”并在无限的时空地带中“再联结”的“社会”发挥了重要作用。由于这个过程始于中世纪西方的城市，所以，在很多文献中那样的社会又被称为市民社会。其实，英文“Civil Society”这个概念在中国大陆有三种译名：“市民社会”、“公民社会”和“文明社会”，而且它也确实具有这三种含义。最早是指与野蛮社会相区别的“文明社会”。在近代西方市场经济逐渐发展起来，资产阶级逐渐上升为社会的统治阶级之时，它主要指的是由城市中的有产者组成的“市民社会”（爱德华·希尔斯，1999：34—36）。后来，随着现代民族国家的形成和一些重要的公民权利的普及，社会成员参与国家的公共事务已经不再仅仅以占有私人财产为基础，而是以公民身份为基础了。此时的与国家和私人领域相对独立的“社会”称为公民社会似乎更合适。

在市民社会发展为公民社会的过程中，工人数量的增长，各种形式的工人组织的形成是非常重要的。在西方社会后来的发展历程中，工人的各种组织不仅将劳动者“再联结”起来，而且通过参与国家的政治生活、通过和企业主协商谈判，在维护了工人利益的同时促进了社会制度的进步，包括社会福利制度的发展。

再后来，随着产业结构的调整，劳动分工进一步发展，非体力劳动的工作岗位越来越多，并成为了专门化的职业，不同的专门职业又纷纷建立了自己的组织。例如，会计师协会、医生协会、社会工作者协会、律师协会等。从而使整个社会实现了现代性的“再联结”。

然而，具有自治性的、自发形成的公民社会与国家并非没有关系。吉登斯认为市民社会的建立直接与国家的现代形式的出现相关联。在传统的国家中大多数日常生活是处于国家的行政权力之外的。这种外在的领域并不是市民社会，只是与外界缺少必要联系的地方性社会。“在现代社会形态中，国家与市民社会作为相联的转换过程而得到共同发展。”“此一过程的条件恰恰是国家对日常行为的许多方面施加影响的能力之所在。市民社会是作为国家渗透到人们的日常生活的‘另一面’而被建构出来的。”（吉登斯，1998a：177）

从国家的建构方面说，国家对个人自由，包括迁徙自由、择业自由、结社自由的法律保障；对社会工作给予的法律、经济等方面的支持，都属于国家的积极作用。而国家之所以能够发挥作用，又是由于公民对国家政治生活的参与，通过参与推动了国家作用的方向、内容。

亦即，国家和社会是相互建构的。一方面，市民社会是长期且复杂的历史演化过程的产物，个人逐渐成为某个阶层、团体、机构的成员，个人通过这些组织影响着国家的政治运作、法律制定；另一方面，在市民社会中，集体的团结和交互作用的方式通常又是不相契合、脆弱并易于导致严重冲突的。因此，需要国家通过某些专业人员，以有效地补救市民社会的非正义的情况并将其中的各种特殊利益整合入一个普遍的政治共同体。因此，我们也可以说，从“挖出来”到“再联结”的过程，既是一个自然发展的过程，也需要人为建构。

三 “再联结”与“专家系统”

如果一个社会的很多成员仅仅是离开了地方性场景，又没有适当地联结起来。他们必然感到孤独无助，因此个人的福利水平会受到很大影响。实际上问题还不仅如此，还有一个重要特征就是社会成员普遍缺乏“我们”意识。

所谓“我们”意识，在社会学中通常与长期存在的小规模共同体的特性相等同。“‘我们’代表了我所属于的一个群体，对于发生在这个群体中的事情，我有着很好的理解——并且因为我理解，所以我知道它怎么样继续下去，我感觉到安全，并且如同在自己家里一样。”（鲍曼，2002：23）这样的共同体意义上的“我们”意识是以熟悉和了解为基础的，其形成是与个人之间的相对频繁的面对面互动直接关联的。现在，剧烈的社会变迁，经常的社会流动，居住方式和工作方式的改变，各种自然形成的共同体被解构了。共同体意义上的“我们”意识就需要通过人为建立各种类型的共同体来维护和建构。

但是现代社会，由于人们之间的跨越广泛时空范围的间接联系增多、影响增强，在没有直接互动关系的人之间，在只是偶尔交往的人们之间形成“我们”意识也是非常重要的。这种普遍性的“我们”意识自然不可能，也没有必要达到共同体意义上的“我们”意识的程度。但作为现代社会的人必须明确意识到每一个人与所有的他人，包括很远距离的人、未来世代的人都是有关系的、是相互影响的。至少应该是：一方面自觉地意识到他人的存在，他人是与自己一样的人，不是“异类”。从而以不损害他人利益的方式追求个人利益。境界再高一点，应该是除了追求私利之外还有点对他人、对社会的关怀意识。另一方面，对个人与他人、与社会的关系有基本的信心，相信自己不是孤立地存在，是作为公民与其他公民、与国家之间存在着一定的权利义务关系。因为现代社会的个人之间确实是彼此关联的。江河水体污染、湖泊蓝藻暴发，清楚地昭示着人的活动的外部性，昭示着现代社会个人之间的广泛关联。任何人如果只顾自己的利益，没有对他人的考虑，最终结果是“我们”都成为受害者。

目前中国显然相当缺乏这种普遍性的“我们”意识。仅就食品安全问题而言，这既是由于利益驱动，也是由于没有真正意识到生产者与消费者是“我们”的关系。在粮食种植、食品加工过程加入各种危害人体健康的东西，这样的行为普遍化以后，所有的人都逃不开吃下有毒食品的结果。这种状况的改变，毫无疑问地是需要国家有关部门切实负起责任，加强管理。但另一方面，物质资源永远是稀缺的，制度规则也总会有不完善之处，只有社会成员具有彼此都是“我们”中的一员的意识，才有可能在社会互动中视具体情景调整个人欲望和行为，不做损人不利己的事情。

普遍意义上的“我们”意识，不是单纯靠说教能够形成的。而是所有的社会成员在新的社会关系、社会制度的建构和对建构过程进行制度性反思的过程中形成的。在这个过程中，专业人员的作用是重要的。

吉登斯在阐述其理论时特别提到了“专家系统”的作用。他认为，“确切地说，这种‘挖出来’就是我所说的抽离化的内涵”（吉登斯，1998a：19）。抽离化机制有两种类型，他分别称为“符号标志”和“专家系统”。专家系统的作用纷繁多样，但是基本可以分成几类：一类涉及人与自然的关系，这又包括人从自然界获取各种资源方面和与制度反思性有直接关联的保护自然环境的方面。前一方面主要与自然科学专家有关，社会科学专家在后一方面中的作用成为至关重要的构成部分。另一类则涉及个人之间和个人与国家之间关系的建构，这又包括专家系统对个人日常生活的渗透和通过这样的渗透推动公民社会的形成。后边这个类别显然与社会科学专家的作用更密切。所有这些类别又都涉及公共管理系统的决策与专家系统的关系：决策过程本身是否更多地依据专业知识、重视专家系统的作用；在社会中专家系统是否有机会发挥更多的作用。

在现代化的过程中自然科学知识的迅速发展以及在生产、生活领域的广泛应用是尽人皆知的事实。由于这样的过程导致的环境问题和社会问题进一步引发了运用自然科学和社会科学知识进行现代性反思的必要性也越来越受到广泛重视。

在现代社会中个人日常生活之所以需要专家系统，是因为在现代社会与个人的相互塑造过程中，传统的经验、规则失效了。这种失效，一方面由于“生活历程变得越来越脱离开与其他个体和群体存在固有联系的那种外在性”（吉登斯，1998a：173）。个人失去了参照他人经验掌握日常生活技能的机会。例如，婴幼儿的抚养，在前现代社会，人们自然地从其他亲属那里学习到很多相关知识和技能。现在却需要通过阅读、收听、收看甚至直接咨询的方式，从专家系统获得有关知识和技能。传统的经验、规则失效的另一方面，更多的是由于生活环境的复杂化。例如，行走在乡间小路与行走在城市的大马路需要的常识是不同的，更不要说行驶在高速公路上。再如，当一个人用现金购买日常生活用品需要的金融知识和判断所购物品质量的知识与置身于数字化、全球化的金融系统中，购买各种被新知识和新技术极大地改变了生产过程的生活用品所需要的知识是截然不同的。

特别是由于上述两种情况的综合结果，在个人面对复杂的生活、遇到各种挫折时，很少有机会从具有亲密的、固定关系的个人那里得到帮助。因此，在现代社会各种心理咨询、心理治疗发展起来了。

与上面这个类别相互交织，专家系统在现代社会还具有在个人之间和个人与国家之间建构联系的作用。所以，吉登斯认为，在现代性条件下，专家系统无孔不入，渗透到社会生活的所有方面，“专家系统并不局限于专门的技术知识领域。它们自身扩展至社会关系和自我的亲密关系上”（吉登斯，1998a：20）。由于时空分离、社会流动，人们之间自然形成的社会关系在很大程度上解体了。同时通过与专家系统的互动，又帮助个人与他人，包括专家系统中的他人，建立了新型的社会关系，在西方国家现代化的过程中与“社会”的形成有一定联系。首先由中产阶级的妇女发起的对贫民的“友好访问”和各种慈善救助活动，后来发展为专业的社会工作，在构建新的社会关系中发挥了重要的作用。在时空分离、个人高度原子化的现代社会中，非常需要社会工作者通过对社会关系的构建，帮助社会成员形成新的“我们”意识。而社会工作者在推动、帮助个人之间重建社会联系本身就构建了一种新的“我们”意识。

后来，随着福利国家的形成，包括社会工作者在内的社会福利系统的专业人员也在个人与抽离化的国家之间建构了新的联系。国家通过专业工作人员为个人生存和发展承担一定的责任，使个人感觉到自己不是孤立于社会之中、与国家没有关系的。所以，“正像分散的特征对于现代性尤其是高度现代性的时期是核心一样”，现代制度的统一的特征，“也是现代性的核心”。“当抽象的系统深深地渗透日常生活时，对这种系统的反应就把个体与无限扩展的社会关系联结在一起。”“随着现代性的成熟，抽象体系在协调日常生活中各种各样的联系中，起着越来越广泛的作用。”（吉登斯，1998a：204、175）

当然，个人之间的新型社会关系的建立并不完全是专家系统作用的结果，由于共同的利益、共同的观念，在适当的契机作用之下，一些社会成员也会自发地建立各种形式的新的共同体。而且，特别需要强调的是，专家系统并非一个完全独立于一般社会成员的系统，因为在现代社会没有人能够成为多方面的专家，所以，在某个方面是专家的人，在其他方面也要依赖于有关的专家。结果是“生活在现代性条件下的每个人都受到众多专家体系的影响”（吉登斯，1998a：29、24）。

而且，从自生自发地“再联结”方面说，每个认识到现代社会特征的人、每个能够根据新的场景调整自己与他人关系的人都是专家；从人为建构方面说，社会工作者则是现代性的社会关系“再联结”的专家系统中的重要组成部分。其实所谓社会的自治，就体现为它的“被建构”，呈现为一定的组织化，国家才可能与之沟通、互动、协商，从而实现和谐，消除“他们”意识，形成“我们”意识。

参考文献

安东尼·吉登斯 a:《现代性与自我认同》，赵旭东、方文译，生活·读书·新知三联书店 1998 年版。

安东尼·吉登斯 b:《社会的构成》，李康、李猛译，生活·读书·新知三联书店 1998 年版。

爱德华·希尔斯:《市民社会的美德》，载邓正来、J. C. 亚历山大编《国家与市民社会》，中央编译出版社 1999 年版。

马克思、恩格斯:《费尔巴哈》，载《马克思恩格斯选集》第 1 卷，人民出版社

1972年版。

马克斯·韦伯：《经济与社会》，林荣远译，商务印书馆1997年版。

齐尔格特·鲍曼：《通过社会学去思考》，高华等译，社会科学文献出版社2002年版。

社会工作与社区工作：香港地区社区发展服务的“再生”

［中国香港］冯国坚

香港浸会大学社会工作系助理教授

社会工作源自英美，19 世纪末至 20 世纪初期，关注点是整个社会，介入方法除提供救济式服务、为个人及家庭提供协助外，也针对地区及国家政府，倡议人道的社会政策及促进社会运动。慈善团体（Charity Organization）及安置房屋运动（Settlement House Movement）正代表着两种不同的介入方向。20 世纪初至中期，社会工作逐渐明显地划分工作手法，即社会个案工作（Social Casework）、社会小组工作（Social Groupwork）及社区组织（Community Organization）。美国的“全国社会工作协会”（National Association of Social Work）先后在 1955 年及 1962 年正式确认个案、小组及社区组织为三项专门工作方法；至 60 年代末，把社会工作的概念由慈善改变为社会公义。20 世纪 70—90 年代，宏观社会工作逐渐发展成为全面的实践范围，但同时亦出现社工纷纷转为心理治疗师或集中从事“临床实践”（Clinical Practice）的趋势，但社工专业仍强调社会工作实践应包含微观（Micro）与宏观（Macro）层次的介入（Brueggemann，2006）。在香港地区社会工作的发展历史中，社会工作者自 20 世纪 70 年代末开始提供社区发展服务，社区工作在 80—90 年代初最为蓬勃，但随着政府对社区发展的态度及一些客观社会改变的因素（Fung & Hung，2010），政府资助的社区发展服务逐渐萎缩，从事社区工作的社工人数亦减少。本文集中介绍香港地区自 90 年代中后期社区发展服务的转变，指出过去 10 年社区社会工作以多元面貌“再生”。笔者亦重申社会工作与社区工作的关系，社区社会工作与非社工执行的社区工作的分野，并鼓励社工坚持社会工作着重参与、增权和改变社会的角色。

香港地区90年代中后期的社区发展服务

香港地区的社区发展服务泛指由社会工作者执行、由政府资助的独立社会福利项目，项目以地区为单位，服务对象为整个社区，主要包括自1977年起设立的邻舍层面社区发展计划（以下简称“邻舍计划”）及社区中心服务。“邻舍计划”主要针对“过渡性社区”，包括新开发地区/寮屋区（Squatter Areas）、政府兴建的临时房屋区（Temporary Housing Area）、村屋以及受房委会重建计划影响的三至六型公共房屋，后期扩展至较稳定的乡郊社区。非政府机构社区中心服务比较稳定，服务地区的人口达10万—15万，这些社区也不会消失；自80年代末至今，社区中心的数目一直维持在13间。除上述政府资助的社区发展项目外，社区发展服务也包括其他由社会福利机构推行而采用社区工作手法的个别服务计划。

踏入20世纪90年代，政府对社区发展的态度显得更为保守。1991年政府发表的《跨越九零年代香港社会福利白皮书》并没有为社区发展订立长远的发展方向，显示政府正式将社区发展置于社会福利事务以外，并将之定性为政治活动，交由当时负责政治事务的政务司处理；可惜直至2005年，民政事务总署才发表了一份《社区发展政策声明》。14年间，政府并未为社区发展服务的方向制定任何具体的政策。

城市化、代议政制及社会福利服务的发展，使过渡性社区消失、偏远社区与新市镇的福利服务较为完善及社区参与机会增多，这些转变都使政府对扩展社区发展服务有所保留。虽然传统的地域性社区发展面对的限制有所增加，但90年代中后期，社区发展服务在不同的领域和方向上都有新的尝试及探索。

随着1997年金融风暴的发生，以及政府采取自由福利制度（Liberal Welfare Regime），政府及整体社会对社会福利的态度越趋保守。但与此同时，因经济不景气，不少居民对社会福利的需求变得更为殷切（关恒生、沃冯嫦琼，2001）。社区中心自90年代初已逐渐将工作重点由地域性社区拓展至功能性社区（Functional Communities），集中服务社会上贫穷、被排斥的弱势社群（洪雪莲，1992，1994）。这些功能性社区包括单亲家庭、妇女、新来港人士、少数族裔、精神病康复者等，而组织他们建立互助支持网络，渐成为社区中心其中一个重要的工作路向。90 年代后期，这一工作重点更为明显。社区中心一方面加强了社区照顾方面的服务（Fung & Hung，2005），但同时亦着重组织弱势社群，共同争取宏观政策的改变（黎永开，2001）。“邻舍计划”的服务焦点和手法也与社区中心类似。

在地域性社区方面，政府在 1987 年成立土地发展公司（以下简称“土发”），处理市区重建的事宜。“土发”分别在 1993 年及 1998 年资助成立两支“市区重建社会服务队”（以下简称“市建队”），开展独立于政府的社区发展服务项目以外、以地域社区为介入点的服务。在“邻舍计划”以及社区中心的前途不明朗的时期，有论者认为市区重建服务是社区发展的曙光（林国伟、黄硕红，2001）。

至于非政府资助的社区发展服务，在 90 年代中后期发展迅速。随着各种资助团体和基金的出现及私人捐助的增加，以不同社群为对象的社区发展工作得以开拓。事实上，有不少关注基层弱势社群权益如综援人士、被虐妇女、性工作者及病人的民间团体，均是在这时期通过各种方法筹募经费而成立，这些团体除促进互助外，也以倡议政策改善、反歧视等为目标。

千禧年代社区发展服务的“再生”

纵观过往 10 年，社区发展的生态及取向都出现了不少变化，回应着本地政治、经济和社会实况的转变；整体而言，千禧年代的社区发展趋向多样化。

市区重建及楼宇管理是社区工作的新范畴。“土发”在 2001 年正式结束，取而代之的是市区重建局（以下简称市建局）。在政府为市区重建策略进行公众咨询时，已提出市建局会资助非政府机构在旧市区提供服务。自 2002 年开始，市区重建局在各个重建区设立市建队，聘请社会工作者负责推行服务。市建队的工作，是“尽量协助居民，希望减少重建对他们所造成的干扰”（www. ura. org. hk）；至 2011 年底，共有 3 支市建队（最多时为 2007 年，有 7 支）。不同的市建队，具体的工作手法和立场或有所不同，但整体而言，市建队的工作主要包括以下几方面：个案管理工作、组织居民组成互助网络、促进居民与有关部门的沟通、社区教育、提供与重建有关的程序和政策的信息。市建队的工作重点是处理重建区居民的需要，但因为其资助直接来自市建局，亦受其监管，社区内的团体和居民容易误会和怀疑市建队的身份、立场和角色，令市建队开展工作时面对极大的困难（伍斯安，2007）。2011 年 8 月，政府宣布成立“市区更新基金有限公司”，3 支社工队转投基金名下以避免角色混淆。

除市区重建外，屋宇署自 2004 年 3 月亦开始资助非政府机构设立“驻屋宇署社工支援服务队”，协助旧市区私人楼宇居民处理大厦维修事宜或强制“维修令”，成立业主立案法团、寻求法律程序支持等；至 2011 年年底共有 7 支服务队（www. bd. gov. hk）。

另一方面，随着经济转型、结构性失业严重，基层市民的生活智慧和工作技能不被重视，失去工作机会；大财团的垄断亦剥夺了社区经济（如小本街坊生意）的生存空间，导致低下阶层因日渐减少的经济资源及社会资本而无法脱离贫穷。为运用居民的能力及处理贫穷问题，社区经济计划应运而生。这类计划，重点在于通过在社区内建立小型经济组织（如合作社）、创造交易工具（如社区货币）、采用不同的营运模式，包括互相交换或生产服务（货品）、集体消费（如共同购买），以较强调平等、信任和参与等价值的方式建立社区经济互助网络（Hung,. 2003；乐施会，2003；洪雪莲，2003；许宝强，2009）。

随着社会资本、社区网络、自助等概念渐趋流行，应用范围不止于社区经济发展，更渐渐成为社区发展的重要介入焦点，这与政府的推动有密切关系，特别是指资源的提供。政府通过于 2002 年设立的社区投资共享基金（CIIF），鼓励官商民合作，以期最终达到社会资本的建立（www. ciif. gov. hk）。CIIF 作为一个种子基金，原则上只会资助同一计划不超过三年。社区投资共享基金的出现以及其资助的年期限制，使不少社区发展工作转向计划为本（Project Base）的模式，在资助完结时往往需结束服务，又或由负责推行的非政府机构自行寻求资源或转变形式延续。除了资助短期计划外，近年政府也有主动开展社区层面的支持服务，包括分别于 2006 年及 2008 年成立的“长者支持队”及“邻里支援幼儿照顾计划”，目标为照顾独居长者及防止儿童独留家中。

以上提及的转变一定程度上反映“社区工作再生”的趋势。随着经济全球化的影响越趋明显而香港地区政府紧随剩余福利意识形态，政府认同社区于帮助弱势社群的角色，社区在此新形势下的角色更明显（Fung and Hung，2010），但与此同时，政府资助的社区发展服务继续以社区充权为方向的越加少见，非政府资助的服务则仍能坚持这方面的工作。

社会工作与小区工作

以上提及的小区发展服务都是主要由社会工作者提供的。小区发展服务的转变及社会福利服务采用小区工作理念的普遍程度，直接影响到社工实践小区工作的空间。香港地区的小区发展服务在过去十多年间出现的变化有否带来小区社会工作发挥的新机会？为什么社工不应放弃小区工作？

小区工作是社会工作的其中一种手法，也是社会工作介入不可或缺的重要一环，这源于社会工作本身的使命、价值观及对问题的分析角度（冯国坚等，1994）。社区工作被确认为社会工作的一部分，两者有很多共通基本价值观，如相信人的自决权利，相信人的尊严及价值、社会参与的权利，争取社会公义的重要性等。Netting 等（2004）便明确地说明，“社会工作者需把服务对象视作多样系统的一部分；这些系统组成了个人的社会及物质环境。因此，如果社工不愿意参与一些与这些环境有关的宏观实践的活动，他（她）就不是在做社会工作。”换句话说，社会工作者需不断发掘可使系统对服务对象的需要更敏锐及回应性的转变，并促进这些转变。Cox 等（1987）在界定宏观社会工作实践时，指出“宏观实践的焦点为人类生活的改善，应强调发展开明的社会政策，组织有效的服务提供，增强社区生活及预防社会问题。因此，宏观实践包括社区组织、社会政策及行政”。

社会社区工作与非社会工作者提供的社区工作/社区发展服务的分野，在于前者着重参与及增权（冯国坚、洪雪莲，1999；冯国坚等，1999）。社区工作是一个促进参与的过程，在参与过程中达到增权。Weil and Gamble（1996）指出社区实践是“充权为本的介入（Empowerment-based intervention）以增强民主参与，协助小组及社区倡议其基本需要，争取社会公义，改善社会服务系统的有效及回应程度”。也就是说，在参与过程中，个人及团体能发展其组织及解决问题的知识、技巧和能力；使社会规划更能回应他们的需要和社会公义的原则；争取权利以达到生活质量的改善；减少歧视及社会不平等、促进民主参与等。

参与达到增权，借此加强个人对环境的操控能力和信心及对群体的归属感。当个人成为社会改变者，他们也改变了自己。在个人改变他们的生活和与人关系的同时，整体社会也会产生改变，制造更多的社会资本和社会资产。

香港地区社区社会工作的展望

总结香港社区发展从90年代中后期至今的转变，包括：（1）政府减少资助独立的社区工作服务，现有“邻舍计划”及社区中心数目只会有减无增；（2）现有社区发展服务转以功能性社区为主，为匮乏、弱势社群提供社区照顾，建立互助支持网络的同时亦尽量进行社区充权；（3）市区重建过程并不需要社区发展/社区工作，而是协助居民顺利搬迁的个案及家庭服务；（4）出现不少非政府资助、独立于现有社会福利机构以外，服务被社会排斥的群体的服务机构，着重倡议政策改善；（5）社区经济发展成为社区发展/社区工作的主要模式之一；（6）发展社会资本、社区网络的工作得到政府的推动，进行大量短期计划；（7）社区是提供服务、减轻及解决社会问题的场域，政府主动开展社区层面的支持服务。这些转变 定程度上反映“社区工作再生”的趋势。社区发展在不同的领域和方向上都有新的尝试及探索，当中包括社区经济发展、自助组织、非政府资助的社区服务、以争取权益为目标的独立团体、短期的社区网络计划等。这些发展趋势无疑有助于提供社区照顾，但在社区充权方面却有很大限制。配合着社区发展服务的“再生”，香港的社会工作者应把握转变的契机，实践社区社会工作的信念，争取及促进参与和增权的空间，坚守社会工作改变社会的角色。

参考文献

Brueggeman, W. G., *The Practice of Macro-Social Work*. Belmont, CA: Brooks/Cole, Thomson-Learning, 2006.

Cox, F. M., et al., *Strategies of Community Organisation: Macro Practice*. Itasca, Ill.: F. E. Peacock Publishers, 1987.

Fung, K. K. & Hung, S. L., *Community Work in Hong Kong: Changing Agenda in the Recent Phase of Economic Globalization*, Community Development Journal, 2010, Advance access published online: doi: 10. 1093/cdj/bsq009.

Fung, K. K. & Hung, S. L., "SARS: Strength Community", *Hong Kong Journal of Social Work*, Vol. 381, 2005, pp. 109 – 121.

Hung, S. L., *Fostering Social Inclusion-community Economic Projects for the Middle-aged Unemployed in Hong Kong*, In Proceedings of ICSW Asian Regional Conference, 8 – 12/12/2003.

Netting, F. E., Kettner, P. M. & McMurtry, S. L., *Social Work Macro Practice*, 3nd ed., New York: Addison Wesley Longman Inc., 2004.

Weil, M. ed., *Community Practice: Conceptual Models*, New York: Haworth Press, 1996.

冯国坚、洪雪莲:《社区工作与青年充权》,载赵维生、黄昌荣合编《青年工作与充权:理论与实践》,香港:香港政策透视 1999 年版,第 91—115 页。

冯国坚等编:《规范与创新:迈向廿一世纪社区发展工作》,香港:香港社会服务联会社区发展部 1999 年版。

冯国坚、胡文龙、徐永德:《社区工作的理论基础》,载甘炳光等合编《社区工作理论与实践》,香港:中文大学出版社 1994 年版,第 79—116 页。

许宝强:《差异的社群与互惠货币:反思香港的"社区经济互助计划"》,载圣雅各福群会编《从石水渠街开始》,香港:圣雅各福群会 2009 年版,第 61—75 页。

洪雪莲:《自助互助创明天——综援单亲妇女社区经济计划》,载《实干社会服务案例汇编(三)》,香港:香港明爱社会工作服务部 2003 年版,第 394—397 页。

洪雪莲等编:《"独时需要群体"服务资料汇编》,香港:香港社会服务联会 1994 年版。

洪雪莲等:《社区中心角色及发展工作》,载香港社会服务联会编《社区发展资料汇编 1991—1992 年》,香港:香港社会服务联会 1992 年版,第 105—108 页。

关恒生、沃冯嬿琼:《从圣公会麦理浩夫人中心展望廿一世纪:香港社区中心服务的发展与趋势》,载香港社会服务联会编《社区发展资料汇编 1999—2000 年》,香港:香港社会服务联会 2001 年版,第 231—241 页。

黎永开:《非政府机构社区中心未来服务方向之再思》,载香港社会服务联会《社区发展资料汇编 1999—2000 年》,香港:香港社会服务联会 2001 年版,第 12—26 页。

林国伟、黄硕红:《曙光再现:市区重建社区服务》,载香港社会服务联会编《社区发展资料汇编 1999—2000 年》,香港:香港社会服务联会 2001 年版,第 171—200 页。

伍斯安:《向左走,向右走——市区重建社会工作队的定位》,载关注旧区住屋权益社工联席编《书写重建：市区重建服务汇编》，香港：立法会议员张超雄办事处2007年版，第16—20页。

乐施会:《不是乌托邦——社区经济理论与实践》，香港：乐施会2003年版。

社会工作在社区管理创新中的实践应用

［中］肖　萍

南京大学社会学院社会工作与政策系副教授

党和国家高度重视社会建设和社会管理问题，党的十六届四中全会、五中全会都提出了具体的要求，一直到党的十七大再次提出。党的十七大报告指出，“社会建设与人民幸福安康息息相关。”在以民生为导向的社会建设背景下，“要健全党委领导、政府负责、社会协同、公众参与的社会管理格局，健全基层社会管理体制”，“把城乡社区建设成为管理有序、服务完善、文明祥和的社会生活共同体。”社区作为社会生活共同体的含义得到政府的认可和推广。2010 年 8 月，中共中央办公厅、国务院办公厅联合印发了《关于加强和改进城市社区居民委员会建设工作的意见》(中办发〔2010〕27 号)，这是新中国成立 60 年来中央层面第一份专门规范社区居委会建设的具有里程碑意义的政策文件。十七届五中全会的“十二五”规划也指出，社会主义和谐社会建设要“从解决人民群众最关心、最直接、最现实的切身利益问题入手”，完善社会管理体制，迫切需要“推进社会管理体制创新”。2011 年社会管理创新从政策层面实现了大跨越。2011 年 2 月 19 日，中共中央总书记、国家主席、中央军委主席胡锦涛在省部级主要领导干部社会管理及其创新专题研讨班开班式上发表的重要讲话中强调，加强和创新社会管理，要提高社会管理科学化水平，完善党委领导、政府负责、社会协同、公众参与的社会管理格局。2011 年的全国“两会”上，“社会管理创新”一词首次以重要篇幅写入政府工作报告。5 月 30 日，中共中央政治局召开会议，研究加强和创新社会管理问题。2011 年 7 月刚刚出台的《中共中央国务院关于加强和创新社会管理的意见》则是我国第一份关于创新社会管理的正式文件，文件的核心内容就是强调“党委领导、政府负责、社会协同、公众参与”。

如何把社区营造成一个社会生活共同体，让社区充满活力，让居民感受到共同生活的福利感，是城市社区社会管理的基本点，社会工作的实践创新是城市社区管理的关键所在。

一 文献回顾

社区管理的研究与社会建设以及社会管理方面的研究是紧密不可分的。有一批学者对于社会建设与社会管理进行了多学科的研究，主要是哲学、政治学、社会学的思考。这些研究多集中在2006—2009年（龚维斌，2010；青莲斌，2011；郑杭生，2006；郑杭生、杨敏，2010；施蕾生，2010），研究社会建设过程中的社会管理体制和机制问题。另外从2003年开始也有一批学者对于社会建设背景下的社区建设进行了探讨，这部分研究多半与社区建设的实践相关联，对于社区的社会管理提出一些操作性的建议和意见（邹农俭，2009；潘泽泉，2010；徐道稳，2003；陶传进，2007）。2007年至今，社会建设与社会管理方面的学术会议也非常频繁，或者针对社会建设的地方实践模式（上海、北京），或者针对社会建设理论，或者讨论社会建设下的各种分支研究，例如社会建设与社会领域党建、非营利性组织与社会建设、社会建设与工会工作理论，2010年还特别召开社会建设与社会管理研讨会。

关于城市社区管理体制的研究，根据CNKI的文献检索，从1996年至今，一共有78篇文章论及社区管理体制。大部分论文结合当时的社区发展背景，分析了各地的社区管理体制，针对社区管理体制演变的逻辑、改革趋向等提出了各自的看法（杨志明，1996；叶南客，2000；张竞，2003；陈颐，2003；何海兵，2007；徐家良、刘嘉，2008）。

总之，目前社会建设理论研究比较丰富，社会管理方面的探讨比较注重意义和理念层面的分析，城市基层社区的社会管理研究则比较注重微观层面的各地实践分析，一种系统的、综合的、整体性的研究还比较缺乏。

二　社会工作在社区管理中的地位和作用

城市基层社区是一个主动管理的横向协作平台，不是被动管理的纵向管理“终端”。社区管理要强调“社区”，然后才是“管理”。以往都过于强调“管理”，以至于社区建设都变成了如何管理社区这种由外而内、自上而下的模式。通过建邺社区管理体制改革的实践，促进了社区从纵向管理体制向横向协作机制转变。纵向管理体制容易把社区切割成不同的条块，社区的主体地位得不到体现，都是被动地接受管理。横向协作机制则把社区打造为一个真正的发展平台，扩充了社区的容量，赋予了社区更大的权利，能够更好地促进社区共同体意识的建构，体现了社区的独立主体地位，让社区能够主动地发挥功能。

城市基层社区的社会管理体系的建构要强调以社会生活共同体作为理念核心。社区作为社会生活共同体的概念得到社会的认可，社区自治除了强调社会生活的管理服务的“四自”以外，同时还要注重社区作为共同体的“治理”。

社区管理的重点和特色也就在于大力推动居民参与。值得提出的是，政治生活只是社区参与的一部分，社会生活也是社区参与的重要领域，社会生活的公共参与是基础。从社会福利出发，让城市居民在社区中拥有良好的生活状态，是城市居民社区公共参与的基本目标。因此，社区党组织以及居委会等如何营造社区的共同体意识，就成为最关键的焦点。

社区发展是有计划地推动社区变迁的方式，最重要的特征是社会工作者及其他专业人士、政府、民间组织和社区居民共同参与，而在促进这些主体之间互动、公共参与以及居民自治的过程中，社会工作正在并且应该占据非常重要的中心地位和专业优势。

社会工作在社区管理中的具体目标是：促进居民参与解决自己的问题，改善生活质量；改进社区关系，改变权力分配；提升居民的社会意识；发挥居民的潜能，强化居民自治；培养互相关怀及社区照顾的美德；加强居民对社区的归属感；善用社区资源，满足社区需要。

当前，社会正处于一个快速转型的时期，社会生活的形式和内容都正在发生巨大变化，社区建设方面也面临诸多的问题。主要体现在几个方面：社区党组织的领导核心作用没有得到充分体现；政府行政管理服务不够及时有效；政府在社区的资源由于条块分割未得到有效整合而影响功能发挥；社区居委会由于过多承担政府事务导致自治功能弱化；社区民意缺乏有效的表达和处理机制；社区群众的新需求缺乏有效的解决平台和渠道。为了应对社区的这种变迁，满足社会建设以及民生需求，各地都相继出台了各种政策，进行了社区管理体制改革的实践。比较突出的有：上海（1997）的强化街道型、沈阳（1998）的自治主导型、深圳（2005）的盐田模式强调议行分设，北京（2007）朝阳区、武汉（2008）的“江汉模式”，成都（2008）的锦江区、广东珠海（2009）、杭州（2009）的“上城模式”，焦作（2010）的“解放模式”，南京（2010）的“建邺模式”以及贵阳（2011）的撤销街道的实践。各种各样的社区管理实践中都着重于社区的自治，以各种方式促进社区资源整合以及社区权力运行机制的变迁。

在这些改革实践中，政府的责任是社区管理体制建构过程中的关键。正如联合国在1955年发布《通过社区发展促进社会进步》文件提出社区发展的10条基本原则中提到的，社区自助计划的有效实现，有赖于政府积极而广泛的协助。一方面，政府通过社区把间接的社会管理转化为直接的社会服务，参与到社区的自治中；另一方面，社区在党委和居委会的领导和指导下，充分调动和发挥居民的参与，帮助建立民主管理系统，帮助社区进行社会治理能力、民主管理能力和助人自助能力的建设。通过健全城乡基层党组织领导的充满活力的基层群众自治机制，充分发挥群团组织和各类社会组织的积极作用，希望实现政府和社区之间的有效衔接和良性互动。

在目前社区管理中社会工作者的参与和介入，已经全面开展，在实践中摸索前进，也存在很多需要进步的空间。具体表现在社区组织中的社会工作、街道功能转向中的社会工作以及“三社联动”的实现。

三　社区组织运行中的社会工作

虽然各地正在改革实践中的模式多种多样，百花齐放，但是在社区组织的变迁上存在共同之处，即在社区工作的组织大致上有社区党委、社区居民委员会以及社区管理服务站（或称之为社区工作站）。社会工作者在这些组织中都承担着一定功能，但是人数比例以及职能划分上各有不同。

综合比较各地实践模式，社会工作者在这些组织中都应该承担不同的重要职能，因此社会工作方法的使用也必然不同。

（一）社区党委中的社会工作

社区党委、社区居委会以及社区管理服务站之间的理想互动模式应该是：在社区党委的领导下，社区居委会和社区管理服务站之间的相互配合合作，又相对独立地进行工作。社区居委会的工作应该是自下而上的，而社区管理服务站的工作目前是自上而下的，以完成上级安排的各项任务为主。

关于社区党委，有专家认为，社区党委在职能和地位上应该和社区保持一定的距离，通过这种“高差”来体现“势”、体现领导力，可以更好地实现党对社区的领导。社区党委对社区的领导应该不仅仅是对于社区居委会以及社区管理服务站的领导，而应该成为整个社区发展和建设的核心，宏观指导社区管理。

社区党委的领导能力不能完全依靠一位下派的社区党委书记的个人领导能力来呈现。那么，社区党员是如何界定的呢？如果直接定位在社区的不在职党员，可能面太窄了，也不能体现党是先进代表的意义。社区党委面对社区党员如何界定，党员属地化管理，在职党员可能是社区党员的大部分，但是能够参与社区管理的党员可能是留在社区的各类党员等一系列问题，如何平衡这方面的关系，很值得思考。

社区实现党组织全覆盖，有没有做到党员全覆盖呢？社区党员如何界定呢？社区党员这方面的管理可以把党的管理和单位的管理区别开来，不一定重合，形成不同的归属感。另外，社区党委的职责也不是非常确定，需要能够从制度以及法律上给予肯定和支持。

（二）社区居民委员会的社会工作

新中国成立以后，建立起了农村村民委员会制度和城市居民委员会制度，其中第一个城市居委会是从 1949 年 10 月 23 日在杭州市上城区紫阳街道诞生的上羊市街居民委员会。居委会作为基层的法定组织，在基层社会管理和服务中发挥着极其重要的基础性作用。

1. 社区居委会的工作框架

在社区居委会的组织架构上，社区居民委员会一般配置 5—9 人，辖区人口较多、社区管理和服务任务较重的社区居民委员会可适当增加若干社区专职工作人员。社区党组织班子成员、社区居民委员会成员与业主委员会成员交叉任职。鼓励党政机关、企事业单位在职或退休党员干部、社会知名人士以及社区专职工作人员参与社区居民委员会选举，经过民主选举担任社区居民委员会成员。鼓励社区民警、群团组织负责人通过民主选举程序担任社区居民委员会成员。

社区居民的下属委员会的设置上是“5＋X”的模式。我国政策规定，社区居委会必须建立5个下属委员会，即人民调解委员会、治安保卫委员会、公共卫生委员会、计划生育委员会以及群众文化委员会。根据社区特点发展各具特色的其他工作委员会，即“X”。社区居民委员会下属的委员会和居民小组的负责人可以由社区居民推选产生，也可以由社区居民委员会成员或社区专职工作人员经过民主程序兼任。各下属委员会一般由3—5人组成，设主任一名，委员若干名，秘书一名。主任一般由居民委员会委员兼任，委员由负责相关工作的社区工作人员、相关社会组织负责人、了解关心相关工作的居民和驻社区单位代表担任，秘书由专职社会工作人员或居民代表担任。

下属委员会的人员交叉要注重发挥工作的实效，例如人民调解委员会可以选择与司法相关的人员，治安保卫委员会可以选择与公安信访等相关的人员，社会组织发展委员会可以选择社会组织负责人参加，物业管理委员会可以包括业主委员会委员、物业服务企业负责人等。

各下属委员会的职能要根据社会发展和社区实际进行调整。例如，人民调解委员会需要注重社区矫正、综合治理、维稳等功能；治安保卫委员会需要注重公共安全、社会安定、社区平安等功能；等等。

在社区居委会的工作网络上，居民委员会向居民会议负责并报告工作。居民委员会可以分设若干居民小组，小组长由居民小组推选。居民小组长会议是居民会议闭会期间居民委员会沟通与全体居民的联系、监督并协助居民委员会开展工作的日常例会。居民小组以小区为单位还是以片区为单位，可以根据社区的具体情况进行设置。如果居民小区规模比较大并且完整，可以在楼栋长的基础上，根据楼群设置居民小组，推选居民小组长；在各居民小组长的基础上成立业主委员会，业主委员会成员与居委会成员交叉。如果社区内居民小区规模比较小，数量比较多，建议在楼栋长的基础上，以小区或院落为单位，成立业主委员会；相邻的小区形成片区，组建居民小组，在业主委员会委员的基础上推选居民小组长。居民小组长、楼院门栋长，积极开展楼院门栋居民自治，推动形成社区居民委员会及其下属的委员会、居民小组、楼院门栋上下贯通、左右联动的工作网络。

2. 社区居委会的社会工作策略

委员会运作是社会工作社区实践的精髓所在。只有当委员会在民主的基础之上运作时，社区工作进程才能是行之有效的，否则就会出现混乱。要保证委员会的正常运作，就必须保证其工作能合理代表与某一具体项目息息相关的所有群体利益。

通过社区管理服务站的设立承担了很多政府各部门下派的工作任务，让居委会回归到自治功能的发挥。因此在居委会层面，需要转变的方面很多，例如服务对象方面，要以居民为主；服务路径方面要自下而上；服务方式方面，要注重民主，而不是行政安排；服务目标方面，以表达和满足居民需求为主；等等。

居委会恢复了本身的居民委员会的身份，承担着居民自治的功能，应该着眼于居民的需要，积极反馈居民的需求信息，能够为居民提供相应的支持。我认为，除了开展居民活动、推动基层民主之外，居民委员会还有很多事情可以做，例如发展各种居民的分委员会，与社区内的各种社会工作机构或社会组织联系，形成良好的服务转介机制。

社区居民委员会的工作本质上属于社区中的任务小组工作。在社区存在很多任务小组：社会行动小组、联盟和代表委员会等。这些小组与其他类型的小组工作截然不同，这些小组的重点在于：动员个人参与集体行动；为小组及其成员进行能力建设，以促进社区改变；策划和组织社会行动策略。

社区居委会的社会工作者的基本任务就是动员个体成员参与行动。在这个过程中，社会工作者是催化剂，要激发成员对社区问题的兴趣，鼓励成员共同协作。动员居民起来行动，社会工作者的目标是协助个体理解凝聚个人力量的重要性，只要大家团结起来，就能形成有影响的力量，促进改变。在开展动员工作时，工作者需要明确自己开展工作的人群由哪些人组成，包括深受问题影响的个人、社区领袖、正式和非正式的社区小组和机构、大的社会机构等。动员首先需要社区意识提升。与个体居民、社区领袖、正式和非正式机构一起工作时，工作者要提出一个或一组相关的问题，以获得公众的注意。社区意识提升的目标是鼓励社区居民产生一种个人和社区荣耀感，并积极参与改善自己的社区。

社区居委会的社会工作还着眼于能力建设策略。能力建设意味着协助社区小组发展能力和资源，从而可以成功处理一个或者若干个问题。社区发展和其他形式的社区工作，其实都具有能力建设的性质。他们能够协助社区居民形成小组，邀请不同背景的居民共同参与社会行动。在协助社区的小组成员收集资料和发展资源过程中，社会工作者要扮演协调员的角色。

（三）社区管理服务站的社会工作

社区管理服务站中的社会工作不仅要发挥管理的功能，承接各职能单位的工作任务和安排，还要发挥其服务的功能，面向社区和居民，能够把一些相关社会政策转化为公共服务项目，同时也能够承担居委会提请的各项服务。

在社区管理服务站方面，如何承接各职能单位的工作任务和安排，社区管理服务站的人员构成怎样比较合理？另外，社区管理服务站和街道以及各级职能部门之间的联系又是怎样的呢？是目前各地社区管理创新的难点问题。

社区管理服务站的功能看似相对明确，然而工作的开展却似乎并不顺利，显得杂乱。社区管理服务站如何能够很好地完成任务，需要接受社区党委的领导，另外又能与社区居民委员会积极合作。要理顺职能部门以及管理服务站之间的关系，提高效率，避免资源浪费。社区管理服务站是否一定要在每个社区都设立呢？要考虑到服务半径和行政效率方面的因素，不然容易造成资源浪费。

社区层面的管理服务站的建立初衷来自于能够贴近居民提供“一站式”服务，充分发挥政府派出机构的职能。然而，很多社区管理服务站实际在承担政府各级职能部门的工作任务的过程中，忽略了社区管理服务站应该起着协办的功能。社区管理服务站更多的职能体现在社会工作行政方面的间接服务，能够把社会政策转化为居民服务，能够连接居民需求与各种社会机构资源。

四　街道功能转向中的社会工作

各地社区管理改革中都涉及社区层面的工作理念变革、街道层面的工作职能转向以及各职能部门的工作方式变换。在社区组织的运行模式基本稳定的阶段，街道层面的改革显得非常必要和急迫。街道层面的退出模式，有些地区采取撤销街道的方式，有些地区采取弱化街道的方式，有的地方的做法是街道职能回归的方式。无论是哪种方式，都预示着街道功能的转向是势在必行的，而这个变迁过程也是社区公共管理服务创新实践的过程。

街道的功能转向可以表现在功能退出、资源下沉、资源整合优化，在这种变迁过程中，注重效率以及资源优化。从资源优化的角度来说，除了有人财物的资源整合，更重要的是权力下沉的授权机制。从效率方面来说，街道的功能应该逐步转向为针对社区的服务机构——社区服务中心，支持和保证社区的服务运行。

目前，各地在社区公共管理服务改革创新方面都有一些实践，从使用名称上也能显现一些差别。例如上海的社区事务受理服务中心、青岛的社区管理服务中心、天津开发区的社会服务中心、广州萝岗区的社区综合服务中心、深圳的社区服务有限公司、盐城的公共服务中心等。成都锦江区、武汉江汉区、贵阳小河区等使用“社区服务中心”。各地在社区服务中心的改革框架、功能定位和性质方面都有所不同。

各地的社区服务中心的改革落脚点主要有街道层面、街道—社区层面、社区层面。其中，街道层面的改革，主要有上海、成都锦江区、青岛市南区等地区；街道—社区两级体系的改革主要有武汉市江汉区，构建街道向社区服务中心购买服务、街道社区服务中心管理社区服务站的社区公共管理和服务工作体制；社区层面的改革主要有贵阳小河区、天津经济开发区、广州开发区、深圳等。贵阳小河区直接撤销了街道办事处，天津经济开发区下不设街道，都形成了“区—社区”模式，深圳成立社区服务中心（或社区服务有限公司），由街道或社区工作站委托社区服务中心承办信息采集及相关服务工作。

社区服务中心的功能定位方面，各地的改革主要有设施服务、社会工作服务、公共服务方面。青岛市南区社区管理服务中心在功能设置上是设施服务综合型，包括“三个中心”：“管理服务中心”、“文化康乐中心”、“医疗卫生中心”。有一些地区的社区服务中心着重于公共服务，例如上海的社区事务受理服务中心、成都锦江区的社区服务中心、武汉江汉区、贵阳小河区等。有一些地区的社区服务中心是社会工作服务综合型，例如天津经济开发区泰达社会服务中心、广州萝岗区社区综合服务中心、深圳市盐田区社工服务中心等。政府将通过“购买服务”、“合同外包”、“项目委托”等多种形式，开展儿童社会工作、老年社会工作、残疾人社会工作及其他社会工作服务等，同时提供社会事务委托管理服务。

在社区服务中心的性质上，有一些地区采用注册民非组织的半市场化运作模式。泰达社会服务中心是注册的民非组织，理事长由天津经济开发区城市管理局社区科科长担任，主要承担政府购买服务。广州萝岗区社区综合服务中心通过政府购买社会组织公共服务的方式，引入专业社工机构运作管理，为居民提供全方位的服务。深圳盐田社工服务中心是由深圳市盐田区社会工作者协会举办的志愿性、非营利性、从事社会服务活动的民间社会服务组织，其登记管理机关与业务主管机关为盐田区民政局。有一些地区采用事业单位等形式，例如贵阳小河区社区服务中心主任通过公推直选方式产生，并按程序报区政府任命。民非组织形式的社区服务中心实际上和政府之间的联系也非常紧密，例如天津开发区的负责人由社区科科长担任。广州、深圳的模式主要着重于项目的运营，而这方面的服务也多是以政府购买的形式介入。

街道层面的社区服务中心的定位有几种类型。一是社区管理服务中心，着重于公共服务以及社区管理服务站的管理和指导；二是针对社区的服务机构，这种定位的涵盖面大；三是针对社区组织的服务机构，这种定位比较聚焦；四是社区服务的中心，即社区中心，提供各种社区便民利民服务设施。每一种功能定位都有一些地区正在实践着，社会工作强调服务的理念应该灌输其中，促进社区服务中心工作人员的观念更新，更好地从服务政府转向服务社区以及服务居民，才是较佳的途径。

五 “三社联动”的实现

社区、社工、社会组织的联动，是社区建设的必由之路和有效办法。通过以社区为平台、社会组织为载体、社工人才为队伍的“三社联动”

的实践，推广社会工作专业理念，培养社会工作人才队伍，扶持壮大社会组织，加强社区服务。

（一）社区的社会工作者的管理

如何管理好社区工作者，也将影响社区管理的效率和效果。社区工作者的工作成效直接关系到社区管理机制的通畅运行与否。专业社会工作者在社区的社会管理职能是，能够帮助建立民主管理系统，及帮助建立民主管理能力和助人自助能力。

目前在各地社区管理实践中，社区工作者的管理体系还有些混乱。社会工作者的招录有的由民政局下属的社区服务中心派遣，有的由街道招聘，有的是直接由社区招募的，因此有的社会工作者需要签订三方合同或者四方合同。

社区专职工作者的职责定位方面也不是很明确。社区专职工作者在社区党委、社区居委会和社区管理服务站，又需要担任什么样的角色？目前社区专职工作者在社区管理服务站的人数比例较高，那么居委会的工作人员应该如何确定和定位？另外，社会工作者在居委会层面也有很多工作可以开展，可是如何解决编制以及待遇问题呢？我认为，社区居委会的专业社会工作者应该增加，面向居民提供直接服务。

目前社区工作人员主要包括专业社会工作者、管理服务站工作人员、社区辅警、居委会工作人员、市容协管员、保洁员、城管等，其中专业社会工作者的比例较低，因此对于社区工作者进行分类分级管理，非常必要。

社区工作者概念的使用，需要规范，如果专业社会工作者与社区从事保洁、警卫、物业管理等相关人员放在同等位置，恐怕对于社会工作者的认同以及职业规划，会有很大影响。我建议使用“社区工作人员”来指涉社区内的各种工作人员，其中包括专业的社区工作者（社区专职工作者）。这其实有助于社会工作者的定位以及加强社区工作的专业化程度。建立社会工作职系，分成不同职级，让社会工作人才对职业生涯有着一定的预期和规划，让社区工作者这一系统能够持续稳定健康发展，形成社区专职工作者的良好合作网络。在此基础上，建立相应的制度，例如社区工作人员准入制度、教育培训机制、评估考核体系、保障激励机制等。

社区工作者的分类分级管理，要注重统筹规划，统一管理，购买工作岗位，强化专业技能，强调服务职能，项目化运作和评估，以促进社区管理的效率、服务的专业化以及各类专职人员的岗位化，要注意激励机制以及职业生涯的规划。

（二）社区中的社会组织的参与

社会组织参与到社区的社会管理中，在提供服务的过程中要注意主体互动、需求互动、资源互动以及伙伴互动的关系的建立和掌控。

主体互动表现在：政府和非营利性组织都是社会福利服务输送体系中的重要组成部分，如何能够顺畅运行，与二者的主体互动有着密切联系。

需求互动表现在：政府满足非营利性组织的需求，例如建立社区社会组织备案制度，通过登记备案、加强培训、建章立制等措施对社区的各种团队以及小组进行规范，使他们不仅在法律规定范围内活动，而且围绕创建和谐社区需要开展活动；非营利性组织也同时回应政府的需求，承担部分政府转移出来的公共管理和公共事务职能，动员社会力量，整合社会资源，参与社会建设，通过组织化、专业化、制度化的方式反映不同群体的诉求，开展公益性、互助性和自律性的活动，协调不同利益群体的关系，推动社会行为的规范化、有序化，促进公平竞争，密切政府与人民群众之间的联系。

资源互动表现在：非营利性组织与政府之间在专业服务资源与公共服务资源、政策资源上互为优势，能够从优势视角来发展给彼此带来的利益，彼此之间成为一种密不可分的资源体系，对于社区建设非常重要。

伙伴互动表现在：非营利性组织应当既保持自己与政府和企业的相对独立性，又能形成良好的合作，从相互协助到相辅相成，形成亲密伙伴关系。当然，非营利性组织和政府之间在社区管理上从相互借力到简单的项目合作到相互成为一种同盟关系，是有一个过程的。

社区居民委员会积极培育社区服务性、公益性、互助性社会组织，社区党组织加强对社区各类社会组织的党组织全覆盖，培养优秀的社区社会组织负责人。社区的社会工作者以社区为平台，以社会服务机构为载体，引导开展志愿服务模式，提高社会工作服务水平。

参考文献

陈颐：《论我国城市基层社区管理体制》，《唯实》2003 年第 7 期。

龚维斌:《我国社会管理体制存在的主要问题》,《理论视野》2010 年第 1 期。

何海兵:《我国城市社区管理体制的主要问题及其改革走向》,《上海行政学院学报》2007 年第 2 期。

潘泽泉:《由社区建设达成社会建设》,《湖南师范大学社会科学学报》2010 年第 5 期。

青连斌:《以体制机制创新推进社会管理》,《理论视野》2011 年第 3 期。

施蕾生:《社会建设管理的体制创新与机制优化——以上海为例》,《上海城市管理》2010 年第 1 期。

陶传进:《中国城市社区的公民社会建设:一条新路径的考察》,《中国非营利评论》2007 年第 1 期。

徐道稳:《社区建设抑或"社会"建设——社会结构视野中的社区建设》,《城市问题》2003 年第 3 期。

徐家良、刘嘉:《城郊结合部异质型社区管理体制研究——以北京市丰台区莲怡园社区为例》,《新视野》2008 年第 5 期。

杨志明:《城市社区管理体制模式的选择与对策》,《社会科学》1996 年第 11 期。

叶南客:《我国城市社区管理体制的转型》,《南京化工大学学报(哲学社会科学版)》2000 年第 2 期。

张竞:《城市社区管理体制的改革与创新》,《河北学刊》2003 年第 4 期。

郑杭生:《社会学视野中的社会建设与社会管理》,《中国人民大学学报》2006 年第 2 期。

郑杭生、杨敏:《社会与国家关系在当代中国的互构——社会建设的一种新视野》,《南京社会科学》2010 年第 1 期。

邹农俭:《社会建设的若干问题研究》,《江海学刊》2009 年第 1 期。

以社区为本的介入模式促进青少年精神健康

［中国香港］黎永开

香港社会工作人员协会前会长、

香港明爱青少年及社区服务总主任

一 背景

根据香港地区医院管理局的数字显示，儿童及青少年精神病患者的数字一直在增长。2001—2007 年间，公立医院精神科求诊的青少年激增了 30%。2008—2009 年，19 岁以下接受诊治人数共达 11461 宗，当中以 6—12 岁组别占最多，达 6033 宗，而每年新症大约有 900 宗。青少年的精神健康情况响起警钟。

医院管理局在 2001 年成立了 4 间思觉失调（首发性精神分裂症）服务中心，为 15—25 岁怀疑初期病发的青少年，提供早期介入服务。在 2001—2006 年间，香港明爱青少年及社区服务（青社服务）属下四个中心：明爱坚道社区中心、明爱荃湾社区中心、明爱屯门青少年综合服务中心及明爱九龙社区中心，采用社区为本的介入模式，分别与提供思觉失调服务的玛丽医院、葵涌医院、青山医院及九龙医院建立地区伙伴合作关系，为 15—25 岁患上（怀疑）思觉失调的青少年、思觉失调康复者及其家属、怀疑有情绪问题的青少年提供社区支持康复计划，让他们获得整全的社区照顾，令其在居住的社区得以健康成长、独立生活。

香港赛马会慈善信托基金于 2009 年拨出 6800 万港元，让香港大学精神医学系连同医院管理局、香港明爱和香港心理卫生会共同推行一项为期五年的“赛马会思觉健康计划”，为 1000 名初确诊思觉失调的 26—55 岁人士，提供个案管理及社区支持康复服务。以下的篇幅，我们尝试通过回顾及整理这些前线经验，阐述社区为本介入模式在促进青少年精神健康上的理念基础。

二　文献回顾

要讨论“社区为本”介入模式怎样促进青少年精神健康，我们须首先厘定当中一些关键的概念，包括“健康”（health）、“精神健康”（mental health）、“健康促进”（health promotion）及“社会决定因素”（social determinants），让我们弄清“社区为本”是放在一个怎样的脉络下提出，以至我们知道应循着什么目标进发，又期望达到什么改变。

（一）“健康”、“精神健康”、“健康促进”

根据世界卫生组织（简称世卫组织）在1948年4月7日生效的世界卫生组织《组织法》的序言，对“健康”（Health）下了以下定义：“健康不仅为疾病或羸弱之消除，而是体格、精神与社会之完全健康状态。”此定义的重要性，乃指出健康不仅是远离身体疾病，人们的精神健康及社会支持同样重要。世卫组织对“精神健康”（Mental Health）有如此定义：“精神卫生（健康）不仅仅是无精神障碍，其定义是指一种健康状态。在这种状态中，每个人能够认识到自己的潜力，能够应付正常的生活压力，能够有成效地工作，并能够对其社区做出贡献。”（世卫组织，2007）换言之，要达到这种健康状态（a state of well-being），除了个人层面之关注外，个体与他人及社会的关系，也不应被忽视。

事实上，世卫组织早于1986年发布《渥太华健康促进宪章》，已确定了健康促进（health promotion）的核心原则。宪章提出：“健康促进是致力于通过发展个人技能，利用社区行动，以及促进适宜的公共政策、卫生服务和支持性环境，使民众增加对他们的健康及其决定因素的控制。”及后世卫组织于2005年在《关于全球化世界中健康促进的曼谷宪章》，补充并基于《渥太华健康促进宪章》确立了“健康促进”的观念，把“健康促进”正式定义为：“健康促进是使人们能够对自身的健康及其决定因素加强控制并从而改善其健康的过程。”这宪章之重要性，乃带出健康促进的实践方向并不是个人问题解决，而是须针对影响健康的社会性因素，意即社会决定因素（social determinants），包括权利、财富及资源的分配不均等，故西方社会已把“健康促进”视为一种社会运动，指向建立更公平的社会制度。

（二）“社会决定因素”

根据澳洲的经验，低收入、没有稳定居所、教育受到限制、失业、工作受压、虐儿及疏忽照顾、邻舍关系薄弱及欠缺社交支持等社会决定因素（social determinants）都证实对精神健康构成重大影响（Baum F & Fisher M，2010）。社工在社区精神健康的角色，是要通过改革社会的制度，营造支持性的社区，使人们在当中与他人建立联系，并在社区获得所需的资源，从而增强服务使用者的能力感，改善生活质素。

近年来社会福利界提出以“能耐取向”（strength perspective）模式取代传统过于强调问题为本的工作手法，开始着重发掘案主的潜能及特长，使其在康复的过程中，发挥个人内在的宝贵资源。Saleebey（1996）认为能耐取向模式应放在社区进行，他相信社区本身已存在丰富的资源及能力，而当中每一个人都是社区的重要资产（assets），其中的非正规网络，包括个人、家庭、朋辈及邻舍，更是精神病康复者的重要支持，对其复原起了重要作用。故此，回应《渥太华健康促进宪章》的核心原则，我们相信一种以资产建设（asset building）的社区为本介入模式，最能促进每位社区成员，包括精神病康复者，发展个人技能，并通过建立社区资本的社区行动，创造一个富有改变动力的支持性环境，切实用社区的力量，增加社区成员对社会决定因素的控制。

三　青社服务为促进青少年精神健康之社区为本介入模式

香港的精神健康服务一直是以院舍治疗及服务成人为主。至最近十年，因青少年精神健康个案上升而不得不在服务系统及介入策略上做出适度的调整。社区复康的工作在不同的区域也有新的尝试，当中多以建立社区支持网络的服务，得到正面的评价，然而服务仍未能有较全面的策划及多层次的介入。

精神健康服务被归类为康复服务，市民对提供服务的康复中心更有负面的标签，故此有精神健康问题的青少年均不会主动前往这些中心寻求协助。

明爱青少年及社区服务有见于此，主动的在没有负面标签，正规主流服务的中心内开展青少年精神健康服务，邀请精神科医生进驻社区中心，面见疑似精神病患者，提供及早诊断和及早治疗，成效显著。为了进一步让社区康复的工作有系统的发展，青社服务更逐步地推动属下的社区中心及青少年综合服务中心开展以建设资产为本的社区康复服务。

（一）目标

通过建设资产为本的社区，让青少年及其家庭以及所属社区，发挥及凝聚个人与社区资本，增加对他们的健康及其社会决定因素的控制。

（二）服务策略

1. 建立跨专业、跨界别之伙伴关系

青社服务各单位都与邻近医院的精神科医生或其他专业包括护士、职业治疗师、学校、家庭综合服务中心、康复团体等机构建立合作伙伴关系，以便互相转介个案、提供咨询、评估、诊治及适时辅导等社区支持康复服务。通过多方联系和协作，为精神病患及康复者提供社区教育及预防、及早识别和介入、社区康复及支持、重投社区及共融等“一站式”的服务。

2. 建立朋辈支持网络

朋辈影响及认同其实是青少年成长阶段中重要的组成因素。一般年龄相近的同学或朋友中，彼此有友谊的关系，有类似的兴趣、价值观念，且认同彼此的行为标准，若青少年能在社交生活中建立和谐的关系，朋辈的接纳和认同更能为他们带来归属感，觉得自己被朋辈肯定和认同，从而确定自己在团体中的存在价值，有助于他们建立自尊和正面的自我形象。同时，利用滚雪球效应，由朋辈对精神健康的认识及理解传播到社会上，让更多人接纳精神病患的青少年，达到去标签化作用。

3. 建立复康者家属互助网络

家庭是组成社区的基本单位，亦是个人最重要的支持网络。研究证实，家属对精神病患者的康复起着决定性的影响，家属有能力协助患者康复，亦有机会影响患者的病情。

由于精神病康复者及其家人所面对的问题未必单单是精神病，他们可能同时面对其他问题如药物副作用、家庭沟通及家庭角色的转变问题等。作为患者的前线照顾者，家属会面对相当大的压力及照顾的负担，家属需要学习精神病相关知识，学会舒缓压力和掌握处理情绪的方法，促进家庭的正向关系，以便发挥家庭的功能，给予患者适当的支持，陪伴其康复及健康成长。因此，社区精神健康照顾服务社工所处理的问题多于精神病本身，服务的未来发展亦应增加资源投放在家庭照顾者的工作上。

4. 建立社区康复支持配套

经过药物治疗与定期复诊后，医院会将病情较稳定的复康青少年转介到中心，参与服务中心提供的精神健康社区复康支持计划，让康复者留在社区中心或青少年综合服务中心参与互助支持小组及多元化复康培训活动，如自信心、人际沟通技巧及逆境处理等技巧训练，让康复者重建自信心和重拾希望。另外，青社服务运用能耐取向模式，发掘及发展案主的潜能；培育案主的正面情绪、复原动力和正面适应环境的能力，并能令案主与社工之间的接触更为轻松、愉快。在服务过程中，社工运用正向心理学、人际心理治疗、园艺治疗、艺术治疗、运动治疗及多元化复康培训活动等，鼓励病患者逐渐建立信心和重拾希望，培养正向心理和情绪。

5. 建立及早识别及转介跟进系统

通过医院、社会服务机构、学校、地区组织等多方协作，结合各方优势和专长，互相转介个案和服务，为怀疑有精神健康问题的青少年进行早期评估，以便及早识别有需要的青少年，及时提供适切的咨询、辅导服务及个案管理。如社工通过自身社会服务过程发掘或学校社工、辅导老师、机构其他社工转介，接获个案后，会做初步评估，协助预约，将个案短时间内安排转介于医院的精神科医生做出评估及安排跟进工作。针对一些对精神科服务抗拒的个案，社工邀请精神科医生到社区的中心，为个案提供非标签性的早期评估服务。

6. 建立共融接纳的社区文化

社会上对精神健康问题的关注和认识仍然不足。社区人士对精神病患者存在误解、偏见和歧视。精神病患者或康复的青少年在升学、就业、工作、生活中屡遭挫折，被排斥于社会之外。为此，服务机构急需通过公众教育及政策倡议等社区行动，提升社区人士对精神健康的关注和认识，建立共融社区，以便及早识别和治疗有需要的病患者，让其早日康复。精神康复的最终目的是回归社会，服务机构须协助复康者订立重投社会的工作计划。为此，社工为康复者提供职业技能训练和实习机会、朋辈辅导计划、义工计划等，如舞蹈、美容、烹饪、计算机装配和维修、餐饮服务、探访老人院、图书馆工作、就业机会研讨会与立法会议员茶聚等，让康复青少年参与社区活动，重投社区，融入社会。

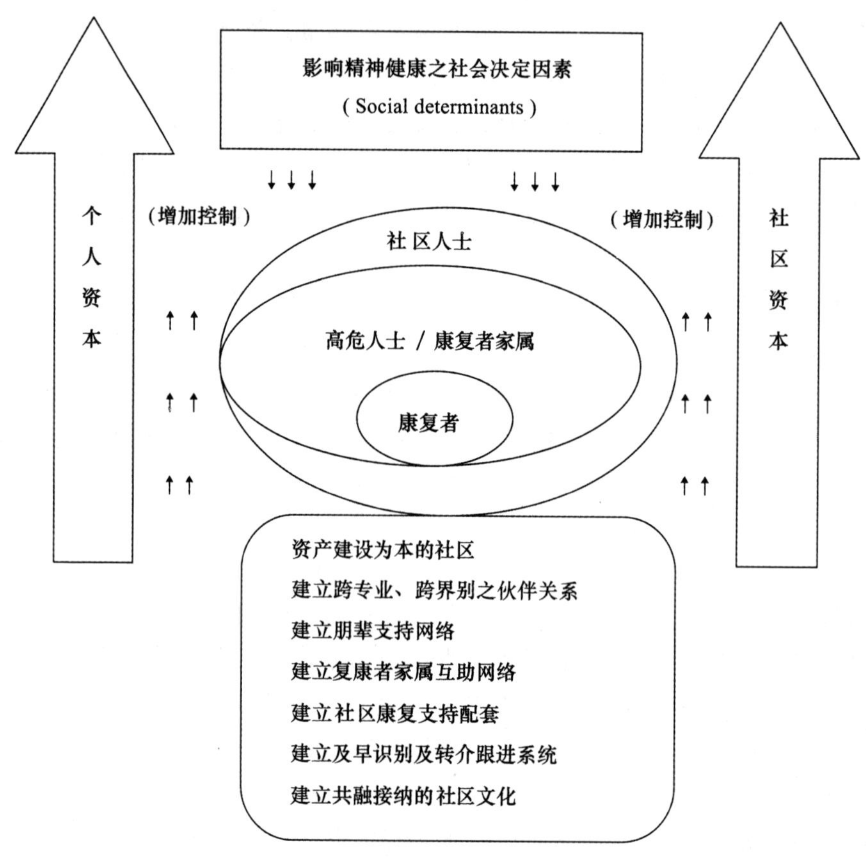

图1　青社为促进青少年精神健康之社区为本介入模式

四　回顾与展望

让精神病患者尽早融入社区，在社区接受治疗和康复，提倡社区照顾，营造支持环境是现时世界大趋势。社区照顾的精神，旨在让精神病康复者在康复期间，在社区内得到适切的持续支持，除了需要有关的配套服务外，包容接纳的社区环境对患者的康复尤为重要。

伤健共融是精神健康公众教育的终极目标，若社区人士因认识不足而对康复者存有误解及歧视，会给康复者在社区内的参与以及重获过上正常生活的机会造成障碍，对其康复带来负面影响。只有不断通过公众教育和宣传，将精神病信息普及化，促进市民对精神健康的认识和了解，鼓励公众人士关注个人精神健康之余，亦能够接纳精神病康复者，协助他们融入社区。

全面的精神健康公众教育需要包括：教育市民对精神病知识、社区共融、关注照顾者、反歧视及关注精神病患者的公民权利。香港在精神健康公众教育工作的推广层面绝对有待加强，“公众教育需要持久及全面、跨界别、系统化，并以社会不同阶层为对象”，调拨额外的资源与专职人手，才能配合精神复康服务整体发展的长远方向。

回顾明爱青社服务在青少年精神健康促进的工作上，似乎以服务早期思觉失调的青少年为主。但近年很多调查发现，青少年呈现抑郁情况有明显的上升及恶化趋势。调查结果指出，超过四成中学生有情绪困扰的问题，当中更有两成出现严重抑郁，情况令人十分忧心。因此，我们认为社会实有迫切需要，在社区及学校推行全面的精神健康教育课程，达到及早识别及预防的作用。

参考文献

世界卫生组织：《世界卫生组织组织法》，1948 年。

世界卫生组织：《渥太华健康促进宪章》，1986 年。

世界卫生组织：《关于全球化世界中健康促进的曼谷宪章》，2005 年。

Fisher, M. Baum F., *The Social Determinants of Mental Health: Implications for Research and Health Promotion*, 2010.

Saleebey D., “The Strengths Perspective in Social Work Practice: Extensions and Cautions”, *Social Work*, Vol. 41, No. 3, 1996, pp. 296－305.

学校社会工作服务模式构建：以抗震希望学校社工服务项目为例

［中］张　曙

南京理工大学文学院社会学系主任、教授

一　项目实施背景

中国是一个自然灾害频发的国家，以往的灾害救助主要以政府部门及其所属单位人员为主体，少有非政府的社会机构和人员参与；主要通过行政渠道和行政手段提供，少有社会工作专业的方法介入；以资金和物质的救助为主，少有咨询辅导、社会功能重建等方面的服务内容。四川地震后，中国青少年发展基金会和中国社会工作教育协会（以下简称“两会”）都在第一时间分赴灾区，了解灾区受灾情况，并从本组织的使命与优势出发，调查评估如何为救灾和灾区重建贡献力量。

该项目由九所高校分别组成社工团队，采用驻校社工的方式对口进驻广元市、德阳市 10 所学校展开工作，深度介入这些学校的灾后重建工作。进驻广元的 5 所高校分别是中国青年政治学院、重庆工商大学、山东大学、天津理工大学、青岛理工大学社工团队，对口援助的 5 所学校都是隶属于四川省广元市利州区教育局的区属中小学：东城实验学校（中学部、小学部）、嘉陵一中、宝轮一中、南鹰小学、宝轮二小。进驻德阳的 5 所高校分别是华中师范大学、南京理工大学、南开大学、南京师范大学和中华女子学院社工团队。对口的 4 所学校分别是隶属于德阳市旌阳区教育局的黄许镇中学、天元镇小学、东汽小学和孟家学校。

二 项目的组织运作方式

（一）项目团队设置

“抗震希望学校社会工作志愿服务”团队由青基会项目管理人员以及中国社会工作教育协会组织的高校专业社工团队组成。项目管理人员采用社会工作专业管理理念和方法对9个高校的专业志愿服务团队提供服务和支持。项目管理包括人才选聘、专业培训、服务拓展以及对外交流、研讨等内容。

1. 项目团队的组织架构（见图1）

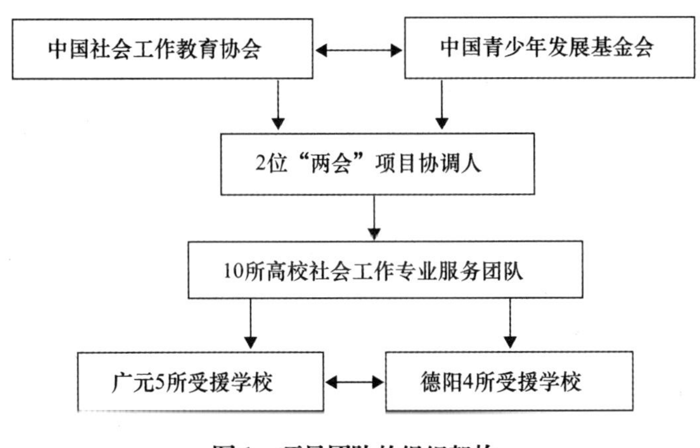

图1 项目团队的组织架构

2. 项目的资金来源

本项目由中国青少年发展基金会和香港凯瑟克基金会共同提供资助。资助内容包括社工志愿服务津贴、每个服务点的工作经费、督导和培训经费、对外交流研讨经费、受援方特定需求的小额资助项目。

3. 项目团队的运作模式

项目采用了院校包点，设立驻校社工的方式开展服务工作，为学校灾后重建工作提供方便条件，同时也有利于服务团队与学校师生的融合，形成同舟共济的“我群”感，使项目提供方和接受方更容易成为合作伙伴。“抗震希望学校社会工作志愿服务”第一期项目（2008年9月—2009年1月），各项目点学校的社工服务团队采用“1+2”模式，即由一位高校专业老师和一名高校社工专业高年级学生组成一个月轮换一次的服务团队。“抗震希望学校社会工作志愿服务”第二期项目（2009 年 3 月—2011 年 1 月），采取“1 +2 +3”的人员构成形式。其中：“1”是指每个项目点的负责高校至少要指派一名资深教师担任督导；“2”是指每个项目点配备两名从社会工作专业院校毕业的学生担任专职社会工作者；“3”是指每个受援的项目点中小学至少要指派三名本校教师参与项目的策划与实施，吸收当地教师参与到项目服务活动中来，在合作开展服务活动过程中，增加当地教师对社会工作的认同和能力，力图着眼于学校社会工作体制建构的角度，针对我国专业社会服务体制的国情，尝试探索社工服务的长效机制。

（二）专业志愿者参与状况

1. 学校社工的服务

社工教育协会在院校自愿报名的基础上筛选出了项目执行学校，并为各校招募项目执行者订立了标准。各校依据这些标准，在自愿报名的基础上确定了人选。据不完全统计，两年半来，抗震希望学校社会工作服务项目共有 73 名社工，总计开展个案活动 1398 人次，社工信箱回复信件 3536 例，开展小组活动 876 节次，组织亲子活动 30 余次，培训与讲座 139 次，学校大型活动 84 次，主题班会 401 次，社区工作 110 次，社工课堂 342 节，辐射服务 99 次，资源联结 53 次，同工支持 60 次，社会工作服务覆盖师生、家长累计 84236 余人。①

2. 学校社工的培训

社工教育协会还组织了专门的项目执行者培训活动。两年半来，抗震希望学校社会工作服务项目开始以来，面对学校老师和本土化社工累计进行了 8 次专题培训活动②，人均接受培训次数达 5.46 次③。培训包括了项目启动培训、灾后压力缓解、灾后危机干预、灾难事件社会工作专业介入培训、项目内容简介与实务经验分享、灾区抗逆力团体拓展等。

---

① 2008—2010 年服务量化统计报表。

② 8 次培训为：2008 年 11 月广元培训、上海培训，2009 年 7 月北京培训，2009 年 8 月广元生命教育培训，2009 年 11 月成都生命教育培训，2011 年 3 月德阳生命教育培训，2011 年 7 月暑期培训，2011 年广元生命教育培训。

③ 2008—2011 年评估调查数据。

3. 学校社工督导

抗震希望学校社工志愿服务项目在项目经费的安排方面，除了将经费落实到有需要的服务对象方面，相当一部分经费是投向参与该项目的专职人员的培训和督导方面，以帮助该项目的专职人员迅速获得专业成长。每年两次，两会至少要派 5 位教师前往现场联合督导，各高校团队督导老师与前线社工保持密切联系，远程督导次数则难以用数量统计。

三 灾区学校社会工作服务模式建构的探索过程

从项目管理角度看，项目具有周期性特点。本项目原本设计周期为半年，后经评估发现该项目服务成效显著，项目主办方将项目周期延长至三年，与国务院灾后重建计划周期相同。

抗震希望学校社工志愿服务项目的实施过程可分为三个阶段：志愿服务期、模式探索期、模式提炼期。本项目在服务目标定位、服务模式与运作、社会工作者的专业成长等方面，就学校社会工作服务模式的建构做出了较具发展性的探索。

（一）项目目标定位

根据需求评估和问题分析结果，本项目执行团队在第一阶段进入灾区学校后，将本项目的目标定位为：（1）符合项目主办方机构的发展战略，寻求多元组织机构的合作；（2）满足灾区学校发展的需求，与项目点学校建立组织与专业合作关系；（3）开展直接服务，与服务对象建立专业关系，运用社工专业和项目管理专业经验，体现公益项目推展的价值追求和专业水准，满足服务对象的各类需求。进入第二阶段后，“两会”项目办在服务的专业化、职业化，管理的标准化、精细化方面，从点到面，从量到质，从实践到理论都有所追求，提出进一步的项目发展目标，即（1）优质服务；（2）本土力量培育；（3）制度化推进。

（二）服务模式与运作

1. 服务内容

在整个项目实施过程中，高校服务团队除了一如既往地坚持社会工作专业服务理念以外，在服务内容上更多地探索了专业化的服务模式。“两会”项目办提出了“在现有的服务内容中提炼可供复制和移植的菜单式服务”，注重持续地提升社工服务质量，以便提炼总结学校社会工作服务模式。随着工作的专业化和系统化推进，各校逐步形成可操作化的服务内容菜单：

在学生层面，社会工作的服务内容大致包括：一是与周围他人（教师、家长、同学）的人际沟通和关系处理能力；二是解决个人成长中的烦恼和困难；三是学生学业辅导与课外活动等方面的需求。

在教师层面，社会工作服务内容大致包括：一是压力管理；二是教学能力提升；三是团队激励；四是师生关系养成。

在家长层面，社会工作服务内容大致包括：一是家校关系；二是亲子关系；三是社区家庭关怀与救助；四是家长教育理念与方法改善。

在社区层面，社会工作服务内容大致包括：一是社区活动参与；二是社区家庭教育。

2. 服务方法

学校社会工作服务内容的丰富性决定了服务方法的多样性。个案、小组、咨询服务、教师讲座、主题班会、家长开放日、社区行、社工课堂、社工小报等多样化的服务形式越发增加。各高校团队采用的各类实务工作方法在专业性、技巧性内涵提升方面有所加强。希望抗震学校社会工作项目实施两年半来，提炼出灾后学校社会工作项目点服务的“四大模式、七大成果”①，发展出既具本土特色，又具专业内涵的服务方法。

（三）社会工作者的成长

抗震希望学校社工志愿服务项目实施进入后期阶段，驻点服务的学校

① 四大模式分别为：1. 问题聚焦模式，即以焦点问题为需求展开服务；2. 系统生命教育模式，即以生命教育为主线、促进学生身心发展的社会工作服务模式；3. 家、校、社三位一体的实践探索与研究，即构建家、校、社三者结合的立体支持网络，实现三赢的社工服务模式；4. 赋权视角下的学校社工研究。在四种模式中，又提炼出有代表性、可供常态化的中小学校借鉴参考的七项服务内容与成果：1. 农村中学生职业与生涯规划；2. 学困生兴趣培养与学业成就提升；3. 农村中学生青春期性教育；4. 学生领袖潜能开发与团队建设；5. 系统的生命教育研究与实践；6. 个案层面的偏差行为矫正；7. 家长教育理念优化和能力提升。资料来自于“希望工程社工志愿服务行动项目”2010 年项目评估报告。

和服务对象对服务的专业性要求及服务团队的项目管理要求都越来越高，专职社工必须维持较高的水准来完成服务项目所赋予他们的任务。专职社工开始感受到专业世界的复杂性，他们深感理论的重要性及自身理论贮备的不足，他们努力寻找一个理论能加以模仿，简化理论的复杂性，以期求得焦虑感的减轻。但是专业理论和实务情境的复杂性是不可能被简化的，这时许多专职社工的焦虑感超过项目初期阶段，并容易将此种情绪“投射”，指责以往学校的专业教育和训练不当或项目管理及督导不力。这个阶段的专职社工处于专业能力自我探索的阶段，大多要求对其进行理论与实务整合性培训，且都希望通过继续深造，提升自己的专业能力。经过两年半的项目实践，专职社工经受了许多不确定的实务情境的磨砺，高校服务团队的师生逐渐磨砺、内化出专业的自主掌控能力，随着成功经验和成就的累积，实务智慧的增加，专职社工不再因不知如何做而恐惧，不再依赖前辈和督导的外控式指引，对实际情境中的不确定性的忍受力大大增强，必将逐步确定自己的较具个性化的专业风格（张曙，2010）。

（四）督导工作

由于中国社会工作职业化和专业教育的大环境因素的影响，参与服务团队的老师大多没有受过社会工作专业训练，也没有实务督导的经验，随着项目实施时间的推移，受援方学校服务需求在不断提升，对服务内涵的专业性要求不断增加，参与志愿服务的社工专业的学生对督导的专业性要求明显提升。

督导工作存在的问题大致可从项目采取的督导形式和督导水平两方面来看，具体包括：第一，一对一的深度督导力量似乎稍显不足。高校服务团队的项目督导大多不在实务现场，采取远程督导方式，因此，从服务对象需求层次的提升，服务理念、视角的选择到服务方法的本土灵活应用都会受到此种督导方式的限制，前线社工在服务中遇到的问题得不到即时性督导，服务成效受到一定程度的影响。第二，各高校督导的教育性功能有待提升。社会工作督导包括行政性、教育性、支持性功能。希望学校社工督导由于督导方式和督导专业能力、经验的限制，督导的三种功能的发挥各有差异。

四　灾区学校社会工作服务模式建构的策略分析

（一）自上而下的行政推动

抗震希望学校社工志愿服务项目设计的出发点是：（1）符合中国青少年发展基金会和中国社会工作教育协会的发展战略；（2）满足灾区学校发展的需求，运用社会工作专业和项目管理专业经验，体现公益项目推展的价值追求和专业水准；（3）探索构建与现代学校制度相契合的本土化社会工作制度。该项目构建出一个受援方政府与社会服务组织共同整合社会工作专业力量，采取“强强联合”的合作模式，在我国开创了社会工作介入灾害救援和灾后恢复重建的先河，有力地推动了灾区社会工作制度建设与实务开展，稳步推进了灾后恢复重建和灾区社会发展步伐。

（二）社会资源的整合

在我国现有体制下，职业化的学校社会工作还是一片空白，尚处于起步推动的试点阶段。我国支持儿童青少年成长发展的资源系统，体现在官方层面上，主要设置有共青团、妇联、关心下一代工作委员会以及儿童青少年权益保护中心等；体现在学校层面，则设有学校政教处，并设有班主任（或称辅导员）岗位，采用政治思想工作、德育教育、学生事务管理工作、心理咨询等方式，规范学生思想与行为，具有浓重的“事本主义”色彩。现有的公益性组织，面临着资金来源不足、自我管理能力弱和社会活动能力低等问题的困扰，难以成为学校社会工作开展的主体，发挥其应有的优势，在学校社会工作的职业化过程中起不到很好的推动和参与作用。三个层面的机构由于缺少社会工作职业制度保障和专业力量支持，难以调动资源满足学生的需求，缺乏经费保障和人事安排，难以维系学校社会工作服务的质量。两年半来的项目实践带给我们的另一个启示是：要想充分发挥社会工作的专业作用，党委政府必须在这种社会服务体系中为社会工作介入让渡空间、创造条件，引导、整合各种社会力量，共同参与社会管理和社会服务。因此，培育学校社会工作服务组织，建立政府购买服务机制，是实现政社合作的有效途径，也是确保学校社会工作服务获得长效资源支持的重要保证。

（三）专业服务实效的呈现

从项目实施的过程及项目取得的终期成效来看，抗震希望社工服务项目在每一个推进阶段都取得了超出预期的服务目标，并有充分的实效证据。第一，专业组织体制与制度的建构。第二，专业认同的本土建构。第三，服务对象实际需求的满足。第四，社会工作专业人才的培养。无论是专业体制的推进还是个体需求的满足，专业自主性和专业能力是确保专业服务实效呈现的必备要件。本项目管理层对于各高校一线工作人员给予了极大的自主性和创造性，各个高校社会工作团队在专业服务理念、视角、方法和手段的选择上有高度自主选择权。同时项目管理层给予了比控制和管理更加有效的人文关怀，使得整个工作团队形成良好的工作气氛，常常陷入忘我的工作状态之中，项目投入—产出比大。各院校自身也搭建了良好的项目实施团队，团队成员专业素质优良。他们大多有对口的专业教育背景，绝大多数人都有实务经验，他们在工作中通过采用区别于学校德育工作的传统理念和手法，努力运用专业知识服务有需求的服务对象。一线社工利用实践的平台磨炼、提升自身的专业技能，并获得专业知识的更新，在实务与理论上都有很大的进步和提升，这些都为项目顺利展开并取得受援方政府、学校行政领导、教师、家长、学生的积极肯定提供了专业保障。

（四）多元需求的多赢满足

抗震希望社会工作服务项目作为专业领域的开拓性项目，进入灾区学校面对的是海量的不同层次的，以立体化方式呈现的服务需求。第一，震后师生适应问题；第二，西部地区教育资源稀缺问题；第三，基础教育体制问题；第四，受援学校的师生关系、家校关系等问题；第五，学校领导、教师、家长、学生在行政、教育、学习、成长等各个层次的需求满足问题。多元需求评估的恰当性，服务目标定位的准确性，服务成效呈现的多赢性，是争取受援学校领导和师生支持与配合的工作原则。

（五）切合当地社会经济文化发展状况的服务模式选择

自本项目进入第二阶段（2009）以来，各高校执行团队开始思考如何选择、建构适合当地的社会经济文化基础的学校社会工作服务模式，希望通过推进学校社会工作专业制度体系的建构，确保项目实施成果的可持续发展。以执行本项目的四川广元、德阳两地的实际情况来看，高校团队采取的工作策略是:

首先，分析评估并培育学校社会工作体制建构的社会基础。中国社会接受专业社会工作理论与方法需要一定的社会基础。一是社会价值观基础；二是社会需求基础；三是社会政治、经济制度基础；四是社会认同基础。四个方面是相互交叉、互相促进的关系。

具体工作策略是:（1）立足现实需求的满足，引领新的社会价值观的思考与变化；（2）通过专业服务激发更高层次需求的产生，引领社会需求层次的进一步提升；（3）通过社会工作专业服务方法的有效性呈现，使四川受援方学校及其所在社区对专业服务产生需求依赖，进而形成专业认知与认同。

其次，探索学校社会工作服务模式。

1. 在学校社会工作服务体系建构方面的试验

（1）尝试建立校内模式，实行“1+2+3”模式，即一个督导，两个专业社工，三个本土教师，从现有教师、学校相关部门中培养社会工作专（兼）职人员，在职学习，尽快获得社会工作任职资格。好处:熟悉学校情况，不用解决岗位配置问题。坏处:属于学校内部人员，难以保持独立性，特别是在解决学校与学生、学校与学生家长的矛盾与冲突时，有一定的身份困境。（2）尝试建立校外模式，即由校外专业机构提供专门化的社会工作人员，学校以购买服务的方式聘用，可针对不同阶段的不同需要选择不同背景的专职社会工作者。好处:灵活、专门化、身份独立，有利于保持中立；坏处:目前缺少这样的专业机构，远水解不了近渴。（3）尝试建立过渡模式，即暂时由相关老师兼任，与学校德育、学校思想教育工作有机结合，由现有编制中的老师承担，以解燃眉之急。好处:有现成的人，现成的岗位，熟悉学校工作，上手快。坏处:难以保证专业化，难以保证身份的独立与客观。从长远来看，容易导致社会工作边界不清，与学校德育、思想教育混为一谈，从而影响社会工作的专业性。实践证明，无论是第一种模式抑或第三种模式，皆属于校内模式，因本土教师自身的工作繁忙难以兼职，社工服务需要系统训练的专业性要求等原因，试图培养本土教师的目标设想难以实现。第二种模式，即校外成立民间社会服务组织机构，派驻社工于各校提供服务，应当是目前比较适合国情以及中央关于社会管理创新战略思路的一种选择。资料显示，在未能达到每个学校都普遍设置学校社会工作者的情况下，由政府委托学校社会工作机构提供服务也能发挥其功能。无论是体制内还是体制外派驻社工，在功能上可以互相支援与互补。体制内驻校社工扮演资源整合者，体制外委托机构扮演资源提供者的角色。就现行状况而言，二者有并存的必要性。

2. 在学校社会工作服务模式选择方面的探索

由于项目实施学校的政治、经济和文化基础普遍好于当地社区，因此，立足学校，培育、辐射社区就是一种较好的服务推行模式。

第一，立足学校，探索多元理论与实务模式结合的整合型服务模式。面向学生、老师及部分家长，将社会工作的各种类型的理论范式与实务模式加以整合，针对学生、家长、教师的不同现实问题，运用多元学科知识，采用讲座、个案、小组、社区活动等综合服务方式，给予有效处理。最终形成需求评估（实用主义、证据为本等专业范式指导下的目标选择原则）—需求刺激（问题解决模式、人本治疗模式、发展取向指导下的专业方法的呈现）—需求依赖（行为认知模式取向的专业服务效果）—专业认同（社会价值观的改变）的服务模式。

第二，辐射社区，搭建社区工作平台，创新学校—社区模式。基于对社会工作专业制度的社会建构所需的社会基础的认识，通过两年半的服务实践，我们发现，受援方学校的学生及其家庭面临多种问题，尤其是在教育方面，学生和家长都存在多种误区。当地人对教育以及环境习以为常，并不认为有改变的需要，因此，改变动力的产生是十分必要的。同时，社区是学校社会工作不能忽略的环境系统，学生存在的许多问题并不是自身存在的，而是受到多方面因素的影响，如家庭系统和社区系统等。要预防问题的发生，意味着工作必须拓展到社区和家庭，同时，这也是满足项目本身发展的需求——提高影响力。因此，我们希望对学校—社区工作模式做一些有益的尝试。例如，德阳天元镇中心小学的学生家长主动低价租用给服务团队一套自己的三层楼民宅，使高校服务团队得以在学校周边的新农村建立了“爱心岛”社区服务网点暨家长学校，成为连接学校和社区及家庭的平台，使得地震之后所需要采取的补救性和治疗性工作也渐渐转为一种预防性、发展性的工作。

（六）结论

在学校社会工作职业化推进过程中，抗震希望学校社会工作专业服务项目介入过程中的路径选择经验是：自上而下的行政与专业“强强联合”的强势推动、物质与心理兼顾的软硬件共同投入的服务项目设计、从社会到个人的多元需求的多赢满足、切合当地社会经济发展状况的“学校—社区”服务模式选择、专业理想与本土现实相结合的专业服务效果的有效呈现。学校社会工作在我国尚处于起步阶段，制度建设的滞后导致学校社会工作难以介入到学校中去，即使介入到学校，也会出现学校社会工作者职业角色不清晰，难以调动资源满足学生的需求，缺乏经费的保障和人事的安排，难以维系学校社会工作服务的质量。基于此，总结我国学校社会工作服务模式构建的路径选择经验，对我国学校社会工作的推动和发展有着极高的理论与本土实验价值。

参考文献

胡中宜:《学校社会工作人员参与各级学校辅导工作之实施形态与成效分析》，台湾:《教育心理学报》2007 年第 2 期。

童敏：《中国本土社会工作专业实践的基本处境及其督导者的角色》，《社会》2006 年第 6 期。

王思斌：《体制转变中社会工作的职业化进程》，《北京科技大学学报》2006 年第 1 期。

向德平：《中国社会工作教育的发展取向及其反思》，《社会科学》2008 年第 5 期。

张曙:《我国社会工作专业学生专业成长过程探析——以抗震希望学校社工志愿服务项目为例》,《人力资源管理》2011 年第 11 期。

Paula Allen-Meares 编:《学校社会工作》，陈蓓丽、蔡屹等译，华东理工大学出版社 2008 年版。

NASW，*Standards for School Social Work Service*，2002.

以家庭系统改善青少年网络成瘾问题

［中国香港］李家豪　梁皓恩　孔宪正
李展熙　邓震宇

香港基督教服务处网开新一面——网络沉溺辅导中心

前　言

自从90年代互联网络的出现，计算机网络已成为我们生活上不可或缺的一环。而随着宽带上网科技的普及，计算机网络更成为年青一代学习、沟通及娱乐的主要媒介。因各种原因，部分人却未能有节制地使用互联网，反而沉迷其中，甚至网络成瘾，影响到其正常生活及人际关系。

香港基督教服务处于2004年开始进行研究和筹备，于2005年开展了“网开新一面”计划，协助沉迷上网之青少年重拾自制能力。而自2006年开始，计划获香港公益金资助做出扩展，并于2010年正名为“网开新一面——网络沉溺辅导中心”。

服务手法发展

对于沉迷上网问题的处理手法，本处从经验、实践和研究中，不断改良及发展。最初，我们以家访面见作为处理问题的主要手法，网开新一面社工长期持续家访，与沉迷上网的青少年建立良好关系，并运用该段关系影响他们做出改变。此介入模式能带出良好效果，但因每个受助者均要花费大量时间跟进，故效率相对不高，而且由于受助者身边环境没有决定性改变，当社工结案后，问题就有可能重现。之后我们认识到，如无法有效改变促使青少年沉迷上网的外在环境因素，则难以得到最大成效，故我们尝试以家庭系统作为介入点，以家长小组作为主要介入工具。

我们做出如此改变的原因，除了因为介入效率上的考虑，更重要的是我们对问题有了更深入的理解：我们了解到沉迷上网行为，其实是青少年没法于现实生活满足其核心需要时，所产生的一种自我保卫及心理缓冲机制；即是如果未能从其他方面满足该青少年的核心需要，便直接将沉迷上网行为从他的环境抽离，这可能导致更严重的后果（孔宪正、李展熙，2011）。

试举例说明：有一个青年，他的父母经常争吵，甚至出现家庭暴力，令家庭没法给予他基本的关爱及安全感，由于青年没能力调解家庭纠纷，他为了逃避家庭中的不愉快气氛，为了保护自己心理免受更严重伤害，就投向他熟悉的网络世界这个缓冲区域，希望从网友身上寻找关爱，及从与家人隔离的行动中得到安全感。当他发觉到自身需要能依靠上网获得满足时，便逐渐沉迷。此时，如果父母因无法忍耐青年的沉迷行为，将家中宽带服务中断，将网络这个他视为唯一安全的地方移除，就会触发青年极端的情绪及行为，甚至伤害他人及自己。

而从经验所得，青年在生活上未能满足的需要，例如当人际关系出现问题或工作学业中遇到挫败，这些情况下，家长都能够直接或间接协助青年处理，此亦启发我们将重点放在家庭工作上。现时，家长小组成为“网开新一面”的重点介入工具，配合家访及各类兴趣发展活动，为沉迷上网的青少年做全面支援。

知行易径的应用

本处“网开新一面”应用知行易径理论（Strategies and Skills Learning and Development，简称 SSLD，由加拿大多伦多大学曾家达博士所研发）作为介入模式的蓝本。知行易径与其他不同的理论有着很强的包容性，令有着不同理论根基的社工更容易学习及掌握，提高服务效益。而且此系统能作为不同理论的评估及分析的工具，并将各理论的有效元素应用于发展策略及技巧，使服务得以正面持续发展。

知行易径理论对需要的分析是具体而且动态的，强调着个体的独特性及差异性，认为每个人的需要、处境、特征和能力都不一样。社工以多项应变思维分析家长及青少年的需要，帮助他们清晰及具体地厘订介入的目标，再以能够实行的方法去满足需要。当我们借助此理论帮助受助者建立了足够的策略及技巧后，能力感及生活满足感就会逐步提升。

向中心求助的家长对于成瘾问题，总有着“病态”的想法，认为上网成瘾者就是生了病，问题就是出自计算机网络，要处理的方法就只限于针对成瘾者，协助他戒瘾。这样的线性思维真正限制了对当事人处境及需要的分析。更甚的是，这样的思维未能协助家长找寻出路及方法，反而令家长在处理子女问题上采取破坏关系的手段，而与子女的关系破裂时产生的负面情绪，使他们更加否定自己的能力。然而此理论促使了受助者对问题产生不同体会，使之能够更透彻地了解“问题”背后的需要，这个以不同角度分析问题的思维，为受助者带来方向及有效介入方式，逐步的成功让他们重拾自信，并推动他们继续进步。（曾家达、游达裕，2011）

协助家长掌握子女需要

知行易径理论认为当事人许多时候并不清楚自己的需要，于是不能选取有效的行为策略去满足需要；或过往旧有生活模式非常奏效，但当环境转变或遇到生活困难时，人需要新的行为模式才能够适应，当事人却未能及时改变或未曾学会新的行为模式，变成只能重复一些无效的行为，于是出现许多生活上的困扰（曾家达、游达裕，2011）。

而沉迷上网正是上述情况的一种表现：青少年或许不知道自己的真正需要，部分因而选择了以上网此较易实行的行为去尝试满足，又或他们发现上网能满足到部分需要，当他们遇到生活困难，找不到合适方法获得满足时，就优先使用上网此方法去处理。当青少年在过分依赖单一途径去满足需要时，就没有考虑，甚至故意无视行为所引发的其他问题，令自身社会功能受损。正如上述例子中的青年，他不知道自己需要关心及安全感，但他能够确切感受到网络满足他的其他需要，最后他尝试让计算机去处理更多未满足的需要，甚至无视所带来的负面后果，令他与父母关系变差、疏远朋友并不愿上学。在此情况下，如家长能够确切地了解子女的需要，配合适当的策略让子女学习更有效满足自身需要的方法，就能逐渐协助子女脱离网瘾。

沉迷上网的青少年较常见是希望从网络生活中去满足关心、认同感、安全感、自主、控制感或成就感等需要，如我们能协助家长了解其子女问题是为了满足需要，并引导、训练及鼓励家长成为提供以上需要的其中一个来源，成瘾问题就有很大机会得到缓和。此外，此观点将家长面对子女问题的角度，由批判和责备子女，转化成了解及面对子女的问题，如此能更容易让家长与子女建立共情（empathy）的关系，减少家长对日后介入时的心理抗拒。

以之前的例子继续说明：那个因为家中经常争吵而沉迷上网的青年，如果他的父母发现儿子需要的是关爱及安全感，因而回应他的这些需要，去改变家庭环境。例如他们不取消上网服务，暂时允许让儿子继续上网，并同时开始检讨夫妻间的相处方式，尽力减少摩擦；他们亦学习夫妻间的互相欣赏及尝试鼓励和赞扬儿子，令家庭气氛得到极大改善。当儿子慢慢发现父母能重新成为满足他关爱及安全感这些需要的其中一个来源时，网络对他就不是必然选项，亦自然减少上网时间。

协助家长掌握自己需要

不少家长认为子女要“听话”，要求子女依照自己内心的步伐去生活，忽视子女本身的意愿和独特性，结果当子女所走的路与家长所要求他走的路不同时，就认为他们出现“问题”了，必须“处理”。结果这种由期望而生的压力，迫使家长和子女互相对立，让原来的小事发展成严重问题。例如，有一个家长禁止子女使用计算机，要求他将空闲时间用来温习，但如此强硬的管教模式却让子女出现对抗心态，开始更重视使用计算机的空间，把握每一个能够使用的机会，此时如家长继续纠缠于子女上网和学业问题时，亲子关系将大幅恶化。结果，因亲子关系的崩溃，最终反令计算机真的成为儿子逃避不愉快家庭生活的避难所，而家长亦没法满足自己的需要。所以除了协助家长了解子女需要外，让家长了解他们自身的需要也是必需的，社工引导家长了解自己与子女各自需要中的不同地方，并处理中间所出现的冲突，寻求能够各取所需的方案。

家长经常地将处理子女生活当成满足自身需要的良方，甚至有家长将很多核心需要与子女生活挂钩。其中较常见的是，家长会将自己对成就感、认同或控制感的追求投射到自己子女身上，要求甚或强迫子女在学习及工作上达到他的标准。即如上述例子中的家长，他强烈要求子女要有优良的学习成绩，其实是源于父母自己对成就感的追求，并将孩子的学习成就看成自己本身的成就。通过社工的协助，他发现到以上情况，并愿意以其他更合适的途径去满足自己成就感的需要，例如学习一项新的兴趣——参与志工服务，并努力从中获得相当的成就。如此，他就能减少对子女的不合适的苛求，并修补亲子关系，同时将子女使用计算机的需要减低。

我们在家长组中，会深入讨论及进行不同练习，让家长了解自己本身的需要，并持续鼓励家长使用新方法去满足自己的需要，减少亲子各自的需要纠缠在一起时产生的冲突。然而，令家长了解自己的需要，远比引导他们考虑子女的情况困难，因为家长必须要面对自己未做好的地方，或甚是性格缺点，社工在介入时每每首要处理他们的自我防卫心理。事实上，若社工能妥善协助家长掌握自己的需要，对不少个案而言，已经迈向成功的一大步了。

良好亲子关系对个案发展的帮助

本处接触到的家庭当中，大多数都缺乏良好及正面的家庭气氛，其中较严重的情况是父母只懂以强硬态度与子女沟通，并经常责备或使用羞辱式的语句，没认知到以上沟通模式其实效果极低。家长习惯性地持续使用同一模式，将亲子关系不断破坏，令亲子间关系甚至比陌路人更差，部分子女更会将父母看作敌人，带着仇恨，双方均没法从关系中获得各自的需要。

如此的亲子关系，令家长在处理子女问题时出现极大阻力，一切从家长角度是善意和可能奏效的方法，在子女角度看来，是压迫及伤害的手段，子女不会依从家长的建议实行之余，更会主动地与家长抗衡，将自己的问题推向恶化的方向。

正因我们辨识到以上情况，在我们的介入手法中，亲子关系的建立（重建）实际上占了非常重要的位置。如家长在接受服务时，与子女的关系未能达到正面关系时，我们会先聚焦在优化亲子间的关系，否则小组流程中经由家长实行的策略和技巧，很有可能产生负面影响，令情况不进反退。

此外，当亲子关系改善之后，社工有时是不需要进入介入子女问题的程序，即社工与家长根本在没有运用任何特定策略和技巧，子女的问题已经有所改善。因为良好的亲子关系，其实已能直接满足子女不少常见需要，如关爱、安全感、认同感等。当子女从这方面得到所需时，就没有继续依赖网络世界的必要；反之，对家长亦然。当然亦有不少青少年的需要并不能单靠亲子关系直接满足（例如成就感或控制感），但当亲子关系良好时，社工与父母协同制定的策略，实行时的效果也会有飞跃性的提升。

介入工作的策略和技巧

将介入工作交由家长亲自实行，是我们服务的其中一个重点，因为经由实行策略，父母能够对子女问题有更深入的了解，并能使家长更加紧贴子女改善的步伐，而家长看到自己为子女带来的改善，所产生的满足感亦令他们对自己及对社工更有信心，愿意继续以后的行动，直到达到最终目标。

知行易径理论中不少概念协助我们处理沉迷上网事工中的困难，获得可观成效，在此借用其中几个概念加以说明：

重视具体行为——避免抽象形容

每个人有着不同的成长经验、性格及价值观，对于外界发生的事物，会产生不同的想法及反应，建构着不同的字句或形容词。特别在形容亲子关系上，家长很多时候会以抽象建构的词汇向工作人员形容，例如会说“我儿子整天玩电脑，我说什么他都听不入耳”。这种类型的抽象形容以及线性思维常会在小组发生，在此时组员均会产生认同感，家长亦会变得无力改变。在小组中，社工可协助家长以具体行为实际情境作陈述，以更确切地掌握当事人的意思，家长起初可能不习惯具体形容，但在尝试形容实况，或将情况以角色扮演表现出来时，就能够真正为家长分析问题。往往将抽象建构词语发展为具体行为情况时，社工以及家长均会找到不同的细小处理方式，以引申成行为策略及技巧。

社工可以协助组员一同在解难的角度，思考当时是处于什么情景、内容、情绪状态、语气、身体语言，又或是联系到亲子平日沟通模式及近来的关系等不同的状况，让家长更全面、具体地以多项应变思维加上具体实况，协助家长分析问题，避免以偏概全地立论。就以上述情况做例子，通过分析，家长会发现可能是因为当时家长的语气较差；又或是家长反思到自己一直与儿子的相处都只是单向性的指令，没有与他沟通而关系很差，因此儿子不想回应母亲等。当抽象形容转化为具体行为后，小组的组员便会找到学习的方向，进入到了解亲子需要，以及策略及技巧的学习。

互相分享献计——协作创新

知行易径中协助创新的意念，就是社工不需以专家或权威的角色，能够以平等协作过程与组员一同开发新的策略及技巧。在家长小组中，组员很多时候需要学习更有效的人际沟通技巧。例如有家长发现自己很少与子女闲谈，因此其他家长便开始献计，运用大脑风暴（brainstorming）随意创作，并各自分享过往的经验，找出可取的元素及可行方法，并鼓励家长做适当的调节，以配合不同家长的性格特质。这个协作探究的过程运用于小组中甚有效益，它能够在不同想法的讨论下，协助组员学习到思考框架以外的方法，为需要制定不同的处理方法及策略。此外，社工需关注家长的学习状况，让家长找寻出他们自觉可行，并感到能够于现实生活进行尝试的方法，因为每个人的需要及改变步伐都不一样，社工需重视及明白他们的难处，以免发生单向式技巧训练的情况。

多练习多尝试——角色扮演

在亲子教育的课题中，很多时候教授的技巧均停留于字眼，如“关心”、“鼓励”，但实践上的困难与阻力却没有适当处理。因此，要带来真正的改变，就不能将学习停留于知识和观念上，而要化为可观察的行为和实际表现。有效的技巧学习是通过组员将家中情况于组内重现出来，将当事人遇到的困难，运用影音记录及实时重播，找出可以改善的具体行为。当然，将人的互动“慢镜重演”的确会为组员带来无形的压力，怕自己的错误缺失被放大。因此，社工要先了解组员的安全感以及自信心的需要，在小组中必须积极建立互信和正面支持的气氛，让安全感提升，并相信组员的观察及反馈都能正面地表达出来。继而不断地给予扮演的家长自信心，以正面积极的角度进行练习和回顾，共同找出更有效满足需要的策略及技巧，并逐步于现实生活中应用出来。

一小步便是成功——遇难细化及先易后难

人很多时候即使明白自己需要突破改变，但却经常感到无能为力，这正与很多人容易为自己定立过高的目标与期望有关，直接影响了人的改变动机及信心。遇难细化的概念便是要协助当事人在难题上将学习方向化为细小的步骤，协助当事人建立更细小及具体的策略及技巧，以朝向他的理想状况。将复杂的流程细分为简易的工序，更容易提升当事人应用和掌握的信心，增强自我效能感，提高整体介入的成功机会。这概念亦可应用于制定满足需要的方向中，当事人在更了解自己的各种需要后，可以从中列出不同需要的次序，找出较容易满足的需要，为当事人带来成功感及自控感。如某个家长有关爱的需要，并期望与子女改善亲子关系，社工可以鼓励家长找寻容易达成的方向做尝试，如先学习与子女闲谈。在制定小组功课时，社工可将家长需要学习的技巧与家长共同评估难度，并将家长设定的目标实践次数或难度减半，因为成功的经验能提升家长的成就感，有助于推动家长持续进步，并循序渐进地学习不同的策略技巧。

额外成效

运用家庭系统改善青少年网络成瘾问题的模式，除了针对青少年上网问题外，更重要的是协助求助家庭重整失效的家庭功能。如上所述，处理亲子关系是小组其中一个重点，当亲子关系重修到能为子女带来正面影响时，亲子间亲密程度定已大幅提升，并在日常生活中，带给亲子双方很大满足。借用一位家长的例子，他表示经过家长聚会中的互相交流，听取了不同的经验及意见，将所学到的沟通技巧运用到儿子身上，尝试用关心、接纳、聆听等模式沟通，结果他成功跨过了两代隔膜的高墙，加深了亲子间的互相了解。从这位家长在参加小组后的心声：“尽管今天的我不是十全十美的母亲！但今天的我已不再是儿子心中的恶母亲!”可以看出，亲子关系的改善是她参加小组后一个很重要的收获。

此外，我们从小组活动中引导家长了解子女及自己的需要、协助修补破损的家庭关系及调整无效的管教技巧，这些工作直接增强了家长处理家庭问题的整体能力，令他们重拾自信，这样一方面能有效避免问题重复出现，另一方面即使他们发现子女出现上网以外的其他问题，家长亦能好好处理。

以上的模式除了可以协助家长处理子女的问题，亦能广泛运用到其他生活事项上，无论与亲友或工作伙伴关系等方面，都能借助小组中同样的原则和方法去改善问题。

家长小组模式亦让求助者能接触到背景相近的人，相互间的共情作用能发挥疏导情绪功能，减轻社工分配在情绪支援上的工作，使介入工作更为流畅。

以上的好处，是单独以青少年作为介入主体的工作方式所没有的，而更重要的是，除了有额外成效外，针对问题本身的工作进度并没因此而受到拖延，反而更有效率。

数据及成效

“网开新一面”一直优化家长小组的工作手法，根据2011年7—9月所举行的数个小组的前后评估测试（问卷以1—5分统计，1分代表“非常不同意”、2分代表“不同意”、3分代表“不确定”、4分代表“同意”、5分代表“非常同意”，小组组员分别在第一节及最后一节填写问卷），家长小组在不同方面均为求助家庭带来显著改善，以下分享其中几项数据：

亲子关系方面：在“我与子女互不理睬”和“我经常责备子女”的评分上，分别由2.82分及3.09分改善至2.32分及2.23分；而“我与子女倾谈上网情况时，必定会发生争吵”，则由4.05分大幅改善至2.73分。以上数据显示在与子女相处的技巧及实质关系上，父母均有所进步。

在明白子女需要及管教子女的信心方面：在“我明白子女上网行为的原因（需要）”和“我对管教子女的前路充满信心”的评分上，分别由3.27分及2.68分提升至3.82分及3.23分，这反映小组有助于家长明白子女需要及提升家长对管教子女的信心。

在子女上网情况方面：在“我的子女沉迷上网”和“除了上网，我的子女没有其他生活”的评分上，分别由4.09分及4.05分改善到3.82分及3.36分，这亦反映约7节的短期小组已能或多或少解决沉迷上网这表征问题。

（直至9月中旬，由于部分小组尚未完成，上述数据只根据22名同时参与前后测试的家长组员所得出的初步分析。）

应用于中国内地的发展空间和限制

根据国内同工的分享，现今中国社会的青少年沉迷上网问题日趋严重，我们认为这套行之有效的工作手法实在是值得推广的。就经验所见，传统的中国家庭相对偏重责罚式的管教模式，让亲子关系较难亲密，甚至经常处于紧张状态。如能将此介入模式中建立亲子关系及满足亲子双方需要的经验和技巧在国内推广，除了能更有效地预防及面对青少年沉迷上网的问题，更对国民的家庭生活满足度有正面提升作用。

虽然此模式有很多优点，但同时亦需要合适的配套才能达到相应成效，这亦可能令此模式在国内发展时遇到阻力。其中，此介入法对于社工的个人及小组辅导能力要求甚高，因为沉迷上网的青少年的家长可以来自社会任何阶层及有不同学历，甚或家长本身除了要面对子女问题外，亦要处理婚姻、事业等方面带来的压力，使社工面对的环境变得相对复杂，非常考验社工的对应技巧。此要求对于正急速发展，许多实务经验尚需整合的国内社工专业而言，是颇为困难的。此外，这模式假定了父母与子女同住，亲子双方有相对长时间相处，但现今国内不少家庭，青少年及父母因学业或工作关系并不同住，这亦大大降低了介入成效。

最后，若此模式在国内推行，在服务开始之时，服务单位可能接触到大量的个案，我们建议先集中处理亲子双方同住的家庭，并挑选较有可能接受此介入方式的家长参与，好让同工建立具体经验及服务信心，再发展符合其他沉迷上网家庭特质的服务手法，进而整合出更合乎国情的介入模式，协助更多沉溺网络的青少年及其家庭。

参考文献

孔宪正、李展熙:《迷“网”背后》，香港基督教服务处2011年版。

曾家达、游达裕:《知行易径：基础与应用》，香港：策马文创有限公司2011年版。

社会工作介入儿童福利的功能与作用研究*

——对大陆中东西部三个儿童福利机构的实证调查分析

[中] 成海军

民政部管理干部学院教授

社会工作，又称为社会服务或社会福利服务，是用科学的方法和手段、利他主义的价值观帮助有困难的人走出困境的活动，其目的是促进和协调个人、团体、社区和社会环境之间的相互关系。专业社会工作者必须具备的三个要素：第一，具备专业独有的价值理念。第二，具备专业知识体系。第三，直接服务于人的实务工作能力（王思斌，1999）。

儿童福利是社会工作实务的一个组成部分。儿童福利服务采用社会工作的方法，可以分为个案工作、小组工作和社区工作。而社会工作的作用和功能之一就是协助解决儿童面临的问题和困境。近年来，随着社会工作介入儿童福利服务领域，课题组对我国中、东、西部三种不同的儿童福利机构进行了实地调研，对社会工作在儿童福利领域中的运用进行了定量与定性分析，取得了一些阶段性成果。

一　研究背景

2006 年 7 月 20 日，人事部、民政部发布文件，规定了社会工作师和

* 本研究是成海军教授承担的教育部人文社会科学研究规划基金项目《当代中国儿童福利政策研究》的阶段性成果（项目批准号 09YJAZH008）。

助理社会工作师评价暂行办法（人事部、民政部，2006）。2007 年 2 月，民政部下发了《关于开展社会工作人才队伍建设试点工作的通知》，要求各地积极开展试点工作，参与试点的有 75 个地区和 90 个单位。2008 年 10 月，人力资源与社会保障部、民政部发布了《关于民政事业单位岗位设置管理的指导意见》及其配套文件和政策（人力资源与社会保障部、民政部，2008），明确提出了聘用专业社会工作者，提供规范优质社会服务的要求。2008 年 12 月，民政部办公厅发出《关于贯彻落实〈关于民政事业单位岗位设置管理的指导意见〉的通知》，要求各地科学指导民政事业单位进行首次岗位设置和岗位聘用、技术岗位、工资兑现等，并做出了具体规定和规范。这些政策为社会工作介入儿童福利服务提供了新的机遇和发展空间。

经过两年多的试点，社会工作在儿童福利机构运行状况是否达到了人们所期望的要求，社会工作在当前的社会背景下发挥什么样的作用和功能，其前瞻性如何，这些都是实务界、学术界以及政府十分关注的问题。在此背景下，课题组受民政部社会工作司的委托，对社会工作介入儿童福利问题进行了专题调研和分析，形成了初步成果。

二　研究方法

近年来学界对儿童福利机构的关注较多，主要集中在儿童福利的宏观政策、制度变迁和儿童的微观心理方面。在研究重点上是儿童福利政策和养育方式，理论研究成果较多，而实务研究较少；在研究方法上主要以经验式的、质性的判断研究较多，而以社会工作方法和手段介入儿童福利的实务研究几乎是空白；从专业化的角度看，对工作方法在儿童福利服务领域科学化判断和研究相对偏少，对服务专业化的需求也体现缺乏严格的量化研究和操作研究。儿童福利机构非常缺乏专业工作人才和专业工作方法的介入。目前，大陆地区对儿童福利机构社会工作的功能和作用尚处于积极探索阶段，还未形成体系和共识。

本研究以社会系统论作为研究视角，采用定量和定性相结合的研究方法，设计指标体系和具有可操作的实际问题，通过对 A、B、C 三个地区加入社会工作元素之后儿童福利机构所发生的变化、社会工作状况、社会工作内容、社会工作岗位、社会工作的“应该”功能和“实际”功能与作用、社会工作对机构的功能与作用、试点效果、影响社会工作功能发挥的因素等方面的问题进行分析，探索社会工作与儿童福利的关系，探索社会工作介入儿童福利领域所发生的改变及存在的各种问题，探讨制约社会工作介入机构的因素，探求社会工作在儿童福利领域的功能和作用，从数据量化方面对社会工作各种功能和作用进行分析，进一步把握社会工作介入儿童福利机构发展的规律性的必要途径。为社会工作在儿童机构的推进提供参考性架构和前瞻性思考。

1. 调查地点。本课题对我国东、中、西部不同经济发展区域的三个儿童福利机构进行调研，设计150份问卷，将当前社会工作在儿童福利机构的功能和作用指标逐项分解，在东、中、西部三个不同地区的儿童福利机构进行实地调查。

2. 指标设计。本研究通过设计严格的指标体系和具有可操作性的实际问题，以社会工作介入儿童福利机构前后加以对比，得出两组不同的数据加以分析、鉴别，探索社会工作与儿童福利的结合在儿童福利领域的功能和作用。

3. 指标量化。第一，机构基本状况。第二，机构工作人员基本特征。第三，社会工作岗位。第四，理想与现实社会工作的功能与作用定位。第五，加强社会工作功能与作用。社会工作功能的实现、社会工作的作用和影响。

三　研究对象的选取

鉴于儿童机构的同质性较强，我们选取了我国东、中、西部三个儿童福利社会工作试点机构作为调查研究机构，在这三个调查机构中选取一些从事社会工作的人填写问卷，对填写者进行了一定的培训和讲解，使他们明白填写注意事项，以提高问卷的有效性和可信度。本次调查共发放了150份问卷，实际回收127份，未收卷23份，有效回收率为84.7%。符合统计学要求的代表性、普遍性和科学性。

四　本研究的三个难点

（1）社会工作在我国是一个“新生事物”，缺乏专业社会工作介入儿童福利机构的经验积累，在研究内容、对象和方法上没有参照系，也没有任何参照数据；（2）在欧美国家，很少有像中国那样庞大的儿童福利机构，其服务分散在功能不同的机构之中，很难为我们提供适切性的经验；（3）由于儿童生理和心理的特殊性（肢体残疾或智力残疾），缺乏理想的“合作精神”和预期的“期望值”，因此本研究也就具有很大的探讨性和不确定性。

五　理论视角

本研究建立在系统论的基础上。运用社会系统理论来评估社会工作与儿童福利的关系和社会工作在儿童福利机构中的功能和作用。社会工作在机构中的功能和作用不是在一个孤立的社会环境下完成的，而受到机构外在和内在条件的制约（贾维周，2007）。社会工作专业方法和机构的传统式经验方法相冲撞。本研究旨在通过考察机构这个系统加入了社会工作元素后，变成较为开放性的系统之后产生的变化。

在社会工作领域，系统主要存在于人与人之间、人与环境之间的互动以及系统的相互联结问题，包括改变媒介系统、服务对象系统、目标系统和行动系统。在儿童社会工作领域，儿童福利机构主要包括以下四个系统：

1. 对“改变媒介系统”（社会工作者）的分析和研究。作为专业社会工作者，他们既是儿童改变的媒介，又是主要的行动者，是专业的助人者。他们在社会工作中具有主体的作用。但是在试点过程中，每个机构是否都有专业社会工作者，这是问题的核心。

2. 对“服务对象系统”（儿童）的分析和研究。他们是社会工作服务和试点的直接受益人，是“现有服务对象”和以后问题发生的“潜在服务对象”。他们的需求、问题、困难都是本课题研究的主要内容。

3. 对“目标系统”的分析和研究。为了达到改变服务对象（儿童）系统所需要的改变，包括儿童需要的满足、问题的解决及其环境系统，为儿童改变而采取的努力和对社会环境的改变等。

4. 对“行动系统”的分析和研究。机构的医生、护士、护理员、其他工作人员、儿童家庭成员等，作为社会工作的合作者，协调一致，调动一切资源为儿童服务。

由于本课题是一个探索性研究，具有一定的难度，在以上四个系统

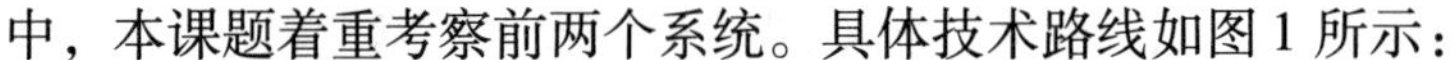

中，本课题着重考察前两个系统。具体技术路线如图 1 所示：

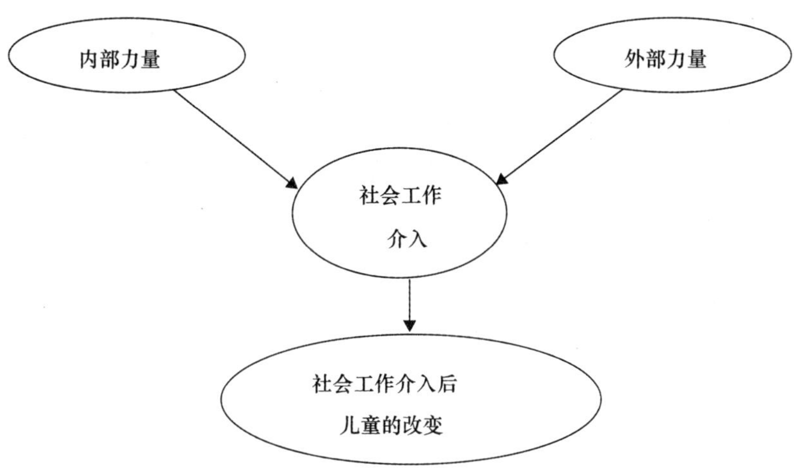

图 1　对社会工作介入儿童福利服务的评价

六　研究过程的实证分析

在社会工作介入儿童福利领域的过程中，由于每个儿童福利机构所处的地理位置不同，受到各方面条件因素的影响不一样，社会工作介入儿童福利领域的基本情况和结果也就各不相同。以下是课题组对东、中、西部的问卷指标进行量化研究之后的分析，旨在探讨三个地区社会工作介入儿童福利的功能和作用的一致性和差异性。

（一）性别构成分析与比较

表 1　儿童福利机构工作人员性别分布

比率地区 / 性别	东部	中部	西部
男	56%	0%	46%
女	44%	100%	54%
被调查者（人数）	55	22	50
机构规模（人数）	127	210	158

从表 1 可以看出，东部地区调查对象的构成成分男女比例较为适当，一个机构的性别比能有这样的构成，比较符合社会工作中较好的性别比率，更有利于机构的发展。

（二）员工对设置社会工作岗位的认识

表 2 分析得出，东部地区儿童福利机构工作人员认为个案心理辅导、家庭寄养最应该设置社工岗位，所占比例分别是 31% 和 16%。中部地区认为机构管理、个案心理辅导应该设置社工岗位，所占的比例分别是 45%、32%。西部地区则认为机构管理应该设置社会工作岗位，占 60% 的比例，西部地区个案心理辅导只占 4%。

表 2　　工作人员认为应该设置社工岗位统计（%）

地区 占比 岗位	东部	中部	西部
机构管理	7	45	60
制定政策	11	5	10
筹划与组织活动	2	5	0
督导与评估	7	5	4
业务管理	5	0	4
个案心理辅导	31	32	4
公共与对外协调	4	0	2
家庭寄养	16	10	0
收养服务的沟通	2	0	2
协调志愿者管理等	0	0	4

总体上来说，儿童福利机构的工作人员认识到对儿童开展个案心理辅导的重要性，这可能与机构儿童绝大多数是残疾人所带来的心理健康的严重缺失以及儿童“福利机构综合征”有很大关系。需要说明的是，我们在设计问卷时区分了机构具有社工性质的工作内容和工作人员认为社工性质的内容，意在考察研究者和被研究对象之间对机构社工构成认识上的

差异。

（三）社会工作对儿童的“应该”功能和“实际”功能与作用分析

在表3中，我们把问卷的第12、第13个问题合在一起，前者重在考察各地区儿童福利机构工作人员认为社会工作应该具备的功能，后者考察的是在实际中的表现。调查表明，不管是“应该的”还是“实际的”功能的发挥均是心理辅导，这说明机构儿童正常心理功能的缺失已成为人们关注的普遍问题，同时这也是社会工作介入的空间。但在实际发挥作用的时候“心理辅导”的功能发挥得不是很充分。

表3　　工作人员认为社会工作应该的功能和实际的功能（%）

地区 / 占比 / 功能和作用	东部 应该的/实际的	中部 应该的/实际的	西部 应该的/实际的
心理辅导	56/38	50/36	42/42
物质帮助	8/20	18/23	30/36
促进能力发展	5/13	18/18	2/10
维护合法权益	31/16	14/23	16/6

从表3中还可以看出，三个地区的机构实际上给予的物质帮助比应该的还要多，这可能与儿童福利机构的性质有很大关系。机构是儿童赖以生存的场所，也是提供给儿童物质帮助的具体执行者，比我们想象的提供更多物质帮助也是自然的事情。表中数据显示，三个地区也有一些差别：西部地区的实际提供物质帮助达到36%，所占份额最重；东部所占份额最小，只有20%。从这里看到，东、西部儿童机构在试点过程中着重点不同，这可能跟面临的外部环境不同有较大的关系。在维护合法权益方面，东、西部儿童机构实际上没有人们想象得那样好，而中部地区正好相反。在促进能力发展方面，东、西部儿童机构实际上比人们想象得好，而中部地区则正好相反。

（四）社会工作对机构功能和作用的分析

表4分析得出，三地区儿童福利机构工作人员认为社会工作对机构的“应该的”功能和“实际的”功能分别体现在促进机构服务能力的提高和促进机构的稳定上。东、中部地区的调查对象认为，机构应该的功能首位是“促进机构服务能力的提高”，并分别达到38%和59%，西部地区稍低，只有22%。但是在实际执行这项功能时，东部地区被调查对象认为确实能够使机构服务能力的提高达到40%，超过预期。但是中部和西部地区在进行评估时却认为这项社会工作功能没有达到预期目标，反而有所下降。

表4　社会工作对机构应该的和实际的功能的比例分析（%）

对机构的功能和作用　占比　地区	东部 应该的/实际的	中部 应该的/实际的	西部 应该的/实际的
促进机构的稳定	33/15	23/41	56/62
促进机构的制度建设	20/15	9/18	10/10
促进机构拓展生存能力发展	2/5	9/5	4/12
促进机构服务能力的提高	38/40	59/36	22/10

评估社会工作在“促进机构的稳定”功能时，却发生了和上面相反的情况。社会工作在促进中西部“机构稳定”方面，实际的比预期的要好，而东部地区在这方面的功能却是恰恰相反。东部地区的被调查者更加注重社会工作促进机构服务能力的提高，把促进机构的稳定放在第二位；而西部地区的研究却正好相反。我们需要探讨的一个问题是，在机构里社会工作的功能更多地体现在“促进机构的稳定”，还是“促进机构服务能力的提高”，抑或兼而有之。

一个不争的事实是，社会工作在试点的过程中应该产生的功能和实际功能之间存在着一定的偏差。也就是说，在试点中，人们怀着对社会工作的一种热忱和期盼，但是由于各种原因，这个期盼没有达到人们的预期目标。

（五）关于机构社会工作试点效果分析

表5分析得出，儿童福利机构工作人员认为，机构社会工作试点效果主要体现在儿童的变化上，也就是说社会工作试点最终受益对象是儿童本身，其他人受到试点影响可能还体现在社会工作者方面，东、中、西部的占比分别是7%、27%、8%，除此之外各类工作人员的变化并不显著。

表5 机构社会工作试点效果的主要体现者统计（%）

占比 地区 试点的几个系统	东部	中部	西部
儿童	67	68	68
其他工作人员	4	0	8
社会工作者的合作者（医护教）	2	5	10
社会工作者本身	7	27	8

评价一个制度所发挥的功能和作用不能仅仅只看到直接受益的人群，社会是一个大的系统，各个子系统构成了我们彼此依存的大系统。如果一个制度的试点，能使一个工作系统及其相关的人员发生变化，那才是一个制度的试行所带来的积极影响。可能问卷设计的复杂缘故使被调查者无法表述自己对社会工作试点的精辟看法。在本研究的过程中，我们充分估计到了这一点，故在最后一题设计了开放式问题作为相应的补充。

（六）社会工作功能发挥的影响因素

从表6可以看出，目前社工在机构中发展受限的最主要因素是财政支持和岗位设置。在财政支持上，中部和西部地区更加看重财政支持，分别所占比率是59%和58%，比率基本相当。而东部地区的比率是20%，唯一能解释的是东部地区的财政来源相对宽松一些。但在岗位设置问题上，东部地区的被调查者认为该项最为重要，达到了44%的认同，而中部和西部地区分别只有23%和18%。东部地区似乎更加急于解决岗位设置问题。在考试学习培训方面，西部地区更加缺乏，认同率只有12%。中部地区则是9%，而东部地区只有4%。一般而言东部地区更容易获得学习和培训的机会，中、西部地区这样的机会相对就会少一些。在工资待遇方面，中部地区表现得是非常突出的，比率达到9%，是三个地区中最高的。在调查中，中部地区对工资的呼吁也是最高的。

表6　导致社会工作的功能和作用受限的最重要因素统计（%）

功能因素＼占比＼地区	东部	中部	西部
财政支持	20	59	58
岗位设置	44	23	18
工资待遇	5	9	4
考试学习培训	4	9	12
人员编制	16	0	0

七　研究结论

（一）社会工作介入儿童福利机构的空间

社会工作介入儿童福利机构和儿童服务领域，发挥着无可替代的作用，是针对机构内外的儿童需求和问题进行研究、解决问题的一种方式。主要体现在：（1）社会工作的价值理念与国家社会提倡的价值理念在本质上是统一的，与儿童福利机构发展方向也是一致的；（2）社会工作方法的优势；（3）政策上的支持和跟进。

（二）社会工作介入儿童福利服务领域的成就和问题

成就：（1）普及社会工作理念，宣传社会工作思想，推进社会工作职业化建设；（2）社会工作整体介入对儿童群体的作用和功能；（3）专业方法的使用对机构及其工作人员的提高和完善；（4）大学生的社工实习基地。问题社会工作试点逐步融入机构的管理与服务中，使机构变刚性管理为柔性管理服务。但是问题也有不少，主要集中在以下几个方面：（1）专业社会工作受行政事务的限制；（2）岗位设置问题；（3）培训问题；（4）合理设置儿童福利机构中的社工方向；（5）心理辅导效果不明显；（6）需要加深对社会工作的理解；（7）社会工作者与合作者职责模糊不清。

（三）社会工作介入儿童福利机构对儿童功能和作用的评估

1. 社会工作能够较好地界定各类儿童不同层次的需求。社会工作者应为儿童参与服务的确定过程创造条件，应逐步培养儿童的民主参与意识和能力。作为专业人士，社会工作者也应该在院方的支持下参与有关儿童需要的建构。针对机构的孩子，社会工作可以更加充分、合理地开发各个年龄阶段的儿童需要。

2. 社会工作在试点中所发挥作用分析。社会工作在机构最能够发挥作用的是个案心理辅导，其次是小组社会工作，社区工作似乎用得少了一点。除此之外，社会工作还可以提供物质帮助、促进能力发展、维护合法权益。

以上两个方面我们认为都是社会工作者可以介入之处，实际上社会工作试点过程中也对这些方面进行了一些介入，而东部的试点过程中尤其注重从微观角度来进行介入，在现场我们看到了 A 福利机构的会谈室、记录表以及为此专门布设提升孩子活动能力的场所。实际上，社工试点尤其是东部地区较容易从儿童群体的各方面介入使成效突出。本研究认为，这也是以后三个地区的微观社会工作努力的方向。

（四）社会工作对儿童福利机构功能和作用的评估

社会工作介入儿童机构不仅仅是针对直接的服务对象群体，儿童福利机构也是一个庞大的系统，在这个系统中还存在着其他的次系统（成海军，2003；刘继同，2008），如工作人员、管理者、工勤人员，等等。协调各方面的关系，保持机构正常运转也是社会工作行政的一部分职责。包括：（1）协调机构和儿童之间的关系；（2）对机构管理观念的推动；（3）对机构其他业务工作的推进。

（五）影响社会工作介入儿童福利机构发挥功能和作用的因素

本研究采用系统功能主义理论来看待社会工作介入儿童福利机构。一种专业方法能否在机构中发挥作用，其专业内在品质所产生出来的巨大魅力及其对人类社会的贡献有很大的关系。这便是专业内在功能发挥之所在，也就是专业品质所带给人类社会的影响（王思斌，2006）。作为一种专业化的服务，它能否在一片异域土地之上结出丰硕的成果还依赖于它的生存环境系统。社会工作虽然在儿童福利机构有一定的优势，但是它并不是万能的工作方法，在中国行政化社会工作占据一定比重的前提下，社会工作的发育及成长也可能受到一定因素的制约：（1）对社会工作试点的认知存在一定的模糊性；（2）社会工作考试性质；（3）中部地区社会工作过程试点中面临的困境；（4）后续性的配套政策和措施问题；（5）关于岗位设置问题。

本研究以儿童福利机构为依托，以定性和定量相结合的方法来评估社会工作在儿童福利试点机构的功能和作用，对儿童社会福利问题的解决提出政策建议。这对社会工作的后续性推进（拉里·威廉姆·法利等，2008；Lynne M. Healy，2001）如科学设置社会工作岗位，将产生重要影响。

第一，社会工作介入儿童福利服务，为儿童福利服务的专业化提供了技术支撑。社会工作的个案、小组、社区方法，以专业化手段和方法为儿童提供个性化、多样化、系统化和专业化的服务。儿童福利机构社会工作者运用专业理念、知识和方法，创造性地进行困难救助、矛盾调处、权益维护、心理疏导、行为矫治、关系调适等服务工作，不仅能够提高社会福利服务单位服务水平，也为培养社会建设型人才提供了制度保障。

第二，社会工作介入儿童福利领域，为儿童福利行业的评估、有效应对和解决新的复杂的社会问题，对机构适应能力提高等提供了一个基本的评价依据。

第三，社会工作介入儿童福利领域，为设置社工专业技术岗位提供参考性的建议和前瞻性思考，为社会工作与儿童福利服务的结合提供了一个制度保障。

参考文献

王思斌：《社会工作概论》，高等教育出版社 1999 年版。

人事部、民政部：《社会工作者职业水平评价暂行规定》和《助理社会工作师、社会工作师职业水平考试实施办法》，2006 年，民政部网站（http：//sgxh. mca. gov. cn/article/zcfg/200712/20071200008695. shtml）。

人力资源与社会保障部、民政部：《关于民政事业单位岗位设置管理的指导意见》，2008 年。

民政部办公厅函〔2008〕263 号：《关于贯彻落实〈关于民政事业单位岗位设置

管理的指导意见〉的通知》。

民政部、人力资源与社会保障部〔2008〕84号:《关于印发民政事业单位岗位设置管理指导意见的通知》。

贾维周:《福利院儿童需要的研究》，载古学斌、阮曾媛琪、王思斌、宋陈宝莲编《实践为本的中国本土社会工作研究》，社会科学文献出版社2007年版。

成海军:《中国特殊儿童社会福利》，中国社会出版社2003年版。

刘继同:《当代中国的儿童福利政策框架与儿童福利服务体系（下篇)》，《理论研究》2008年第5期。

王思斌:《体制转变中的社会工作的职业化选择》，载《社会工作的专业化及本土化实践》，社会科学文献出版社2006年版。

拉里·威廉姆·法利、拉里·L. 史密斯、斯科特·W. 博伊尔:《社会工作概论》，隋玉杰译，中国人民大学出版社2008年版。

Lynne M. Healy, *International Social Work*, Oxford University Press, 2001.

农村儿童社会工作探讨：以湖北咸宁儿童社会工作计划为例

[中] 刘卫华

武汉理工大学政治与行政学院副教授

[中国香港] 励　娜

香港无国界社工

一　前言

2008 年 1 月，香港无国界社工湖北慈宁服务处在湖北省咸宁市横沟桥镇某村及其周边地区探访受雪灾影响的孤寡老人时发现该区域的小孩大部分为留守儿童，这些儿童就读的小学 A 小学教学设施简陋、师资缺乏、缺乏图书资源。无国界社工从香港募集了一批善款，帮助 A 小学建设了一个图书室。为了发挥图书室的作用、改善 A 小学学生的社会福利、促进内地社会工作专业发展，无国界社工与武汉理工大学政治与行政学院经过协商确定以 A 小学为基地，针对该小学周边三个村的儿童开展社会工作服务。

二　研究问题

我国是联合国《儿童权利公约》的缔约国，按照公约要求我国要采取措施保护该公约所确定的儿童权益，我国有《未成年人权益保护法》、《教育法》等用于保障儿童权益。但对儿童的性侵犯和性虐待、拐卖儿童、家庭暴力、遗弃儿童等严重危害儿童身心健康的事件时有发生。留守儿童与流动儿童是当前媒体、政府非常关注的一个人群。儿童的权益保障与发展需要社会工作干预，但社会工作应该干预什么呢？为了明确农村儿童社会工作的干预方向，本研究计划了解农村儿童每天在做什么、他们如何度过闲暇时间、教师和家长如何看待他们，分析儿童的需要、愿望和影响因素，然后分析如何运用社会工作干预方法帮助儿童满足他们的需要。

三　研究设计

社会工作干预从案主、需要他人的关注开始，从他们所关注的问题开始分析案主的需要。有些需要是案主感觉到的，因此可以通过言语直接表达出来；有些需要是他们没有觉察到的，因此需要社会工作者与案主一起分析或者观察案主的行为和生活情境。基于研究问题的特性，本研究采取“三角定位法”收集资料，为了明确儿童的需求、影响因素，分别从教师、家长、儿童三个方面获取信息。

（一）研究取样

采取机遇式取样的方法，即在开展社会工作服务活动过程中根据所接触到的儿童、家长、教师及其他村民进行访谈、观察。

（二）收集资料的方法

观察法：在儿童的生活情境（主要是学校和村庄）中观察他们做什么事情、如何相互交往；观察儿童与父母如何相互作用；观察村民和儿童的活动。

访谈法：访谈者预先确定访谈的方向，在A小学开展服务活动时可以与访谈对象多次接触，并且访谈目的在于了解访谈对象理解问题的视角，因此采取开放式的多次访谈。

（三）资料分析方法

交叉验证：将教师、家长、儿童报告的内容相互比较，将观察的内容与访谈内容相互比较，确认彼此一致的内容、逻辑上相互联系的内容，由此发现儿童的需要、问题及影响因素。

四 结果与分析

(一) A 小学所在地区的社区特点

A 小学为周围三个村的儿童提供幼儿和小学教育，是该地方唯一针对儿童的公办机构。该小学教师队伍年龄都在 45 岁以上，没有一位受过正规的中等或高等师范教育；没有专职英语、音乐、体育、美术老师，英语课由镇中心小学安排一位老师每星期来上 2 次课；所有教学活动围绕语文、数学进行，没有音乐、体育、美术课，学生们自己通过看光碟学唱歌和跳舞。据老师们反映，农村条件差，有条件的家庭都把小孩转走了，留在农村读书的人都是家长没办法选择的结果；家长一般不会过问小孩在学校的表现。

村子里有社区卫生服务中心、村委会。村民居住在不同的“湾”里，这里小孩都是从父姓，一个湾除了嫁进来的媳妇基本上是由同姓的人组成的。从人口构成来看，一个湾就相当于一个传统的大家族，基本上是本地人，村民相互之间都比较熟悉。有一个家庭，男方在外打工时娶回一个广东的媳妇；其他家庭的媳妇都是本地人。虽然都是同姓的人，但村子里没有自发地帮助儿童发展的团体，血缘关系的远近决定村民之间相互帮助的行为，大人并不鼓励自家年长的小孩去帮助别人家年幼的小孩，有村民说“不给钱，谁会白白地教你家小孩读书？除非是亲戚”；节假日村子里有回家的大学生、高中生，他们有能力对初中以下儿童给予指导，但是村里没人组织他们；村民对“志愿者”、“义工”① 感到很好奇，觉得他们都是好人，但他们没想到自己本身也可以成为“志愿者”或者“义工”。

每个家庭都有自己的房子，除了主要劳动力为残障或无年轻劳动力的家庭，基本上都盖有两层以上的含有钢筋水泥的红砖房。房子一般比较大，一楼由大堂、神龛、厨房、卧室、储藏间等组成，二楼一般空着，一些临马路的房子会把一楼改成门面房用于做生意。有很多房子空着，这些房屋的主人都外出打工了。在邻里之间，往往把祖孙三代看成为“一家人”，但子女结婚成家后都分立门户居住，这样有些家庭就有两座以上的房子。村子里经常有人翻修房子。

① 志愿者和志工是英文 Volunter 的不同翻译方式。香港与台湾地区多使用志工。

村里的生产方式、经济活动多样化。村民都有自己的田地，但村民的主要收入不是来自耕种田地。据说种田 1 亩每年可从政府获得 100 元补助，但村民认为这 100 元没什么用，对种田依然没兴趣。有些村民会去广东、上海等比较远的地方打工，有些村民在咸宁市、武汉市等地方打工；在家附近打工的村民一般都有摩托车，他们早晨五六点出门，下午六七点回家；有些村民买有面包车，通过载客或运货挣钱；有些村民开小商店；有些村民在马路边开小饭馆；有些村民买有碾米机、榨油机，通过帮村民加工大米、食用油赚钱；有些村民办有木材和家具制造厂，为附近居民加工木材、制造家具；有些村民把房屋改成娱乐室，通过给村民提供搓麻将、打牌的地方收取场地费；有个村民，她是民办教师，在村子里办了小学生课外培优班。村里的这些经济活动近几年变得更加活跃；村民从事什么经济活动得靠他们自己，个别村民能够带动在外面承包劳动力需求大的项目，例如组织村民做空调安装工。

每个家庭一般有两个以上的小孩。大部分家庭小孩之间的年龄比较接近，有些家庭大小孩与小小孩之间的年龄差距接近 20 岁。这些小孩都会上幼儿园和小学；有些小孩初一没读完就辍学了，父母们的解释是小孩不想读、想外出打工；有些大一点的小孩会帮助母亲照看小小孩。询问这些妇女为什么要生这么多小孩，她们往往笑而不答；询问村里其他人，有多种解释，如人多势众、光宗耀祖、多子多福等。白天在村子里面见到的基本上是妇女、老人、儿童。妇女和老人的主要活动是打牌、搓麻将、带小孩、看管小卖铺。在村子里，到处可看到一队队打牌、搓麻将的老人和妇女，一些小的儿童就在附近玩耍。儿童会三五成群地相互串门、然后一起看电视，去树上抓虫子、去水塘钓虾或捕鳝鱼，在村子的空地上扔沙包、用手往地上摔打一种用纸折成的卡片相互之间进行比赛，或者坐在凳子上、躺在地上休息，或者看大人们打牌、搓麻将，有些小孩和妇女、老人一起在家里看电视；在这种自发的休闲娱乐状态下，小孩子有时会扭打起来、会有哭泣声和咒骂声，这时会有爷爷奶奶或母亲进行呵斥，于是儿童间的纠纷就解决了；家长对儿童这种自发的休闲娱乐的抱怨是：太野了、到处乱跑、不按时回来吃饭、找不到他们的踪影，希望有人管管他们。

（二）A 小学所在地区社区特点对儿童福利的破坏和促进作用

A 小学所在地区的经济社会发展水平基本上不会威胁到儿童的生存，

除了个别家庭，该地区的家庭应该都摆脱了贫困。但儿童的发展、情绪安全、身心健康等保障方面依然存在很多问题。具体表现为：

儿童辍学现象很普遍，受教育权很容易被剥夺。农村学生辍学很少发生在小学，常发生在初中早期。最直接的原因包括三方面：一是这些儿童小学阶段没有发展起成就动机，导致这些农村学生挫折忍耐力低，一旦受批评、考试不及格或其他诱惑，学生自身容易放弃读书。二是父母们缺乏对家庭、心理和社会因素如何影响儿童学习的认识，对儿童不喜欢读书的行为做出不恰当的解释，导致他们常常默许或支持儿童辍学。三是家长不知道教育的重要性，对小孩读书抱无所谓的态度。当儿童缺乏学习动机时，许多父母尤其是男性家长会持三种观点，部分认为“如果他是读书的料，他自然会好好读”；部分认为“如果他想读，他自然会读”；部分认为“很多人读了大学找不到工作，因此不读书可以去打工”。这里家长的错误在于高估小学生对自己人生问题的决策能力、夸大遗传和先天因素的作用、错误认识读书与就业的问题。许多儿童由爷爷奶奶照看，爷爷奶奶没有能力影响儿童的学习。当然还可能有其他原因，如父母本身的心理情绪问题、社会原因等。

儿童的休闲娱乐生活不丰富。农村社区缺乏对儿童的组织与服务功能，也没有青少年宫之类的服务机构，农村儿童的闲暇处于无人看管与引导状态。农村儿童的休闲娱乐生活完全是自发进行的，对于这样的休闲娱乐，儿童的态度有差别。小学 3 年级以上的儿童有些人觉得无聊、有些人觉得比上学有趣，小学 2 年级以下的儿童基本上受年长的儿童影响，态度模糊。从农村儿童小时候主要参与的这些休闲活动来看，除了打牌、搓麻将长大以后还可以继续参与外，其他的基本上都不会参与了，他们没有发展起进入中学以后仍然可以给他们带来乐趣的休闲技能。

儿童权益不是社区和家庭生活的核心出发点。许多农村父母生小孩时不考虑自己的养育能力，许多人考虑的是养儿防老、增加劳动力。村民建房子时，大部分家庭没有规划为小孩建一个读书、做作业的地方，但是会考虑到为未来小孩结婚成家而多建几间房。教育公平被忽视，存在政策水平的不公平。例如，重点建设中心小学的政策导致其他小学的学生处于不利地位；存在人际相互作用水平的不公平。例如，教师在教室里安排学生的座位时将成绩差的学生安排在教室后面的角落，很少有人认为教育系统里区分重点与非重点学校、重点班与非重点班是不公平的。

儿童的阅读兴趣狭窄，缺乏有效的阅读技能。社区缺乏图书资源，小学的图书资源有限且没有充分利用。有些家长没有想到要发展儿童的阅读兴趣和能力，那些想到要发展儿童阅读兴趣和能力的家长基本上把阅读局限于读与语文、数学有关的教辅读物，认为读课外书是“不务正业”。学校老师所理解的阅读是阅读文学类书籍、对提高语文成绩有好处。儿童报告想读书，但他们想读的是故事书、有卡通图片的书，而不是科学书、数学书；部分儿童阅读时，只满足于将一本书读完，而不注意从阅读材料中提取什么，缺乏阅读技能。由此可见，环境和儿童自身因素相互作用导致儿童阅读兴趣狭窄、缺乏有效的阅读技能。

儿童的运动技能得不到充分发展。农村儿童缺乏有组织的、系统的游戏、操作、体育运动等机会，运动技能的发展基本上依靠他们自发的活动；农村儿童缺乏复杂的运动技能，如运用技能、体能、策略等解决问题的技能；农村儿童缺乏创造性的游戏、运动能力，他们的游戏活动由大小孩传给小小孩，游戏种类有限；农村儿童在运动兴趣、技能对自我概念、社会参与的影响和认识方面缺乏指导。

儿童负面的自我概念。性别刻板印象在农村很普遍，男孩承担传宗接代的重任。男女儿童都会受性别刻板印象的危害。例如男性儿童好动、好惹事，这导致他们的人际关系不好、不受他人喜欢；女性儿童帮助父母做家务、不喜欢读科学书，这使她们缺乏职业理想。村庄以男性家长为中心组织起来，虽然有些妇女在家庭生活中发挥顶梁柱的作用，但妇女依然从属于男性。如果询问农村儿童长大了做什么，很多儿童的回答是“不知道”，这主要原因是他们的生活中缺乏榜样人物，儿童能从电视上、课本上看到革命英雄、奥运冠军、歌星、影星、体育明星，在生活中可以看到到在外打工挣钱、在家打牌赌博的长辈，这些榜样都不能指引他们的生活。一些农村儿童有与城里的小学生交朋友的想法，主要动机是觉得城里小孩比自己优秀、想向他们学习，这表明农村落后于城市的现实影响了儿童的自尊心。

儿童的情绪安全受到威胁。家长早出晚归务工，或者去外地长期务工会导致儿童与父母之间缺乏交流；农村父母对于人的心理上的需要缺乏认识，他们很难主动关注儿童的情绪。因此农村儿童很容易受到心理上的忽视。有些父母对做父母的责任认识模糊，例如有一个小孩一岁多时父母就离婚了，她被交给奶奶抚养，父母离异后都外出打工且再婚，该小孩 2—3 年才可见到一次自己的父亲，而母亲已经不知去向，这样的父母基本上放弃了养育儿童的责任。有些父母是自我中心的、人格上不成熟，他们不会为了小孩的成长而克制自己一些不必要的需要。例如，他们明明知道小孩需要在监督状态下才会看书、做作业，但他们控制不住自己打牌、寻求快乐的冲动，任由小孩自己活动。小孩不仅是传宗接代、光宗耀祖的工具，也是一些父母满足自身投射性认同需要的对象。例如一位父亲对小孩在学校顽皮、不守纪律、不爱学习的行为持默许态度，原来他自己过去就是调皮的、专给老师惹麻烦，虽然没考上大学，但生活上不比考上大学的同学过得差，他小孩的行为满足了他投射性认同的需要，维护着他的自尊心。许多农村儿童感受着“爱的伤害”。例如，老师会安排学习成绩不好的学生坐在教室后面的角落，目的是鞭策他们努力，许多家长和儿童认为这种做法是正当的；当他们学业失败时会受到嘲弄和挖苦，行为者本人似乎想以此鞭策小学生努力，但实际让他们感到自卑，丧失了学习兴趣。

以上分析的是农村社区特点对儿童福利可能导致的不利影响，其实农村社区特点对儿童福利也有促进作用。许多农村父母有吃苦耐劳的行为特征，这种特征对于适应社会有促进作用，根据客体关系理论（object theories），如果父母与儿童之间能发展起同理心（empathy），这种行为特征能够被儿童内化，从而有助于儿童的社会适应。村民集中居住、每个湾由同姓的人组成，这有利于增强人际联系、增强群体共同感、抑制不良品行，有为儿童发展开发群体互助的可能。多样化的经济活动增加了村民的自主性，使村民的劳动技能多样化，一些一起工作的村民之间的联系会变得更紧密。注重传宗接代的文化能促进生育、维护儿童的生存权，能确保儿童有一个最低的生活水准。人们不挑战社会不公有助于维护社会稳定，使儿童生活于稳定的社会环境里。农村儿童的休闲方式有助于加强同伴联系、增强对大自然的了解。农村儿童帮助家里做农活、做家务有助于了解农业生产、家庭生活，发展儿童在农村环境的独立生活能力。

（三）农村环境对儿童福利影响的原因分析

Rex A. Skidmore 等（2000）结合社会工作双重视角（dual perspective of social work）提出内部—外部力量范式（inner and outer forces paradigm）来分析行为的原因，假设来自人的内部和环境的力量使人以特定方式行动

(如图1所示)。

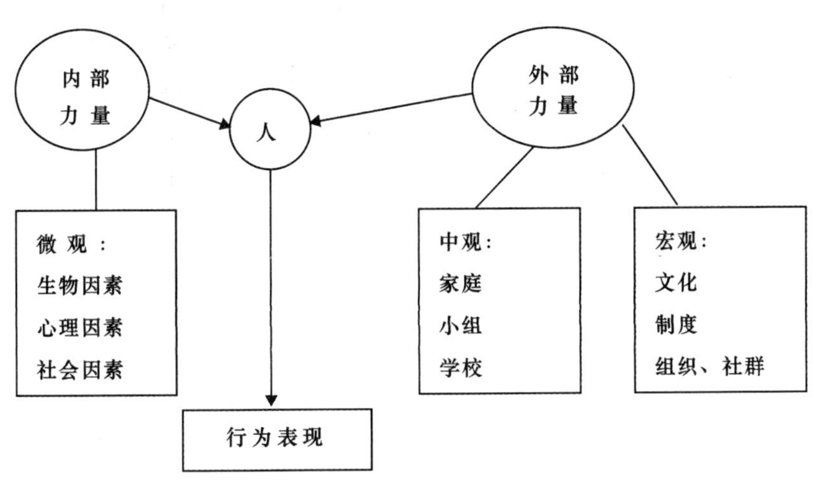

图1　以内部—外部力量范式分析行为的原因

根据内部—外部力量范式,儿童个体内部因素与来自家庭、学校、文化、社会、社区的力量相互作用决定了他们的生活状况。从儿童个体来说,他们的发展水平决定了他们受环境支配,他们不能预知行为长远的后果、不能就人生问题做出决策、不能自我克服生活中的不利因素。友谊、理解、机会、指导、支持等积极力量将促进他们发展;冷漠、剥夺、剥削、放任、打击、误解等破坏性力量会使儿童发展为无足轻重的成人。在家庭水平,以家庭为基本单位的生活组织方式对儿童发展有好处,但是许多农村父母缺乏家庭生活技能,对心理和社会因素如何影响人的行为等缺乏认识,对于处理儿童一些有问题的行为会产生不利影响,许多父母缺乏对儿童发展的明确期望,缺乏家庭教育方法会妨碍儿童成就动机的发展;一些在本地打工的家长早出晚归,有些家长长期在外打工,他们与子女之间的感情交流很少,缺乏对小孩的指导与监督,妨碍儿童社会性发展。在学校水平,学校设施简陋、教师的教书热情和教学水平都不高、师资配备不完善等因素都不利于儿童发展。重视家庭的传统文化,具体表现为维持家庭的存在、努力劳动增加家庭财富和供养小孩、亲戚之间尽可能相互帮助,这有利于儿童的发展;但传统文化中也有很多不利于儿童发展的因素,例如不重视儿童的权利和自主性,只关注儿童的传宗接代作用、儿童对父母的养老作用和壮大家族势力的功能等，这容易使我们把儿童看作“属于家庭的”、“为父母所有的”，损害儿童的独立性；传统文化强化从众、不鼓励自我反省使村民的信念、生活方式趋同，很多村民挣了钱之后选择盖大房子、多生小孩，对打牌赌博过程中输掉一些钱抱无所谓态度，他们不会思考别的生活方式。在社会水平，社区服务儿童的正式资源很缺乏，“以利益为出发点”的市场经济影响、社群共同感的弱化等使邻里互助之类服务儿童的非正式资源也很缺乏。在制度层面，小学合并与布局调整、重点建设中心小学、农村教师的教育能力低下和工资偏低、地方政府治理能力欠缺等都破坏儿童福利。地方经济发展不起来、缺乏就业机会、交通不方便是造成留守儿童的根本原因；政府重视在城里的流动儿童的教育，这导致农村儿童更向往城市生活。

基于内部—外部力量范式看待“留守儿童问题”。“留守儿童有问题、很不幸，要关注留守儿童”这种宣传至少导致三方面的消极后果：一是歧视生活不幸的非留守儿童，有些儿童虽然与父母生活在一起，但他们不一定就比留守儿童生活幸福，这样的儿童在农村广泛存在；二是给予父母不在家的儿童一个社会标签，可能会由于“自我实现的预言”使本来没有问题的儿童产生问题；三是为一些缺乏履行父母责任的能力的人提供了一个借口。有两个基本因素决定留守儿童是否会出问题，一是什么年龄成为“留守儿童”，在成为留守儿童之前的发展是否成功；二是家庭功能发挥是否正常，如果家庭可以发挥养育、情绪支持、社会化、指导等功能，与父母分离甚至是一些积极品质发展的机会。“留守儿童”是个含糊、有问题的名词，社会和政府应该考虑为所有儿童提供平等的发展机会。

基于内部—外部力量范式提供社会工作服务，需要结合直接与间接服务，需要从个体、家庭、学校、社区、文化、社会政策等水平实施干预。

五 农村儿童社会工作组织模式

考虑到中国的政治、社会、经济现实，无国界社工与武汉理工大学社会工作专业的老师一起构建了一个基于乡村背景的社会工作服务特殊模式。无国界社工是注册于香港地区的社会工作专业组织，武汉理工大学社会工作专业师生有热情推动社会工作专业发展，两者结合可以克服农村缺乏社会服务资源的问题。

（一）A 小学作为服务发送基地

学校可以成为社会工作服务发送基地。增强学校与儿童福利之间的联系也是美国儿童社会工作实务的做法。他们认识到学校与儿童福利机构之间的更紧密联系将改善对儿童和家庭的服务至少有 30 年，许多年来民生服务计划（human service programs）一直施行基于学校和与学校相联系的服务。作为接近儿童、青年、家庭一个普遍的点，在处理当今儿童、青年、家庭面对的令人烦恼的挑战时，学校正日益被认作革新的潜在地点。美国在重构儿童保护服务时也注意到要发挥教师的作用，美国儿童虐待与忽视顾问董事会（U. S. Advisory Board on Child Abuse and Neglect）呼吁在社区邻里层面（neighborhood level）提供的，整合社会服务、心理健康、教育和法律人士作用的服务发送体系。

A 小学师生在前期无国界社工湖北慈宁服务处所开展的服务基础上乐于接受社会工作，他们愿意为社会工作服务开展提供场地。小学教师在农村是有影响的人物，他们的支持有助于社会工作者接近村民。对儿童的社会工作服务与学校教育之间有共同的关注对象，两者的目标相互联系、相互促进。

（二）建构服务计划的原则

本服务项目以农村儿童的利益为根本出发点，企图说明社会工作作为一个有不同特征的学科、解决问题的有效性的方式提供社会工作服务，扩大社会工作在中国社会的影响范围，因此本服务项目确定了 4 个指导构建规划干预计划的原则。一是严格坚持理论与实务的结合。当社会工作者提出一个项目时必须说明实务的知识基础。Neil Thompson（2009）发现一些实务社会工作者声称“我更愿意坚守实务”的实质是割裂理论与实务，不愿意使自己的实务接受批判性检查或反思它，这种倾向可能导致的结果是：采取的行动可能与法律或官方政策不一致，会由于不能理解问题情境的某些方面而采取不恰当的行动，一些采取恰当行动的机会会由于缺乏对其重要性的觉察而错过，一些行动可能无意识地违反伦理原则或强化歧视和压迫，专业发展和学习的机会可能被忽略，他人对专业的信任和接纳可能很难实现，获得工作满足感的机会可能被错过。根据 Neil Thompson 的观点，强调理论与实务的结合有助于保证社会工作实务遵守法律，成功地帮助案主和社会工作者遵守伦理守则和获得职业满足感、树立社会工作专业的社会地位。二是对所有有关方面说明的责任（accountability）。Helen Northen 和 Roselle Kurland（2001）指出“一个基本的伦理原则明确肯定社会工作者对他们所做的、做的方式有说明的责任”。社会工作者要说明自己的干预目标、如何衡量干预目标是否实现、干预措施与目标之间的逻辑联系，在设计服务计划时必须有内在的评价有效性的程序。三是强调社会工作不同于其他学科的特征。社会工作干预中使用的材料其他学科的专业人士也会使用，社会工作者要知道并能解释社会工作如何使用这些材料的差异。在 Neil Thompson（2009）看来，社会工作的区别性特征包括法定义务、照顾案主与社会控制的双重责任、在人与环境的各种力量相互作用的地方参与、在社会使公民失望的地方介入、追求社会公正。Brenda Dubois 等（1999）指出心理学从个体差异出发分析问题、社会学考察社会结构及其对个体的影响，社会工作考察人与环境的相互作用，从个体在社会生活中能否正常发挥功能即社会功能（social functioning）分析问题。简单说来，社会工作干预目标是实现案主的社会功能（social functioning）或心理社会功能（psychosocial functioning）。干预儿童的成就动机与求学兴趣、休闲爱好与技能、自我概念、情绪需要、建立支持性的环境等都有助于改善心理社会功能。四是反思专业价值观与伦理。社会工作专业学生在操作服务计划时要经常反思自身行为是否与专业伦理标准一致，在反思实践的过程中提高将抽象原则与实际情境相结合的能力。在村庄环境会经常出现双重关系，例如由专业关系产生的感激关系与由于友好而产生的朋友关系，这两种关系都可能出现送礼物的问题，工作者要根据伦理原则及其他的理论判断是否该接受案主的礼物。有时候案主期待工作者表现家长作风、帮助他们决策，这时工作者要衡量什么时候可以不遵守案主自决的原则。

（三）选择干预问题的指导思想

A 小学所在地区基本的生存需要已经解决，但是还有其他问题。例如公平获取社会资源、如何改善儿童周边环境以确保他们的权益，都对农村儿童福利产生威胁。儿童像其他人一样有同样的需要，例如必需品、情绪支持。但儿童还有其他不同的两组需要，一组是发展的需要，儿童要发展为自主的成人；二组需要基于儿童的依赖，要认识到儿童满足自身需要的能力是有限的，因此干预以改善心理社会功能、帮助儿童成长为焦点，关注儿童社会福利非物质的方面，认知、感情、行为所构成的整体以及由此导致的人与环境的关系是干预的焦点。

重视多行业合作——学校领导、教师、教育行政部门、社会工作专业人士之间的合作。避免偏离共产党的政治方向对于学校领导和教育行政部门很重要；教师关注学生的语文、数学考试是否可以考出好成绩，因此社会工作干预不能妨碍语文、数学教学，也不能增加教师的工作任务。为了实现好多行业的合作，社会工作者经常了解学校领导、教师对于学生问题和需要的看法，并邀请他们就如何服务儿童提建议。社会工作服务从案主及相关人士对案主福祉的关注开始，这时大家会有某些事情不太对、令人不愉快的感觉，工作者要运用专业知识从关注中发现、确认案主的需要。工作者一方面要与各方合作，就所关注的问题达成一致，另一方面要运用专业知识对所关注的问题进行分析，使有关各方理解社会工作是怎么帮助他们解决问题的。例如家长、教师都关注学生在家不喜欢做作业的问题，家长希望有人帮助他们管理小孩做作业，教师希望家长督促小孩做作业，这里共同关注的问题是“儿童不喜欢做作业”。社会工作者一方面要从案主所处的现实情况出发——不喜欢做作业，另一方面要发现关注背后的需要——发展做作业的兴趣和行为习惯。

以整合社会工作实务方法（generalist social work practice）组织干预活动。基于内部—外部力量范式及社会工作在人与环境的交接处实施干预的特点，在确定了儿童的需要或所面临的问题后，对儿童的干预包括干预儿童本身、儿童与环境之间的相互作用关系、儿童所处环境中的其他系统。直接干预儿童的方法是：针对儿童个体或小组开展阅读、体育、游戏等活动。在活动过程中培养儿童积极的自我概念、学习运动和社会技能、学习表达和调节情绪、发展读书兴趣和成就动机、认识社会的多样性、提高抵御社会负面影响的能力。对儿童与环境之间相互作用关系的干预包括针对家庭的心理教育，帮助家长认识家庭系统及其对儿童的影响、心理和社会因素对儿童的影响；在村子里组建儿童学习小组，邀请家长参与小组的发展过程；建立教师—家长—社会工作者联盟，一起讨论有关儿童的问题。对儿童所处环境中其他系统的干预包括帮助建立社会资源，如武汉市青少年空间、老教师协会、社区服务中心与A小学之间的联系；组织武汉市退休老教师与A小学教师座谈，帮助改进教学；组织义工到A小学开展活动。

（四）将外展作为一种服务发送方式

村民在很多问题上需要帮助，但村民不了解什么叫社会工作，也不知道什么问题可以求助于社会工作者，因此社会工作者应主动接触他们要服务的系统，要在社区里与不同的人进行非正式的交谈、实施不干扰的观察、评估社区的问题及其对儿童的影响，告诉人们将要提供的服务，邀请他们参加。在农村情境，尤其是中西部地区农村，要更多开展社区教育、家庭教育，帮助人们觉察行为问题的原因。

有效的外展不仅可以成为一种预防策略、反映优势视角，而且可以帮助实现多行业合作。Annamaria Campanini 和 Vincenzo Fortunato（2008）根据意大利“实现社会服务干预整合制度法律大纲”分析社会工作干预时指出，“来自于新的立法体系的表述严重地依靠一种预防和扩展功能的内部化过程，这种功能刚好导致停止对不利状态的工作，而是集中于激活福祉的道路、生活品质与舒适。这要求社会工作者积极地走出去，通过不同的人熟悉和认识社区，以便在不同的社会行动者之间建立起协同与相互依靠……”在他们看来，外展不仅实现不同人之间的协同，而且将工作由不利因素转向健康、幸福与生活品质。因此在农村儿童社会工作中要强调外展以及与之同时发生的举措。

六　总结

虽然社会工作在中国存在已经有十多年了，但它在中国人的生活中发挥的作用还非常有限。农村的社会环境中存在很多不利于提高人的福祉的因素，农村儿童发展过程中存在很多问题和未满足的需要，衣、食、住、行与身体健康是人们所需要的，但生活质量还需要积极的自我概念、充分的社会参与、满意的社会关系、信仰和生活意义等非物质的方面，因此客观上需要社会工作服务。社会工作者要重视理论与方法的结合，坚持社会工作服务的伦理准则，提高服务质量，帮助人们解决问题，努力确立社会工作专业在中国社会的地位。

农村地区缺乏社会服务资源，无国界社工与武汉理工大学社会工作专业师生介入湖北咸宁的农村地区，以学校为基地、以当地居民的关注作为社会工作服务的起点，在提供服务活动的过程中以整合社会工作实务方法组织干预活动，强调多行业合作和专业说明的责任，注重专业和伦理反思，开展有效的外展，构建了在农村开展社会工作的组织模式。此模式还将继续完善。

参考文献

希拉里·阿克塞、彼德·奈特:《社会科学访谈研究》，骆四铭、王利芬译，中国海洋大学出版社2007年版。

Rex A. Skidmore, Milton G. Thackeray, O. William Farley etc. , *Introduction to Social Work*, Allyn & Bacon, 2000.

Susan Whitelaw Downs, Ernestine Moore, Jean MeFadden , *Child Welfare and Family Services*: *Policies and Practices*, Pearson Education, 2000.

Neil Thompson , *Understanding Social Work*: *Preparing for the Biginner* 3*th*, Palgrave Macmillan, 2009.

Helen Northen, *Roselle Kurland*, *Social Work with Groups* 3*th* (ed.), Columbia University Press, 2001.

Brenda Dubois, Karla Krogsrud Miley, *Social Work*: *an Empowering Profession*, Allyn & Bacon, 1999.

Paul Spicker , *Social Policy*: *Themes and Approaches*, UK: The Policy Press, 2008.

Louise C. Johnson, Stephen J. Yanca, *Social Work Practice*: *a Generalist Approach*, Allyn and Bacon, 2001.

Annamaria Campanini, Vincenzo Fortunato, The Role of Professional Social Work in the Light of the Italian Welfare Reform, in Vincenzo Fortunato, Günter J. Friesenhahn and Ewa Kantowicz, *Social Work in Restructured European Welfare System*, Carocci editore, 2008.

儿童抗逆力：一项关于流动儿童社会工作实务的探讨*

［中］刘玉兰

常州大学社会工作系

［中］彭华民

南京大学社会学院社会工作与政策系

一　问题取向的流动儿童研究和实践

20世纪90年代，随着我国经济的发展，农民工家庭迁移成为人口流动新的趋势，大批适龄儿童随其父母进入城市，成为“流动儿童”。流动给儿童的成长和发展带来了新的风险和问题。学术界针对这一现象，展开了大量的研究，除了翔实地描述流动儿童的生活和生存状况外，还深入地探讨了流动儿童在教育、社会融合、卫生保健等方面的问题。然而这些数量庞大的研究，主要都是“问题取向”的（deficit-orientation），也即是将流动儿童本身视为一种“社会问题”而提出，无论是研究者、实践者还是社会政策制定者都将注意力大多放在流动儿童面临的问题上。

“问题取向”视角影响下的流动儿童研究大都聚焦于儿童及其家庭的

* ［基金项目］教育部重大课题攻关项目“中国适度普惠型社会福利理论和制度构建研究”（10JZD0033）；教育部人文社会科学研究青年基金项目“社会工作视野下流动儿童抗逆力提升模式研究”（11YJC840029）；江苏省教育厅2011年高校哲学社会科学研究基金资助项目“社会管理视野下流动儿童的需要满足和多元福利提供”（2011SJB840001）；常州大学2011年青年基金项目“抗逆力视角下流动儿童精神健康和社会工作干预研究”（CSQN201103）。

劣势，与此相对应的干预实践和社会政策的焦点也在于如何帮助流动儿童解决他们的问题，缓解其不足。无论采取何种模式（社会捐助或者政府帮扶），“问题取向”下的实践和社会政策的基本做法都是期望通过他者的救助来实现流动儿童生活、学习环境的改善，从而实现流动儿童教育公平、社会融合和个人发展。这种实践和政策干预具有以下特点：

（一）是补缺型和补救型的

1994年和1995年，《天津教育》和《中国教育报》率先刊发了两篇流动儿童教育问题的文章，这激发了教育部流动人口适龄儿童就学状况的调研，也为1998年联合颁布的《流动儿童少年就学暂行办法》提供了现实依据。其后国务院办公厅颁布的《关于进一步做好进城务工就业农民工子女义务教育工作的意见》等一系列条例，以及近年来大量的社会组织投入流动儿童社会服务，均是在将流动儿童视为问题的研究的基础上，政府或社会作为流动儿童条件改善的关键性力量而不断地得到强化。

（二）是分散化和孤立化的

补缺型和补救型的特点，注定“问题取向”的干预和实践的分散化和孤立化。本文以“社会工作”和“流动儿童”为篇名在中国期刊网上搜索到的几篇论文，主题分别是流动儿童社会融入与社会工作介入、流动儿童心理健康与社会工作、流动儿童问题与社会工作回应、流动儿童学校和家庭教育对社会工作的启示。这些干预实践明显呈现分散化和孤立化倾向，缺乏从系统的角度来考虑。这导致仅仅将社会工作作为一种方法，单纯强调个案、小组和社区工作在流动儿童服务中的应用，从而陷入了“方法为本”和“工作者为本”的陷阱中（张和清，2008）。

（三）儿童主体性缺乏

如前文所述，问题取向的干预实践和社会政策特别强调外界的介入。如政府、非政府组织、社区、学校等，往往忽视了儿童的主体性，导致干预动力不足，造成很多干预不能发挥有效的作用。这使得我们一方面质疑政府政策和社会工作的有效性，另一方面流动儿童面临的各种问题并没有得到缓解。

所以，本文认为问题取向的流动儿童干预实践和政策，不利于充分发挥流动儿童及其生态系统的主体性，这对于增强儿童抵抗流动所带来的风险的能力，是不可持续性的。儿童抗逆力作为一个社会工作新的实践模式，可以有效地避免问题取向下的研究和实践所带来的问题。

二　儿童抗逆力与社会工作实践

（一）儿童抗逆力：儿童研究从问题取向到优势视角的转型

抗逆力（resilience，又翻译为弹性、复原力、心理韧性）研究的兴起与学者对风险（risk）的关注有关。在儿童和青少年研究中，风险用以形容表现不符合主流价值规范的学生，如失学、犯罪、疾病等。早期的研究者主要采用“问题取向”的分析范式，关注风险所造成的不利影响，往往认为部分儿童在风险中所展示出的良好适应模式是非典型的，因此并没有给予足够的关注。

随着研究的深入，问题取向研究范式受到了学者的批判，认为由于聚焦到儿童及其环境的消极因素，容易造成问题化倾向，对儿童或者青少年的发展反而会造成不利的影响。如有学者指出将儿童标签化为“精神分裂症儿童”比其行为偏差本身还要严重（Buchanan，2002）。

正是因为问题取向研究范式的不足，抗逆力理论由于采用一个全新的视角——优势视角（strength perspective）——引导研究者关注风险中个体的资源或优势，从而实现了范式的转换，激发了预防和干预的全新理念。对有抗逆力的儿童的研究也随后展开，如加梅齐和鲁特（Garmezy & Rutter，1988）通过追踪研究发现，大多数的儿童，尽管生活在高危的环境中，仍然发展为健康的、符合传统意义上的“成功”的年轻人；韦尔内和史密斯（Werner & Smith，1989）认为大多数儿童具有自我矫正的倾向（self-righting tendency），即使在逆境中，仍然能够发展出能力、自信和照顾等技能。儿童抗逆力成为困境儿童研究和干预的新范式。

儿童抗逆力概念在40多年的研究历程中，也发生了演变。儿童抗逆力最初被视为个体抵抗逆境的固定品质，主要是指在个体发展过程中提升其适应高危环境的成功的适应力（Benard，1991）。但有学者认为抗逆力并不是一种要么有要么没有的固定品质，儿童在其生命周期的不同阶段或多或少都具备一定程度的抗逆力（Masten& Garmezy，1990）。鉴于此，有学者将儿童抗逆力视为儿童成功适应的结果（Masten & Coastworth，1998）或者是危险因素和保护因素相互博弈的过程（Watt et al.，1995）。虽然抗逆力的概念还在不断地发生变化，但是其核心始终包括三个部分：暴露在困境中；抵消困境影响的资源或者优势的出现；展示积极适应结果（刘玉兰，2011）。所以，本文认为儿童抗逆力是指儿童在逆境中依靠自身和环境系统的资源或优势，克服困难，展示积极适应结果的能力。这种能力受到个体和外部环境系统的影响，并且在儿童生命的不同阶段表现出不一样的形式。

（二）儿童抗逆力视角下的社会工作实践

20世纪80年代，儿童抗逆力研究者开始尝试将研究成果用于推动高危儿童或青少年的干预和预防计划，如抗逆力在学校教育和精神健康服务传递中的应用等。有学者就提出抗逆力研究是对教育、青少年服务和以优势为本的社会工作的真正回馈，它给那些为儿童、青少年和家庭服务的工作者提供了以研究为本的答案：找出能够促进青少年抗逆力的保护性因素，即可以促进青少年在面对压力、不利和创伤之时健康和成功发展的发展性支持和机会（Saleebey，2004）。儿童抗逆力视角下的社会工作实践具有不同以往的干预理念、干预系统和干预原则。

首先，在实践理念方面，儿童抗逆力视角下的社会工作实践聚焦于寻找困境儿童内在能力和系统优势。有学者认为青少年抗逆力的核心理念是：高危青少年可以做得到、所有的个人都有内在的抗逆力、人和地方可以创造差异、言传身教胜于一切、所有的工作都是以我们对内在能力的信念开始的（Saleebey，2004）。这种对儿童自身能力、资产的关注，直接回应了儿童时期的发展性任务，这同减少儿童暴露在逆境中的危险一样，都可以有效地帮助儿童克服发展中的挑战。

其次，在干预系统方面，儿童抗逆力视角下的社会工作实践系统为儿童生活的所有系统。早期的儿童抗逆力提升实务计划，很多干预计划都在学校推行。因为儿童在学校待的时间很长，所以学校是实施支持儿童和协助儿童克服环境压力的干预计划的极佳场所。在学校推行抗逆力干预计划，能够有效地推动儿童抗逆力的提升，并取得明显的效果（Ross et al.，1995）。

随着抗逆力研究从个体取向逐步向系统取向转变，有学者就指出，没有任何一个单个的系统或者实践能够推动儿童抗逆力的成长，成功的实践的关键因素是充分考虑学生的需要和实践地点的优势和劣势，制定出整合传递系统（Wang，1997）。这种整合性的服务系统，包括两个方面：一是从儿童所处的系统出发，从多个层面——学校、家庭、社区——实施干预；二是儿童抗逆力提升实践应该与现有的儿童服务相整合（如教育服务、文化服务等）。

再次，在干预原则方面，儿童抗逆力视角下的社会工作实践遵循综合的行动原则。儿童抗逆力理论要求社会工作者在服务中遵守以下原则：在干预基础方面，关注与儿童相关的理论和研究证据，强调理论和经验研究的结合；在干预方法方面，认为儿童发展面临的消极因素的减少和积极因素的提升同样重要；在干预目标设定方面，关注干预儿童所处环境的影响，将干预目标和儿童的背景有效地整合；在干预手段方面，提供整合的而不是碎片似的服务，提升干预的可持续性（Luthar，S. S. & Cicchetti D.，2000）。

三 “抗逆小童星”：一项提升流动儿童抗逆力的社会工作实践

（一）项目简介

“抗逆小童星”是南京大学社会工作硕士（MSW）教育中心与南京市建邺区民政局共同合作的“增强儿童抗逆力实务项目”，服务时间为2010 年 10 月—2011 年 10 月。

1. 项目实施社区基本情况

南京市建邺区 HY 社区，现有居民 4015 户，10562 人，该社区主要是失地农民安置社区，整体收入水平偏低。HY 社区内有一所外来工子弟小学，兴办于 1999 年，校舍在 HY 社区居委会楼上，共两层楼，整个学校没有操场、图书室等基础设施，只有一间活动室，供学生课间休息使用。该校共有学生 600 名，教师 11 人。由于南京市建邺区 2005 年逐步实施“将流动儿童纳入公办教育”的规定，该校规模不断缩小，且将于 2012 年上半年停办。所以，对于在这一学校就读的流动儿童而言，他们面临的困境更突出，选取该校作为抗逆力提升实务项目的实施地，比较合适。

2. 服务对象基本情况

“抗逆小童星”项目组通过前期评估，选取其中100名流动儿童参加“抗逆小童星”抗逆力提升社会工作实践活动。服务对象的基本情况为：男生占64.0%，女生占36.0%；平均年龄为12岁；农村户口占84.2%，非农户口为15.8%；父母文化水平普遍较低，在高中和高中以上的仅分别为19.1%、8.5%；家庭经济条件普遍较差，比较好或者好的仅占16.1%；流动儿童父母职业等级相对较低，大多数都是非正式就业，职业类型主要是卖菜、清洁工、卸货工等。

（二）提升流动儿童抗逆力的社会工作实践：理念、评估和干预策略

1. 理念：生态系统理论与优势视角结合下的整合型社会工作

20世纪70年代，社会工作领域中生态系统理论（Ecological Systems Theory）得到广泛应用，其对个体和环境系统双重聚焦的整合视角，挑战了传统社会工作实践中个体心理聚焦的视角。生态系统理论是强调个体和社会系统之间相互依赖、相互联系的一种思考和组织的知识系统，其认为人类的发展不是在真空中，而是个体与社会、物理环境、阶层和文化环境连续交换的产物，并且依赖于服务使用者的参与和分享（Germain & Gitterman，1987）。该理论认为个体发展的生态系统共分为四个部分：微观系统（micro-system）、中系统（meso-system）、外系统（exo-system）和宏系统（macro-system）（韩晓燕、朱晨海，2009）。生态系统理论对系统之间互动的强调，使得“人在环境中”的核心概念得以复苏，为整合型的、通用的社会工作实践模式奠定了基础。

20世纪80年代，社会工作领域中优势视角成为新的范式，其被广泛应用于儿童福利、家庭和老年人服务中。优势视角聚焦于服务对象的资产（asset）或优势，关注社会工作者与服务对象在问题解决过程中的相互协作，而不是社会工作者作为专家的角色来主导干预活动。同时干预任务也转变为协助服务对象发现和增强他们潜在的能力，从而在逆境中成功地获得发展（Goldstein，1990）。抗逆力作为优势视角的基本信念之一，自然也成为社会工作实践的主题。

20世纪90年代，将生态系统理论和优势视角整合在一起，越来越成为社会工作实践的主流模式（Chu & Tsui，2008），此时期兴起的抗逆力提升实践，就是生态系统理论和优势视角结合的产物。受这一社会工作实

践理念的启发，本文将流动儿童问题置于广阔的社会文化和制度背景下予以审视，将流动儿童抗逆力视为特定环境中各种力量互动的结果。

图 1 反映的是优势视角下的流动儿童生态系统：一方面流动儿童抗逆力直接受到微观系统中家庭、学校和邻里的影响，宏系统中的社会文化、社会制度和政治经济状况以及外系统中社会服务组织、基层政府、社工高校也会间接地影响流动儿童；另一方面流动儿童抗逆力还是各种力量互动的结果，如系统之间的互动，或者是系统内部的互动。无论是系统本身还是系统内部或系统之间的互动，均包含影响流动儿童抗逆力水平的保护因素和危险因素（优势/劣势）。

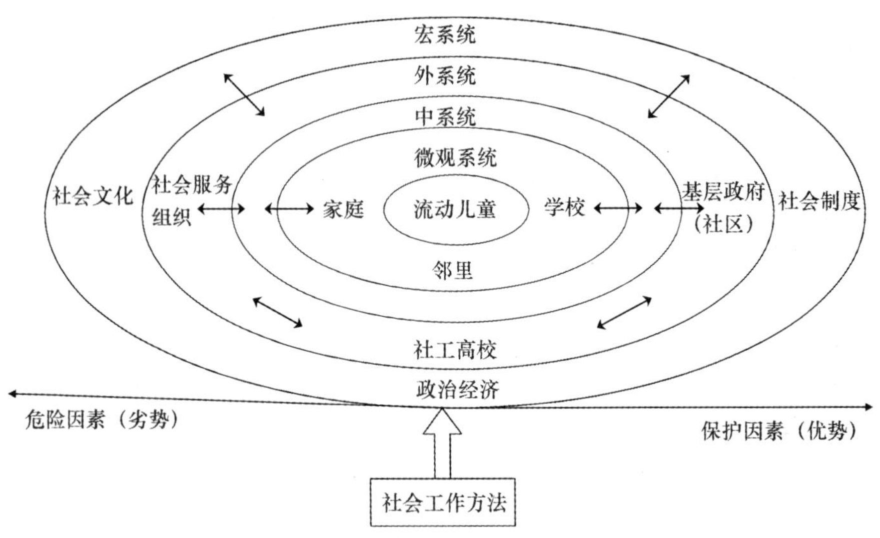

图 1　流动儿童抗逆力提升社会工作实践的理念

生态系统理论和优势视角结合下的整合型社会工作包括两方面的整合：一是系统整合，充分考虑宏系统、外系统、中系统和微观系统对流动儿童的影响以及各组成部分的优势/劣势，发掘流动儿童及其环境系统的主体性；二是方法整合，从流动儿童及其系统的优势/劣势出发，综合应用个案工作、小组工作、社区工作等专业社会工作方法，而不是专注于外部干预，割裂地考虑哪些适合个案工作，哪些适合小组工作，哪些适合社区工作。

2. 评估：流动儿童抗逆力及其危险—保护因素的评估

在抗逆力研究和干预过程中，对服务对象及其环境系统危险—保护因素的界定和评估是至关重要的。本文将流动儿童宏系统作为其成长和发展的背景，基于个体维度的抗逆力—易感性（vulnerability），系统维度的危险—保护因素两个维度，评估流动儿童个体及其外系统、中系统、微观系统的优势和劣势。具体结论如下：

（1）个体抗逆力—易感性方面。流动儿童在面对风险时具备一定程度的抗逆力，但是54.3%的流动儿童的抗逆力水平较低，也就是说超过一半的流动儿童抵抗风险的能力较差，具有明显的易感性。具体而言，流动儿童的乐观感明显好于归属感和效能感，低水平乐观感的流动儿童占9.1%，而归属感的低水平率为26.8%，效能感为34.8%。这说明流动儿童对自我和周围现状积极的认知能力，明显高于其对环境的归属感，而流动儿童对自我生活的管理能力是最差的。

（2）系统危险—保护因素方面。流动儿童生活系统中保护因素较少，危险因素较多。流动儿童生活系统中危险—保护因素主要集中于微观系统，中系统和外系统的作用不够明显，系统之间的互动和连接也较少，这更恶化了流动儿童的生态系统。通过分析可知，直接的保护因素包括：连续的家庭照顾、父母稳定的婚姻关系、较好的父母关系、较高的学业期待、较高的班干部担任率、良好的同辈关系；直接的危险因素包括：家校合作较少、父母较低的文化水平、较差的家庭经济条件、较差的居住方式、粗暴的教育方式、较少鼓励子女能力发展、较少参与子女生活、家庭文化氛围不足等；潜在的保护因素有：社会服务组织、社区居委会、社会工作高校；潜在的危险因素有：社会支持因素缺乏等。

3. 策略：危险聚焦/资产聚焦/过程聚焦

流动给儿童的成长和发展带来一系列的压力事件。已有研究表明，如果儿童面临的危险因素较大，保护因素不能很好地调节危险因素的影响，则儿童有可能出现情绪失调、行为失范、反社会行为等问题；相反，如果儿童具有的保护因素能够有效地调节危险因素，则儿童即使是在逆境下，同样能够获得良好的适应结果。流动儿童抗逆力提升的主要目标就是：增强儿童个体和系统的保护因素、减轻儿童个体和系统的危险因素。

抗逆力为本的儿童干预实践，提供了一个干预的替代性框架，聚焦到儿童生活系统中的资源或者优势，通过建立儿童的保护网络和提升儿童能力，最大化儿童良性发展的可能。抗逆力提升综合起来有三种干预策略：危险聚焦策略（risk-focused strategies）、资产聚焦策略（asset-focused strategies）、过程聚焦策略（process-focused strategies）（Masten，2000）。本项目综合应用了这三种策略，提升流动儿童抗逆力，如图2所示。

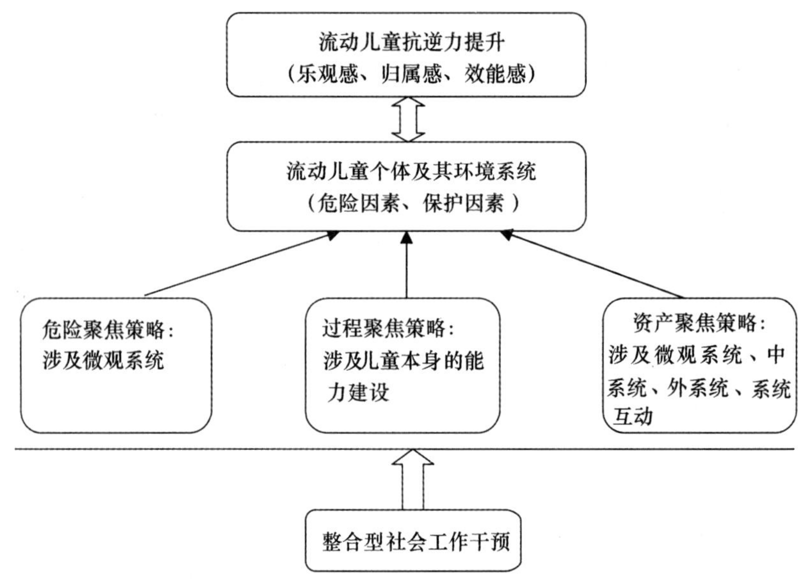

图2　流动儿童抗逆力提升社会工作实践的干预策略

（1）危险聚焦策略，聚焦到减少或预防危险因素及其影响，主要涉及微观系统的干预。这是指减少儿童暴露在危险中的经验，针对流动儿童而言，主要是减少流动儿童家庭危险因素（亲子关系链接不够、父母投入子女生活较少等）、流动儿童学校和社区危险因素（较低的学业成就、单一的成就来源、社会支持缺乏等）。本项目采取的干预方法有：针对家庭危险因素，实施的方法有推动儿童亲密关系的建立、增加父母投入子女生活的机会，比如：通过布置家庭作业的形式，让子女和父母共同完成；在结束和开始时举办庆典，邀请家长参加，共同见证子女的成长。针对学校和社区危险因素，则是增加儿童的学业成就，扩大其成就来源，比如：让儿童加入英语课外学习班、增加儿童上台表演的机会、扩大其资源网络。

（2）资产聚焦策略，是指增加儿童能力发展所需要的资源的数量、质量和使用权力，发挥其资产的作用，从而有效地对抗危险因素，主要涉及微观系统、中系统、外系统和系统互动的干预。首先，扩大流动儿童资源的数量，如推动社区建立儿童图书馆、积极和其他社会服务组织和社会工作高校合作，增加儿童和其他社会资源接触的机会；其次，增强儿童现有资源的质量，如教授儿童关系建立技巧，提升同辈关系、师生关系、亲子关系的亲密度等；再次，扩充儿童资源使用权利，如扩大参加社会服务的儿童的数量、给教师提供更多的培训和资源从而使其更有效地管理教学过程。

（3）过程聚焦策略，是指动员儿童发展的基本保护体系，如培养依恋关系、激化儿童动力系统、提升自我管理技能等，干预对象是儿童本身。具体包括：提供儿童体验成功经验的机会，如编排剧目让儿童公开表演，体验成功感；建立儿童的自我管理技能，如传授儿童制定目标的方法和解决问题的能力；情绪认知和管理能力，如协助儿童认识情绪，并习得合适的行为表达方式；提升识别和利用资源的能力，如协助儿童认识自身和环境的优势和资源，并习得利用的方式和情景。

四　结论

儿童抗逆力是指儿童在逆境中依靠自身和环境系统的资源或优势，克服困难，展示积极适应结果的能力。儿童抗逆力理论由于强调对个体的资产或优势的关注，突破了传统问题取向的研究和干预模式，实现了研究视角向优势取向的转型，成为社会科学研究中重要的理论和实践范式。将儿童抗逆力引入我国现有的社会工作理论和实践框架中，发展出适合我国不同类型人群的抗逆力指标和实践逻辑，对推动我国社会工作发展意义重大。

综上所述，我们相信生态系统理论和优势视角下整合型的流动儿童抗逆力提升实践是当下中国社会工作介入模式的范式转型。不同于“问题取向”的流动儿童研究和干预，其尝试从儿童及其环境出发，立足于流动儿童及其微观系统、中系统、外系统、宏系统的劣势和优势，从系统整合和方法整合两方面入手，综合运用危险聚焦策略、资产聚焦策略、过程聚焦策略，从而充分地发挥儿童的主体性及其环境系统的优势，实现流动儿童抗逆力的持续提升。

参考文献

韩晓燕、朱晨海：《人类行为与社会环境》，格致出版社 2009 年版，第 49 页。

刘玉兰：《西方抗逆力理论：演进、争辩和发展》，《国外社会科学》2011 年第 6 期。

Dennis Saleebey 编著：《优势视角——社会工作实践的新模式》，李亚文、杜立婕译，华东理工大学出版社 2004 年版，第 194 页。

张和清：《社会工作的社工责任：关注民生服务民众》，《中国社会报》2008 年 2 月 21 日。

Buchanan, A., Family support, In: D. McNeish, T. Newman & H. Roberts Eds, *What Works for Children? Effective Services for Children and Families*, Buckingham: Open University Press, 2002, pp. 252 – 273.

Garmezy, N. & Rutter, M., *Stress, Coping and Development in Children*, New York: Johns Hopkins University Press, 1988, pp. 1 – 41.

Werner, E. & Smith, R., *Vulnerable but Invincible: A Longitudinal Study of Resilient Children and Youth*, New York: Adams Bannister Cox Pubs, 1989, pp. 60 – 70.

Benard. B., *Fostering Resiliency in Kids: Protective Factors in the Family, School and Community*, Portland, OR: Western Center for Drug-Free Schools and Communities (ED 335 781), 1991, pp. 1 – 28.

Masten, A., Best, K. & Garmezy, N., "Resilience and Development: Contributions from the Study of Children who Overcome Adversity", *Development and Psycho-pathology*, Vol. 15, No. 2, 1990, pp. 425 – 444.

Masten, A. S., & Coastworth, D., "The Development of Competence in Favorable and Unfavorable Environments", *American Psychologist*, Vol. 53, No. 2, 1998, pp. 205 – 220.

Watt, N. F., David, J. P., Ladd, K. L. & Shamos, S., "The Life Course of Psychological Resilience: A Phenomenological Perspective on Deflecting Life's Slings and Arrows", *Journal of Primary Prevention*, Vol. 15, No. 3, 1995, pp. 209 – 246.

Ross, S. M., Smith, L. J., Casey, J. & Slavin, R. E., "Increasing the Academic Success of Disadvantaged Children: An Examination of Alternative Early Intervention Programs", *American Educational Research Journal*, Vol. 32, No. 4, 1995, pp. 773 – 800.

Wang M, 1997, "Next Steps in Inner-city Education: Focusing on Resilience Development and Learning Success", *Education and Urban Society*, Vol. 29, No. 3, pp. 255 – 276.

Luthar, S. S. & Cicchetti. D. , "The Construct of Resilience: Applications in Interventions and Social Policies", *Development and Psychopathology*, Vol. 12, No. 4, 2000, pp. 857 – 885.

Germain, C. B. & Gitterman, A. , Ecological Perspective, In A. Minahan Ed. , *Encyclopedia of Social Work*, Silver Springs, MD: National Association of Social Workers, 1987, pp. 488 – 499.

Goldstein, H. , "Joe the King: A Study of Strengths and Morality", *Families in Society*, Vol. 81, No. 4, 1990, pp. 347 – 353.

Chu, W. C. K. & M. S. Tsui, "The Nature of Practice Wisdom in Social Work Revisited", *International Social Work*, Vol. 51, No. 1, 2008, pp. 47 – 54.

Ann S. , Masten, *Children Who Overcome Adversity to Succeed in Life*, 2000, http: //www. extension. umn. edu/distribution/familydevelopment/components/7565_ 06. html.

把社会工作理念与方法引入人口与家庭领域的新尝试

——以国家人口与计划生育委员会的“人口社工系列项目”为例

［中］崔效辉

南京人口管理干部学院社会工作系副教授

［中］晏凤鸣

南京人口管理干部学院社会工作系主任、副教授

［中］李洪涛

中华女子学院妇女图书馆馆长，社会工作系原系主任、教授

从社会工作发展的历史上看，人口与家庭是社会工作的传统工作领域，作为世界第一的人口大国，中国政府设有专门的部门即国家人口与计划生育委员会来开展该领域的管理工作。在中国社会工作职业化与专业化的进程中，社会工作介入人口与家庭领域比较晚，由国家人口与计划生育委员会与香港乐施会合作的“人口社工系列项目”是一个在此领域中的新尝试。

一　项目背景

该项目基于“人口计生工作转型”与“构建社会主义和谐社会”这

样的背景。

（1）人口和计划生育工作的理念和方法正在发生着深刻的变革，推动人口计生工作转型。

20世纪90年代中期以来，基于国际先进经验同中国社会的变迁相结合，国家人口与计划生育委员会倡导和引领了计生领域中许多有益的探索，特别是把计划生育工作同生殖健康的知情选择和优质服务相结合，在推动公民权益维护、社会性别平等、扩展公共服务等领域都取得了积极的进展。国家人口与计划生育委员会的工作重心逐步从主要控制人口数量转移到在控制人口数量的同时注重提升人口质量、改善人口结构，尝试采用以维护权利为基础的工作方法，强调更多地向目标人群提供服务。为改善农村计划生育家庭及其成员的生活品质，国家人口计生委正在积极参与新农村新家庭建设，致力于通过提供生殖健康与家庭保健服务、推动妇女参与农村社区公共事务并使之惠及家庭、妇女，促进性别平等、家庭和谐与社会公平。为推动人口计划生育工作的转型，国家人口与计划生育委员会尝试把社会工作的理念与方法引入人口与计生工作中。

（2）通过加强与创新社会管理来推动和谐社会建设也是催生“人口社工系列项目”的重要因素。

30多年改革开放积累的某些深层次的社会矛盾日渐显露，中国经济与社会发展出现了某些“内卷化”的端倪。为应对这种新局面，中共在2006年10月召开的中共十六届六中全会通过了《关于构建社会主义和谐社会若干重大问题的决议》。该决议以专门篇幅阐述了社会工作的问题，提出要“造就一支结构合理、素质优良的社会工作人才队伍”。各政府部门要学会用社会工作的理念和方法来管理社会事业，首次明确地将社会工作专业理念方法与构建和谐社会紧密结合，与建设社会主义新农村的实践密切相连，凸显了社会工作专业在转型社会建设发展中不可替代的重要作用。

二　项目目标与内容

（一）项目概况

国家人口与计划生育委员会与香港乐施会合作的“在人口与计划生育领域、在新农村新家庭建设中引入社会性别敏感的社会工作理念与方法”项目（本文简称为“人口社工”项目，后又以该项目为契机，引申出多个相同主题的项目）对农村妇女社会工作做出了新的尝试。首期项目为期15个月，时间是2008年2月—2009年8月。项目地点是甘肃省酒泉市金塔县金塔镇的边沟村、中东镇的三湾沟村，张掖市肃南裕固族自治县大河乡的营盘村、康乐乡的榆木庄村。该项目支持在人口及计划生育工作中引入社会性别敏感的社会工作理念与方法，选定甘肃金塔和肃南两县四村作为试点，通过培训、社会工作实践和专业督导，推动村内妇女小组活动，赋权农村妇女及促进社会主义新农村、新家庭建设。此外，在项目培训、督导和经验交流的基础上形成《人口与计划生育部门社会工作入门》手册（以下简称《人口社工入门》手册）和《农村妇女小组》手册作为计生系统内部培训“人口社工”的专门教材。项目主要信息见表1。

表1　　项目主要信息

项目	时间	项目地区	资金（万元）	主要工作方法	备注
酒泉项目	2008.2—2009.8	酒泉金塔县的边沟村、三湾沟村，张掖肃南裕固族自治县的营盘村、榆木庄村	28	妇女小组	
张掖项目	2009.11—2010.5	张掖市17个县	20	妇女小组	经验推广，《人口社工入门》手册试用、反馈
陇南项目	2010.4—2012.10	武都区贺家坪、大滩、葫芦坝、曹家湾、王河、槐树下村；徽县嘉陵、田河、西沟、峡口村；两当县庙坪、五一村	192	妇女小组社区工作方法	涉及灾后重建，引入小额贷款
洛阳项目	2011.3—2013.3	洛阳市洛龙区安乐、水磨、郑村、中岗村及三个城市社区	24	妇女小组社区工作方法	引入“男性参与”，城市社区开始尝试

（二）项目目标

项目的短期目标主要聚焦于以下两个方面：

一是尝试把社会工作的理念引入人口计生领域、培养职业化的计生工作者即“人口社工”。通过社会性别意识和社会工作方法专题培训，使人口和计划生育部门的决策者、行政管理者和服务提供者了解并初步掌握社会性别敏感的社会工作的理论、方法和技能并运用在新农村、新家庭建设项目活动及日常工作中，增强公共服务的能力，改变服务理念，提升服务意识、创新服务模式。依据项目经验写作《人口社工入门》手册，内容包含社会性别敏感的社会工作理念、方法、技能以及项目实施过程中的典型案例，以此为“人口社工”的实用性培训教材。在推动计划生育工作转型的同时，使部分计生系统内的工作人员获取社工资格。

二是农村妇女“赋权”。通过能力建设培训使基层计生工作者能够应用社会工作的方法，组织农村妇女小组，协助妇女参与各类型农村社区活动如健康促进、权益维护、婚姻家庭危机干预等；农村妇女小组以社会小组工作方法推动妇女参与社区事务、关注自身需求，使项目地区的妇女能够在新农村、新家庭建设中表达自己的声音、维护自己的权利。

项目的长期目标是：在人口和计划生育领域、在社会主义新农村和新家庭建设中引入社会性别敏感的社会工作理念、方法和技巧，提高人口和计划生育领域的公共服务水平，通过经验总结和推广促进人口和计划生育工作模式的创新和改变。

（三）项目内容

项目内容主要是以“赋权”为宗旨的农村妇女小组活动和农村社区发展活动，农村妇女小组与农村社区发展活动设计主要聚焦于社会性别敏感、倡导社会性别平等、促进妇女维护自身权益和参与社区公共事务。

酒泉项目聚焦于“农村妇女小组”；陇南项目结合地震灾后社区重建，聚焦于“农村妇女小组”和“妇女小额贷款项目”；洛阳项目聚焦于“社会发展”，在两性关系、生殖健康服务与促进妇女参与公共事务等领域引入“男性参与”的内容，并在活动中增加了“民众戏剧”的成分。与此同时，洛阳市尝试借助此项目为契机选拔、培养一批“人口社工”。在经过培训以后，由农村妇女结合自己所在农村社区的实际设计小组活动，专家组成员就小组的目标人群、活动内容、目标、节数、小组成员选择及人数等提出意见与建议，在反复修改后以此为依据开展妇女小组活动。表 2 是“酒泉项目”第一阶段的农村妇女小组活动的基本信息。

表 2　　酒泉项目村妇女小组基本信息

项目村*	小组名称	目标人群	活动目标	节数	小组人数
三湾沟（1）	姐妹一家亲	育龄妇女	传播生殖健康知识、提升生殖健康水平	6	8
三湾沟（2）	姐妹爱心	育龄妇女	落实避孕措施、减少意外怀孕	6	8
边沟村（1）	欢乐农家	女村民	促进妇女参与社区文化活动，丰富社区文化生活	4	96
边沟村（3）	幸福一家人	家庭不和的夫妻、婆婆	调解家庭矛盾，促使家庭和睦	5	6—16
边沟村（4）	远亲不如近邻	邻里有矛盾的村民	调节邻里纠纷，促进社区和睦	4	8—10
榆木庄	阳光爱心	有意愿的村民	美化社区环境，促进村民参与	6	10
营盘村	善解人意与家庭和睦	愿意参加活动的夫妻	增进夫妻交流，促进家庭和睦	5	10

注：＊这里的村是指行政村，实际上一个村民小组大多是一个自然村。缺少边沟村第二村民小组的资料。此表由酒泉项目村提交的“妇女小组计划书”的内容编辑而成。

在这四个项目中，张掖项目比较特殊，没有后续培训及专家督导，可以视为“酒泉项目”的拓展或后延。这个项目对张掖市所属的 17 个县的人口与计划生育机构的有关人员进行了培训，在学习首期项目经验的基础上，由各县的人口与计划生育部门自行推动，把性别敏感的社会工作的理念与方法引入日常工作中。《人口社工入门手册》作为培训教材在这次培训上开始试用，培训结束后就该《手册》的适用性进行了专门座谈，了解了学员的反馈意见，《手册》作者根据这些反馈意见对

《手册》进行了修改。

三 项目特色

把社会工作的理念与方法引入人口计生工作的系列项目都以社会性别敏感为活动设计主线、以农村妇女小组（后续项目拓展为社区工作方法）为主要活动方式，由国家人口与计生委员及项目省、市、县、乡人口计生部门进行行政推动，香港乐施会提供项目资金并进行监督、跟进、评估，项目专家小组提供技术支持。这是一个由政府行政主导、境外资金资助、国内专家团队支持的在家庭与人口领域内的带有试验性的社工项目。在项目运作过程中，有一些值得关注的特色。

（一）以参与式培训作为项目运作的先导

每次项目运作前都对参与项目的人员进行参与式培训，培训对象包括项目区域的各级计生干部、相关政府部门的工作人员、乡村干部、村妇女骨干。项目中期督导时还会对直接操作项目的计生干部和妇女骨干进行强化培训。

除农村的妇女骨干外，培训者主要来自人口计生部门，农业、卫生与妇联等不同的部门，以计生系统的工作人员为主。核心培训者都参与项目前期研究、设计，了解被培训者的需求。每次培训之前都进行集体备课，制订培训目标、培训计划与培训方法，然后确定各自的分工、培训内容、扮演的角色。参与式培训要求培训者在培训前针对培训对象与培训内容准备各种培训材料、工具。在培训过程中随时了解学员的意见或建议并进行调整，每次培训后有总结、评估。表 3 是项目培训的基本信息。

培训者针对学员的实际，设计了很多参与的内容：情景模拟、角色扮演、分组讨论、现场练习、行动设计，等等。参与式培训注重培训的参与性、互动性、操作性、趣味性，学员感到培训形式比较新颖，参与的积极性比较高。表 4 是洛阳项目的第二次培训内容。

表 3　项目培训的基本情况

项目名称	培训时间	培训对象（人数）			培训者**
		政府官员	村干部	女村民	
酒泉项目	3天	23	12	12	李洪涛、杨晖、崔效辉、牛芳、林虹、唐远雄
张掖项目	3天	56*			李洪涛、杨晖、晏凤鸣、崔效辉、隋玉杰（项目特邀观察员）
陇南项目	4天	40	35	60	李洪涛、晏凤鸣、杨晖、崔效辉、方炼、齐小玉、龚双燕、金文俊
	3天	43			李洪涛、杨晖、晏凤鸣、崔效辉
洛阳项目	2天	30			杨晖、晏凤鸣
	3天	30	12		李洪涛、杨晖、晏凤鸣、崔效辉

注：*主要是县、乡两级的技术服务人员（共28人，其中服务站技术人员13人，正、副站长15人）和计划生育专职干部（共21人）。乡计划生育服务站的工作人员并不属于“政府官员”，他们属于“事业编制”，在此也把他们归入“政府干部”中。洛阳项目的学员也有部分是属于“事业编制”的技术服务人员。此表根据各项目培训计划编制而成。

**培训团队的核心成员分别是李洪涛（原中华女子学院社工系主任、图书馆馆长）、杨晖（西安市社科院研究员）、晏凤鸣（南京人口管理干部学院社会工作系主任、副教授）、崔效辉（南京人口管理干部学院社会工作系副教授）。参与项目培训的还有牛芳（兰州大学社会学教授）、林虹（南京人口管理干部学院社会工作系讲师）、唐远雄（兰州大学社会学系讲师）、隋玉杰（中国人民大学社会工作系主任、副教授）、齐小玉（中华女子学院社会工作系副教授）、方炼（天津师范大学社会工作系副教授）、龚双燕（中国人口信息中心博士）、金文俊（甘肃人口信息中心主任、副教授）。香港乐施会项目负责人钟丽珊等参与了培训设计、培训活动与培训评估。

表 4　洛阳项目第二次培训内容

时间	议　题	内　容	主持人
6月27日（第一天）			
8：00—9：00	开幕式	领导讲话	李秋阳*
9：00—9：15	茶　歇		
9：15—11：00	社会工作基础性	社工的基本理念、方法，社工价值观	崔效辉、晏凤鸣
11：00—12：00	社会工作基础性	社会工作的原则	杨晖、晏凤鸣

续表

时间	议　题	内　容	主持人
12：00—14：30	午　休		
14：30—15：00	社会工作基础性	社会工作的原则（续）	晏凤鸣、杨晖
15：00—16：20	基础性概念	“男性参与”、社会性别意识	杨晖、晏凤鸣
16：20—16：30	茶　歇		
16：30—17：40	问题分析方法	问题树分析方法	杨晖、晏凤鸣
17：40—18：30		对培训内容进行归纳、总结	李洪涛
6月28日（第二天）			
8：30—10：00	知识与方法培训	社会性别与男性参与	杨晖、晏凤鸣
10：00—10：10	茶　歇		
10：10—12：00	社会工作方法培训	个案、小组、社区工作方法	晏凤鸣、杨晖、崔效辉
12：00—15：00	午　休		
15：00—16：00	社会工作方法培训	整合性社会工作方法	晏凤鸣、杨晖
16：00—16：20		乐施会及项目介绍	徐红**
16：20—16：30	茶　歇		
16：30—17：40		对培训内容进行总结、归纳	李洪涛
17：40—18：30		项目下一阶段的工作安排	汝小美***
6月29日（第三天）			
8：30—10：00	社区调查方法	社区概况与社区图、农事季节图、日常生活作息图	崔效辉、杨晖
10：00—10：15	茶　歇		
10：15—11：00	社区调查方法	焦点小组、小组座谈会技巧与方法	杨晖、崔效辉
11：00—12：00	社区调查设计	分组进行社区调查设计	杨晖、晏凤鸣
12：00—15：00	午休		
15：00—16：20	社区调查设计	分组进行社区调查设计	杨晖、崔效辉
16：20—16：30	茶　歇		
16：30—18：00	设计成果展示	社区调查设计展示	李洪涛、晏凤鸣

注：*洛阳人口与计划生育委员会主任。

**香港乐施会项目工作人员。

***国家人口与计划生育委员会国际合作司副司长。

（二）专家团队参与项目设计并提供项目督导

在项目设计过程中，专家组成员参与项目调查研究、设计，尤其是后续项目的设计，经过国家人口与计划生育委员会国合司及项目地域的各级计生部门、香港乐施会、专家组成员反复讨论，及时了解项目动态并对项目运行过程中出现的问题进行诊断。陇南项目在设计前专家组在实地进行了为期一周的调研。

在完成首次培训后，专家组成员还要对项目的实际操作进行督导。督导分两个方面：一是利用网络，对项目过程中的“小组计划书”、“社区访谈提纲”、“社区调查问卷”、“小额贷款项目论证”等进行意见反馈，并就项目操作提出建议。网络督导要经过项目县、乡工作人员转手才能实现，村民大都不能直接使用网络。二是进行项目中期现场督导，与项目目标人群进行直接交流，然后与项目行政管理者（项目市、县、乡的管理人员）、项目监管者（香港乐施会项目工作人员）各方进行讨论。现场督导后，进行有村妇女骨干（在酒泉项目和陇南项目中就是在村里举行妇女小组活动的小组长）参加的项目交流并进行项目强化培训。项目交流旨在让大家了解项目进展、各村项目开展的经验、存在的问题及讨论如何改进，然后进行有针对性的培训。酒泉项目中期培训为期一天，陇南项目与洛阳项目的中期培训为期三天。

（三）将社会性别平等、社会工作价值观作为统领项目的核心理念

香港乐施会项目负责人要求在活动设计时贯穿社会性别意识，把“赋权”妇女作为项目活动一个重要的因素。小组活动和社区活动要以提升农村妇女的权利、推动性别平等、促进妇女对农村公共事务的参与为宗旨。在培训过程中，女性学员对“社会性别敏感”的内容比较感兴趣，对男女两性所处的性别不平等现状有较多的认同，男性学员，尤其是年龄偏大、级别较高的政府官员对“社会性别”的敏感度相对较低。

由于 20 世纪 90 年代以来的人口与计生工作转型，大部分来自人口与计生部门的学员比较容易认同社会工作的价值观、原则及相应的专业工作方法。来自农村的妇女学员对社会性别意识、社会工作理念与方法都有比较高的认同。在设计小组活动与社区活动时，项目要求把社会工作的理念

体现出来，尽可能使用所学习的社会工作方法。

（四）目标人群参与活动的积极性与主动性比较高

农村妇女骨干参与培训的积极性高、主动性强，培训结束后很愿意把所学的方法用到实际活动中来。由这些妇女骨干进行农村妇女小组活动设计、主持小组活动，农村妇女比较容易参加小组活动，在参加活动后也容易被活动内容所吸引。参加小组活动的妇女被要求向家人、邻居、朋友解释活动的内容、意义，比较容易获得理解和认同。酒泉项目和陇南项目都涌现出一些热心公益活动、能力比较强、具有凝聚力与亲和力的“妇女领袖”。

四　项目成效与问题

（一）项目成效

项目成效主要体现在以下几个方面：

（1）促进当地人口和计划生育工作思路和工作方法的转变。通过社会性别敏感的社会工作项目的实施，人口与计生工作者认同、接受社会性别敏感的社会工作的理念与方法，并将其运用到人口与计生工作中，项目的引进对于人口与计生系统工作理念的转变起到极大推动作用。受过培训的县、乡两级计生干部反映，在培训过程中能很快接受自决、自愿、接纳、协商、助人自助、以人为本等社会工作的理念，在观察与思考问题的过程中，能够尝试把社会性别意识纳入日常的工作思维中。通过运用社会性别敏感的社会工作工作理念与工作方法，人口与计生工作者发现新理念与新方法有助于推动日常工作，与国家人口与计划生育委员会所推动的计生工作转型是契合的。通过把以前的行政命令与培训后的改进方法相比，新方法更有成效。

（2）为“人口社工”队伍职业化建设做了有益的探索，取得了宝贵的经验。除国家“人口委”国际合作司在推动项目外，教育司与人事司也开始介入该项目，派员参与培训观察，项目总结、评估。在“人口社工项目”的基础上，国家“人口委”开始与国家民政部接触，尝试讨论有关“人口社工”的职业化建设问题。“人口社工项目”目前正处在“试点—探索、创新”阶段，下一步则是“建模—规范、标准”，最后是“拓展—政策、制度建设”。

在推动“人口社工”职业化建设的同时，项目的影响也在扩大，2008 年 12 月 16 日两位项目基层官员应邀在中央党校向“综合治理性别比失衡党政干部培训班”的全体学员介绍该项目经验。2009 年 8 月和 10 月项目县金塔代表先后在全国农村综合改革会议、第五届亚太生殖健康大会上发言，介绍项目的开展及经验。

（3）涌现了一批农村“妇女领袖”。经过培训的项目骨干尝试用社会工作的理念、价值观和方法，以妇女小组为平台积极主动参与家庭保健、生殖健康、家庭关系改善、社区环境保护等事务。受过培训的妇女小组骨干，在活动设计、组织妇女小组的活动中，社会性别意识、参与意识与自主意识都有很大程度的提升，在推动两性平等及自我组织与自我服务方面有积极的变化。参加活动的妇女表示她们“敢说话了、想说话了、自信心增加了、愿意帮助别人了、觉得生活有意义了”。

（4）项目对农村社区产生了积极影响。妇女小组活动都不同程度地吸引了一些妇女参加活动，通过这些活动，传播了社会两性平等的观念，影响了参加小组活动妇女的家人、邻居，一些妇女小组活动还在村里产生了比较大的影响。这些妇女小组活动在一定程度上带来了家庭关系（主要是夫妻关系和婆媳关系）、邻里关系的积极变化。

这些影响在个人、家庭、社区层面表现为：

婆媳关系融洽了；有不爱说话的，变得爱说话了；丈夫帮干家务；家庭环境卫生好了；心胸宽广了；换位思考；提高了社交能力；有学习新知识的欲望；对子女的教育分工公平了；组织能力和策划能力增强了；敢与陌生人接触了；敢做事了；生育观念有所改变；自我表达能力提高了；家庭成员之间的交流沟通多了；家庭成员支持妇女参加公益活动了；参加社区公共活动的积极性提高了；懂得尊重孩子；学会了看他人的优点；妇女们的自我保健意识提高了；文化生活活跃了；强化了姐妹关系；我们成了基层的社会工作者；工作方式方法灵活了；邻里关系和睦了；村容村貌得到改善；村内矛盾纠纷少了；计生干部和群众的关系贴近了；本职工作有了创新。

（二）项目存在的问题

项目存在的问题主要表现为以下几个方面：

（1）人口与计划生育工作中的生育目标控制、工作指标考核等与社会工作理念与方法存在冲突。育龄妇女在生育孩子的数量上没有选择自由，避孕知情选择也遇到抵触，“结扎”依然是农村女性避孕的主要措施。社会工作以人为本的理念、方法与政府对人口出生强控制之间的冲突难以避免。项目参与者尤其是政府计生部门的官员会出现“社会工作的方法很好，但工作中难以运用”这样的想法，项目专家也无法回应这样的矛盾。

（2）主要以行政手段进行项目推动，中间环节多、缺乏对各级项目负责人的激励机制。从国家“人口委”到项目省、市、县、乡、村，中间环节很多，对各级项目负责人而言，这个项目增加了日常工作量，但很难给自己或自己所在的机构带来直接或间接的利益，乐施会财务制度比较严格，预算、拨款严格按项目协议进行。通过做好项目而带来升迁的机遇也比较少，因此，各级项目负责人的积极性、主动性会因人而异。

（3）项目效益的可持续性问题。农村妇女开展项目的积极性高，尤其是村里的妇女骨干，容易认同与接受社会工作的理念与方法。但是，在项目结束后，如何鼓励农村妇女“自我组织”、促生农村基层妇女组织化没有得到足够的关注。项目取得的成效及对农村社区发挥的积极影响，如果没有农村妇女的自我组织的支持难以持久。

五 简短的思考

把社会工作的理念与方法引入人口与家庭领域是中国社会工作发展的必然之路，随着国家人口政策的转变，政府的人口与计生部门为顺应、推动这种变化而开始尝试在内系统引入社会工作的理念与方法，尝试把其部分工作人员变成有资质的“人口社工”。在出生人口数量控制、出生性别比严重失衡等治理方面，政府目前的政策弹性比较小，某些政策还带有一些强制性，这与社会工作的理念、方法存在冲突。在提升农村妇女的生殖健康水平、推动妇女参与农村公共事务、维护妇女的权利等诸方面，社会工作方法有着突出的优势。但是，社会工作方法的引入及其作用的发挥是一个比较漫长的过程，在政府的支持、外来专家的帮助下，农村妇女在被“赋权”的过程中，需要孵化出能够进行自我组织、自我服务的草根组织，才能持续提升农村妇女的福利水平。在项目结束后，项目村能否孵化出妇女自我组织、自我服务的团体或组织，这仍是个很大的疑问。“人口社工”的系列项目带来了这样的问题，即政府体制内的工作推动如何与体制外社会组织发育形成有机联系？回答这个问题可能还需要进一步的探索、试验。“人口社工系列项目”带来了有益的、宝贵的经验，这些经验也许有助于对此问题进行深入思考。

参考文献

国家人口与计划生育委员会与香港乐施会。“在人口与计划生育领域社会主义新农村新家庭建设中引入社会性别敏感的社会工作理念与方法项目概述与评审”（酒泉项目）、“应用社会性别敏感的社会工作理念和方法重建甘肃地震灾后社区，以促进重建工作关注弱势人群权益及维护妇女权益项目概述与评审”（陇南项目）、“社会性别敏感的社会工作在人口和计生领域的实践：促进男性参与”项目概述与评审（河南项目）。

汝小美：《在项目启动培训会上的讲话（陇南项目）》（www. chinapop. gov. cn）。

李洪涛：《社会性别敏感的社会工作在人口计生领域的实践项目启动会/培训会总结报告（陇南项目）》（www. chinapop. gov. cn）。

李洪涛：《向省计生委汇报督导情况（酒泉项目）》。

崔效辉：《金塔、肃南妇女小组活动督导总结（酒泉项目）》。

崔效辉、晏凤鸣：《社会性别敏感的社会工作理念与方法在人口与计划生育领域的实践项目（陇南项目）第二次培训报告》。

谢春明：《三级放大：持续推进计划生育优质服务和综合改革（陇南项目第二次培训讲座）》。

李洪涛：《人口与计划生育工作中推广社会性别敏感的社会工作理念与方法项目（张掖项目）教材测试与推广培训总结报告》。

崔效辉、晏凤鸣：《社会性别敏感的社会工作理念与方法在人口与计划生育领域的实践项目（洛阳项目）第二次培训报告》。

从增强权能观点探讨预防老人跌倒之保护机制

［中国台湾］陈燕祯

台湾地区育达商业科技大学健康照顾社工，
系副教授兼研究发展处处长

一 前言

老人跌倒是重要公共卫生的议题，而公共卫生的层面是动态的，随着社会结构而改变。依据联合国老人行动纲领精神，要达到老人活跃老化的目的必须掌握五大原则：（1）独立性；（2）参与；（3）照顾；（4）自我实现；（5）尊严。以“独立性”的原则而论，老人应该能够住在安全的、适合个人需要和科技环境变化的环境中，以维持“在地老化”、“原居养老”的目标。然而有关预防老人跌倒的科技介入聚焦于事后的反应，无法做事先的分析和结合社区发展的预防技术（Scanaill et al.，2011），因此，预防跌倒工作成为高龄社会健康老化的重要课题。台湾地区预防老人跌倒的保护工作，近年来已成为全国健康照护的重要目标，而要达成此目标，必须倡导增强权能的自我生活质量控制理念，从解决层面到事先的预防层面，并结合个人、家庭、社区到老人福祉科技产业的机制，才能建构预防老人跌倒的保护网络，进而减少因老人跌倒后所引发的庞大社会成本和医疗支出。因此，本文主要目的在探讨台湾地区老人跌倒的问题和保护系统，并以质化研究的深度访谈法进行资料收集，并试图以增强权能观点建构预防老人跌倒的保护机制。

二　文献探讨

老人跌倒的危险因子有“内在”危险因子和“外在”危险因子两大类。跌倒是一个人失去了平衡，身体碰到或撞到地上或地板，有研究指出85%跌倒发生的场所是在“家中”（Abreu et al.，1998）。老人跌倒后常造成宽髋股骨折致无法行走，严重者需终身卧床，甚至死亡，且跌倒会造成老人的“失去尊严”，害怕跌倒及增加忧郁、焦虑的危险性（Howland et al.，1998）。换言之，老人跌倒后除了带来身心的伤害，还会导致害怕再次跌倒的心理恐惧，而导致造成不敢外出活动（Sieri & Beretta，2004）。另有研究发现，提供老人适当的用药信息和改善居家环境的危害因子之后，老人发生跌倒概率变小（Huang & Acton，2004）。而加强老人适当的身体活动训练，确实可以有效降低跌倒的发生率（Bruyere et al.，2005）。故对于曾经跌倒或步态不稳或反复跌倒的老人，应找出危险的干扰因子，应有更完整的多元评估和照顾管理，建构完善的预防保护系统。

台湾老年人口至 2011 年底增加到 252.8 万人，老年人口比达10.89%，其中失能人口在2009 年占老年人口比达12.42%，已超过39 万人（“内政部”统计处，2012）。台湾“行政院”卫生署病人安全通报系统报告指出，从2007 年中老年身心社会生活状况长期追踪调查发现，台湾地区65 岁至74 岁者，跌倒盛行率为20.5%，而75 岁以上老年人，跌倒盛行率更高达28.6%。此外，台湾地区65 岁以上老年人，在过去一年的跌倒盛行率平均可达20.5%，其中有37%为“反复跌倒”。又依据2011 年全年内接受之通报件数高达50310 件，跌倒事件13639 件，占27.1%，占第二高（“行政院”卫生署台湾病人安全通报系统，2012）。另研究文献指出，居住在美国老人机构的老人跌倒率是居住在社区的三倍，住在社区且年龄大于65 岁的老年人，约有1/3 在一年内至少跌倒过一次（Sieri & Beretta，2004）。人在老年期最害怕因跌倒而需依赖他人长期照护，因此若有增强权能的保护意识和建构事先预防的机制，除可使老人跌倒概率变小，还可降低跌倒所带来的身心伤害和医疗支出。

增强权能概念已被许多健康照护介入的方案所引用，以解决长期以来专业服务无法持续提供需求者的困境。“增强权能”（empowerment）这个概念在20 世纪90 年代才开始被广泛用在人群服务（Yip，2004），主要是消除个人与弱势群体的无助感，由个人本身的自觉，发掘问题成因，并寻求解决的方法，让人成为有能力的人。增强权能含有“需求”（needs）和“权利”的过程，改变的社工媒介和自我当事者本身都同时负有责任，必须共同面对和争取。增强权能也是一个全人性、全面性（holistic）概念，是指个人对自我效能（self-efficacy）、自我行动能力（competence）的追求，了解自己所拥有的权利，可以有效地改变自己和社区，以及对于外界环境的掌控力（Chadiha et al.，2004；宋丽玉，2006）。在增强权能的过程中还可以增强家庭功能，发挥正向帮助家庭的力量，促使家庭成员变得有能力，它也是社会行动的建构过程，通过动员来满足照护需求，并进行资源网络联结，使自己的需求通过采取冲权的行动得到服务（陈燕祯，2011）。故从增强权能角度来检视其问题成因，除能发掘老人拥有的优势资源，更能站在“理解”的观点提供保护机制。

进入高龄化社会我们可预期的是老人长期照顾问题若处理不当，势将衍生更多的国家照顾问题（陈燕祯，2007，2009）。老人或家属一旦有增强权能的概念，除能落实自我健康管理行动意识，还能获得自我掌控的生活福祉（well-being）。老人的跌倒预防工作已成为台湾推动长期照护的重点，因此必须建立预防跌倒的保护机制，才能有效减少跌倒给老人日常生活所带来的威胁。

三 研究结果分析

本研究对象，针对曾发生跌倒的老人以及有照顾过跌倒老人的工作人员、家属和专家进行深度访谈，共访谈曾发生跌倒的老人有 11 人，曾照顾跌倒老人者有 14 人，以及老人照顾产业的实务专家有 3 人，共完成深度访谈 28 人。本研究资料依文献检视，以跌倒后的照护问题和个人增强权能、家属增强权能和社会增强权能进行资料分析。因囿于文章篇幅，本文就研究结果进行摘录呈现。

从本研究结果发现，预防老人跌倒的保护系统以“非正式支持系统”最为需要与具有效益。保护支持系统可分为有正式支持系统和非正式支持系统，本研究发现目前主要预防老人跌倒的支持系统仍来自“非正式支持系统”的保护，以需要家庭、亲友、邻居所提供的关怀最多，且家人的陪伴是最直接和有效的保护系统。预防老人跌倒必须善用家庭系统资源，提供家庭支援性和个别化的服务，并且需鼓励家庭参与保护机制的支持系统，并激发家庭的增强权能（family empower）的影响效果。另就系统观点而言，家庭是最亲密的社会基本单位，它提供了经济支持、情感支持、照顾陪伴等最基本且重要的社会功能，让家庭成员能够一起面对问题。在少子高龄化的社会结构，建构老人社会安全支持系统，已成为国家发展老人照顾产业的关键所在，尤其在具有中国孝道文化的传统社会，如何重拾传统社区邻里的互助网络，并积极倡导老人自我增强权能的保护意识，这对老年期的生活福祉（well-being）有极大的帮助。本研究结果也发现，其实家属也都认为照顾年老父母是子女应负的责任，但要兼顾工作、家庭和照顾年老父母，实在蜡烛多头烧，因此急需政府政策和正式支持系统的介入。如制定“侍亲假”，让子女也能请假照顾年老父母但仍领有补助津贴和保有工作，以纾解老人家庭经济的现实问题。此外，建构预防跌倒的系统需要政府提供正式支持系统，如提供多元的老人服务方案和有老人福祉科技的帮助，亦即政府政策方面需重视老人福祉科技的研发推动，如医疗监测和科技辅具的介入，并充分联结产业系统的资源，才能建构完善的保护机制。

四　运用互助策略建构预防跌倒的保护机制

预防老人跌倒的机制的内在动力必须通过增强权能理念，才能建构保护系统。本研究发现，老人跌倒前的增强权能策略是老人需要自我体能的锻炼行动，而跌倒后需给予老人信心，以克服害怕再跌倒的心理障碍，并在居住的社区提供各种无障碍设施环境和活动空间，提供无障碍扶手、辅具，并以社区为中心，就近设置便利的复健中心和提供专业复健师，以增加身体平衡训练和预防教育机会。

增强权能保护功能除个人、家属和社区须共同努力之外，还有赖政府资源的投入。近年来，台湾卫生署国民健康局也积极推行“安全社区计划”，提倡老人居住环境的改善，补助社区办理“保命防跌”的课程倡导，并通过种子志工的师资深入社区进行预防跌倒的倡导和教育，以激发老人健康促进意识，达到自我保护的功能。老人跌倒前的家庭功能状态会影响到健康照护满足程度，所以家庭是老人重要的支持来源，但更需全面的社会支持网络，才能建构一个“强韧”和“绵密”的情感依附关系，达成社会有能力支持的效果（Chen，2008）。台湾的家庭已趋向双薪家庭发展，子女家庭、事业两头忙，并没有太多空闲陪伴年老父母，因此当父母跌倒受伤或失能时，大都需仰赖外劳看护或申请使用政府提供的居家服务，甚至将老人送至老人机构长期照护。本研究发现，老人跌倒后对子女是否能够“陪伴”相当在乎，这也是中国孝道文化的重要表现指标。本研究也发现有些家庭在老人跌倒失能之后，家庭会变得更团结，但有些家庭则出现疏离和冷漠，甚或有些家庭认为花钱请外劳照顾或送到老人机构就是一种尽孝的表现。总之，现代家庭的支持系统愈来愈薄弱，因此在高龄社会老人本身必须对老化过程可能发生的问题有自我认知和保护规划，而且对自己的身体健康管理必须有正确的概念，在平时就需要勤于保健，并经营社会支持系统，以建构社会支持网络。预防胜于治疗，当老人发生跌倒意外事件时，家庭系统在处理问题时必须通过互相帮助的策略，以争取更多社会资源和福祉科技力量的介入。

图 1 是预防老人跌倒的机制。增强权能的内涵需要老人对自己能力的肯定，掌控并影响周边的生活环境，老人增强权能愈多，对生活的掌控力

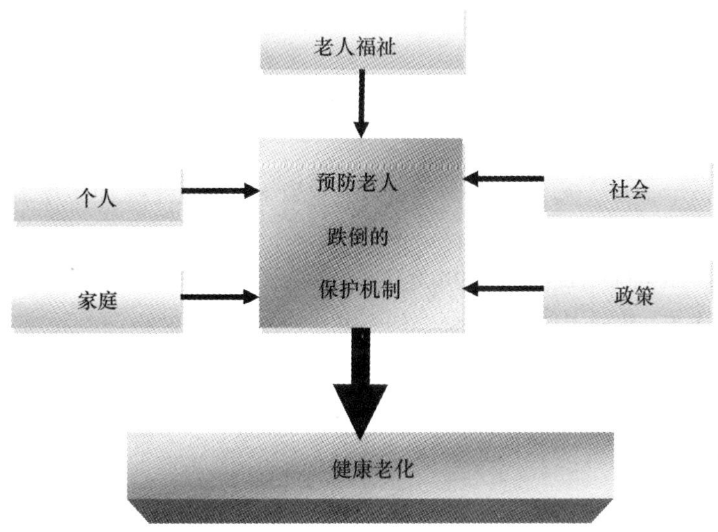

图 1　预防老人跌倒的保护机制

资料来源：笔者制作。

愈强，生活质量也愈好。故当老人具有增强权能和健康管理的意识，并获得家庭和社会支持功能的凝聚，以及友善环境的建立，将形成预防机制的保护层次，而政策支持并引导老人福祉科技和产业力量的加入，更能建构健康老化的终极保护系统。

五　结论

今日老人跌倒的问题已不是老化的必然过程或随机无法控制的事件，它在医学预防和福祉科技领域都已进入可以被监控的地步，尤其当社会对跌倒的问题有增强权能的保护意识，就愈能形成完善的机制。总之，老人照顾策略必须提供多元化的服务方案和模式选择，尤其整个服务系统必须整合，才能形成无缝隙的服务输送体系。因此，建构预防跌倒的机制，必须通过点、线、面的资源连线和贯穿，通过社工专业、医护专业等支持系统，以及联结福祉科技力量，研发个性化的预防跌倒的监控技术，形成完善的保护机制，才能达成高龄社会“健康老化”之目标。

参考文献

台湾“内政部”统计处:《人口年龄分配》，2011 年 2 月 14 日（http：//sowf. moi. gov. tw/stat/year/list. htm）。

台湾“内政部”统计：《2009 年老人状况调查摘要分析》，2011 年 2 月 14 日（http：//sowf. moi. gov. tw/stat/Survey/list. html）。

台湾“行政院”卫生署:《2010 年第一至四季报表摘要》，《台湾病人安全通报系统》，2011 年 2 月 14 日（http：//www. tpr. org. tw/index03. php）。

宋丽玉:《增强权能量表之发展与验证》，《社会政策与社会工作学刊》2006 年第 10 卷第 2 期，第 49—86 页。

陈燕祯:《老人福利理论与实务：本土的观点》（2010 五刷），台北：双叶书廊 2007 年版。

陈燕祯:《老人服务与社区照顾：多元服务的观点》，台北：威士曼文化 2009 年版。

陈燕祯:《社区照顾新策略：建构社区老人跌倒社会支持系统之探讨》，载洪泉湖主编《社区、文化与产业》，桃园：元智大学 2011 年版，第 57—97 页。

Abreu，N.，Hutchins. J.，Maston，J.，Polizzi，N.，& Seymour，C. 1.，“Effect of

Group ersus Home Visit Safety Education and Prevention Strategies for Fall ing in Commnunity-dweLLing Elderly Persons", *Home Health Care Management & Practice*, Vol. 10, No. 4, 1998, pp. 57 – 63.

Brown, W. T., Lee, C., Mishra, G., & Bauman, A., "Leisure Time Physical Activity in Australian Women: Relationships with Well-being and Symptoms", *Research Quarterly for Exercise and Sport*, Vol. 71, No. 3, 2000, pp. 206 – 216.

Bruyere, O., Wuidart, M. A., Di Palma, E., Gourlay, M., Ethgen, O., Richy, F., & Reginster, J. Y., "Controlled Whole Body Vibration to Decrease Fall Risk and Improve Health-related Quality of Life of Nursing Home Residents", *Archives of Physical Medicine & Rehabilitation*, Vol. 86, No. 2, 2005, pp. 303 – 307.

Chadiha, L. A. et al., "Empowering African Women Informal Caregivers: A Literature Synthesis and Practice Strategies", *Social Work*, Vol. 49, No. 1, 2004, pp. 97 – 108.

Chen, Yen-Jen, "Strength Perspective: An Analysis of Ageing in Place Care Model in Taiwan based on Traditional Filial Piety", *Ageing International*, Vol. 32, 2008, pp. 183 – 204, USA: Publication Springer.

Howland, J., Lachman, M. E., Peterson, E. W., Cole, J., Kasten, L., & Jette, A., "Covariates of Fear of falling and Associated Activity Curtailment", *The Gerontologist*, Vol. 38, 1998, pp. 549 – 555.

Huang, T. T., & Acton, G. J., "Effectiveness of HomeVvisit Falls Prevention Strategy for Taiwanese Community-dwelling Elders: Randomized Trial", *Public Health Nursing*, Vol. 21, No. 3, 2004, pp. 247 – 256.

Scanaill et al., "Falls Prevention in the Home: Challenges for New Technologies", *Intelligent Technologies for Bridging the Grey Digital Divide*, 2011, pp. 46 – 64.

Sieri, T., & Beretta, G., "Fall Risk Assessment in Very Old Males and Females Living in Nursing Homes", *Disability and Rehabilitation*, Vol. 26, No. 12, 2004, pp. 718 – 723.

Yip, K., "The Empowerment Model: A Critical Reflection of Empowerment in Chinese Culture", *Social Work*, Vol. 49, No. 3, 2004, pp. 479 – 487.

灵智服务添生趣：实证为本之护老大使培训计划与服务

［中国香港］卢少清

香港明爱安老服务，社会工作督导主任

［中国香港］楼玮群

香港大学社会工作及社会行政学系副教授

居家安老是政府安老服务政策发展的主导原则，也是大多数长者的意愿。但患长期病症长者需要的照顾实在不少，除了日常起居的照料，更包括医疗及康复的特殊训练及辅助工作（Yin，Zhou，& Bashford，2002）。很多护老者在爱及责任的推动下，都会持续照顾他们，甚至忽略了自己的需要，在缺乏支援下，护老者的承担是充满压力和危机性的。根据明爱西贡长者中心的护老者需要调查（2007），这群护老者当中，大部分是女性或长者，其中不少也身患长期病症。调查中揭示七成护老者因要照顾长者而感到有压力，其中 24% 的护老者照顾压力偏高；而有精神健康问题如抑郁症及老年痴呆症的长者家人，照顾压力便更大。

根据最近的调查，住在社区中的弱老表现有抑郁征兆者甚高（34.8%）（Lou Wei-qun，2009）；他们的呼喊除了是身体的疼痛，也有心灵的疼痛，表示感到孤单等的情绪，笑言自己是三等（等食、等训、等死）的公民。患有抑郁症及老年痴呆症不但影响长者生活的素质，亦带来护老者压力和精神健康的困扰（Alwin，Öberg，& Krevers，2010；Braun et al.，2010；Lam et al.，2008；Miller，McFall，& Montgomery，1991；Sewitch，McCusker，Dendukuri，& Yaffe，2004）。虽然社区中的长者中心是包括了对护老者的支援服务，但对于患有抑郁症及老年痴呆症的长者及其护老者的支援，在有限的人力下，大多缺乏有系统及专业的介入。在缺乏种种支援的情况下，护老者所经历的生活困境及磨难可想而知。

故此，在劳工及福利局的支持下，明爱在黄大仙、西贡及观塘区(包括明爱东头长者中心、明爱西贡长者中心、明爱观塘长者中心）推行“护老大使培训计划”，同时研发及推行“灵智服务”；主要训练护老大使，为体弱长者提供身心灵的关顾及智力提升服务，同时减轻护老者的压力。这个模式的研发及推动是基于对体弱长者及护老责任的承担及坚持，亦是对专业服务发展承诺的实践。

创新的服务工作手法

1. 服务内容：通过护老大使作结构式的程序介入

为有情绪困扰的长者作 4 节到户松弛练习及疏导陪谈，为有记忆缺损的长者提供 8 节到户抒怀及记忆训练，介入模式具创意及理论基础，包括：

介入程序设计配合全人（身心灵）健康的角度；

以预防为本，做到户个别关怀的介入模式；

渗入多层次的介入程序：

- 身：热身游戏、简单运动
- 心：松弛练习/冥想练习
- 乐：延乐及疏解时光
- 智：益智游戏
- 灵：积极思想/歌曲

2. 服务理论基础及信念

当中参考了三个社会及复康服务介入的理论基础及信念。

(1) 身心灵互动健康模式（BMS model)。

陈丽云教授是开创身心灵互动健康模式（BMS model）的其中一位研究学者，其着重多层次的介入模式，在促进健康、疾病的治疗及痛苦的管理上，有很显著的功效。身心灵互动健康模式是一个整全的介入模式，理解到人的身体、心理和精神是互为因果、不可分割的整体。并将东方身心调适的方式，例如冥想等，和西方的辅导形式结合。故此“灵智服务”通过不同层次的情绪提升活动，从身体、感受及思想上去改变长者的情绪。例如与长者一起做松弛运动及深呼吸，由身体感觉的改变去促进长者的情绪健康；与长者进行游戏，为长者累积快乐的时光；与长者分享励志故事及歌曲，鼓励长者正面思考。

（2）认知行为治疗（Cognitive Behavioral Therapy）。

黄富强教授是香港地区实验“认知行为治疗”手法的先驱之一，现已被广泛应用于辅导抑郁症患者的临床工作上。借身心思维分析，找出及释解长者心中的负面迷思，协助其生命的重整及接纳，带来正向的思想。故此“灵智服务”其中注入富趣味的疏解故事4则，协助其反映及抽离自我的谬误思想，并做正面的启导。

（3）认知能力训练的延智策略。

延智的策略是通过适当地刺激、活化脑部，以延缓脑退化及增强回应力。现已应用于很多居于护老院中患有老年痴呆症长者的治疗工作上。故此“灵智服务”其中注入轻松的延乐及延智游戏，通过义工的引导及陪伴，协助其适当地发挥剩余的能力，带来生活的生趣。

服务成果及效能

一年的努力，由策划、招募、训练到服务以及评估，都达到成本效益，果实丰盈，令人鼓舞当中：

服务成功填补了正规服务的缝隙，在短短数月，为急需服务的67位长者及46位护老者，提供了435小时，共511人次令人满意的“灵智服务”（满意度超过8/10分）。

成功研发了一个适切而有效的护老服务模式——灵智服务，一个由义工做的具有结构性的到户关怀服务，包括为有情绪困扰的长者提供4节松弛练习及疏导陪谈；并为有记忆缺损的长者提供8节抒怀及记忆训练等。制作教材工具、训练手册等。

成功推动社区的护老力量，通过跨专业的协作，建设专业的护老团队，在有限的人力下，发挥最大的社区照顾功能。其中成功举办了六期每期24小时的训练，培训了180位来自三区长者中心之参加者，推动79位已接受训练的学员登记成为护老大使，为长者/护老者提供具系统和结构性的灵智服务。学员都表示训练课程的资料十分实用及有启发性，其中安排跨专业导师合作授课，令学员多方受益；更借服务提升关社意识及服务动机，加强其服务持续性。另外，护老者亦从中受惠和学习，不单减少护老压力，同时能延续有意义及活泼的照料。

成功与香港大学社会工作及社会行政学系的楼玮群博士及研究团队合作，进行服务有效性的检讨，在服务前后的评估访问中，了解服务模式的应用性及参考价值；当中成功评估了37对服务使用者的成效，成绩斐然。检讨研究显示长者抑郁情绪在服务后有所改善，认知能力亦有提升，护老者压力得以减轻等，所有成效都具统计学上的意义。

服务前后评估结果令人鼓舞，成绩斐然，改善情况都具有统计学意义上的提升，简述如下：

37对服务使用者中，36位长者接受延乐时光的服务。比较这36位长者的服务前后GDS总分发现长者的抑郁情绪在服务后有所改善，由服务前的平均8.11（3.552）分降至服务后的平均5.47（3.924）分，差异是具有统计学意义的（$p<.001$）。而20位接受延智时光服务的长者其认知能力亦有提升，结果显示，长者的MMSE分数由服务前的平均17.63（4.524）分升至服务后的平均19.37（4.512）分，其差异同样具有有统计学意义（$p<.05$）。结果还显示长者在接受服务后的自评健康状况比接受服务前有所提升（$p<.05$）。照顾者的成效指标中，其结果反映照顾者在服务后的自评健康比服务前好（$p<.05$）。另外，照顾者的自评生活满意度亦在服务后有所提升，其差异具有边缘的统计意义（$p=.056$）。

每节评估结果：

在义工提供服务时，也会在每一节上门服务前和结束后询问服务使用者的心情指数，成功收集27位长者的心情温度计评分，从图1可观察到由第一节到第八节期间，节前的平均评分和节后的平均评分均有上升的趋势。

义工对服务的满意度

义工方面，从总结日营举办有关聚焦小组的检讨分享中，看到他们热切回应，并表示这是一项“非一般”的义工训练及服务；训练中，计划通过多个专业导师的教授，让他们更能掌握不同长者的健康情况，服务

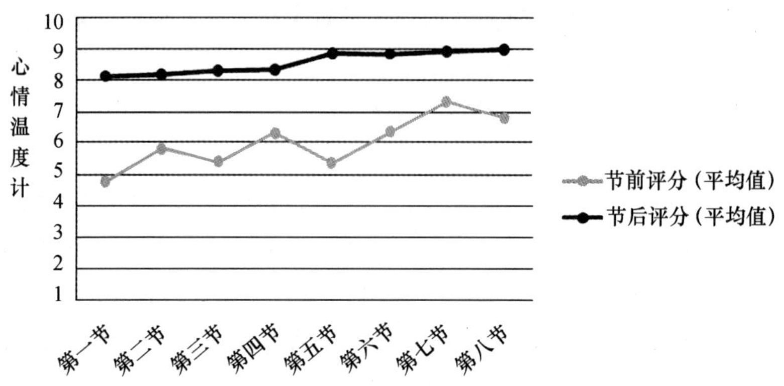

图1　每节服务的平均长者节前和节后心情温度计评分

中，义工学习独立提前介入的程序，运用不同的工具改善长者的精神健康。部分学员在完成课程后，表示希望继续报读其他相关的护老课程，更会鼓励其他人参与此课程，以多学习些护老技巧与知识，达到助己助人和建设关怀社区的目标。

通过连续性的探访，义工表示可在每次的探访中更了解该长者的需要，并运用课堂中所学的技巧协助改善长者的情况。他们在服务中感受最满足的地方，莫过于体会到足不出户的体弱长者，在智力上有所提升，情绪亦得以改善，特别是护老者流露着减压后开心笑容的片段。面对长者的改善，义工实感自己的努力十分有意义，并开始关心区内其他长者的需要，期望能尽一分力，继续协助长者改善其生活质量。总结后，大家均期盼服务能够延展下去，除可填补正规服务的缝隙外，更让有需要的长者及护老者维持“居家安老”的心愿。

服务最主要成功因素

（1）通过跨专业合作，尽展所长，培育富专业的义工团队及可具参考性的训练手册等。

（2）创新的尝试：通过组织和培训义工，为有需要的体弱长者或照顾者提供结构式的服务。当专业服务越来越重视结构式的介入手法时，我们认为在义务工作的模式下，也可以尝试运用结构式的介入。当然，这样的设计对义工的招募、培训、服务的配对和服务的反馈要求更高，但是我们的服务在这个方面有创新的尝试，也取得了令人鼓舞的成效。

（3）依据身心灵互动健康模式，设计多层次的介入手法去促进长者的情绪健康。为了能更全面地促进长者的情绪健康，服务通过不同层次的情绪提升活动，从身体、感受及思想上去改变长者的情绪。例如与长者一起做松弛运动及深呼吸；与长者进行游戏；与长者分享励志故事及歌曲等。同样的，义工把每节进行的情绪提升活动都记录下来，并使用心情温度计去监察长者在活动后的情绪变化。服务后评估发现长者的抑郁情绪、自评健康及心情温度计的改善，显示这种多面的介入手法是有效的。

（4）依据认知行为治疗，从思想上介入，释解长者心中的负面迷思。除了以身体及感受改善长者情绪外，亦会从长者的思想入手。当中以长者常有的谬误作为介入点，创作 4 则富趣味性的故事，主题包括“大难临头”、“怨天尤人”、“妄下判断”、“揽晒上身”。义工经过培训，学习“认知行为治疗”及故事的启导手法，引导长者抽离自我，反思固有的谬误思想，从而通过讲解及讨论，让长者对其生命重整及接纳。在介入过程中，发现长者以第三者的角度，去看故事中主角的负面思想时，更能理解思想对自己的情绪及行为的影响，从而加强长者改变的动机。服务后评估的结果，显示长者的抑郁情绪亦有显著的改善，给他们带来正面的思想行为。

（5）依据认知能力训练的延智策略，通过有趣的活动，训练长者多方面的认知能力。通过能吸引长者的活动和游戏，去训练长者多方面的认知能力，例如：使用欢乐咭和日历，去训练长者对数字及日子的认知；使用日常物品咭、怀旧咭和香港历史小测验等游戏，来进行回忆及现实导向的训练，引发长者回忆过去和讲述日常生活情况；透过玩叠叠乐去训练长者的触感及对物体大小和颜色的认知能力；等等。这些活动大都是在游戏的过程中，训练长者的认知，能让长者更容易投入活动中；长者在服务后评估时，都对大部分训练活动有颇佳的评价，表示活动对他们有一定的吸引力。策略性地运用不同的活动，是另一个重要成功因素，例如，同工和义工会按长者在服务前评估测试中较弱的认知项目，针对性地安排活动；义工为每节进行的训练内容做记录，并观察长者的进步。长者认知上的进步，能从服务前后评估中看到。另外，有不少长者更表示自觉知识增加，对教会他们新知识的义工深表谢意。

（6）针对体弱长者目前未能完全满足的需要来提供的服务。针对居于社区中有服务需要及等待支援中的长者及护老者，提供相关及应急的服务，延缓危机的爆发。事实上，不少体弱长者因健康问题及地理环境很少外出，有些更是近乎隐闭的程度，他们的生活大都比较沉闷，而且由于少外出，亦不易让社区服务发现。因此，该次服务采用义工连续探访，符合了体弱长者的需要。不但主动把服务直接带到他们面前，为体弱长者的沉闷生活增添色彩，还令他们感受到社区对自己的关爱。大部分体弱长者在服务评估时都表示，义工探访让他们感到被关怀，是对他们最大的帮助。他们大都对服务有高度的评价及满意指数；有的还表示期待每一次义工的到来，生活中多了些期盼，亦直接对他们平日的心情有帮助，这由长者的每节前后的心情温度计反映出来。

（7）关注照顾者的需要及鼓励照顾者一同参与，让照顾者直接或间接受惠于义工服务，达到长期的效果。虽然体弱长者是介入的主要目标，但照顾者的健康及心理需要同样被看重；同工在构思服务内容时，设计一些能让照顾者一同参与的活动，义工提供服务时，亦会鼓励照顾者一同参与活动，并记录照顾者的参与程度；例如，义工会邀请较年老的照顾者，一同与长者学习做运动及回忆往事；在服务评估时，有不少年老照顾者表示义工服务促成了他与体弱长者平日多做运动，另外亦有照顾者表示享受与义工聊天。

纵使有部分照顾者未能参与活动，主要是要上班的子女们，他们亦间接受惠于服务。例如，有的表示因看到长者的情绪及认知有所改善而感到喜悦；有的则表示当自己未能待在长者身边时，有义工来开解长者令他们感到安心。服务能做到关注照顾者的需要，通过缓和照顾者的心理压力，令照顾者对自我的健康状况有所提升，亦令照顾者对服务成效感到满意。同时护老者的参与亦大大提高了服务的延续性，服务当中，护老者跟随义工学习如何运用训练物资，与长者沟通及训练记忆，当义工服务完结后，护老者仍能继续于家中与长者进行活动，达到长期训练的效果。除长者及护老者得益外，义工亦通过服务更了解体弱长者的需要，更关心自己的社区，更积极参与义工服务，从而在社区主动发掘及关心更多区内有需要的长者，达到更长远的效果。

（8）结合独立的研究来评估服务的成效，建立实证基础。在本服务推广的整个过程中，服务的团队和香港大学的研究团队紧密配合、通力合作，把服务成效的评估与服务的发展、实施有机地结合在一起，这样的结合增强了对服务评估的客观性。当然，这样的结合，对服务团队也形成了一种无形的压力，但是由于在整个过程中，服务团队与研究团队的良性沟通，使这种结果达到了双赢的局面，既增加了服务的实证基础，也提升了提供服务团队的信心。

所遇到的困难及改善建议

（1）推行初期，部分协办团体承诺的参与人数，较实际参与人数为少，需要工作人员实时搜寻人力资源等。

（2）训练方面，参与课程的学员因各种原因，如患病、交通意外、私人事务、工作关系等，而未能提供服务。这在所难免，只有多招募些学员和举办护老大使训练，慢慢建立团队及规模。

（3）另外，导师发觉训练时间较紧迫，较难让参加者掌握训练内容和更深入学习知识。于第一期训练后，立即与导师商讨成效及改善方法，并于第二期训练时改善，及时加上练习的机会，如角色扮演、分组讨论、问答及实习等。此举提升了参加者的学习兴趣及掌握内容，令训练质素有所提升，成果令人满意。

（4）参与服务后，部分护老大使感到情绪及压力，特别是体会到长者的惨况，例如其中见到弱老不良于行，足不能出户，但为希望与外界接触，便靠闭路电视的四格显示窗，来了解社区楼房的人流，以慰藉心灵等情况，护老大使便会在接触中牵引一些感慨，表示需要社工在情绪上的支援。有些护老大使未能掌握一些技术，如冥想及疏解的知识，便需要社工在过程中再次解释和示范。这点上所用的时间可不少，但却是值得，因护老大使是我们的同行者，亦需支援和打气。

（5）融合研究的方法会对服务衍生一些不利的因素，例如同工可能觉得因为要配合研究，增加他们的工作量，不但要学习及应用创新的服务模式，也要在时间上配合等。为了减轻压力，将该年的主题事工定为“护老大使”培训计划与灵智服务，减少其他基金的申请，以及相关工作和具时限的报告等；当然如能适合地增加人力，服务会相得益彰。

（6）在服务的过程中，工作人员认为最困难是如何提升服务使用者的动机。因为患有轻度抑郁症的长者，一般对生活没有盼望，工作员须重建他们对生活的期望及制定生活目标，当中需要不断摸索及调适，同时亦需要护老大使的配合，在三者合作协调下，须有紧密的沟通及磨合。不过工作人员有机会见证服务使用者的进步，亦觉得是值得的。

2009年香港明爱安老服务在有关研究的结果，揭示了长期照顾服务使用者的精神健康问题。建议有关的介入策略应多注意社康及心理的需要，借有意义的照料，义工的关怀及互助系统，提高正面的生活体验及身心灵的质素。2010年中心在有限的人手下，努力研发及推行对疑有精神健康问题的长者和护老者的支援计划。工作虽艰辛，但看到成果，社工分享每个既真实又动人的故事等，不能不感到欢怀。在此多谢有关团体的协助，特别是香港大学社会工作及社会行政学系的楼玮群博士及其研究团队，让计划诞生及引证实践的成效。我们将会继往开来，为长者和护老者带来社区照顾的力量，现在已成立雏形的灵智团队，为隐蔽的长者以及隐蔽的中心会员和护老者提供服务。

参考书目

Chan, C. L. W., Ho, P. S. Y., & Chow, E., "A Body-Mind-Spirit Model in Health: An Eastern Approach", In A. C. Jackson & S. P. Segal Eds., *Social Work Health & Mental Health: Practice, Research and Programs*, 2002, pp. 262 - 282, United States: The Haworth Press, Inc..

Chi, I. & Boey, K. W., "Hong Kong Validation of Measuring Instruments of Mental Health Status of the Elderly", *Clinical Gerontologist*, Vol. 13, 1993, pp. 35 - 45.

Chiu, H. F. K., Lee, H. C., Chung, W. S. & Kwong, P. K., "Reliability and Validity of the Cantonese version of Mini-Mental State Examination-A preliminary study", *Journal of Hong Kong College of Psychiatry*, Vol. 4, 1994, pp. 25 - 28.

Chou, K. -R., Lin, J. -C., & Chu, H., "The Reliability and Validity of the Chinese version of the Caregiver Burden Inventory", *Nursing Research*, Vol. 51, No. 5, 2002, pp. 324 - 331.

Ho, R. T. H., & Chan, C. L. W., "The Effect of Eastern Psychosocial Intervention Support Group in Breast Cancer Patients in Hong Kong: A Pilot study on Salivary Cortisol", GHQ12 and HADS, *Psycho-Oncology*, Vol. 12, No. 4, 2003, pp. 195 - 196.

Lawton, M. P., & Brody, E. M., "Assessment of Older People: Self-maintaining and Instrumental Activities of Daily Living", *Gerontologist*, Vol. 9, 1969, pp. 179 - 186.

Lou Wei-qun, Vivian & Caritas Services for the Elderly, *A Preliminary Study on The*

Prevalence Rate of Depressive Symptoms of Older Adults Receiving Community-based and Residential Long-term Care, 2009.

Mahoney, F. I., & Barthel, D. W., "Functional Evaluation: the Barthel Index", *Maryland State Medical Journal*, Vol. 14, 1965. pp. 61 – 65.

Rankin, S. H., Galbraith, M. E., & Johnson, S., "Reliability and Validity Data for a Chinese translation of the Center for Epidemiological Studies-Depression", *Psychological Reports*, Vol. 73, No. 2, 1993, pp. 1291 – 1298.

Sheik, J. I., & Yesavage, J. A., "Geriatric Depression Scale (GDS): Recent Evidence and Development of a Shorter version", In T. L. Brink Ed., *A Guide to Assessment and Intervention*, New York: Haworth Press, 1986, pp. 165 – 173.

Zhang, J., & Norvilitis, J. M., "Measuring Chinese Psychological Well-being with Western Developed Instruments", *Journal of Personality Assessment*, Vol. 79, 2002, pp. 492 – 511.

《护老者需要调查》，明爱西贡长者中心，2007 年。

黄富强主编:《走出抑郁的深谷——“认知治疗”自学/辅助手册》，香港:天健出版社 2005 年版。

老年社区社会工作的本土化：以苏州的实践探索为例

［中］陈红霞

苏州大学社会学院劳动与社会保障系主任、教授

1982 年苏州开始步入老龄化地区，早于全国 17 年。2008 年底全市 60 周岁以上老年人 121 万，占户籍总人口的 19.3%，高于同期全国老龄化比重 7.2 个百分点，高于江苏省老龄化比重 2.7 个百分点。目前，苏州人口年龄结构呈现快速老龄化和重度高龄化特征：老年人口每年净增 4.5 万—5 万人，预计 2015 年和 2020 年将分别达到 155 万和 180 万人，届时老龄化比重将达 26.4%；人均预期寿命不断延长，从 2000 年的 77.56 岁延至 2005 年的 78.22 岁再到 2008 年的 80.39 岁和 2009 年的 81.01 岁。2008 年底 70 周岁以上的老人 57.2 万人，占全市老年人口总数的 47.3%，80 岁以上的老人占老年人口总数的 14.2%。

老年保障主要包括老年物质生活来源、日常生活照料和精神慰藉三个方面。随着苏州制度化养老金的全民覆盖，老年人物质生活资料的保障已不再是养老的主要问题，但其日常生活照料、精神慰藉等方面的服务保障却随空巢、单身等老人家庭结构类型占比的增加而日趋凸显，深入了解并积极呼应老人的服务保障需求已成为当务之急。苏州市区两级政府以满足不同群体和层次的个性化养老服务需求为目标，大力开展老年社区社会工作，形成了各具特色的居家养老社区照顾模式。

一　苏州老年社区社会工作的实践创新

老年社会工作是运用社会工作的专业知识和技能，帮助老年人走出困境、改善功能、提高生活质量的活动。老年社区工作是老年人社会工作的三大方法之一，是老年社会工作者以社区为单位，充分利用社区资源，为社区内的老人提供全方位服务的工作过程。

在苏州人口老龄化高龄化快速推进、未富先老、养老机构僧多粥少的大背景下，依托社区居家养老已经成为老年服务保障的主体。有关调查表明，苏州90%以上的老年人选择居家养老。近年来，苏州全市上下积极回应老人居家养老服务保障需求，先后出台《苏州市加快发展养老服务事业的意见》和《关于进一步加快发展我市养老服务事业的补充意见》，对社会福利居家养老服务组织实施税收减免、经办补贴等系列政策扶持。目前苏州所有街道（镇）全部建有居家养老服务中心，1900多个社区（村）建立了居家养老服务站，开设了生活照料、康复保健、文体娱乐、心理慰藉等服务项目，区（县）、街道（乡镇）、社区（村）三级居家养老服务网络基本形成。特别是在苏州城区的老年社区社会工作中，形成了沧浪区的“虚拟养老院”、金阊区的日间照料中心等社区为老服务的品牌和亮点，成为全国社区老年工作的领跑者。

沧浪区“邻里情”虚拟养老院。源于2003年沧浪区葑门街道开办的没有围墙的“家庭养老院”，即为居家老人提供照顾服务。2007年沧浪区对辖区老人进行了养老需求的全面调查，把200多个养老需求归类为6大类53项：洗衣做饭等便民家政类17项；修理水电等物业维修类14项；陪同就医等助医保健类13项；生日提醒等人文关怀类8项，以及娱乐学习类2项和应急求助类。与之相对应的则是服务时间、质量要求的标准化。2007年底依托中国电信苏州分公司研发提供的“居家乐221养老服务系统”，由苏州市鼎盛物业管理有限公司作为主运营商，并整合优秀的社区服务企业加盟，发挥其24小时管理服务的优势，以经过ISO9001质量体系认证的6大类53项服务项目为服务内容，为居家老人提供统一规范的标准化、专业化、亲情化、全方位、全天候养老服务。该模式的技术核心是“居家乐221养老服务系统”，其基本原理是通过语音程控交换系统、数字化信息传输系统和数据库终端处理系统对居家养老服务对象实行会员制客户准入管理。系统具有预测计划、全程记录、监控管理、收费查询、统计分析、深度开发六大功能，基于服务需求和服务提供2种数据、生成2张工单、出具一份收费清单，形成了主动获取老人需求、快速编制计划、及时组织服务、有效进行监督、规范实施管理的老年社区社会工作新模式（中共苏州市委党校课题组，2008）。

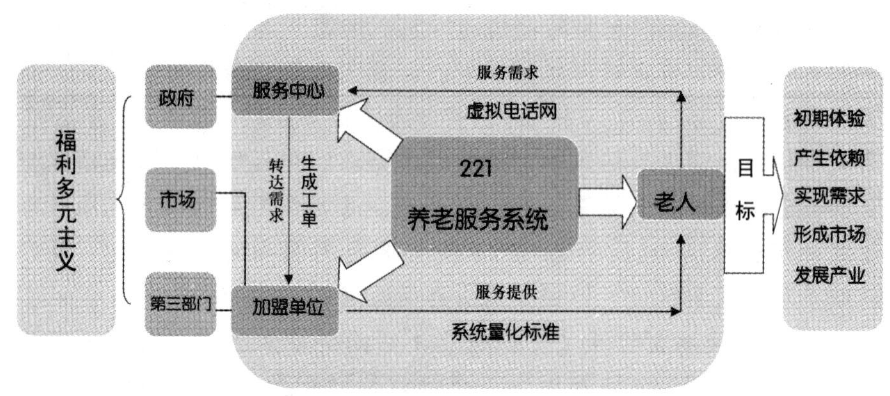

图1 “居家乐”221养老服务系统运行机理

“邻里情”虚拟养老院因其既拥有机构养老所缺少的个性化管理与服务，又具有机构养老的专业化规范上门服务而受到老人们的热烈欢迎，目前服务对象已从最初的439户711余人增至3620户近6000人，增长了697%；累计完成养老服务工单24万余张，其中生活照料服务19万张，生活配送服务2.56万张，精神关怀2.8万张；自费需求对象也从89户增至885户，增长894%，服务对象已覆盖全区80岁以上老人家庭的70%，80岁以上空巢老人家庭100%全覆盖（李晓静、陈煜，2011）。虚拟养老院的成功实践，吸引了全国各地及海外考察团的纷至沓来，“没有围墙的养老院”的概念和模式不停地被复制。荣誉和好评也随之而来：2009年7月，因沧浪区虚拟养老院这一创新举措为全国养老难题进行的新型模式探索及其所取得的良好经济和社会效益，该项目获得了民政部“科技成果创新奖”；2009年10月26日，在庆祝第22个老年节之际，沧浪区虚拟养老院的新闻上了央视新闻联播节目，被誉为全国敬老爱老做法中最有创意、最适合老人实际的一种新型养老模式；2011年3月，国家发改委社会发展司将其列入“全国养老体系建设联系点”。

金阊区老年日间照料中心。作为全国60家之一、苏州唯一的全国养老服务社会化示范活动试点单位，金阊区为解决老人空巢居家的照料困局，早在2001年就为辖区居民开设“一指通”社区服务系统。居民家中放置一台形似电话键盘的绿色对讲装置，键盘标有3个分别写有治安、急救、对讲的按键，对应防盗、急救、家政等三大功能。键盘还设有遥控装置，如有紧急情况，只要居民轻点家中“一指通”服务器，3秒钟后网络中心就能显示出求助居民的需求，并根据就近、快捷的原则，以最快的速度将求助信息传达给有关服务机构，帮助居民排忧解难，实现“手指一按，无须说话”的“一指通”效果。随着现代信息技术的快速发展，2010年10月金阊区对“一指通”系统进行升级，启动了“金乐龄”信息化养老服务工程。工程由金阊区政府和苏州明道保全有限公司联合开发实施，运用信息化技术，依托物联网技术平台，老人及家属通过“平安通”终端将养老服务请求或遇突发事件呼叫的求助信息传递给“金乐龄”服务中心机房，中心立即指示居家养老服务中心或有关机构派出专业服务人员或志愿者前往服务。对一些特殊老人，该工程还增设视频监控、煤气泄漏、烟雾、人员定位等传感设备，将信息传到服务平台接警中心，中心会根据接警情况24小时随时、迅速派出相关人员前往援助。

与此同时，针对老人生活需求调查中最迫切、最现实的助餐服务需求，从2005年开始，金阊区政府将建立老年日间照料中心（托老所）列为政府实事项目，先后建起留园、石路两家日间照料中心（托老所）。老人每月只要花费390元，就可以在日托所内享用一日二餐及午后点心、洗浴、聊天、娱乐、医疗等8项优惠服务，由于其收费合理、服务周到、设施完善、管理有序，从一推出就受到附近老人的欢迎，但因容量所限无法满足更多老人的入托需求。2010年石路街道“乐龄之家”老人日间照料中心进行了改扩建，目前已接纳了辖区内的30多位老人。“十二五”期间，金阊区将加快发展社会养老事业，到2015年金阊区各个街道都要建有1所日间照料中心，辖区各类居家养老服务中心（站）全部达到省评估标准A级以上。90%以上的城市老年人和80%以上的农村老年人能从社区获得托养、日间照料、康复护理、心理关爱等居家养老基本服务。

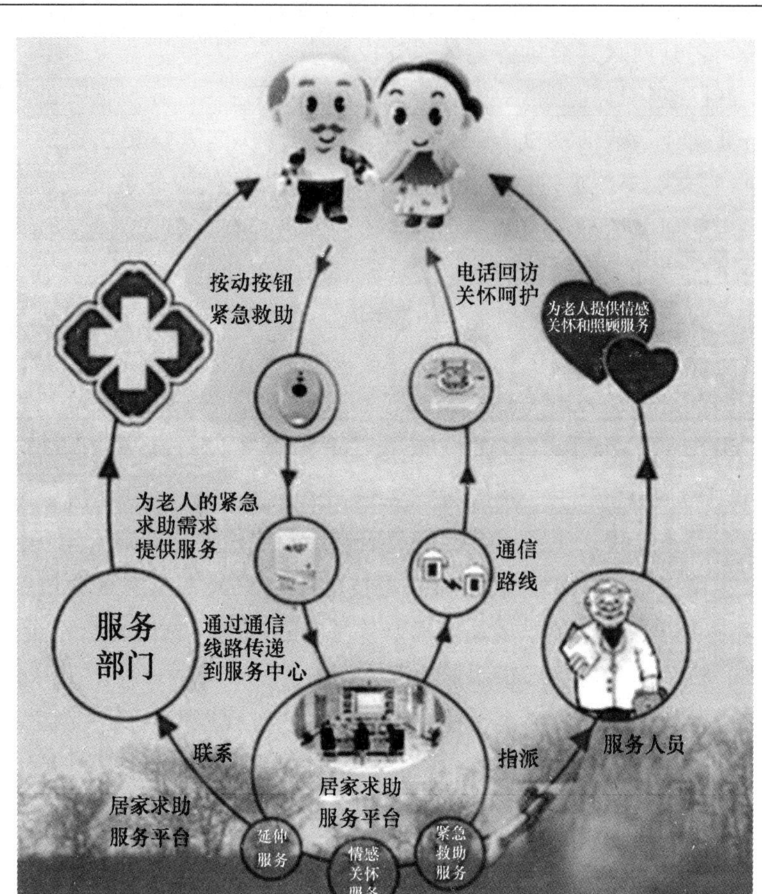

图2　“金乐龄”信息化养老服务运营

二　苏州老年社区社会工作的本土化探索

老年社区工作发端于20世纪60年代英国的社区照顾，是介于老人家庭照顾和老人社会机构院舍照顾之间的一种运用社区资源开展的老人照顾方式。它动员并联结正式与非正式的社区资源，去协助有需要的人士，使受助者能和平常人一样居住在自己的家里、生活在自己的社区中，而又能够得到适切的照顾，具有个性化、多样化、社区化的特征与优势。自其建立后不仅深得老人及其家庭的欢迎，还减少了政府对机构照顾的投入，成为欧美许多发达国家解决老龄化问题的一剂良方，也是当今老人日常生活照顾的主流方式。理想的社区照顾同时注重“在社区内的照顾”（care in the community）、“由社区照顾”（care by the community）和“与社区一起照顾”（care with the community）。

社会工作本土化最早是在1971年的联合国第五次国际社会工作培训调查时提出来的，其定义为“将社会工作功能和教育与某个国家的文化、经济和社会现实结合起来的过程”。王思斌教授认为本土化“是外来的东西进入某一社会文化区域，与原有的社会制度相配合，共同支持人们共同生活的过程。本土化对外来者是文化适应的过程，对本土来说则是文化选择、融合与接受的过程，它反映了两种行为模式、处理问题方式之间的互动”。“社会工作本土化是外来的社会工作同本土性社会工作的互动过程。”社会工作本土化的任务包括社会工作助人理念上的本土化和处境化、助人过程和技巧的本土化和社会工作结束和评估的本土化（王思斌，2007）。苏州老年社区社会工作在助人理念、实务开展和结案评估的本土化方面均进行了有益的探索。

中华民族传统文化中“仁者爱人”、“老吾老以及人之老，幼吾幼以及人之幼”的博爱观，“民者，君子本也”、“凡天下疲癃残疾，惸独鳏寡，皆吾兄弟之颠连而告者也”的民本观、人道观（喻明金，2009），“士有百行，孝敬为先”、“治身莫先于孝”的孝道观（唐晓英等）等都与助人自助的西方社会工作价值观有相通之处。苏州吴地文化在六朝时由先前的尚武嬗变为崇文，经唐代的发育、繁盛，至宋代已发展成崇文和重教并举，至明清以降则逐渐形成温良精细、宽容平和、敦尚实学，重当世之务、求经世致用的吴文化特质。这种价值准则应用在老人社区照顾上，就是一切以老人需要为导向，精细分类，尽力满足老人多样化、个性化的服务需求。上文介绍的沧浪区“邻里情”虚拟养老院和金阊区日间照料中心的缘起都是因老人的居家养老需求而开创的社区照顾模式，即前者是由社区照顾，后者是在社区内的照顾。2011年3月沧浪区南门街道又首创“五色分级养老服务法”，更体现了服务与需要的相配合，且这样的需要是建立在客观评估基础上的。他们将辖区60岁以上老年人根据家庭情况和身体状况分为五种颜色等级，即红色、橙色、紫色、蓝色和绿色。社区90周岁以上的高龄孤寡老人以及病危人群被归为“红色”级老人，志愿者为“红色”级老人提供的服务共有8项。这8项服务除了探访、聊天之外，还具体包含：关注老人生活状况，家中用电、用气等安全问题，及时为其解决安全隐患，有任何突发状况及时与社区联系等；每月一次提供上门理发服务；每月两次提供上门测量血压服务和健康咨询服务；开通志愿者服务热线电话，陪同上医院检查、治疗、配药，代买生活用品、买菜等；建立老人家庭服务账，帮助料理生活并做好财务账，提供服务依据。根据老人需要，提供一对一邻里小灶服务。及时将各类补贴、慰问金送到老人手中。“橙色”老人是无子女、无生活来源、无劳动能力的“三无老人”，出行难以及身体差的无人照顾的老人和残疾人，80—89 周岁的孤寡老人；“紫色”主要针对无子女、无劳动能力且行动不便的“二无老人”；“蓝色”主要针对 70—79 周岁的空巢老人；“绿色”是指社区身体健康的 60 周岁以上老人。不同颜色老人享有不同的社区志愿者服务。

苏州老人社区社会工作的实务开展，有两大鲜明特征：一是外展社会工作和院舍照顾的相互融合；二是政府和非政府组织的有机结合。沧浪区“邻里情”虚拟养老院主要是为居家老人提供外展的社区服务，主要是一对一的为老服务。其发展到一定规模后的弊端也是显而易见的，如老人更多地是被动接受服务，居家老人间缺乏互动与互助，尽管“居家乐 221 养老服务系统”中具有这项功能，但很难切实开展。外展社区服务的最大制约是服务人员的不足，因为目前为老服务人员主要是本地大龄失业和被征地农民以及外来务工人员，不仅总量不足且专业化程度低、流动性大。化解供求矛盾的有效路径就是发展院舍照顾（日托中心）。2009 年沧浪区投入近 300 万元，结合二郎巷老新村改造和社区用房建设，新建了名为“南山驿站”的日间托老所。所内设餐厅、书场、保健室、健身房、休息室、体育活动室、电子阅览室等，老人每月缴纳 360 元。这实际上就是金阊区老年日间照料中心的复制。2011 年 2 月，沧浪区第二家日间托老所沧浪亭“福海雅苑”又正式启用，使老人可以就近入托。“由社区照顾”和“在社区内照顾”及“与社区一起照顾”将成为苏州老年社区照顾模式的有机组成部分。

在苏州现已开展的老年社区工作中，政府始终起着主导、引领、扶持和管理监督的作用，非政府组织则提供具体服务。在“邻里情”虚拟养老院的创建和发展过程中，政府制定了《沧浪区社会养老服务组织资金补贴实施办法》，将虚拟养老纳入养老服务组织，享受政府开办经费补贴和运营经费补贴。对符合政府援助的对象，分类别提供不同时长的服务，由政府为老人购买服务。这同时也是对虚拟养老院的运营主体——民办非企业单位沧浪区“居家乐养老服务中心”的托底扶持，以培育其适应社会养老市场需求和生存发展的能力。金阊区政府和苏州明道保全有限公司联合开发实施的“金乐龄”信息化养老服务工程，首批200户老人也是由政府埋单提供服务的。针对老人的服务供给主体调查也表明，苏州老人更偏好政府直接提供社区养老服务。这也正反映了中国大陆社会工作本土化的行政主导特色，“民间的社会服务机构提供社会福利模式对人们来说还比较陌生，这和我国社会长期以来社会体系发展不足有关。作为一个新事物，NGO在中国的合法性是把自己包装成‘类政府’的身份从而获得的。”（唐晓英、李精华，2009）

当前的老年社会工作已从过去那种旨在改善老年人生活待遇和服务水平，转变到挖掘老人潜能、提倡老年人互助、为老年人争取合法权益的道路上来，鼓励老年人不再以单纯受惠于社会的角色出现在社会上，而是以业已为社会创造了价值、有权重新参与分配社会新资源的形象生活在社会中。苏州老年社区社会工作的本土化应逐渐走向服务人员的专业化、服务主体的社会化、服务方式的多元化。

参考文献

李晓静、陈煜：《没有围墙的养老在延伸苏州虚拟养老院模式效应成倍放大》，《苏州日报》2011年3月。

苏州市金阊区：《“电子保姆”破解中国式养老困局》，2010年10月27日，苏州市金阊区民政局网站。

唐晓英、李精华：《社会工作本土化中的文化对接》，《西北农林科技大学学报》2009年第5期。

王思斌：《试论我国社会工作的本土化》，《中国社会导刊》2007年第18期。

喻明金：《试析从我国传统文化角度谈社会工作价值观的本土化》，《黑龙江教育学院学报》2009年第9期。

中共苏州市委党校课题组：《沧浪区“邻里情”虚拟养老院范式研究——我国城市居家养老的创新实践及政策建议》，《领导理论与实践》2008年第1期。

澳门的社会风险与家庭变迁

［中国澳门］梁启贤

澳门理工学院社会工作学课程讲师

引言：与众不同的澳门

以上是澳门特区政府旅游局一向对外宣传澳门形象的口号。事实上，澳门的发展与其他东亚新兴经济体系有着不同的道路，其中最兴旺的博彩业，不单为澳门带来庞大的收益，也冲击了澳门的家庭体系，令澳门的家庭模式在过去数年有明显的改变。

自2004年开始，澳门受惠于博彩业的急速发展，带动澳门经济急速起飞，也由于经济急速的改变，也影响澳门社会产生极大的变化，澳门的人均本地生产总值（per capita GDP）在2010年已达409828澳门元（即51214美元）（统计暨普查局网页），澳门已可说是东亚地区的“小富翁”。

由于澳门的产业结构转变，澳门有超过1/5的劳动人口从事旅游、博彩行业，这些行业也吸引大量妇女参与劳动工作（统计暨普查局），直接促使双职家庭的数量大增，旅游博彩业为主的经济体系，轮班工作是主要的工作形式，其对澳门的家庭关系、家庭教育，可能产生深远的影响。根据澳门特区政府统计暨普查局的资料，在过去三年，澳门的离婚率不断上升，在2010年更达28%（统计暨普查局），不同的社会服务机构、传媒机构也就不断上升离婚率发出警告，指出不断上升的离婚率，势必对社会发展造成负面影响。虽然近年的离婚率不断上升，澳门与其他已发展国家、地区有相似的趋势；但在过去数年，澳门的结婚宗数也是不断上升，而出生率更是屡创新高；这方面跟其他已发展国家、地区呈相反的趋势。

本文将会运用风险社会（risk society）和新社会风险（new social risk）的取向来讨论澳门的经济转变如何影响家庭模式、结构，如何影响澳门社会，及对社会服务的启示。

风险中的家庭

社会学者Beck（1992）在其名著*Risk Society：Towards a New Modernity*中指出了现代社会本就是一个风险社会，由于经济的急速发展、社会的高度分工，引致个人化（individualization）抬头、过分制度化（institutionalization）等问题，因而形成“风险社会”（risk society）。

他在书中指出的风险社会正是由于社会日趋全球化，而产生的新社会问题，之后他进一步分析现代社会的特性，提出了第二现代（Beck，1997）概念，作为重新理解现代社会的起点。

对于风险社会的理解，Beck（1997）的分析主要是指出：“个人主义化”是构成风险社会分析中核心的部分。Beck理解的个人主义化，其实是一体两面，其指涉的不只是社会联系的中断，也涉及社会的再整合。他分析个人主义化时，指出有三个不同层面的个人主义化，这三个层面分别是：

（1）个人从旧有的社会形式与联系中解脱出来（即“解脱面向”）；

（2）旧有的信仰与规范失去了意义（即“除魔化面向”）；

（3）个人进入了新的社会联系中（控制或再整合面向）（Beck，1997）。

Beck分析的个人主义化，第一及第二层面，即解脱面向与除魔化面向，均属于旧社会秩序瓦解的过程，旧的传统社会规范，对人已失去制约力。第三个层面，他则认为：在现代社会中，个人面对新的制度要求、控制与强制；而此层次中，人开始找寻新的规范，新的模式（Beck，1997）。

Beck与他的太太（2000）在《爱情的正常性混乱》（苏峰山、魏书娥、陈雅馨译）中，分析后工业社会的男女对爱情、婚姻、家庭观念，再次肯定个人主义取向已是现代社会或是第二现代的集体取向。他们在书中开宗明义地指出：“以往核心家庭是环绕着性别角色地位建立起来的，而今核心家庭正遭受（妇女）解放与平等权利等议题的冲击。这些议题不再像从前一样，不会侵入我们的私生活。结果是相当常态性的混乱（normal chaos），我们称之为爱情。”（Beck and Beck 著，苏峰山、魏书娥、陈雅馨译，2000：3）套用Beck的说法，在第二现代中，个人主义主导的社会，个人主义化的社会改造我们对爱情、婚姻的看法。由于在第二现代的社会，也是一个充满风险的社会，传统的家庭模式被认为不可抗衡风险日增的社会，因此，不论男女正不断探索如何重塑造新的家庭模式，他们会在同居、结婚、离婚、再婚等模式不断徘徊，也形成Beck夫妇所指的“正常性混乱”（Beck and Beck 著，苏峰山、魏书娥、陈雅馨译，2000）。

Taylor-Gooby（2004）运用风险社会的理论为基础，进一步指出在后工业社会中，由于全球化的加剧，人类社会的风险面对更大、更多的社会风险；Taylor-Gooby 指“新风险”是人们在生活中所面对的风险，是与过渡到后工业社会的过程有关的经济与社会变迁所造成的。他认为女性大量投入劳动市场，将会令原来可能由女性负责照顾儿童及长者变成无人照顾，或依赖正规的支援系统。由于妇女大量投入劳动市场，女性在平衡工作和家庭照顾责任方面面临严峻的挑战（梁启贤，2007）。

由全球化带动的风险社会，造就了个人主义化的社会形成，正在改变社会的风貌，再加上女性大量投入劳动市场，所产生的新风险，共同影响着我们的生活世界。这些影响包括了我们如何看男女关系、组织家庭等概念。在过去十年，已有不少西方学者指出，家庭与工作的平衡将是后现代社会或后工业社会面对的主要议题。

不同的研究均指出，不同形式的风险因素正在包围着我们的生活世界，这些风险也影响着社会发展。有关不同的风险对家庭及子女有什么影响，可详见表1。

表1　　现代家庭及青少年面对什么社会风险

家庭面对的风险因素	青少年面对的风险因素
离婚或分手，导致家庭解组	低自尊
家庭暴力	差的社交技巧
贫乏的管教技巧	较弱解决问题技巧

续表

家庭面对的风险因素	青少年面对的风险因素
缺乏一致的家庭纪律	缺乏同理心
因工作关系令家人间缺乏亲密的接触	容易离家出走
虐待配偶或子女	过早的性行为，甚至怀孕

资料来源：笔者根据不同学者的研究整理而成。

澳门的家庭面对什么风险

以上西方学者对后工业社会分析，揭示了现代社会的个人主义高涨，导致西方的家庭模式受到不断的冲击，即使东亚地区也受到全球化影响，家庭也须面对类似西方社会的处境。新兴经济体，如台湾、香港的家庭，均面对风险社会引出的个人主义挑战，导致结婚率下降、出生率下降、离婚率及不婚率上升等问题（Fu，T.，and Hughes，R.，2010）（Chan，R. K. H.，2010）。

然而，澳门由于独特的经济、文化背景，面对新风险社会的挑战时，既有一般社会出现的问题，也有十分独特的家庭问题。

（一）工作与家庭失衡

澳门也是受全球化影响，及受惠于博彩业的兴盛发展，大量妇女参与劳动工作，直接促使双职家庭的数量大增，根据澳门特区政府统计暨普查局的资料显示，2010 年整体的劳动参与率为 71.5%，而女性的劳动参与率为 66%；其中 20—24 岁的男女劳动参与率分别是 72.5% 及 72.3%；而 25—29 岁的男女劳动参与率则分别为 92.7% 及 89%（统计暨普查局网页）。上述数字足以说明，年轻的澳门人口男女投入劳动市场的比例大致相同，也表示双职家庭成为澳门新兴的家庭模式（见表 2）。

另一方面，旅游博彩业为主的经济体系，吸引大量人口投入旅游、博彩及相关的行业（共有 106600 人，占整体劳动人口的 33.49%）。但此等工作，其中最大的特色是以轮班工作为主要的工作形式，其对澳门的家庭关系、家庭教育，可能产生深远的影响。也由于澳门独特的博彩经济模式，引发的工作与家庭之间的平衡问题，比其他东亚地区的新兴经济体更为严重。

表2　2010年澳门20—34岁劳动人口的男女比例

年龄组	男女人数
20—24岁的劳动人口	男：16900　女：17500
25—29岁的劳动人口	男：19400　女：21500
30—34岁的劳动人口	男：17500　女：19300

资料来源：澳门统计年鉴2010。

家庭失衡对澳门社会可能产生十分深远的影响，首先对子女的照顾。过去，即使是双职家庭，他们总会在下班后回家照顾子女，如膳食、学业、情绪支援等。可是，现时澳门的“赌场经济”大盛环境下，很多父母都愿意投身工资较高的赌场或周边的工作岗位，那里的工作多是24小时轮班的工作模式，父母与子女的见面机会较少，更遑论情感交流、情绪支援。根据西方学者的研究，工作与家庭失衡可能导致离婚、单亲家庭、子女照顾等问题（Bianchi，S. M. and Milkie，M. A.，2010）。

（二）离婚率上升

与其他东亚已发展国家相比，澳门同样面对离婚率大幅上升的问题。在2000年，澳门的离婚个案只有369宗，2010年已飙升至889宗，增幅超过一倍。也反映个人主义已影响澳门的家庭，当婚姻出现问题时，离婚是解决问题最有效的方法。在2010年889宗离婚个案中，有子女的个案共有545宗，有549名18岁以下的儿童受影响，令他们要在单亲家庭的环境下成长。

澳门特区政府没有深入分析导致离婚个案上升的原因，整个社会也已默默接受此一事实，然而认识导致离婚的原因有助于我们对症下药，找出主要的因素，并希望可以不同的政策投入，使有关问题得以改善。以下是西方社会较公认的10项离婚原因，希望有助于我们理解澳门的离婚原因：（1）婚姻不忠诚；（2）夫妇沟通障碍；（3）生理、心理或情感的虐待；（4）家庭财政问题；（5）性生活不协调；（6）沉闷的婚姻生活；（7）宗教文化差异；（8）育儿问题；（9）毒瘾；（10）双方期望的落差（http：//www. top10stop. com/lifestyle/top－10－reasons－for－divorce－and－marriage－breakdowns－stats－from－the－us）。

虽然至今澳门没有科学化的研究去理解近年离婚率上升的原因，但笔者通过从事家庭服务工作的社工人员透露的资料显示，澳门夫妇的离婚理由总与婚姻不忠诚及缺乏沟通有极大的关系，而两者也有密切的关联。由于很多在娱乐场所工作的夫妇，每天见面的时间不多，相反的，与同事（包括异性的同事）却有更多的共聚时间，也可能因此导致婚外情的机会大增，一旦被另一方发现时，离婚是最普遍的选择。另一方面，由于澳门女性受教育的比例及工作机会大增，面对伴侣不忠时，她们大多会要求离婚，而不像上一代的妇女宁愿哑忍也要保持夫妇关系。以上简单的分析，虽没有什么科学化的研究数据，但可以肯定的是现时澳门的工作环境造就了离婚的因素，也是当前澳门的家庭风险。

（三）结婚率上升、初婚年龄提早

虽然澳门的离婚比率正在上升，但另一方面，澳门的结婚比率、出生率近年均大幅上升，这方面又与东亚地区刚刚相反。在 2000 年，澳门的结婚宗数为 1222 宗，2010 年，结婚宗数为 3103 宗，升幅超过一倍。而结婚年龄也有下降的趋势，根据教育暨青年局制定的青年指标，16 至 29 岁的结婚率是 15.9%，而同年的整体结婚率为 5.7%（教育暨青年局网页）。即有 2/3 的结婚人士年龄在 29 岁以下，与同为华人社会的香港地区、台湾地区有较大的差异（见表 3）。

表 3　香港、台湾、澳门地区初婚年龄

香港的初婚年龄（2010）	男：31.2 岁　女：28.7 岁
台湾的初婚年龄（2010）	男：32.9 岁　女：29.5 岁
澳门的初婚年龄（2010）	男：28.1 岁　女：26.0 岁

资料来源：香港统计处、台湾“内政部”及澳门统计暨普查局。

（四）为什么澳门社会出现逆世界潮流的现象

在澳门社会，年轻人如接到朋友结婚的喜帖，很多人都会窃窃私语，查询一下即将结婚的朋友是否“奉子成婚”。事实上，即使是因为怀孕而需要结婚，已再不是什么丢脸的事情。跟离婚的原因分析一样，澳门也没有科学化的研究结婚率上升的原因，而坊间一向相信的“奉子成婚”因素，更是没有数据可以证明。笔者期望未来有科学化的研究分析“奉子成婚”现象，及对社会产生的影响。另一坊间理解结婚比率上升的原因是，由博彩业带动的经济持续向上，年青的一代不愁生活的情况下，可以早点成家。可是，经济力量的提升，是否是推动青年人做出结婚决定的主要因素？如果只是因为经济因素而结婚，会否导致不成熟的婚姻？甚至容易导致离婚？以上一连串问题，不可能马上得到答案，但“赌场经济”的急速起飞，是推动澳门婚姻家庭观念改变的最大动力。

（五）出生率上升

与结婚比率一样，澳门的出生率也高达0.94%（2010），较2000年上升了0.06%。为什么澳门的结婚率与出生率在近年急速上升？坊间一般人会认为这是由于澳门经济环境大为改善，因此，及早成家立室，也符合华人社会对成年子女的期望。然而，结婚比率上升、结婚年龄下降及出生率上升等现象，是否只是因为经济改善而出现？与其他华人社会相比，澳门的出生率上升，其起因除了经济因素外，还有什么因素？

大量新生婴儿的出现，马上引起的当然是照顾婴儿的问题；过去，社会大都期望婴儿的母亲会承担照顾幼儿的责任，但随着双职家庭数目日增，要求母亲留在家中照顾子女已是不大可能的事情。把新生婴儿交予其他人士照顾，成为很多家庭的选择。在过去数年，澳门的托儿所其门如市，在2010年5月，更有近200名家长不惜排队四整天，只求可申请一个托儿所的名额（《澳门日报》2011年5月11日），由此可见，托儿服务供不应求。另一方面，也有不少父母把新生婴儿交给祖父母代为照顾，也令近年由祖父母照顾的儿童大增。不论把新生婴儿交予托儿所，或交予祖父母照顾，都反映现时澳门家庭与工作的矛盾，而上述两种照顾幼儿方式，都对幼儿成长有不同的影响。德国学者Ostner指出面对双职家庭模式，政府需更注意儿童的健康成长（2010）。因此，早在2002年德国政府已推出了可持续家庭政策（sustainable family policy）。此政策构思儿童是未来社会的重要资产，因此必须以具体的政策来支援在职的母亲（working mothers），特别是增加在不同的社区内幼儿的照顾、幼儿教育服务等，以此来提升社会公平。此举可以协助双职家庭处理照顾子女问题，但Ostner同时指出，现有幼儿服务可能削弱了原来的家庭功能，令家庭面对更多风险因素（2010）。另外，由祖父母或家庭佣工照顾的儿童，会否带来过分溺爱问题？

（六）小结

一连串的问题，皆是由工作与家庭失衡而引起的，以往工作与家庭是两个不同的生活领域，可是在全球化导致的风险社会，新风险因素加剧，两个不同的生活世界有很多地方开始重叠，影响了我们男女的关系观念，以致对家庭关系的看法。如何处理日趋复杂的家庭问题，是澳门特区政府面临的巨大考验。

澳门的家庭政策

面对风险日增的澳门家庭模式，澳门特区政府应构思全面的家庭政策，特别是如何支援双职家庭。在过去数年，已有不同的学者及服务组织倡议以家庭友善政策（family friendly）来处理家庭与工作平衡问题。

世界各地在过去 10 年，都有不同推动家庭友善政策的经验；有德国学者在他们的研究中发现，被访者认为工作上的心理需要及工作不安全感会对工作及家庭造成负面影响。相反，在工作上加强社会支援（social support）会正面影响雇员及家庭，也可减少工作与家庭的冲突（Beham，B. and Drobnic，S.，2010）。马来西亚的学者 Subramaniam 及 Selvaratnam 的研究指出，在马来西亚各企业推行的家庭友善政策中，弹性工作时间（work time flexibility）成为已婚雇员最关心的政策。他们的研究也发现马来西亚推行家庭友善政策的企业，有助雇员处理家庭与工作的平衡（2010）。

如何在澳门推动家庭友善政策

世界不同国家的经验皆指出，在企业内推动家庭友善政策有助雇员平衡家庭与工作，但如何可以推动企业执行家庭友善政策的要求？澳门特区政府可考虑立法要求澳门主要的博彩集团，履行应有的企业社会责任（corporate social responsibility）。因为企业社会责任的要求中，除了要求企业对社会负各式各样的责任外，更要求企业善待雇员，其中所指的雇员不单是指企业直接聘请的员工，更包括企业供应链、外判承办商的雇员。

澳门特区政府也应在社会服务政策中，推动加入社会保护（social protection）概念，在市民不同的生命周期中，为各种可能出现的风险做出预防及提早介入，以免问题恶化。

总结：强化家庭

家庭一向是社会最重要组成的单元，尤其是外在社会环境急剧变迁时，家庭更是人们主要的精神依靠。然而，面对风险社会产生的个人主义化社会及新风险引出的问题，不同社会的家庭均要面对严峻的考验。澳门独特的经济结构，令澳门出现与东亚地区不一样的社会风险。

由政府的公共政策推动社会重视家庭，及强化公民社会（Strengthening the civil society），开拓多元化福利资源，是当前面对新风险的最有效策略。

参考资料

Beck, Ulrich, translated by Mark Ritter, *Risk Society: Towards a New Modernity*, London: Newbury Park, Calif.: Sage Publications, 1992.

Beck, Ulrich; translated by Mark Ritter, *The Reinvention of Politics: Rethinking Modernity in the Global Social Order*, Cambridge: Polity Press, 1997.

Beham, B. and Drobnic, S., "Satusfaction with Work-family Balance among German office Workers", in *Journal of Managerial Pychology*, Vol. 25, No. 6, 2010, pp. 669 - 689.

Bianchi, S. M. and Milkie, M. A., "Work and Family Research in the First Decade of 21st Century", in *Journal of Marriage and Family*, June, 2010, pp. 705 - 725.

Fu, T., and Hughes, R., "New Social Risks and Family Change in Taiwan", in Chan, R. K. H., Takahashi, M. and Wang, L. L., Edited *Risk and Public Policy in East Asia*, Surrey: Ashgate Publishing Limited, 2010, pp. 75 - 88.

Chan, R. K. H., "Managing Family Risks in Hong Kong: How and Why", in Chan, R. K. H., Takahashi, M. and Wang, L. L., Edited *Risk and Public Policy in East Asia*, Surrey: Ashgate Publishing Limited, 2010, pp. 89 - 106.

Ostner, Hona, "Farewell to the Family as we Know it: Family Policy Change in Germany", *German Policy Studies*, Vol. 6, No. 1, 2010, pp. 211 - 244.

Subramaniam, G. and Selvaratnam, D. P., "Family Friendly Policy in Malaysia: Where are we?" In *Journal of International Business Research*, Vol. 9, No. 1, 2010, pp. 43 - 55.

Taylor-Gooby, Peter, *New Risk, New Welfare: The Transformation of the European Welfare State*, New York: Oxford University Press, 2004.

Beck，U. and Beck，E.：《爱情的正常性混乱》，苏峰山、魏书娥、陈雅馨译，台北：立绪文化事业有限公司 2000 年版。

梁启贤：《新社会风险下的澳门福利政策》，“新社会风险下的澳门福利政策”学术研讨会，澳门大学社会科学及人文学院当代中国社会科学研究中心，台湾“内政部”统计处网页（http：//sowf. moi. gov. tw/stat/year/list. htm 15/2/2012）。

香港统计署网页（http：//www. censtatd. gov. hk/hong_ kong_ statistics/statistics_ by_ subject/index_ tc. jsp？ subjectID = 1&charsetID = 2&displayMode = T 15/2/2012）。

澳门年鉴 2010 统计暨普查局网页（http：//www. dsec. gov. mo/getAttachment/da8b41f9-e964-4953-bfc1-461e5622445e/C_AE_PUB_2010_Y. aspx 16/2/2012）。

教育暨青年局网页（http://www. dsej. gov. mo/ijm/stat/pdf/yim_01_11. pdf 17/2/2012）。

http://www. top10stop. com/lifestyle/top – 10 – reasons – for – divorce – and – marriage – breakdowns – stats – from – the – us 14/4/2012.